Christian Haderer / Wolfgang Bachschwöll

KULTSERIEN
IM FERNSEHEN

Originalausgabe

WILHELM HEYNE VERLAG
MÜNCHEN

HEYNE FILMBIBLIOTHEK
Nr. 32/233

Herausgeber: Bernhard Matt
Redaktion: Rolf Thissen

Inhalt

The Addams Family

»Why, thank you Thing!«

Die ADDAMS FAMILY ist wie eine feine Zigarre.

Warum? Keine Ahnung – aber irgendwer hat das einmal gesagt. Möglicherweise sogar Gomez Addams selbst, der wie Groucho Marx, George Burns, Edward G. Robinson und Inspector Columbo passionierter Zigarrenraucher war.

Zweifellos war die ADDAMS FAMILY die netteste Fernsehfamilie der 60er Jahre. Nicht nur, weil Gomez und Morticia des öfteren an einer türkischen Wasserpfeife zu nuckeln pflegten – bis heute weiß kein Mensch, was sie da überhaupt geraucht haben, aber es waren ja schließlich die wilden 60er Jahre –, sondern vor allem deshalb, weil sich die beiden abgöttisch liebten. Im Gegensatz zu den meisten anderen Fernseh-Ehepaaren fiel zwischen Gomez und Morticia in keiner der 64 Episoden jemals ein lautes Wort. Es wurde weder gestritten noch geflucht. Stets lag das Flair animalischer Anziehungskraft und hemmungsloser Hingabe in der Luft, und es bedurfte nur ein paar französischer Worte, um das ewig knisternde Feuer der Leidenschaft aufs neue zu entflammen. Immer wenn Morticia »Au revoir«, »Moulin Rouge«, »Crêpes Suzette«, »Vive la France!«, »Comme ci, comme ça«, »Oui, oui« oder »Tour de force« hauchte, schien Gomez ihr ein willenloser Sklave, und wenn dann der rassige Latin Lover seine »Querida« galant mit Handkuß zum Tango aufforderte, war die blasse Dame Wachs in seinen Händen.

Hier handelte es sich um echte, wahre, große Liebe, um Romantik feurigster Sorte, wie man sie im Fernsehen nur selten zu sehen bekam. Ständig vermittelten uns Gomez und Morticia das Gefühl, daß sie durch nichts auseinanderzubringen seien. Ihrer Liebe konnte nichts Irdisches, nichts Überirdisches und nicht einmal der Tod etwas anhaben. Nur – wo zum Teufel kam das ganze Geld her, das überall im Haus verstreut lag und den Eindruck erweckte, als wäre der Addams-Clan milliardenschwer? Gomez war ein nicht praktizierender Rechtsanwalt, der den Rekord als Anwalt hielt, die meisten Verbrecher hinter Gitter gebracht zu haben – allerdings nicht als Staatsanwalt, sondern als Verteidiger! Nachdem Gomez seinen Beruf an den Nagel gehängt hatte, machte er sein Glück mit windigen Spekulationen. Das aber meistens im Kopfstand. Zu seinen Besitztümern gehören neben etlichen anderen exotischen Realitäten eine Mango-Plantage, die leider neben einer Kannibalen-Siedlung liegt, eine Krokodilfarm in Moçambique und eine Nußfarm in Brasilien. Lieblingsspeisen im Hause Addams: gebackener Leguan, Alligatorenbrust, Yak-Eintopf, geschmorter Elefantenrüssel, Krötenfrikassee, Eichhörnchengulasch. Gomez war überhaupt ein sehr sportlicher Typ. Im Wohnzimmer spielte er regelmäßig Badminton, Volleyball, Krocket oder Speerwerfen. Manchmal sprang er auch auf einem überdimensionalen Trampolin. Grandma bevorzugte eher das Messerwerfen als Ausgleichssport.

»You rang? … Hmmmm!« Carel Struycken, der gut zwei Meter große Lurch-Darsteller holländischer Abstammung in der 1993 entstandenen Kinoversion *Die Addams Family in verrückter Tradition*, ergänzt mit einer interessanten These: »Lurch kümmert sich auch um das Anwesen der Addams Family, zu dem ein riesiges Friedhofsgrundstück mit Tausenden von Grabsteinen gehört. Ich glaube, manchmal vertreiben sie sich hier die Zeit mit dem Ausbuddeln von Knochen. Außerdem denke ich, als sie vor langer Zeit einen neuen Diener brauchten, da gruben sie einfach ein paar Knochen aus, so daß Lurch vermutlich aus verstorbenen Verwandten der Addams zusammengebastelt ist. Das macht ihn buchstäblich zu einem Teil der Familie.«

Cleopatra war der Name von Morticias fleischfressender Pflanze, overgrown aus Afrika (die Addams-Version von LITTLE SHOP OF HORRORS). Diese Gewißheit verdanken wir dem amerikanischen Zeichner und Illustrator Charles Addams. »Er ist ein Elixier, gebraut aus der Essenz von Edgar Allan Poe, Aubrey Beardsley, Dorothy Parker und Alfred Hitchcock«, beschrieb ihn einmal Sarah Booth Conroy in der WASHINGTON POST. Charles Addams war ein lustiger, netter, kleiner Mann, der seine gemeinen, feinen, kleinen Cartoons im PLAYBOY und im NEW YORKER veröffentlichte und dessen äußere Erscheinung an eine Mischung aus Walter Matthau und Lyndon B. Johnson erinnerte. Eine erste Version der Addams Family publizierte er bereits 1937. In dem Cartoon sah man zum erstenmal Morticia und Lurch (damals noch ohne Namen). Kurioserweise hatte Charles Addams dem mächtigen Butler damals noch einen Vollbart ins kantige Gesicht gemalt. Bis Charles Addams' bizarre

Vollzählig angetreten – die Addams-Familie: Mutter Morticia (Carolyn Jones, sitzend), Vater Gomez (John Astin, stehend), Onkel Fester (Jackie Coogan, hinten links), die Großmutter (Blossom Rock, hinten rechts), Butler Lurch (Ted Cassidy, ganz rechts), die kleine Wednesday Friday (Lisa Loring) und ihr älterer Bruder Pugsley (Ken Weatherwax)

Freak-Familie auf größeres Publikumsinteresse stieß, sollten allerdings noch 23 Jahre vergehen. Regelmäßig erschienen die seltsamen Nachtschattengewächse erst ab 1960 unter dem Titel

AN ADDAMS HOUSE in der Zeitung THE NEW YORKER. Als dem amerikanischen Sender ABC 1964 Informationen zugespielt wurden, die besagten, daß der damalige Marktführer CBS eine »Monster-Sitcom« plane, mußte eine Wunderwaffe her, und die hieß THE ADDAMS FAMILY. Und um die ewige Frage ein für allemal zu beantworten: THE ADDAMS FAMILY und THE MUNSTERS starteten und starben in der gleichen Woche. Die erste Folge der ADDAMS FAMILY lief am 18. September 1964 um 20.30 Uhr auf NBC, während die MUNSTERS nur sechs Tage später, am 24. September 1964 um 19.30 Uhr auf CBS Premiere hatten. Als Charles Addams, der damals noch keinen Agenten hatte, die Verträge mit dem gerissenen Produzenten David Levy abschloß, wurde er mit 1000 Dollar pro Woche plus prozentualer Gewinnbeteiligung am Merchandising seiner Figuren abgespeist. Zusätzlich verpflichtete sich der übervorteilte Zeichner, seinen Figuren Namen zu geben (in den Cartoons waren seine Geschöpfe stets namenlos). Innerhalb einer Woche entschied er sich für Morticia, Gomez, Wednesday, Pugsley, Lurch und Fester. William Shawn, dem Herausgeber von THE NEW YORKER, war die Fernseharbeit seines Star-Cartoonisten seltsamerweise ein Dorn im Auge. Snob, der er war, ließ er mit der Fernsehpremiere die erfolgreiche Cartoonreihe in seiner Zeitung sterben. Dank des genialen Produzenten und Drehbuchautors Nat Perrin, der schon für die Marx-Brothers-Filme DUCK SOUP (*Die Marx Brothers im Krieg*) und THE BIG STORE (*Die Marx Brothers im Kaufhaus*) irrwitzigste Dialoge schrieb, und dank einer exzellenten Besetzung war das Aus für die Comic strips jedoch leicht zu verkraften.

John Astin, ein damals noch ziemlich unbekannter Fernseh-Darsteller, der lediglich eine Nebenrolle in THE WEST SIDE STORY und eine Hauptrolle in der kurzlebigen ABC-Sitcom namens I'M DICKENS ... HE'S FESTER aufweisen konnte, übernahm die Rolle des fechtenden, tangotanzenden Gomez Addams. Morticia »Frump« Addams wurde mit der bekannten Filmschauspielerin Carolyn Jones besetzt, die 1956 für ihren Sechs-Minuten-Auftritt in dem Film THE BACHELOR PARTY eine Oscar-Nominierung erhalten hatte und seit 1964 mit dem Produzenten Aaron Spelling (BEVERLY HILLS 90210) verheiratet war. Jackie Coogan tauchte zur Audition mit einem riesigen Schnurrbart auf. Als ihm David Levy sagte, daß Uncle Fester keine Haare habe, kam er am nächsten Tag mit kahlgeschorenem Schädel zum Vorsprechen und erhielt die Rolle auf Anhieb.

Für Jackie Coogan bedeutete THE ADDAMS FAMILY ein spätes Comeback nach einem tragischen Leben. 1921 hatte er neben Charlie Chaplin die Hauptrolle in THE KID gespielt. Damals war er vier Jahre alt. Mit sechs Jahren war er ein internationaler Star und Millionär, mit 23 ein gebrochener Mann. Seine Mutter hatte sein ganzes Vermögen durchgebracht, woraufhin ein Gesetz zum Schutz von Kinderdarstellern verabschiedet wurde. Ganz Amerika war empört und Jackie Coogan wieder arm. Daß er nach Alkohol- und Drogenexzessen, mehreren Gefängnisaufenthalten und Entzugstherapien trotzdem eine zweite Karriere

Der Ort des bizarren Geschehens: das Haus der Addams Family

starten konnte, grenzte fast an ein Wunder. Dennoch konnte er seine verlorene Kindheit nie überwinden; manchmal, wenn er von einem anstrengenden ADDAMS FAMILY-Drehtag nach Hause kam, brach es aus ihm heraus: »Früher einmal war ich das schönste Kind der Welt, und heute bin ich ein scheußliches Monster.«

Als Darstellerin der Grandma Addams wurde Jeannett MacDonalds Schwester Blossom Rock (ihr wirklicher Name!) ausgesucht. Während Butler Lurch vom riesigen Schauspieler Ted Cassidy gespielt wurde, steckte unter Cousin Itts langer Haarpracht der Zwerg Felix Silla. Die fiepsende Stimme von Cousin Itt stammte kurioserweise vom Produzenten Nat Perrin. Der piepste allerlei unsinniges Gewäsch auf Tonband und spielte das Band rückwärts mit schnellerer Geschwindigkeit ab. Weil für den mittlerweile legendären Titelsong damals kein Geld zur Verfügung stand, sahen sich Komponist Vic Mizzy und sein Techniker Dave Kahn gezwungen, selbst zu singen. Ted »Lurch« Cassidys rauchige Worte »Neat, sweet, petite« wurden dazugemischt. Ted Cassidys Hände wurden für Thing, das eiskalte Händchen, verwendet. Obwohl Thing eigentlich eine rechte Hand war, ist in manchen Episoden eine linke Hand zu sehen. Immer wenn Ted Cassidy und Thing in einer Szene gemeinsam vorkamen, übernahm der Regieassistent Jack Voglin Things Rolle.

Obwohl die erfolgreiche Serie mitunter sogar höhere Einschaltquoten als die BOB HOPE SHOW erzielte, die zur gleichen Zeit bei NBC lief, cancelten die ABC-Verantwortlichen THE ADDAMS FAMILY nach nur 64 Episoden. ABC wurde von der unbegründeten Furcht gepeinigt, der ADDAMS FAMILY könne es genauso ergehen wie den MUNSTERS, die 1966 mit einem ständigen Zuschauertief zu kämpfen hatten. Am 1. September 1966 strahlte CBS die letzte MUNSTERS-Episode aus. ABC zog mit und entließ am 9. September 1966 Gomez, Morticia, Lurch, Wednesday, Pugsley, Grandma, Uncle Fester und Thing in die Unsterblichkeit.

Titelthema von THE ADDAMS FAMILY

»They're creepy and they're kooky,
Mysterious and spooky.

They're altogether ooky,
The Addams Family.
Their house is a museum,
When people come to see 'em,
The Addams Family.
Neat, sweet, petite
So get a witch's shawl on
A broomstick you can crawl on.
We're gonna pay a call on
The Addams Family!«

(VIC MIZZY, 1964)

Starke Sprüche

MORTICIA: »Salt, pepper, or cyanide?«

GOMEZ: »We Addamses have not worked in three hundred years – supervised and managed, yes … but worked, never!«
MORTICIA: »Do you remember the time Thing spilled salt and he almost went mad trying to find a shoulder to throw it over?«

Unsterbliche Momente

MORTICIA: »I live in constant fear that some woman will steal you away from me.«
GOMEZ: »Banish the fear, my Querida. You are the only cactus in the garden of my life.«

WEDNESDAY:
»I have a gloomy little spider
I love to sit down close beside her.
She never knows where she has been
Cause all she does is spin and spin.
My spider's quite a busy roamer,
Which is why I called her Homer.
She loves to work and spin all day,
And then at night she likes to play.
Her web is like my mother's hair,
Her eyes have got my father's stare.

She may not jump or twist or bend,
Because a spider is a girl's best friend.«

KOSMETIKERIN: »Say, maybe you could help me make a sale …
What kind of powder does your mommy use?
WEDNESDAY: »Baking powder.«
KOSMETIKERIN: »I mean on her face.«
WEDNESDAY: »Baking powder.«

UNCLE FESTER: »They're going to build a freeway!«
GOMEZ: »A freeway through our fair city?«
UNCLE FESTER: »Well, a freewey has its compensations. There's
something rather musical about the sound of crunching metal.«

Die Prominenz

Gaststars: Lee »Dynasty« Bergere, Margaret Hamilton, Robby
the Robot

Die wichtigsten Regisseure: Arthur Hiller (*Transamerika-Ex-
preß*), Arthur Lubin (*Phantom der Oper*), Sidney Lanfield (*Geliebte Spionin*)

Fanpost

Ted »Lurch« Cassidy bekam Fanpost von Mädchen, die behaup-
teten, er wäre süßer als die Beatles.
Punk-Lady Siouxsie Sioux bekannte einmal, ihr Idol sei Morticia Addams.

Kultobjekte

Flipperautomat: Eine formvollendete Versuchung mit Stereo-
sound. Die Flipperbügel schnippen zum Soundtrack.

Notizen für Insider

THE ADDAMS FAMILY
USA 1964–1966

Produktion: ABC, Filmways TV Productions, Inc.
64 Episoden à 25 Minuten
Idee: David Levy nach Figuren von Charles Addams
Produzent: Nat Perrin
Musik: Vic Mizzy

Stammbesetzung:
John Astin (Gomez Addams), Carolyn Jones (Morticia Frump Addams), Jackie Coogan (Uncle Fester), Ted Cassidy (Lurch), Blossom Rock (Grandma Addams), Lisa Loring (Wednesday Friday Addams), Ken Weatherwax (Pugsley Addams), Felix Silla (Cousin Itt), Tony Magro (Cousin Itt, Stimme), Die Hand von Ted Cassidy (Thing)

Carolyn Jones starb 1983 im Alter von 50 Jahren an Krebs.
Charles Addams starb 1988 im Alter von 72 Jahren an einem Herzinfarkt.
Jackie Coogan starb 1984 im Alter von 66 Jahren.
Blossom Rock starb 1978 im Alter von 82 Jahren.
Von 1973 bis 1975 produzierten William Hanna und Joe Barbera (*Familie Feuerstein, Tom und Jerry*) für NBC 37 Episoden der ADDAMS FAMILY als Zeichentrick-Serie. Uncle Fester wurde von Jackie Coogan gesprochen, Lurch von Ted Cassidy und Wednesday von der damals achtjährigen Jodie Foster!

1977 produzierte NBC den 90minütigen Fernsehfilm HALLO-WEEN WITH THE NEW ADDAMS FAMILY mit John Astin, Carolyn Jones, Jackie Coogan und Ted Cassidy in den Hauptrollen. Nur Blossom Rock, die Darstellerin der Grandma, fehlte in der Besetzungsliste. Tragischerweise konnte sie nach einem Schlaganfall kaum mehr sprechen.

1991 entstand unter der Regie von Barry Sonnefeld der Kinofilm THE ADDAMS FAMILY mit Raul Julia als Gomez, Anjelica Huston als Morticia, Christopher Lloyd als Uncle Fester und Carol Kane als Grandma.

1993 kam die Fortsetzung *Die Addams Family in verrückter Tradition* in die Kinos. In den Hauptrollen wieder Raul Julia, Anjelica Huston und Christopher Lloyd. Nun bekamen Gomez und Morticia ihr drittes Kind. Es war kein Junge, es war kein Mädchen, es war ein Addams! Und sein Name war Pubert!

Einzeltitel

Nr.	Originaltitel	Season
37	Morticia's Romance Part 2	2
38	Morticia Meets Royalty	2
39	Gomez, the People's Choice	2
40	Cousin Itt's Problem	2
41	Halloween – Addams Style	2
42	Morticia, the Writer	2
43	Morticia, the Sculptress	2
44	Gomez, the Reluctant Lover	2
45	Feud in the Addams Family	2
46	Gomez, the Cat Burglar	2
47	Portrait of Gomez	2
48	Morticia's Dilemma	2
49	Christmas with the Addams Family	2
50	Uncle Fester, Tycoon	2
51	Morticia and Gomez vs. Fester and Grandma	2
52	Fester Goes on a Diet	2
53	The Great Treasure Hunt	2
54	Ophelia Finds Romance	2
55	Pugsley's Allowance	2
56	Happy Birthday, Grandma Frump	2
57	Morticia, the Decorator	2
58	Ophelia Visits Morticia	2
59	Addams Cum Laude	2
60	Cat Addams	2
61	Lurch's Little Helper	2
62	The Addams Policy	2
63	Lurch's Grand Romance	2
64	Ophelia's Career	2

Akte X

Am Ende des Films, wenn das Böse besiegt ist und die Vampire zu Staub zerfallen sind, wenn die angehende Saalbeleuchtung die Morgendämmerung imitiert, bleibt nur noch eine einzige essentielle Frage offen: Wäre das Erlebte nicht bloß ein Lichtspiel auf der Leinwand gewesen – wäre also wahr, was uns Regisseure wie George A. Romero, Stanley Kubrick oder Wes Craven über »die Zeit danach« erzählen –, wie können die Überlebenden je wieder in ihr normales Leben zurückfinden? Wie bekommt man die Angst aus dem Kopf, wenn man weiß, daß Vampire nicht bloß ein Mythos sind? Wie kann man die Augen schließen, wenn in der Dunkelheit jemand nur auf diesen Moment wartet – *und man es weiß*! Nur eine kurze Fahrt auf der Autobahn, die Zündung streikt, Feuer fällt vom Himmel, einen Lidschlag später ist alles vorbei, nur drei Narben auf der Haut sind geblieben. Wo kann man sich vor Wesen verstecken, die alles und jeden durchdringen können, für die Zeit nur von geringfügiger Bedeutung ist und die sich offenbar außerhalb unseres

Die geheimsten Agenten des FBI: David Duchovny als Fox Mulder und Gillian Anderson als Dana Scully

Wahrnehmungsbereiches aufhalten – und deren unbegreifbarer Flugkörper dennoch von einem Air-Force-Bomber abgeschossen werden kann? Wie schützt man sich vor dem Wahnsinn, den das Wissen um die permanente Bedrohung aus dem Grenzbereich des menschlichen Verstandes verursacht?

Das FBI weiß es. Das Federal Bureau of Investigation hat seine eigenen Methoden, um mit dem Problem fertig zu werden. Fälle mit phantastischem Charakter wandern seit Edgar Hoovers Zeiten in die sogenannten X-Akten: ungelöste Rätsel, denen niemand auf die Spur kommen wollte oder sollte. Fälle, die sich mit konventionellen Mitteln nicht erklären lassen und die oft genug das Interesse der Militärs erwecken. Nur wenige Menschen wissen, was wirklich läuft – und einer von ihnen ist der FBI-Agent Fox Mulder. Von seinen Kollegen »Spooky« genannt, widmet er sich der Bearbeitung der X-Akten und macht dabei Bekanntschaft mit Phänomenen, die sich mit den Mitteln der Wissenschaft nicht erklären lassen. Seine Bosse schätzen die Tätigkeit ihres Mitarbeiters nicht sehr, deshalb teilen sie ihm die Agentin Dana Scully (Gillian Anderson) zu, eine Ärztin mit nüchternem Blick fürs Wesentliche. Gillian Anderson kann zwar auf keine bewegte Filmgeschichte, dafür aber auf eine kurze Karriere am Theater zurückblicken. Bevor sie für *Akte X* engagiert wurde, erhielt sie für ihre Darstellung in Alan Ayckbournes Stück ABSENT FRIENDS (Manhattan Theatre Club) den Theatre World Award verliehen.

Mulder wurde in Oxford zum Psychologen ausgebildet und besitzt ein fotografisches Gedächtnis. Zu seinen Spezialgebieten gehört unter anderem die Erstellung von Täterprofilen von Massenmördern. Auf die X-Akten wurde er während seiner ersten Jahre beim FBI aufmerksam; sein grundlegendes Interesse aber basiert auf einem Kindheitserlebnis: Als er zwölf Jahre alt war, verschwand seine achtjährige Schwester Samantha spurlos aus dem elterlichen Haus in Chilmark, Massachusetts. Unter Hypnose stellt Mulder fest, daß sie von Außerirdischen entführt wurde: Während einer Regressionssitzung erinnert er sich an ein grelles Licht und an eine Stimme, die ihm sagte, mit seiner Samantha sei alles in Ordnung. »Mulder ist ein Querkopf, der von seinen Überzeugungen nicht abläßt, aber zugleich auch ein ganz normaler Typ«, beschreibt Duchovny seine Rolle. »Wenn ein verschrobener Mann mit dicken Brillengläsern etwas von Klonen erzählen würde, dann würde wohl jeder mitleidig lächeln. Wenn aber ein normaler Mensch von solchen Phänomenen spricht, horcht man erstaunt auf. Mulder verleiht der Story Glaubwürdigkeit.«

Mulders kometenhafter Aufstieg beim FBI verschafft ihm mächtige Freunde im Kongreß, die schützend ihre Hand über dem neugierigen Agenten ausbreiten, wenn sich der zu weit ins Unerforschte vorgewagt hat: Es gibt Dinge, die auch das FBI nicht weiß; Dinge, die es offiziell gar nicht gibt – wie etwa Wrackteile von abgestürzten Ufos, mit denen das Militär technologische

Experimente durchführt. Einer dieser Freunde nennt sich »Deep Throat« – er ist einer jener drei Männer, die am Tod von mindestens einem Wesen aus einer anderen Welt beteiligt waren. Indem er Mulder schützt und der Wahrheit in einem langwierigen Prozeß zu ihrem Recht verhilft, leistet er Buße für sein Verbrechen.

Die Fälle, mit denen Scully und Mulder konfrontiert werden, verfolgen kein bestimmtes Schema: Einmal kommen sie einer mörderischen Insektenkultur auf die Spur, die in der Rinde eines Mammutbaumes überleben konnte; dann jagen sie einen genmutierten Mörder; dann wiederum werden sie das Opfer von Experimenten, die die Army mit extraterrestrischer Technologie durchführt, wie etwa im Fall jener vier Menschen, die unter so mysteriösen Umständen ums Leben kommen, daß Mulder seine Ermittlungen aufnimmt. Bei der Exhumierung eines der Opfer wird anstelle einer menschlichen Leiche ein fremdar-

Ist die Katze wirklich eine Katze? Special Agent Fox Mulder ermittelt:
›Akte X‹

21

tiger Kadaver gefunden. Die Freunde des Toten, mit denen Mulder Kontakt aufnehmen will, befinden sich allesamt in psychiatrischer Behandlung. Einige von ihnen behaupten unter Hypnose, außerirdische Wesen hätten ihnen eine Sonde implantiert. Mulder nimmt die Fährte auf – bis das FBI eine Anweisung von ganz oben bekommt. Wieder einmal waren die Militärs schneller; wieder einmal gibt es kein Happy-End, aber gerade das macht den Reiz von *Akte X* aus.

Trotz des realistischen Touchs, der die Produktion prägt, konnte sich am Anfang des Projektes *Akte X* niemand vorstellen, daß daraus ein Seller werden sollte.»Ich dachte mir, daß wir von dieser Grusel-Story sechs Folgen drehen und dann abgesetzt werden«, meint Duchovny.»Hauptsache, ich kann ein paar meiner Rechnungen bezahlen.« Nach einem eher schwachen Start war das Publikumsinteresse aber plötzlich so groß, daß 20th Century Fox beschloß, 24 Episoden in Auftrag zu geben (weitere sind geplant). Jede einzelne wurde mit dem Traumbudget von einer Million Dollar ausgestattet.

Erfunden wurde die spannende Mär aus dem Hyperraum von Chris Carter, der auch als Drehbuchautor und Produzent fungiert. Nachdem er lange Zeit als freischaffender Journalist tätig war, begann Carter seine Karriere als Skriptautor im Jahr 1985 bei den Walt-Disney-Studios. Er schrieb und produzierte eine Reihe von Fernsehfilmen, wie etwa CAMEO BY NIGHT für NBC oder die Sitcom THE NANNY für den Disney Channel.

Bleibt eigentlich nur noch die Frage nach Mulders Geheimrezept, das ihn trotz seines Wissens und seiner Verletzbarkeit noch Schlaf finden läßt, ohne dabei von Aliens, Dämonen oder paranormal begabten Kindern zu träumen.

Trivia

Der Pilotfilm wollte durch eine Texteinblendung den Glauben erwecken, die einzelnen Storys würden auf echten X-Akten des FBI basieren. Dieser Hinweis hat ausschließlich plakativen Charakter. Keine einzige Episode basiert auf FBI-Akten, die Autoren lassen sich allerdings von News-Meldungen und einschlägigen Publikationen inspirieren.

Wie könnte es anders sein, wenn sich ein Mann und eine Frau alleine in einem Zimmer aufhalten, ohne sich gleich umzubringen:

Man ortet »Vibrations« zwischen den beiden, eine sexuelle Spannung. Tatsächlich sagt Mulder in einer Episode zu Scully, daß es »Liebe werden könnte« – doch eine derartige Entwicklung liegt weder im Sinne der Produzenten noch der Darsteller. »Es könnte der Ruin für die ganze Show sein«, meint Chris Carter, und Gillian Anderson bestätigt: »Wir werden uns möglicherweise näherkommen, und es wird Zeiten mit großer sexueller Spannung zwischen uns geben und Zeiten, in denen wir nur Freunde sind – aber es wird ganz sicher keine romantische Beziehung daraus werden.« Auch Duchovny ist dieser Meinung: »Mit einer Frau gleichzeitig befreundet zu sein und mit ihr zusammenzuarbeiten ist viel interessanter … Natürlich könnten wir einfach miteinander ins Bett gehen, aber dazu wäre nicht sehr viel Phantasie nötig.«

Wenn das kein Zeichen ist: David Duchovny wurde am 7. August geboren; Gillian Anderson am 9. August – wie einer der beiden Verfasser dieses Buches.

Scullys FBI-ID-Nummer ist 2317-616; ihre private Telefonnummer ist (202) 555-64 31. An den drei Fünfen können Sie erkennen, daß es sich dabei um eine fiktive Nummer handelt (wird in jedem Film so gehandhabt).

Mulders von Außerirdischen entführte Schwester heißt mit vollem Namen Samantha T. Mulder. Sie wurde am 22. Januar 1964 geboren. Die Adresse ihres Elternhauses, aus dem sie verschwand, lautet:

2790 Vine Street, Chilmark, Massachusetts. Über ihren Fall existiert eine von Mulder angelegte X-Akte.

Fan-Club

Der offizielle X-Files Fan Club wurde im März 1994 mit der Genehmigung von 20th Century Fox und Ten Thirteen Productions gegründet. Der Jahresbeitrag beträgt US-$ 20,–.

 Anschrift: X-Files Fan Club, P. O. Box 3138, Nashau, NH 03061-3138 oder X-Files Fan Club, c/o S. Bartle, 4404 Perry St., Vancouver, BC Canada V5N 3X5.

Das *Akte X*-Produktionsbüro erreichen Sie unter folgender Anschrift:

The X-Files Production Office, Building 10, 110-555 Brooks Bank Ave., North Vancouver, BC Canada V7J 3S5.

Notizen für Insider

Akte X / THE X-FILES
USA 1993–?
Episodenlänge: ca. 45 Minuten
Idee: Chris Carter

Die wichtigsten Regisseure:
Robert Mandel, Daniel Sackheim, Harry Longstreet, Joe Napolitano, Michael Katleman, Michael Lange, William Graham, Larry Shaw, Rob Bowman, David Nutter

Stammbesetzung:
David Duchovny (Special Agent Fox Mulder), Gillian Anderson (Agent Dana Scully), Charles Cioffi (Section Chief Scott Blevins), Frederick Coffin (Section Chief Joseph McGrath), Mitch Pileggi (Assistant Director Walter S. Skinner), Jerry Hardin (»Deep Throat«), William B. Davis (»Cigarette Smoking Man«).

Alf

»Ich hab den Grill angesteckt, Leute.
Am geilsten brennen die Räder.«

(Alf)

WILLIE: »Alf!«
ALF: »Ja, Wilhelm?«

Der Name des Hauptdarstellers fehlt auf der Besetzungsliste. Da findet man die Tanners: Willie Tanner (Max Wright), seine Frau Kate (Anne Schedeen), Tochter Lynn (Andrea Elson) und Sohn Brian (Benji Gregory); und die Ochmoneks, Trevor und Raquel – gute, aber skrupellos neugierige Nachbarn, die auch schon mal zum Telefon greifen, wenn das Fahndungsfoto eines gesuchten Einbrechers dem Tannerschen Familienoberhaupt ähnlich sieht. Der eigentliche Star der Show allerdings hat keinen bürgerlichen Namen: Er ist eine Puppe – und zwar nach Barbie und Sharon Stone die zweifellos beliebteste im ganzen Universum.

Alf betrat die irdische Showbühne mit einem Knalleffekt: Sein Raumschiff krachte mitten in Garage und Leben der Tanners – er selbst spazierte nach einer kurzen Erholungspause direkt zum Kühlschrank. Keine Invasion, kein Krieg der Welten, nur eine hungrige außerirdische Lebensform, die bemuttert werden wollte; ein armseliges Fellbündel, das die Spießerfamilie kollektiv zu Pfadfindern konvertieren ließ.

Als erstes räumte Alf mit dem verbreiteten Gerücht auf, daß nur die Klügsten einer Spezies in den Weltraum fliegen dürfen. Alf kann weder sein Raumschiff reparieren, noch hat er eine Antenne für philosophische Gespräche über das Wesen des Universums, noch hat er Manieren. Da ist es kein Wunder, daß auch sein Heimatplanet Melmac nicht mehr existiert; explodiert als kollosaler Knallfrosch in einer kosmischen Silvesternacht. Dafür entwickelt das neue Familienmitglied eine Vorliebe für ungewöhnliche Gaumenfreuden: Katzen, egal wie auch immer zubereitet, lassen den Weltraumasylanten in höhere Sphären schweben. Ärger ist vorprogrammiert, denn zum Familienidyll mit Haus und Garten gehört auch der Kater Lucky.

Familie Tanner samt beliebter Puppe: Vater Willie (Max Wright), Mutter Kate (Anne Schedeen), Tochter Lynn (Andrea Elson), Sohn Brian (Benji Gregory), Alf

Allerdings: Mit seiner naiv-liebenswerten Art, die Dinge zu hinterfragen, bringt Alf auch eine Einsicht mit: Beiß nicht die Hand, die dich füttert! Lucky wird aus den Toastbrot-Scheiben befreit, und das Chaos geht los.

Einzeltitel (laut ORF-Ausstrahlung)

1 Hallo, da bin ich
2 Die Nacht, in der die Pizza kam
3 Katzenjammer
4 Großer Mann, was nun?
5 Parasit mit Puderquaste
6 Ganz im Vertrauen
7 Fröhliche Ferien
8 Bühne frei für Spargelspitzen
9 Ein Mädchen namens Rhonda
10 Eifersucht nach Noten

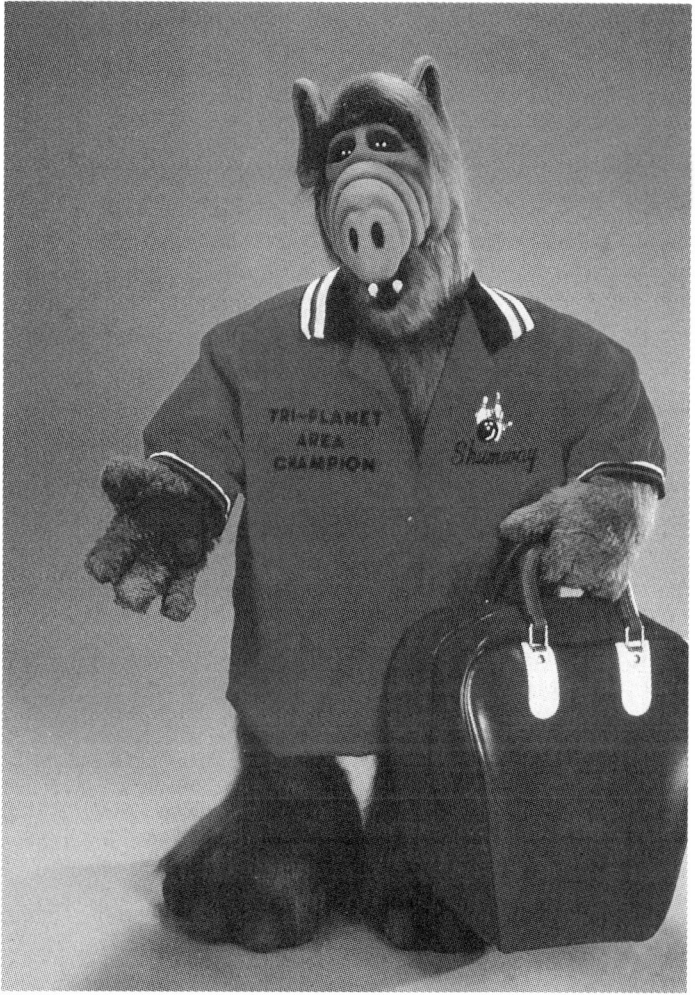

Alf, der außerirdische Asylant

Eines hat Alf schnell gelernt: Beiß nicht die Hand, die dich füttert!

Alf konfrontiert die Tanners mit außerirdischen Kakerlaken, die bei der Anwendung von Insektengift wachsen, er wird zum Rockstar, er nimmt die Identität eines Versicherungsvertreters namens Gordon Shamway an und betrachtet Willies Kreditkarte als persönliches Eigentum. Den größten Teil seiner kargen Zeit verbringt er kauend vor dem Fernsehgerät oder muß sich vor den neugierigen Nachbarn, den Ochmoneks, verstecken. Nichts ist ihm heilig, und nichts ist vor ihm sicher. Das ist wahrscheinlich auch einer der Gründe, warum wir ihn so sehr lieben.

Die von Paul Fusco und Tom Patchett entwickelte Comedy-Serie brachte es auf 123 Episoden, von denen 100 im deutschsprachigen Raum ausgestrahlt wurden. Im Vorabendprogramm entpuppte sich ALF bald als regelrechter Straßenfeger, dessen Fangemeinde täglich größer wurde. Immerhin: Mit der zunehmenden Popularität wurde auch das TV-Genre »Sitcom« im deutschen Sprachraum salonfähig – zuvor waren die »Lacher vom

Band« nur in Begleitung von untertitelten US-Serien wie THE ADDAMS FAMILY zu hören gewesen. ALF hingegen besaß in seinen besten Zeiten den Stellenwert einer öffentlichen Institution. Als Gesprächsthema Nummer eins machte er sowohl Kritiker wie auch Publikum mit dem Umstand vertraut, daß bei einer Sitcom die Lacher zwar tatsächlich vom Band, aber nicht von ungefähr kommen. Nach zwei Drehjahren hatte sich der groteske Humor des außerirdischen Asylanten so weit abgenutzt, daß die Zuschauerzahlen zu schwinden begannen.

In der letzten Folge will Alf die Erde verlassen; bevor er aber an Bord des Raumschiffs gehen kann, entdecken ihn die Männer der Extraterrestrischen Einsatzgruppe. Open end. Aber: Von T-Shirts, Tellern und Autofensterscheiben ist Alf bis heute nicht verschwunden. Da die Serie sehr regelmäßig wiederholt wird, sehen wir die Popularität unseres pizzaessenden Freundes für die nächste Zukunft ungebrochen.

Die Besetzungsliste von Alf rekrutierte sich vorwiegend aus neuen Namen. Die meisten Alf-Einstellungen wurden mit einer von Handpuppenspielern bedienten Puppe gedreht. Lediglich für Szenen, in denen Alf im Zimmer herumgeht, wurde ein zwergwüchsiger Schauspieler in eine Ganzkörpermaske gesteckt. Was am Bildschirm also so leicht und locker daherkommt, bedeutete für die Beteiligten ein hartes Stück Trickarbeit (nicht zu vergessen: ALF ist eine Sitcom; die meisten Einstellungen werden daher vor Live-Publikum gedreht).

Willie-Darsteller Max Wright war im Jahr 1979 erstmals in LAST EMBRACE in einer kleinen Rolle zusammen mit Roy Scheider, Christopher Walken und Charles Napier zu sehen. Regie führte der damals noch eher unbekannte Regisseur Jonathan Demme, der später die oscarprämierten Filme *Das Schweigen der Lämmer* und *Philadelphia* drehte. Auch in Bob Fosses vielgelobtem Blick hinter das Rampenlicht, ALL THAT JAZZ (USA 1979), war Max Wright als Joshua Penn mit von der Partie. Seinen jüngsten Serienauftritt absolvierte er in der Verfilmung von Horrorautor Stephen Kings Bestseller THE STAND (*The Stand – Das letzte Gefecht*, Warner Home Video); Regie bei der verunglückten Fernsehadaption führte der Amerikaner Rick Garris.

Seine Frau Kate ist mit der eher unbekannten Anne Schedeen besetzt. Ihre Karriere begann mit einem Auftritt in Regisseur Ralph Nelsons Science-fiction/Horror-Spektakel EMBRYO (USA

1976, später auf CREATED TO KILL umgetitelt), in dem immerhin Rock Hudson, Diane Ladd und Roddy McDowall mitwirkten. Ein Jahr später war Anne Schedeen in der Fernsehproduktion EXO-MAN zu sehen, danach im Jahr 1986 in der Mini-Serie IF TOMORROW COMES. Nach dem Ende von ALF setzte sie ihre Karriere als Seriendarstellerin vor allem durch Gastauftritte fort, unter anderem in einer Episode der Krimiserie Perry Mason: THE CASE OF THE MALIGNED MOBSTER (USA 1991).

Auch Andrea Elson, die Darstellerin der Lynn, gehört nicht zu den großen Namen im Showbusineß. Ihren ersten Auftritt hatte sie im Jahr 1983 in WHIZ KIDS, einem Hacker-Drama, in dem sie die Hauptrolle spielte. 1986 kam bereits ALF; 1991 war Andrea Elson in der Fernsehproduktion FRANKENSTEIN: THE COLLEGE YEARS zu sehen.

Ein fast zur Gänze unbeschriebenes Blatt ist Benji Gregory, Darsteller des »unschuldigen Engels« Brian. Gregorys Biographie hat ansonsten nur einen winzigen Auftritt in Penny Marshalls 1986 gedrehter Spionage-Groteske JUMPIN' JACK FLASH (mit Whoopie Goldberg) aufzuweisen.

Starke Sprüche

KATE: »Was werden Sie denn mit ihm machen, wenn Sie ihn erst einmal im Labor haben?«
DARLOW VALENTINE (von der Space Task Force in Edwards): »Ach, nur die übliche Testserie. Wir stellen fest, wie er auf große Hitze reagiert und auf große Kälte. Auf Hochspannung, auf Schmerz, auf Schlafentzug. Impfstoffe und so weiter. Und dann werden wir ihn sezieren.«
KATE: »Vielleicht reißen Sie ihm auch noch die Zehennägel raus?«
VALENTINE: »Sie lassen mich ja nicht ausreden …«

WILLIE: »Darf ich fragen, wer Ihnen unseren Namen gegeben hat?«
POLIZIST: »Wie ich schon sagte, ist diese Information streng ochmonek, äh, vertraulich.«

ALF ÜBER WILLIE: »Er heißt Willie und hat ein gutes Herz und ist ziemlich gewitzt – für einen ohne Fell.«

Notizen für Insider

ALF
USA 1986–1990
Produktion: NBC Television
123 Episoden, davon 100 auf deutsch.
Idee: Paul Fusco, Tom Patchett

Die wichtigsten Regisseure:
Paul Miller, Paul Fusco, Nick Havinga

Stammbesetzung:
Max Wright (Willie Tanner), Anne Schedeen (Kate Tanner),
Andrea Elson (Lynn Tanner), Benji Gregory (Brian Tanner), Liz
Sheridan (Raquel Ochmonek). Deutsche Synchronstimme von
Alf: Tommy Piper (die Originalsynchronstimme stammt von
Produzent Paul Fusco).

Auf der Flucht

»Don't Kimble me!«
(Redewendung)

*KIMBLE: »Aber ich habe meine Frau nicht
getötet. Ich habe sie geliebt. Und nun habe ich
alles verloren, bin auf der Flucht. Ich habe meine
Frau nicht getötet. Wann wird mir das Gesetz eine
Chance geben, meine Unschuld zu beweisen?«
MANN: »Sie hatten doch eine Verhandlung,
nicht?«
KIMBLE: »Niemand war auf meiner Seite.«*

Ein Mann, alleine. Unschuldig. Auf der Flucht vor dem Gesetz.
Richard Kimble soll seine Frau getötet haben, aber wir wissen,
das stimmt nicht. Sie hatten einen Streit; er kam abends nach
Hause und fand sie sterbend. Kimble erhascht einen kurzen
Blick auf den Mörder, der nur einen Arm hat. Alle Indizien sprechen gegen Kimble; er wird angeklagt und schuldig gesprochen.
Dann entgleist der Gefangenenzug, und Kimble kann entkommen. Aber das Gesetz ist ein einsamer Jäger, und Leutnant Philip Gerard nimmt die Spur des Flüchtigen auf. Erbarmungslos
verfolgt er ihn quer durch die Vereinigten Staaten, von Kanada
bis Mexiko. Kimble weiß, daß die Jagd erst dann vorbei ist, wenn
er den wahren Mörder seiner Frau findet – oder Kimble von
Gerard gefunden wird. In jedem Fall wird einer sterben.
Im Jahr 1963 – jenem Jahr, in dem sich John F. Kennedy zuerst
als Berliner bekannte und sechs Monate später erschossen wurde – mauserte sich eine auf Tatsachen basierende Fernsehserie
über einen Justizirrtum über Nacht und völlig überraschend
zum Blockbuster. Das von Roy Huggins entwickelte Serial *Auf
der Flucht* – im amerikanischen Original THE FUGITIVE: Der
Ausreißer – basiert auf dem wahren Fall von Dr. Sam Shepard,
einem Arzt aus Ohio, der im Jahr 1954 unschuldig für den Mord
an seiner Frau verurteilt wurde, und dem Buch LES MISERABLES
von Victor Hugo. Vier Jahre lang flüchtet Kimble äußerst erfolgreich vor seinem Gegenspieler Philip Gerard, dem kein Opfer
zu groß ist, um den Arzt zur Strecke zu bringen – Kimble hat

Glück, daß Kernwaffen im Jahr 1963 so schwer zu bekommen waren. Als Kimble in der letzten Episode, *Das Urteil*, den Einarmigen stellte, erreichte er die sagenhafte Einschaltquote von 70 Prozent – ein Rekord in der Geschichte des Fernsehens, der erst von DALLAS wiederholt wurde; und selbst da war ein Attentat auf J. R. Ewing notwendig (WHO SHOT JR?, USA 1980). Insgesamt wurden 120 Episoden gedreht, 75 davon im deutschen Fernsehen ausgestrahlt.

THE FUGITIVE hat Spuren in der amerikanischen Psyche hinterlassen. Das Drama um den gehetzten Arzt, der unschuldig die volle Härte des Gesetzes zu spüren bekommt, traf voll den Nerv der Zeit (bis zum Ende des Jahrzehnts sollten noch mehr Menschen feststellen, was es heißt, auf der Flucht zu sein). Das Mittelding aus Road-Movie und Crime-Story packte jeden und verschaffte Doktor Kimble einen Stammplatz im amerikanischen Alltagsbewußtsein. Wer sich bedrängt und verfolgt fühlt, fühlt sich wie Richard Kimble: Don't Kimble me! Selbst Alf, fernsehsüchtiger Serienbesucher aus einer anderen Welt, kam am Phänomen Kimble nicht vorbei: Unschuldig den Kühlschrank leer gefressen habend, begab er sich kurzzeitig auf Wanderschaft durch den Westen.

Für den Schauspieler David Janssen (richtiger Name: David Meyer) war Richard Kimble der Höhepunkt seiner Karriere. Mit neun Jahren hatte er bereits in einer Tarzan-Verfilmung mitgewirkt; nach Dr. Kimble agierte er vor seinem Tod im Jahr 1980 noch kurzfristig als Privatdetektiv in der Serie HARRY O. Obwohl: Bis die Engagements ausblieben, war Janssen über das Ende von THE FUGITIVE nicht einmal unglücklich. Da er in 80 Prozent aller Szenen zu sehen war, hatten ihn die Dreharbeiten mehr erschöpft als alle anderen Beteiligten.

Auch Barry Morse, Darsteller des humorlosen Polizisten Philip Gerard, dessen Karriere nach THE FUGITIVE mehr oder weniger im Sand verlief, war über ein Ende dankbar: Er hatte es endgültig satt, daß ihn wildfremde Menschen im Lokal ansprachen und ihm drohten, er solle den lieben Doktor doch durch die Maschen des Gesetzes schlüpfen lassen.

Im Jahr 1993 wurde THE FUGITIVE für das Kino wiederentdeckt. Regisseur Andrew Davis ließ Harrison Ford und Tommy Lee Jones gegeneinander antreten. Die Story des 130minütigen Kinoepos richtet sich im wesentlichen nach dem Serienplot, ist

Auf der Flucht: David Janssen alias Dr. Kimble

im Gegensatz dazu aber noch ein bißchen unrealistischer und verworrener. Tommy Lee Jones spielt Harrison Ford zwar problemlos an die Wand (eine Leistung, die mit dem Oscar für die beste männliche Nebenrolle ausgezeichnet wurde), kann aber die Frage, warum die Polizei die Spur des einarmigen Mörders nicht schon vom Beginn an verfolgt hat, auch nicht klären. Die Kinoversion von THE FUGITIVE ist dadurch zum rasanten Fantasy-Märchen geraten, das »Doktor Kimble pur« vermittelt; ein infernalisches Spektakel mit wunderbaren Sound-Effekten.

Notizen für Insider

Auf der Flucht / THE FUGITIVE
USA 1963–1967
Produktion: ABC Television
120 Episoden, davon 75 in deutscher Ausstrahlung
Erfinder: Roy Huggins

Die wichtigsten Regisseure:
Mark Rydell, Joseph Pevney, Gerd Oswald

Stammbesetzung:
David Janssen (Dr. Richard Kimble), Barry Morse (Lt. Philip Gerard), Jacqueline Scott (Donna Taft), Bill Raisch (Einarmiger/Fred Johnson)

Gaststars:
Howard de Silva, Tom Skerrit, Anne Francis, Angie Dickinson, Robert Duvall, Kurt Russell, Warren Oates, Telly Savalas

Einzeltitel (Reihenfolge laut ARD-Ausstrahlung)

Nr.	Deutscher Titel	Originaltitel
1	Die Spur führt nach Chicago	Fear in a Desert City
2	Eingekreist	
3	Allein in einer fremden Stadt	
4	Kurs auf Alaska	
5	Alpträume	
6	Der mysteriöse Fremde	
7	Zwischenfall in Black Moccasin	
8	Unter rauhen Männern	
9	Eine Frau ohne Skrupel	Glass Tightrope
10	Hollywood sehen und sterben	See Hollywood and Die
11	Gefährliche Heimkehr	Home Is the Haunted
12	Die Ratte	Rat in the Corner
13	Ein Mann sucht seinen Richter	Flight from the Final Demon
14	Rendezvous mit dem Tod	The End Is the Beginning
15	Gefährliches Rezept	Never Stop Running

Nr.	Deutscher Titel	Originaltitel
56	Anders als andere	Approach with Care (F)
57	Die Jünger des Teufels	The Devil's Disciples (F)
58	Letzter Ausweg Mexiko	Right in the Middle of the Season (F)
59	Von der Außenwelt abgeschnitten	Run the Man Down (F)
60	Fluchtpunkt Mexiko	The One That Got Away (F)
61	Alles hat seine zwei Seiten	The Other Side of the Coin (F)
62	Das Böse, das Männer tun	The Evil Men Do (F)
63	Die Angst zu versagen	The Breaking of the Habit (F)
64	Erdrückende Beweise	Concrete Evidence (F)
65	Kidnapping	There Goes the Ballgame (F)
66	Im Labyrinth der Träume (F)	
67	Ein hinterhältiger Mordanschlag (F)	
68	Auf dem Weg zur Todeszelle (F)	
69	Das Gesetz der Straße (F)	
70	Ein aussichtsloser Kampf (F)	
71	Flucht in die Botschaft	Dossier on a Diplomat (F)
72	Komm mit nach Kanada	Walls of Night (F)
73	Tödliches Schweigen	The Shattered Silence (F)
74	Dr. Kimble, Sie sind verhaftet	The Judgement, I (F)
75	Das Urteil	The Judgement II (F)

(F) = Farbe, alle anderen Episoden wurden in Schwarzweiß gedreht

Kinofilm

Auf der Flucht / THE FUGITIVE
USA 1993
Regie: Andrew Davis
Drehbuch: Jeb Stuart, David Twohy nach einer Story von David Twohy und Figuren von Roy Huggins
Darsteller: Harrison Ford (Richard Kimble), Tommy Lee Jones (Samuel Gerard), Sela Ward (Helen Kimble), Julianne Moore (Elisabeth Eastman), Joe Pantoliano (Cosmos Renfro)

THE FUGITIVE war der Geburtshelfer für eine Reihe weiterer Shows, die das Thema »Menschenjagd« (Man-Hunt) im Mittelpunkt hatten. Die bekanntesten sind THE INVADERS und RUN FOR YOUR LIFE.

Ausgerechnet Alaska

ANKU, DER MEDIZINMANN: »Wenn man einen Fisch fangen will, muß man denken wie ein Fisch, um ihn zu erwischen. Wenn man eine Sauna reparieren will, muß man denken wie eine Sauna.«

JOEL: »Ich bin zwar EIN Arzt, aber ich bin nicht DER Arzt.«

RADIOANSAGE IN CICELY: »Heute verzichten wir mal auf den Quatsch mit Popmusik, Nachrichten und dem Wetter. Heute möchte ich ein wenig über die homosexuellen Neigungen meines Lieblingsdichters Walt Whitman sprechen.«

Stellen Sie sich vor: Sie sind jung, bald schon erfolgreich – und dem Staat verpflichtet. So geht es dem jungen Arzt Dr. Joel Fleischman, dessen Ausbildung vom Staat Kanada finanziert wurde. Als Gegenleistung dafür muß er für eine bestimmte Zeit in Anchorage ordinieren. Der eingefleischte New Yorker, der deshalb von seiner hübschen Freundin getrennt leben muß, flüchtet sich noch im Anflug auf die kanadische Hauptstadt in Zweckoptimismus: Immerhin gibt es in Anchorage Kabelfernsehen, jede Menge Spezialitätenrestaurants und über 15 Kinos. Sein Pech, daß er von einer winzigen Änderung im Programm nicht unterrichtet wurde: Fleischman soll seine Praxis nicht in Anchorage führen, sondern in Cicely, einem kleinen kanadischen Dorf am Arsch der Welt. Weigert er sich, muß er sein 125.000-Dollar-Stipendium auf Heller und Pfennig zurückzahlen – wobei ihm der Exastronaut und Bürgermeister von Cicely, Maurice Minniefield, gleich zur Begrüßung versichert, daß er »notfalls auch außerhalb der Gesetze« für einen längeren Aufenthalt des Arztes sorgen werde. Innerhalb der ersten zehn Minuten der Pilotfolge von *Ausgerechnet Alaska* bricht für den rechthaberischen Fast-Yuppie Fleischman eine Welt zusammen: statt Kabelfernsehen Nordlichter; statt Delikatessenrestaurants Elch-Burger, Rentier-Hot-dogs und Otter-Schnitzel, und statt seiner Freundin – die Pilotin Maggie O'Connell. Willkommen in Cicely, 215 Einwohner und ein Elch.

Eigentlich hätte *Ausgerechnet Alaska* (NORTHERN EXPOSURE) gar kein Erfolg werden sollen. Die Serie war von den MARCUS WELBY MD (*Chefarzt Dr. Westphall*)-Erfindern als Maßnahme gegen das Fernseh-Sommerloch erfunden worden und wurde von CBS schon bald zur besten Sendezeit ausgestrahlt. Immer wieder mit David Lynchs Kultserie TWIN PEAKS verglichen, haben sich die Storys aus den kanadischen Wäldern eine treue und wachsende Fan-Gemeinde erobert. »Bei MARCUS WELBY MD hat man uns permanent die sarkastischen Scherze ausgetrieben und uns auf den Mainstream-Kurs getrimmt«, sagt Koproduzent John Falsey. »Bei NORTHERN EXPOSURE konnten wir tun und lassen, was wir wollten. Weil das Projekt als Lückenbüßer gedacht war, hat sich auch niemand darum gekümmert.« Auf den Vergleich zu TWIN PEAKS angesprochen, zuckt NORTHERN EXPOSURE-Erfinder Joshua Brand nur mit den Schultern: »Das haben wir damals noch gar nicht gekannt. Wir hatten ein ganz anderes Vorbild vor Augen«, nämlich Regisseur Bill Forsyths Komödie LOCAL HERO. Damit verdeutlicht er auch den Unterschied zu den makabren Vorgängen in David Lynchs Stadt am Wasserfall: Die Bewohner von Cicely sind zwar verschroben, aber immer nett und liebevoll.

Als roter Faden zwischen den einzelnen Episoden spannt sich die Haßliebe zwischen Doktor Fleischman und der schönen Fliegerin Maggie; was sich sonst an Katastrophen ereignet, kann man am Ende einer Folge zu den Akten legen. Neueinsteiger haben es dadurch leicht: Sie müssen keinen Wust an Personen und Handlungsfäden im Hinterkopf behalten, um Spaß zu haben. Denn skurrile Ereignisse sind in Cicely an der Tagesordnung: Maggie beispielsweise, die einen Hang für Fleischman entwickelt (und umgekehrt), hat die Wahnvorstellung, sie würde alle ihre Liebhaber in den Tod treiben – prompt wird ihr aktueller Freund von einem abgestürzten Satelliten erschlagen. Ed, der Indianer, der bald Fleischmans Freund wird, möchte als Filmregisseur Karriere machen und schwärmt von Woddy Allen und MARCUS WELBY MD. Darüber hinaus hat er einen Intelligenzquotienten von 180; mehr als die Einwohner anderer Kleinstädte gemeinsam auf die Waage bringen. Maurice Minniefield, der Exastronaut und heutige Bürgermeister des Dorfidylls, will Cicely zur »alaskanischen Riviera« ausbauen, mit »mindestens einem Burger King« – und läßt dazu Tourismus-Manager aus Ja-

Willkommen in Cicely, Alaska: 215 Einwohner, ein Elch und Rob Morrow als der junge Dr. Joel Fleischmann

pan einfliegen. Ganz besonders schlimm wird es, als die Bewohner des Dorfes plötzlich an Schlaflosigkeit zu leiden beginnen und eine Woche lang wach bleiben. Um sich die Zeit zu vertreiben, schreiben sie Briefe: »Sehr geehrter Dr. Robertson«, schreibt Fleischman an einen Kollegen aus Philadelphia, »ich bin außerordentlich erfreut, daß Sie sich trotz Ihrer großen Beanspruchung die Zeit nehmen wollen, uns hier in Cicely zu besuchen. Normalerweise würde unsere Vogelfrau Sie in Juneau abholen und hierher fliegen, aber sie kann derzeit nicht starten. Jeder, der die Stadt verläßt, schläft sofort ein. Nehmen Sie sich also in Juneau ein Lufttaxi. Bringen Sie Bagels mit.«[1]

---

[1] aus: *Ausgerechnet Alaska – Briefe aus Cicely* von Ellis Weiner, vgs-Verlag

Und dann, 45 Minuten später, ist alles wieder beim alten, und die Bewohner von Cicely feiern eine Grillparty. In den kanadischen Wäldern kann sich ereignen, was will: Die Welt gerät nicht aus dem Lot. »Das liegt an der Schwerkraft«, sagt Maurice Minniefield. »Gravitation. Sie hält uns am Boden fest.«

Starke Sprüche

JOEL: »Das ist nicht Medizin. Ich spiele hier den Clown für einen Haufen von Bauerntölpeln und den Eheberater für den Homo erectus. Ich mache meine Hausaufgaben. Ich lese die wissenschaftliche Literatur. Ich versuche, up to date zu sein. Und wofür? Um Leute zu behandeln, die Monopoly-Figuren, Würfel und Plastikhotels schlucken?«
MAGGIE: »Fleischman ...«
JOEL: »Was, bitte schön, soll ich ihm denn verschreiben? Einen Abflußreiniger?

MAURICE MINNIEFIELD: »Haben Sie schon gejagt, Joel?«
JOEL: »Nur auf der Lower East-Side. Sonderangebote.«

JOEL: »Wie fühlen Sie sich?
PATIENT: »Mir ist schlecht, und mir ist heiß.«
JOEL: »Wie lange schon?«
PATIENT: »Ungefähr seit drei Jahren.«

ED: »Ich nehme mal an, daß Sie und Ihre Verlobte jetzt aus einem Kino kommen würden und in ein kleines Café gehen. Dann besorgen Sie sich die Sonntagsausgabe und ein paar Bagles zum Frühstück.«
JOEL: »Ja, das könnte schon sein. Woher wissen Sie das mit den Bagles?«
ED: »Ach, das ist aus MANHATTAN. Ich finde, Woody ist ein Genie.«

ED: »Ich könnte der Bergman des Nordens werden. Alaska liegt doch höher als Stockholm, nicht wahr?«

ED: »Wie finden Sie Ihren Elch-Burger?«
JOEL: »Ganz schön wild.«

MAGGIE: »Joel Fleischman?«

JOEL: »Ja, machen Sie es kurz, ich erwarte einen wichtigen Anruf.«

MAGGIE: »Na gut, wenn Sie die Nacht lieber hier verbringen als bei mir …«

JOEL: »Lassen Sie mich zufrieden mit Ihrem Gewerbe. Falls Sie es noch nicht wissen, ich bin in New York mit einer absoluten

›Ausgerechnet Alaska‹

43

Traumfrau verlobt. Üben Sie Ihr Gewerbe also woanders aus.«
MAGGIE: »Ich bin keine Nutte, Sie Klugscheißer. Ich bin Ihre
Vermieterin.«

ED: »Sie sehen müde aus.«
JOEL: »Ja, ich habe die ganze Nacht versucht, wie eine Dusche
zu denken.«
ED: »Vielleicht sollten Sie mit etwas Einfacherem anfangen, beispielsweise einem Wasserhahn.«

MAGGIE: »In der Küche steht eine Heizung mit Holzfeuerung.«
JOEL: »Und wo kriegt man das Holz her?«
MAGGIE: »Das hackt man.«
JOEL: »Aha.«

ANKU, MEDIZINMANN: »Ich habe die Sauna bei einem Preis-
ausschreiben gewonnen. Neulich war sie kaputt. Ich hatte zwar
noch Garantie, aber ich hätte sie nach Finnland schicken müssen.«

Kultobjekte

Video:
NORTHERN EXPOSURE ist im englischen Original als Video-
edition erschienen.

Buch:
Ausgerechnet Alaska – Briefe aus Cicely (NORTHERN EXPOSURE:
LETTERS FROM CICELY) von Ellis Weiner, erschienen im vgs-Ver-
lag. Das Buch beschreibt die Ereignisse während der Zeit, in der
die Einwohner der Kleinstadt an Schlaflosigkeit litten und sich
Briefe schrieben.

Notizen für Insider

Ausgerechnet Alaska / NORTHERN EXPOSURE
USA 1990–?
Produktion: CBS Television
Idee: Joshua Brand und John Falsey

Die wichtigsten Regisseure:
Joshua Brand, Dan Lerner, Sandy Smolan, Stuart Stevens

Gaststars:
nur aus der Tierwelt

Stammbesetzung:
Rob Morrow (Dr. Joel Fleischman), Adam Arkin (Adam), Bibi
Besch (Maggies Mutter Jane O'Connell), Darren E. Burrows
(Ed Chigliak), John Corbett (Christopher »Chris« Stevens),
Barry Corbin (Maurice Minniefield), John Cullum (Holling Vin-
couer), Richard Cummings Jr. (Bernard Stevens), Anthony Ed-
wards (Mike Monroe), Cynthia Geary (Shelly Tambo), Grant
Goodeve (Rick Pederson, 1990–1991), Graham Greene II (Leo-
nard Quinhagak), Valerie Mahaffey (Eve), Elaine Miles (Mari-
lyn Whirlwind), Peg Phillips (Ruth-Anne Miller), Wendy Schaal
(Shellys Mutter Tammy Tambo), James Song (Duk Won), Janine
Turner (Maggie O'Connell), William J. White (Dave, der Koch).

Rob Morrow (geboren am 21. September 1962 in New Rochelle,
New York) war 1985 erstmals in der Kinoproduktion PRIVATE
RESSORT von Regisseur George Bowers zu sehen. Danach spiel-
te er in TATTINGERS (Zweittitel: NICK AND HILLARY, USA 1988)
den Marco Bellini. Seine erste große Rolle nach *Ausgerechnet
Alaska* bekam Rob Morrow 1994 in Robert Redfords Film QUIZ
SHOW: In dieser wahren Geschichte verkörpert er einen jungen
Anwalt in den späten 50er Jahren, der herausfindet, daß in
TWENTY-ONE, der führenden Quiz-Show des amerikanischen
Fernsehens, mit gezinkten Karten gespielt wird. Seine Gegen-
spieler sind John Turturro als Herbert Stempel, ein Jude aus
Queens, und Ralph Fiennes als Charles Van Doren, ein Mann
aus gutem Hause. Im Jahr 1995 spielte Morrow in der US-Pro-
duktion LAST DANCE.
Da es in Alaska sehr kalt ist, wurde Cicely während der Dreh-
arbeiten von der US-Kleinstadt Rosalyn gedoubelt. Kuriosum:
Nur 35 Meilen entfernt entstand auch David Lynchs TWIN
PEAKS.

Batman

*»Es ist doch immer wieder sehr beruhigend zu
sehen, wenn die beiden arbeiten.*

(Batman hält die Welt in Atem, USA 1966)

*»Unsere einzige Hoffnung ist jetzt der Kämpfer
für Recht und Ordnung, unser maskierter
Freund.«*

(Batman hält die Welt in Atem)

Am Abend des 12. Januar 1966 änderte sich die Welt des Fernsehens mit einem Schlag, als um Punkt 19.30 Uhr die erste Episode der TV-Serie BATMAN über Amerikas Bildschirme fegte. Der Fledermausmann hatte damals bereits 27 Jahre als Luftpinselfigur und Kinoheld auf dem Buckel, seit ihn der Zeichner Rob Kane 1937 in DETECTIVE COMICS Nr. 27 aus der Taufe hob. Schon 1943 erkannte Columbia Pictures das Potential, das in den Heldentaten des »Caped Crusaders« und seines karatekämpfenden Mündels Robin steckte, und schlachtete es in billig produzierten Filmserials aus. Die Hauptrollen in diesen schlampig heruntergekurbelten S/W-Filmchen hatten zwei relativ unbekannte Schauspieler namens Lewis Wilson und Douglas Croft übernommen. In den 1948 gedrehten Serials wurden die Darsteller gegen Robert Lowery und John Duncan ausgetauscht. Ohne Erfolg. Der wahre Mythos sollte erst 20 Jahre später mit der Fernsehserie entstehen.

Der amerikanische Fernsehsender ABC hatte gerade günstig die Rechte erworben und beauftragte den ehemaligen Literaturagenten und nunmehr unabhängigen Produzenten William Dozier, BATMAN für den Bildschirm zu adaptieren. Dozier, ein Mann mit hervorragenden Referenzen (Chef der Drehbuchabteilung bei Paramount, Produktionschef bei RKO, Executive Producer bei CBS, Vizepräsident von Screen Gems, der Fernsehabteilung von Columbia Pictures, 1964 eigene Produktionsgesellschaft Greenway Productions) und ein heller Kopf mit einem sicheren Gespür für gute Stoffe und Geschäfte, sagte sofort zu, obwohl er vorher noch nie einen BATMAN-Comic gelesen hatte. Er besorgte sich einen Stapel Comic-Hefte und begann zu

Batman (Adam West) und Robin (Burt Ward) in dem Kinofilm ›Batman hält die Welt in Atem‹ (1966)

schmökern. Zuerst dachte er, daß die Verantwortlichen von ABC verrückt wären, wenn sie so etwas um 19.30 Uhr zur Prime Time im Fernsehen bringen wollten. Seiner Meinung nach könnte es nur funktionieren, wenn man übertriebene Spießigkeit und Ernst in die Serie bringen würde. Dann würden es auch die Erwachsenen amüsant finden. Die Kinder würden ohnehin wegen der Technik, der Action und der Gimmicks aus dem Häuschen sein. Als er Doug Cramer, dem Vizeprogrammdirektor von ABC, seine Gedanken mitteilte, mit all den dazwischengeschnittenen »Zappows« und »Paffs« und »Kerplops«, seufzte der nur schwer und meinte, er solle doch machen, was er wolle. Daraufhin holte sich Dozier den besten Drehbuchautor, den er für Cramers Geld bekommen konnte: Lorenzo Semple. »Dann schrieb er es, und ich produzierte und besetzte es. Ich hatte keine Probleme mit ABC wegen der Besetzung, die haben niemals etwas in Frage gestellt«, erinnert sich William Dozier an das gute Verhältnis zu ABC, als er dem Sender seine beiden Hauptdarsteller Adam West und Burt Ward präsentierte.

Doziers erste Wahl für die Rolle des Batman war allerdings der Schauspieler Ty Hardin. Aber wie es das Schicksal so wollte, drehte der gerade in Italien einen Spaghetti-Western und war unabkömmlich. Ty Hardins Agent jedoch zeigte Dozier ein Foto von einem anderen Schauspieler. Es war die Fotografie eines Mannes, der mit einem Surfboard unter dem Arm am Strand spazierenging. Sein Name war Adam West. Burt Ward hingegen, eigentlich Burt Gervis (Ward war der Mädchenname seiner Mutter), bekam die Rolle des Robin nur deshalb, weil er beim Vorsprechen einen Ziegel und ein Stück Holz mit einem Karatehieb zertrümmerte. »Und zur gleichen Zeit in Wayne Manor, dem prächtigen Zuhause des Millionärs Bruce Wayne und seines jungen Mündels Dick Grayson.«

Alan Napier, der Darsteller des Butlers Alfred, spielte in seiner englischen Heimat häufig Könige und Premierminister. Daß er in Amerika zu einem Dienstboten degradiert wurde, war eine neue Erfahrung für den distinguierten Schauspieler (obwohl der Butler in den Comics auf den Nachnamen Pennyworth hört, hieß er in der Fernsehserie lediglich Alfred). Wie William Dozier behauptete, erfand er die Figur der Tantie Harriet nur aus dem Grund, damit man Batman und Robin keine homosexuelle Beziehung unterstellen konnte. In Wirklichkeit erschien aber Tante Harriet schon zwei Jahre früher, in einer Ausgabe der DETECTIVE COMICS, 1964.

Schon am ersten Drehtag geriet das Batmobil außer Kontrolle und hätte Adam West beinahe getötet, weil sein Fuß zwischen den Pedalen eingeklemmt war. Das Batmobil hatte das Chassis eines 1951er Chrysler und fuhr nicht schneller als 40 Meilen. Weil Dick Grayson erst 1967 den Führerschein machte, durfte er erst ab der 95. Episode das Batmobil fahren.

Als die erste Folge der Fernsehserie ausgestrahlt wurde, erzielte sie geradezu astronomische Einschaltquoten. Es waren die höchsten seit dem legendären Auftritt der Beatles in der ED SULLIVAN SHOW. Als Promotion-Gag schrieb zuvor ein Flugzeug die Worte »Batman is coming« in den Himmel über New York. »In England begannen Kinder aus dem Fenster zu springen, weil sie glaubten, Batman könnte fliegen. Sie dachten, das Cape wären Flügel. Wir mußten ein Interview mit Batman zeigen, in dem er sagte: ›Liebe Buben und Mädchen! Ich kann nicht fliegen. Ich kann genauso wenig fliegen wie ihr. Glaubt also nicht, daß ich es kann, und probiert es ja nicht aus, von einem Dach zu springen.‹ Gott sei Dank haben das die amerikanischen Kinder nie versucht«, erinnerte sich William Dozier in Joel Eisners OFFICIAL BATMAN BATBOOK an die kuriosen Auswirkungen seiner Fernsehserie.

Was aber war es, das BATMAN so populär und beliebt machte? Zum einen sicher der Witz. Obwohl es sich nicht um eine Sitcom handelte, war BATMAN lustig. Der Humor kam von der Übertreibung.

BATMAN: »Ist dir nie aufgefallen, daß wir uns immer aus den schrecklichen Fallen unserer gemeinen, hinterhältigen Gegner befreien konnten? Weißt du auch warum?«

»Awkkkkk, Krunch, Zgruppp«: Bösewichter gegen Batman

ROBIN: »Weil wir gewiefter sind als die.«
BATMAN: »Ich möchte eher behaupten, weil wir ehrlicher und aufrichtiger sind.«

Wichtig für den enormen Erfolg der Serie war auch der Sprecher aus dem Off, der Batmans Handlungen und Taten als heldenhaft rühmte. Obwohl Dozier mehrere professionelle Sprecher testete, sagte ihm niemand zu. Bei den Auditions interpretierte er den Text so genial, daß schließlich er und auch die anderen zu der Meinung kamen, Dozier sollte den Erzähler doch selbst sprechen.

Robert Butler, Regisseur der ersten Folgen, erinnerte sich an die verwinkelten Perspektiven der Comics und übertrug dies auf den Bildschirm. Der Darsteller des Pinguins Burgess Meredith: »Ich habe BATMAN aus zwei Gründen gemacht. Erstens wegen des Geldes und zweitens, weil es damals in war. Jeder, sogar Frank Sinatra, wollte einen Bösewicht spielen oder in einer Cameo-Rolle auftreten. Ich erinnere mich, daß mir Otto Preminger gestand: ›Mein Gott, mein Sohn wird nicht mehr mit mir sprechen, wenn ich nicht bald eine Rolle in BATMAN bekomme.‹« (In der Tat war Otto Preminger dann auch als Mr. Freeze in den Episoden GREEN ICE und DEEP FREEZE zu sehen.) Liberace brachte sein eigenes Klavier und sein eigenes Kostüm mit, weil er niemandem traute. Jeder Gaststar, egal wie berühmt er war, bekam für die Bösewichtrolle 2500 Dollar. BATMAN wurde 1966 für einen Emmy in der Kategorie beste Comedy-Serie nominiert.

Produzent Howie Horwitz machte vor Beginn der dritten Season 1967 einen 15minütigen Film, in dem er BATGIRL vorstellte. Den ABC-Verantwortlichen gefiel die neue Figur, und sie stimmten einer Fortsetzung der Serie zu. Der Film wurde nie im Fernsehen ausgestrahlt.

In der Hitze jedes Bat-Gefechts entstanden die seltsamsten Geräusche, die während der Kampfszenen in kurzen Zwischenschnitten in Comic-Schrift auf dem Bildschirm erschienen. Hier die besten: AIEEE! AWKKKKK! BANG-ETH! BIFF! BLURB! CLANK-EST! CRRAACK! CRUNCH! FLRBBBB! GLURPP! KAYO! KER-SPLOOSH! KRUNCH! OUCH-ETH! QUNCKKK! SWAAP! THUNK! THWACKE! TOUCHE! URKKK! VRONK! WHAMMM! ZAMMM! ZGRUPPP! ZLOTT! ZZZZWAP!

Batman, Robin und Batmobil in ›Batman hält die Welt in Atem‹

Robins heilige Worte

Heiliger Aschenbecher! Heilige Astronomie! Heiliger Bankrott! Heiliger Bikini! Heiliger Caruso! Heilige Cinderella! Heiliger d'Artagnan! Heiliges Dilemma! Heiliger Edison! Heilige Explosion! Heiliger Froschmann! Heiliger Fruchtsalat! Heiliger Ghostwriter! Heiliger Graf Zeppelin! Heilige Gier! Heiliger Hamburger! Heiliger Hamlet! Heilige Hilflosigkeit! Heilige Hochzeitstorte! Heiliges Hollywood! Heiliger Holocaust! Heiliger Houdini! Heilige Hypnose! Heilige Inquisition! Heiliger Kindergarten! Heilige Kostümparty! Heiliger Long John Silver! Heiliger Marathon! Heiliger Matador! Heilige Meerjungfrau! Heiliger Mord! Heilige Naivität! Heiliges Popcorn! Heilige Ravioli! Heiliger Rip van Winkle! Heiliger Robert Louis Stevenson! Heilige Sardine! Heilige Schizophrenie! Heiliger Schock! Heiliger Schneeball! Heilige Selbstbedienung! Heiliger Smoking! Heiliges Stereo! Heilige Titanic! Heiliges Trampolin! Heiliges Venezuela! Heiliger Wernher von Braun! Heiliger Zorro!

Starke Sprüche

BATMAN: »Natürlich haben Sie nicht ahnen können, daß ich meine Spezial-Super-Thermo-B-Unterwäsche angezogen habe, gegen extreme Kälte.«

ROBIN: »Wo führt dieser Aufzug hin?«
BATMAN: »Abwärts vermutlich!«

BATMAN: »Kehren Sie diesem ganzen kriminellen Leben den Rücken, bevor es zu spät ist!«

BATMAN: »Ein krummer Pfad kann immer noch begradigt werden.«

PINGUIN: »Alles Gute, ihr dynamischen Volltrottel.«

Unsterbliche Momente

Nachdem Batman und Robin von Mr. Freeze eingefroren wurden, liegen sie tiefgekühlt im Super-Enteisungszimmer Nummer 7 des Gotham City Hospital:

COMMISSIONER GORDON: »Das wird eine lange … sorgenvolle … Nachtwache, glaube ich … Zwei so wunderbare Exemplare der Spezies Mensch … Warum?«

BATMAN: »Blaze! … Sie ist so schwer zu fangen wie eine flackernde Flamme.«
ROBIN: »Daher nennt man sie wohl auch die Flamme.«

BATMAN: »Es mögen vielleicht Trinker sein, Robin. Aber es sind auch menschliche Wesen. Und sie werden vielleicht auch noch gerettet.«

RIDDLER: »Den Batman zu überlisten ist mein höchstes Entzücken, mein Glück, mein Himmel auf Erden, mein … mein himmlisches, wahres Paradies.«

ROBIN: »Das nenne ich Glück, genau auf einem Haufen Schaumgummi zu landen.«

BATMAN: »Ja, Robin. Ich glaube, der Wahrscheinlichkeitsgrad, daß es gutgehen würde, hätte selbst den gerissensten Spieler abgeschreckt. Es geht doch nichts über chemische Erfindungen, die uns das Leben verlängern helfen.«

BATMAN: »Wichtig ist, daß die Welt erfährt, daß alle Besucher in unserem Vaterlande sicher sind. Ob sie nun Bauern oder Könige sind.«

ROBIN: »Mensch, Batman, so habe ich das noch nie gesehen. Du hast recht.«

BATMAN: »Das ist das Wichtigste in unserer Demokratie.«

Die Prominenz

Legendäre Bat-Bösewichte:
Frank Gorshin, John Astin (Riddler), Burgess Meredith (Penguin), Cesar Romero (Joker), George Sanders, Otto Preminger, Eli Wallach (Mr. Freeze), Anne Baxter (Zelda), David Wayne (Mad Hatter), Malachi Throne (False-Face), Julie Newmar, Eartha Kitt (Catwoman), Victor Buono (King Tut), Roddy McDowall (Bookworm), Art Carney (Archer), Van Johnson (Minstrel), Shelley Winters (Ma Parker), Walter Slezak (Clock King), Vincent Price (Egghead), Liberace (Chandell), Carolyn Jones (Marsha, Queen of Diamonds), Cliff Robertson (Shame), Maurice Evans (Puzzler), Michael Rennie (Sandman), Roger C. Carmel (Colonel Gumm), Bruce Lee (Kato), Miss Tallulah Bankhead (Black Widow), Joan Collins (Siren), Ethel Merman (Lola Lasagne), Milton Berle (Louie the Lilac), Anne Baxter (Olga), Ida Lupino (Dr. Cassandra Spellcraft), Zsa Zsa Gabor (Minerva)

Gaststars in Cameo-Auftritten:
Grace Lee Whitney, Lee Meriwether, Edward G. Robinson, Nancy Kovack, Estelle Winwood, Elisha Cook Jr., Glynis Johns, Barbara Rush, Dina Merrill, Jill St. John, George Raft, William Dozier, Howie Horwitz, James Brolin, Santa Claus, Ted Cassidy als Lurch, Sammy Davis Jr., Van Williams als Grüne Hornisse, Bruce Lee als Kato, Phyllis Diller, Jerry Lewis

Die wichtigsten Regisseure:
Charles Rondeau, Norman Foster, Robert Butler (*Das turbo-*

geile Gummiboot), Larry Peerce (*Zwei Minuten Warnung*), Richard C. Sarafian (*Fluchtpunkt San Francisco*), Tom Gries (*Helter Skelter*), Oscar Rudolph (*Außer Rand und Band mit Twist*), James B. Clark (*Flipper*), Don Weis (*Der Pirat des Königs*)

Kultobjekte

Batman-Kondom

Notizen für Insider

BATMAN
USA 1966–1968
Produktion: ABC, Greenway Productions
120 Folgen
Laufzeit: 30 Minuten
Idee: William Dozier
Produzent: Howie Horwitz
Musik: Nelson Riddle, Neal Hefti

Stammbesetzung:
Adam West (Batman/Bruce Wayne), Burt Ward (Robin/Dick Grayson), Alan Napier (Alfred), Neil Hamilton (Commissioner Gordon), Stafford Repp (Chief O'Hara), Magde Blake (Aunt Harriet Cooper), Yvonne Craig (Batgirl/Barbara Gordon, war nur in den letzten 25 Episoden zu sehen).

In der Episode INSTANT FREEZE (1966) hatte Terri Garr einen ihrer ersten Auftritte.
Stefford Repp starb 1974.
In der Episode THE IMPRACTICAL JOKER (1966) taucht zum erstenmal das »Alfcycle« auf.
In der Episode PENGUIN IS A GIRL'S BEST FRIEND spielt Alan Reed Jr. eine Nebenrolle (Stimme von Fred Feuerstein).
In der Episode BLACK WIDOW STRIKES AGAIN (1967) hatte Miss Tallulah Bankhead ihren letzten öffentlichen Auftritt.
In der Episode BATMAN'S ANNIVERSARY (1967) sprang John »Gomez Addams« Astin als Riddler ein. Seine Performance war aber dermaßen schlecht, daß er sofort wieder durch Frank Gorshin ersetzt wurde.

In der Episode THE JOKER'S FLYING SAUCER (1968) spielt Ellen Corby (Grandma Walton) eine Nebenrolle.

Kinofilme

Batman hält die Welt in Atem / BATMAN
USA 1966
Regie: Leslie Martinson
Darsteller: Adam West (Batman), Burt Ward (Robin), Cesar Romero (Joker), Burgess Meredith (Pinguin), Frank Gorshin (Riddler), Lee Meriwether (Catwoman)

BATMAN
USA 1989
Regie: Tim Burton
Darsteller: Michael Keaton (Batman), Jack Nicholson (Joker), Kim Basinger (Viki Vale)

Batmans Rückkehr / BATMAN RETURNS
USA 1992
Regie: Tim Burton
Darsteller: Michael Keaton (Batman), Danny DeVito (Pinguin), Michelle Pfeiffer (Catwoman), Christopher Walken (Max Schreck)

Beverly Hills 90210

»Genau das ist die eigentliche Stärke von BEVERLY
HILLS 90210. *Nach einem Jahr haben sich die Zuschauer mit den Protagonisten Brandon und
Brenda Walsh so weit identifiziert, daß sie hinter
deren Wohlstandsfassaden verletzliche Menschen
wie du und ich sehen. Ganze Familien drängt es,
den Lebensweg dieser Gestalten mitzugehen und
zu verfolgen, wie sie mit den typischen Konflikten
unserer Zeit fertig werden.«*

(aus: *Die Stars von Beverly Hills 90210* von Randi
Reisfeld; Bastei Lübbe)

*»Ich war selber erstaunt darüber, wie sehr ich
einen Menschen lieben konnte.«*

(Luke »Dylan McKay« Perry)

Wissen Sie noch, wie das war, zuerst mit 15 und dann mit 18? Wir
waren die »Schwimmer im dunklen Strom«, und es war uns
scheißegal, was unsere Eltern von uns wollten. Offenbar sind die
meisten von uns trotz allem keine schlechten Menschen geworden, auch wenn wir die schwere Zeit zwischen dem ersten Geschlechtsverkehr und der ersten Steuererklärung ohne die wohl-
gemeinte Hilfe der »Aaron Spelling Productions« überstehen
mußten.

Ich war 30, als ich den Pilotfilm von BEVERLY HILLS 90210 zum
erstenmal auf einem Kabelkanal sah; eigentlich ein Witz, denn
weiter kann man von der angepeilten Zielgruppe gar nicht weg
sein. Dem Pilotfilm waren mehrere Trailer und »Dokumentationen« (Eigenwerbung à la HOLLYWOOD REPORTER auf RTL+)
vorangegangen, die Presse brannte ein Feuerwerk nieder wie zuletzt bei MIAMI VICE – und BEVERLY HILLS 90210 war hip, noch
lange bevor jemand die erste Episode gesehen hatte. Der Pilot
wurde an einem Samstag nachmittag ausgestrahlt, und plötzlich
waren wir mittendrin im Leben einer Fernsehfamilie, die man
guten Gewissens auch als die »Waltons der 90er« bezeichnen
könnte.

Die Walshs – Vater Jim, Mutter Cindy und die Zwillingsgeschwister Brenda und Brandon – kommen aus Minneapolis nach Beverly Hills, der teuersten Gegend von Los Angeles. Die Probleme von Schülern sollten im Vordergrund der Serie stehen, ihr Erwachsenwerden und die am Ende der Schulzeit bevorstehenden Veränderungen – dargestellt aus dem Blickwinkel einer gutsituierten Mittelstandsfamilie. Nicht ganz so gut situiert wie die benachbarten Familien, sind die Walshs der ideale Aufhänger für eine Nabelschau der besonderen Art: Auch die Reichen haben Probleme wie du und ich. »Was diese Serie zeigt, ist nichts anderes als das bunte Destillat des Teenager-Lebens«, beschreibt die Mutter eines Fans den Inhalt von BEVERLY HILLS 90210. »Und das ist nicht nur eine Phase, sondern eine vierte Dimension. Eine ganze Kultur mit Ritualen, Gesetzen und ästhetischen Codes existiert unter der Wahrnehmungsgrenze

»Die Waltons der 90er Jahre«

57

von Erwachsenen. Gezeigt werden aber gleichzeitig auch die positiven moralischen Werte dieses eingeschworenen Haufens.« Immerhin: Die Serie mit der Postleitzahl der kalifornischen Nobelmeile im Titel lockt zu ihren besten Zeiten gute 16 Millionen Zuschauer vor die Fernsehschirme – und liegt damit dicht hinter Dauerbrennern wie CHEERS, THE SIMPSONS und der BILL COSBY SHOW. Der »eingeschworene Haufen« besteht aus einer Gruppe junger Kids, die gemeinsam ihre letzten Jahre an der High School verbringen:

Jason Priestley spielt Brandon Walsh, den Zugereisten. Sprungbrett nach BEVERLY HILLS war eine Rolle in der Serie *Wir lieben Kate*, die er heute wie folgt beschreibt:»Der Charakter des Todd Mahaffey hatte den IQ eines Fahrradständers.« Seine neue Identität als Brandon Walsh verdankt er auch dem Umstand, daß Aaron Spellings Tochter Tori (sie spielt die Rolle der Donna Martin) so lange von ihm schwärmte, bis er verpflichtet wurde. Als einziger des ganzen Teams scheint Priestley das Zeug zum Star zu haben: Seine eigenen Regiearbeiten innerhalb der BEVERLY HILLS-Serie bestätigen dies.

Shannen Doherty spielt Brandons Zwillingsschwester Brenda. Die Schauspielerin stammt aus Memphis, Tennessee, und übersiedelte im Alter von sechs Jahren nach Los Angeles. Als Achtjährige trat sie in einer Schulaufführung von *Schneewittchen* auf und wurde mit einem Agenten bekannt gemacht. Sie spielte in einigen Episoden von Michael Landons *Unsere kleine Farm* und MAGNUM, bis sie für BEVERLY HILLS verpflichtet wurde. »Die Serie ist sehr ehrlich«, behauptet sie. »Sie zeigt, daß Teenager auch heute noch bestimmte Werte und Moralvorstellungen haben. Hier geht es nicht nur um Kids, die ständig rauchen, neue Drogen nehmen, die Schule schwänzen und über den Wolken leben.« Allerdings: Shannen Doherty ist der Ruhm ein wenig zu Kopf gestiegen. In den Vereinigten Staaten gehört sie nicht mehr zum Team, weil sie sich »zum regelrechten Kotzbrocken entwickelt hat« (Jason Priestley).

Luke Perry verkörpert mit Dylan McKay den intellektuellen Schönling der Serie. Reich, aber mit schweren Identitätsproblemen belastet, mußte sich Dylan zitierend durch sämtliche europäischen Dichter quälen, bis ihm die Produzenten eine Vereinfachung seines Charakters zugestanden. Er charakterisiert seine Rolle wie folgt:»Dylan liebt das Leben auf der Überholspur,

›Beverly Hills 90210‹

Sportwagen und einen trendy Kleidungsstil. Auf der anderen
Seite schätzt er die klassischen Künste. Er ist ein hochintelligen-
ter und nonkonformistischer Charakter und steckt voller Wider-
sprüche.« Zum Unterschied von Luke Perry:»Ich dagegen glo-
rifiziere weder Sportwagen, noch besuche ich Dichterlesungen.
Manche Leute behaupten schon, ich wäre kein richtiger Schauspieler, weil ich diesen Harley-Davidson-Kult nicht mitmache.
Aber so bin ich einfach nicht. Ich denke immer noch gerne an
die Zeit zurück, als noch niemand Make-up in mein Gesicht
schmierte. Wenn Hollywood mich irgendwann einmal nicht
mehr braucht, gehe ich dahin, wo ich hergekommen bin, zurück
und fahre Rettungswagen.«
Neben Jason Priestley zählt Perry zu den erfolgreichen Kandi-
daten für späteren Starruhm. Im Jahr 1994 war er im Kinofilm
8¹/₂ Sekunden bereits als Rodeo-Reiter zu sehen. Von einigen
Kritikern wird er gelegentlich als James Dean der 90er gehan-

delt. »Was wir gemeinsam haben – wir stammen beide aus dem Mittelwesten und haben schon einige Autos schrottreif gefahren«, kommentiert er. »Was uns unterscheidet – er ist tot. Ich bin es nicht, und ich habe es auch nicht vor.«

Jennie Garth spielt Kelly Taylor, die schöne Rädelsführerin im BEVERLY HILLS-Pack. Sie stammt aus dem US-Bundesstaat Illinois, lebte in Phoenix, Arizona, und zog der Schauspielerei wegen nach Los Angeles. Sie hatte einige Gastauftritte in Serien hinter sich, als sie für BEVERLY HILLS 90210 verpflichtet wurde. »Ich liebe diese Serie über alles«, sagt sie. »Hier wird den Kids gezeigt, daß man sich ruhig Zeit lassen kann mit dem Erwachsenwerden.«

Tori Spelling ist die Tochter des Produzenten Aaron Spelling. In der Serie spielt sie Donna Martin, die Trendbewußte, die vor der Ehe mit keinem Mann ins Bett gehen will. Über ihr Nahverhältnis zu den Geldgebern von BEVERLY HILLS 90210 sagt sie: »Ich glaube, ich habe mich inzwischen etablieren können. Die Fans verbinden meinen Namen gar nicht mehr mit meinem Vater. Ich glaube, ich mache die Sache ganz gut. Wenn ich schlecht wäre, würde mein Part nicht größer werden, sondern kleiner.«

Gabrielle Carteris spielt die Intellektuelle Andrea Zuckermann, die sich als Redakteurin der lokalen Schülerzeitschrift profilieren möchte und meist unglücklich in Brandon verliebt ist. Carteris wuchs in Phoenix in Arizona auf, dann ging sie nach New York (»Die Leute dort dachten, ich sei eine Lesbe, weil ich mein Haar kurz trug und kein Make-up hatte«) und letztendlich nach Hollywood – was durchaus zu Eheproblemen führen kann, denn sie ist mit einem New Yorker Immobilienberater verheiratet. »Wir sind ein eingeschworenes Team«, sagt sie über ihre Serienkollegen. »Wir müssen uns selbst nur immer daran erinnern, daß die Serie uns gemacht hat und nicht wir sie.« Die Serie hat ihr auch zu ersten Kinoehren verholfen: In Brian De Palmas Plattitüde *Mein Bruder Kain* (RAISING CAIN) durfte Gabrielle Carteris ein junges Mädchen verkörpern, das kurz nach seinem ersten Auftritt sein Leben aushaucht. Immerhin konnte sie in dieser Rolle andeutungsweise zeigen, daß sie mehr als nur das graue Mäuschen mimen kann.

BEVERLY HILLS 90210, das können Sie dem Fachmann glauben, ist nicht echt. Jede einzelne Episode orientiert sich an Zuschauerzahlen, dementsprechend ist der Handlungsbogen mit den Reaktionen der Zuschauer abgestimmt. Auf den ersten Blick scheint der Versuch, die Handlungsvorschläge des Publikums umzusetzen, zwar gelungen, die Machart aber ist gefälliger Video-Kitsch; eine scheinbare Annäherung an das Thema, die sofort ins Belehrende abgleitet. Als die AIDS-Diskussion in Amerika besonders laut geführt wurde, reagierten die BEVERLY HILLS-Produzenten sofort mit einer Episode, in der Steve ein AIDS-krankes Mädchen kennenlernt – und zwei Einsichten gewinnt: AIDS-Kranke sind meistens liebenswerte Menschen, die sich aus Naivität angesteckt haben. Zweitens: Sei bitte nicht so naiv, sondern verwende beim Geschlechtsverkehr ein Kondom.

Kampagnenhafte Züge bekommt BEVERLY HILLS 90210, wenn es nicht um »Minderheitenprobleme« geht, sondern um die Sorge der ganzen Nation: den Alkoholismus. Der Begrüßungscocktail wird von den Erwachsenen wie nebenbei konsumiert, die Jugend hingegen gibt sich clean. Alkohol – nein danke, lautet die Devise, und wer gegen sie verstößt, erleidet ein tragisches Schicksal. Dylan, der angebliche Intellektuelle, findet im Alkohol beispielsweise eine willkommene Lösung für alle anstehenden Probleme und wird nach wenigen Gläsern sofort zum Alkoholiker. Aber er läßt sich eines Besseren belehren und wendet sich den Anonymen Alkoholikern zu, die ihn von der Flasche wegbringen (abgesehen von einigen dramatischen Rückfällen im späteren Verlauf der Serie). Die verkündete Botschaft: *Finger weg vom Teufel Alkohol. Wer trinkt, ist besessen.* Eigentlich kann man nur mit David Nivens sinngemäßen Worten aus *Der rosarote Panther* darauf antworten: »Meine Leidenschaft schließt dann und wann einen Rausch mit ein. Dafür habe ich nicht das Laster des Rauchens.«

Als Dylan auf der Straße überfallen wird und daraufhin ein paranoides Schutzbedürfnis entwickelt, dem er durch den Kauf einer Waffe Rechnung trägt, erschießt er prompt beinahe Brandon – und wird durch den Vorfall von seiner Paranoia geheilt. Der mißglückte Versuch, den Amerikanern ihre Zimmerflaks wegzunehmen, findet hier seine groteske Fortsetzung: Halte dich an die Gesetze, und alles wird gut. Die Gosse ist in der Welt der reichen und schönen Kinder nicht zu sehen – und wenn doch, dann nur, um alle heiligen Zeiten helfend einzuschreiten. Diese Logik ist abwaschbar und glatt. Kaum eine andere Jugendserie stellt die traditionellen Werte der Amerikaner so in den Vordergrund wie BEVERLY HILLS 90210: Sei ein guter Mensch, sei ehrlich, hure nicht herum und lerne etwas. Wenn du dich nur ordentlich bemühst, dann wirst du es auch zu etwas bringen im Leben.

Daß da ausgerechnet Dylans Vater ein gewiefter Finanzhai ist, der einen großen Teil seiner Freizeit im Gefängnis zubringt und am Ende sogar ermordet wird, ist fast schon wieder grotesk. Die Wirklichkeit hält immer nur ein bißchen Einzug in BEVERLY HILLS, mit der Scheinmoral um Ehrlichkeit und Ehre kann sie es jedoch nicht aufnehmen. Auch die vielen Beziehungskrisen, die in den Familien der Reichen und Schönen schwelen, machen uns nicht wirklich neugierig. Autor Darren Star meint zwar, BEVERLY HILLS 90210 sei deshalb so erfolgreich, weil »die Serie den Kids sagt, sie sind nicht allein. In unserer Show ist die nicht-funktionierende Familie die Norm«, aber die Figuren bleiben Teenie-Stars, Mattscheibenexistenzen, deren Probleme nicht über die Kathodenstrahlröhre hinausdringen.

Auch Charles Rosin, Koproduzent, beschreibt die Serie eher mit schönen Worten denn mit Fakten: »Sie will sich nicht für Stereotypen stark machen, sondern diese abbauen. Sie will zeigen, daß letztlich nur das Menschliche zählt, unabhängig vom sozialen und finanziellen Status des einzelnen.« Die guten Tips, die das Aaron-Spelling-Team dem jugendlichen BEVERLY HILLS-Auditorium mit auf den Weg gibt, sind nicht zu verwirklichen: Was auf den ersten Blick wie eine Lösung für jedes Pubertätsproblem aussieht, erweist sich im praktischen Versuch bestenfalls als ferner Trost.

Amerika, wie es gerne sein möchte.

Sprüche

BRENDA (nach der Ankunft in Beverly Hills): »Wir könnten wohl eine kleine Taschengelderhöhung gebrauchen.«

BRANDON: »Der erste Schultag in einer neuen Stadt. Neues Haus, keine Freunde. Das macht einen fertig.«

BRENDA: »Mam, laß uns bitte einkaufen. Ich geh erst morgen zur Schule. Du weißt doch, daß der erste Eindruck so ungeheuer wichtig ist.«

BRENDA: »Ich könnte jemand sein, jemand Besonderes.«
BRANDON: »Wie wäre es mit Queen der Ehemaligen?«

Notizen für Insider

BEVERLY HILLS 90210
USA 1990–?
Produktion: Robert New
Musik: Stacy Widelitz
Buch: Darren Star
Regie: Tim Hunter u. a.

Stammbesetzung:
Jason Priestley (Brandon Walsh), Shannen Doherty (Brenda Walsh), James Eckhouse (Jim Walsh), Carol Potter (Cindy Walsh), Jennie Garth (Kelly Taylor), Luke Perry (Dylan McKay), Gabrielle Carteris (Andrea Zuckermann), Tori Spelling (Donna Martin), Ian Zierling (Steve Sanders), Brian Austin Green (David Silver)

Die Schule, in der die Handlung angesiedelt ist, gibt es wirklich. Seit 1927 nehmen etwa 2000 privilegierte Teenies dort Unterricht. Aus einigen Schülern sind sogar Stars geworden, z. B. Nicolas Cage (WILD AT HEART), Richard Dreyfuss, Jamie Lee Curtis, Richard Chamberlain, Carrie Fisher oder »Golden Girl« Betty White.

Bezaubernde Jeannie

*»Sie wissen ja, wie das ist, wenn man 2000 Jahre
in einer Flasche eingesperrt war. Sie wollte sich
amüsieren, und das mit Captain Nelson. Deshalb
begleitete sie ihn nach Cocoa Beach, einer sagenhaften Stadt in einem sagenhaften Staat, Florida
genannt. Und dort in das Haus des Astronauten
zieht das Mädchen ein wie ein Wirbelwind.*

(Vorspann zu den S/W-Episoden aus der ersten Season
von *Bezaubernde Jeannie*, 1965)

Wir schreiben das Jahr 35 vor Christus. In Rom liefern sich Marc
Anton und Octavianus einen erbitterten Machtkampf; in Bag-
dad liegt eine gewisse Jeannie mit einem Dschinn im Clinch. Die
hübsche, blonde (!) Orientalin Jeannie (Barbara Eden) soll den
bösen, abgrundtief häßlichen Dschinn heiraten. Als sie das
schmierige Werben des widerlichen Zauberers nicht erhört, reagiert dieser verschnupft und belegt die arme Seele mit einem
furchtbaren Fluch: Von nun an bis in alle Ewigkeit soll Jeannie
in einer kostbar-komfortabel eingerichteten Flasche eingesperrt
bleiben – es sei denn, sie wird eines Tages zufällig aus ihrem Gefängnis befreit. Diesem »Meister« ist sie dann als dienstbarer
Geist verpflichtet.
2000 Jahre später. Der Astronaut Major Tony Nelson (Larry
Hagman) wird das Opfer der ersten bemannten Raketenversu-
che und stürzt mit seinem Geschoß ab. In letzter Sekunde kann
er sich mit einem Fallschirm auf einer einsamen Insel im Süd-
pazifik in Sicherheit bringen. Während er auf das Eintreffen des
Rettungsteams wartet, stößt er plötzlich auf eine merkwürdige
antike Flasche, die von der Strömung angespült wurde. Ah-
nungslos entkorkt er das seltsame Gefäß. Whuff! Blauer Dunst
und ein entzückendes, leichtgeschürztes Mädchen entsteigen der
seltsamen Flasche. Sofort schwört die »bezaubernde Jeannie«
ihrem neuen »Meister« ewige Liebe und treue Dienste: »Was du
ersonnen im Geist, das führe ich jetzt aus, das tue ich!« Allein
durch ihre plastische Vorstellungskraft und ein kurzes magi-
sches Zeremoniell – dabei brauchte sie lediglich die Arme zu
verschränken, mit dem Kopf zu nicken und mit den Augen zu

zwinkern – konnte Jeannie wahre Wunder vollbringen: Schnee im Vorzimmer, Michelangelo-Statuen im Wohnzimmer, Pferde auf der Couch, eine Segelyacht auf dem Tisch. Um dem »Meister« zu gefallen, war der quirligen Flaschenfee kein David-Copperfield-Trick zu schwierig.

Keine der 139 Episoden der Erfolgsserie (1965–1970) zeichnete sich durch revolutionäre Spezialeffekte aus (mit ähnlichen optischen Tricks verblüffte bereits George Méliès 1912 sein Publikum) oder durch verschwenderische Ausstattung (die technische Ausrüstung des NASA-Hauptquartiers könnte aus dem Requisitenfundus von Schundfilm-Guru Edward D. Wood Jr. stammen). Dennoch schien jeder dem naiven Charme der Serie sofort zu verfallen, der den Augenaufschlag der bezaubernden Jeannie einmal gesehen hatte. Und selbst heute noch, im »Gameboy«-Zeitalter, läuft die Serie erfolgreich in mehr als 50

Das Mädchen und der Meister: Barbara Eden und Larry Hagman

Ländern. Mit Augenzwinkern, unschuldigem Sex-Appeal und nabelfreiem Haremskostüm zog der erste und einzige Flaschengeist des Fernsehens vor allem die männlichen Zuschauer in seinen Bann und erreichte am Höhepunkt seiner Popularität Traum-Einschaltquoten von nahezu 49 (!) Prozent.

1985, mehr als 15 Jahre nach der Erstausstrahlung der Serie, stellte sich bei einer Zeitungsumfrage in den USA heraus, daß Jeannie-Darstellerin Barbara Eden für die meisten Männer zwischen 30 und 40 noch immer als atemberaubendes Sexsymbol gilt. »Der Erfolg der Serie war sicherlich nicht nur mein Verdienst«, meinte Barbara Eden einmal bescheiden. »Die Storys waren einfach gut – das ist alles! Und wer vom Fernsehpublikum hätte nicht schon einmal den Wunsch gehabt, sein Leben durch ein bißchen Zauberei zu verändern?« Obwohl Barbara Eden nach dem jähen Ende der Serie im Jahr 1970 für längere Zeit vom Bildschirm verschwand und später auch in anderen Fernsehkomödien auftrat, wird die Schauspielerin, die sich jetzt jenseits der Fünfzig gern mit allerlei Aerobic-Übungen quält (»Mein Bauchnabel ist noch hübscher geworden!«), nach wie vor mit dem Part der eifersüchtigen Haremsdame aus der Flasche identifiziert, der ihr vom Drehbuchautor Sidney Sheldon so sehr auf den makellosen Leib geschrieben zu sein schien. Aber auch ihr Partner Larry Hagman dürfte nicht darunter gelitten haben, daß man ihn neben J. R. Ewing (DALLAS) sofort mit »Meister« Tony Nelson assoziiert. Nachdem er zwei Jahre lang in der Nachmittagsserie THE EDGE OF NIGHT als Anwalt Ed Gibson niemandem aufgefallen war, schaffte Hagman mit I DREAM OF JEANNIE schließlich den großen Durchbruch. Erstmals in seiner Karriere zeigte der Sohn der bekannten Musicalsängerin Mary Martin, die ihn zur Welt brachte, als sie 17 Jahre alt war, eigenes Profil.

In den ersten Episoden war Tony Nelson noch mit Melissa, der attraktiven Tochter seines Vorgesetzten General Stone, liiert. Dem verliebten Treiben setzte die rasend eifersüchtige Jeannie ein abruptes Ende, indem sie die Konkurrentin an einen weit entlegenen Platz hexte, wo sie keinen Beziehungsschaden mehr anrichten konnte. (Die Grimassen, die Larry Hagman angesichts dieser übersinnlichen Turbulenzen in den Nahaufnahmen schnitt, müssen den späteren DALLAS-Produzenten Leonard Katzman wohl nachhaltig beeindruckt haben.) Major Roger Healey (Bill Daily), Major Nelsons bester Freund, war als einzi-

Der erste und einzige Flaschengeist des Fernsehens: Barbara Eden als und in ›Bezaubernde Jeannie‹

ger Außenstehender in Jeannies Geheimnis miteingeweiht. Ein Umstand, der ihn zum Komplizen und gleichzeitig zum Opfer machte. Stets wurden Tony und Roger für die Katastrophen, die Jeannie verursacht hatte, von ihren Vorgesetzten zur Verantwortung gezogen.

Ein ewiges Problem in der turbulenten Wohngemeinschaft stellte auch der nichtsahnende Dr. Alfred Bellows (Hayden Rorke) dar, der Psychiater der Weltraumbehörde, der sich den Spuk rund um Major Nelson nicht erklären konnte. Sobald Jeannie fertiggezaubert hatte, stand garantiert Dr. Bellows im Raum und verlangte Antworten – meistens von Major Nelson. Nach vier anstrengenden Jahren des Zusammenlebens mit Jeannie kam Tony schließlich zu der Einsicht, daß ein orientalischer Flaschengeist nicht zu bändigen ist. Er faßte den verhängnisvollen Entschluß, zu resignieren – und führte seine bezaubernde Jeannie zum Traualtar.

Aber selbst im Eheleben des seltsamen Paars fand Drehbuchautor und JEANNIE-Erfinder Sidney Sheldon, der nahezu jede Episode geschrieben hatte und in späteren Jahren einmal als Romanschriftsteller (*Blutspur*) in den Bestseller-Listen Top-Plazierungen erreichen und in Konsalikschem Ausmaße verehrt werden sollte (bevor Stephen King kam), noch genügend Konfliktpotential für haarsträubende Verwicklungen und Mißverständnisse am laufenden Band.

Starke Sprüche

JEANNIE: »Meine Schwester ist so verwöhnt, daß sie ihr Meister in einer Parfümflasche hält.«

HAUSHÄLTERIN: »Die sind doch nicht ganz richtig im Kopf, diese Astronauten. Das muß die dünne Luft sein – armer Kerl.«

Unsterbliche Momente

TONY: »Wenn ich etwas nicht ausstehen kann, dann ist es eine gerissene Jeannie. Wenn ich klug wäre, dann hätte ich deine Flasche am Strand nicht angerührt.«
JEANNIE: »Oh! Tut es dir wirklich leid?«
TONY: »Nein, ich glaub' nicht … Ich hab mich an deinen Rauch gewöhnt.«

JEANNIE: »Columbus, Ohio. Wie schön, daß man eine Stadt nach meinem Freund benannt hat … Columbus war so ein netter Mann … Wußtest du, daß er immer seekrank wurde? … Er hätte kein Seemann werden sollen.«

TONY: »Das ist meine Sekretärin, Miss … äh … Jeannie.«
PRODUZENT: »Und wie ist Ihr Vorname, meine Gute?«
JEANNIE: »Jeannie!«
PRODUZENT: Ah! Jeannie Jeannie. So was haben wir lange nicht mehr gehabt, seit Simone Simone.«

DR. BELLOWS: »Verstehen? … Major Nelson, seit Sie bei der NASA sind, habe ich nichts mehr verstanden. Aber das ändert sich … Meine Hauptaufgabe ist es, Sie zu verstehen … Können Sie das verstehen?«

Die Prominenz

Gaststars: Sammy Davis Jr., Richard »Jaws« Kiel, Kathleen Freeman, Jackie »Uncle Fester« Coogan, Don Rickles

Die wichtigsten Regisseure: Hal Cooper, Sidney Sheldon, Larry Hagman, Gene Nelson (*Die wilden Weiber von Tennessee*), Claudio Guzman (*Linda Lovelace bläst zum Wahlkampf*), E. W. Sackhamer (*Spider Man – Der Spinnenmensch*), Alan Rafkin (*Ritt zum Galgenbaum*)

Als Gaststar, und das gleich doppelt: Sammy Davis jr.

Notizen für Insider

Bezaubernde Jeannie / I DREAM OF JEANNIE
USA 1965–1970
Produktion: Columbia
139 Episoden, NBC
Laufzeit: 25 Minuten
Idee: Sidney Sheldon
Musik: Hugo Montenegro

Stammbesetzung:
Barbara Eden (Jeannie), Larry Hagman (Captain Anthony
»Tony« Nelson), Bill Daily (Captain Roger Healey), Hayden
Rorke (Dr. Alfred Bellows)

In der 1965 entstandenen Episode *Wie man kein Star wird* wird
Major Nelson beauftragt, nach Hollywood zu fliegen und dort
als technischer Berater für einen Kinofilm zu fungieren. Die
Story des Films: Amerikanischer Astronaut wird extrem verkleinert und mit Hilfe einer Injektionsspritze in den Körper ei-
nes russischen Kosmonauten geschleust. Im Gehirn des Russen
soll er ausspionieren, wieviel die Kommunisten über die Welt-
raumfahrt wissen. Ein ähnliches Sujet stand im Mittelpunkt der
1966 entstandenen Filmadaptation von Isaac Asimovs Roman
Die phantastische Reise: Unter der Regie von Richard Fleischer
(*Zwanzigtausend Meilen unter dem Meer*) behandelt ein auf
Mikrobengröße verkleinertes Forschungsteam (Stephen Boyd,
Raquel Welch, Edmond O'Brien, Donald Pleasance, Arthur
O'Connel und Arthur Kennedy) ein Blutgerinnsel im Gehirn
des tschechischen Wissenschaftlers Dr. Jan Benes. Major Nelson
und Jeannie waren leider nicht an Bord des Mini-U-Boots.
1972 traten Barbara Eden und Larry Hagman gemeinsam als
unglücklich verheiratetes Ehepaar in dem Horrorfilm A HOWL-
ING IN THE WOODS auf.
Die 1973 entstandene Zeichentrickserie JEANNIE hielt sich zwei
Jahre lang im amerikanischen Samstagsvormittagsprogramm.
1985 stand Barbara Eden in dem TV-Film *Die bezaubernde
Jeannie – 15 Jahre später* zum bislang letzten Mal als Flaschengeist vor der Kamera. Larry Hagman war wegen DALLAS verhindert.

1988, als die Einschaltquoten von DALLAS wieder einmal sanken, holte Larry Hagman seine ehemalige Partnerin für sechs Episoden als Gaststar auf die Southfork-Ranch. Die kolportierte Gage von Barbara Eden: 300.000 Dollar pro Folge!

Bonanza

*»Ich will euch mal was sagen. Die Bonanza-Serie
spiegelt nicht die Wirklichkeit des Wilden Westens
wider. Mehr habe ich dazu nicht zu bemerken ...
Ein Schwachsinn. Ein 50jähriger Vater mit seinen
drei 47jährigen Söhnen. Wißt ihr auch, warum sie
so glücklich sind? Weil sie im selben Alter sind ...
Was ist das für eine Sendung? Kann mir das
jemand sagen?*

(aus: TIN MEN; USA 1987, Regie: Barry Levinson)

1959 setzte NBC vier weiße Cowboy-Hüte in den Sattel. Ihre
Namen waren Ben, Adam, Hoss und Little Joe, und ihre Heimat
war der Wilde Westen. Und zwar in einer Zeit, als Frauen noch
nichts zu melden hatten und väterliche Autorität von Söhnen
noch akzeptiert wurde, als Konflikte durch guten Willen und die
Faust geregelt wurden und als ein schnelles Pferd, ein sicheres
Auge und sechs Schuß Munition noch genügten, um das Böse in
Schach zu halten.

Immer, wenn die netten Leute von der Ponderosa-Ranch durch
unsere Stube reiten, wird uns schlagartig klar, wie sehr wir doch
noch immer an jenes Amerika glauben wollen, von dem wir uns
wünschten, es gäbe es tatsächlich. Ein Abend mit Ben Cartwright und seinen prächtigen Söhnen ist stets wie ein Besuch bei
alten Freunden. Man kennt sich seit Jahren und weiß, wenn die
Cartwrights vor dem Essen die Hände zum Gebet falten, dann
wird sich am Ende bestimmt alles zum Guten wenden. Jedesmal,
wenn uns BONANZA die große Lüge von der heilen Gesellschaft
vergangener Tage auftischt, ist die Welt für 50 Minuten wieder in
Ordnung. Dann galoppieren wir mit den Cartwrights über die
Prärie und erliegen der wunderbaren Illusion, daß alle Probleme ganz leicht zu lösen seien.

Tatsächlich ist die Serie aber weit mehr als eine romantische
Liebeserklärung an das gute alte Amerika, das es wahrschein-
lich doch nie gegeben hat. BONANZA ist hintergründiger und
vielschichtiger als die meisten anderen Westernserien: »Eine
Familien-Situationskomödie-Action-Abenteuer-Serie« in einer
Westernkulisse«, wie es einmal ein Kritiker so treffend formu-

liert hat, angesiedelt in einer Zeit, in der die Schurken noch als solche erkennbar waren und wirksam bekämpft werden konnten. Neben den genreüblichen Revolverduellen, Saloon-Prügeleien und Faustkämpfen traten hin und wieder auch historische Figuren auf, wie etwa der Schriftsteller Mark Twain. Komisch wurde es, wenn der chinesische Koch Hop Sing (Victor Sen Yung) Dienst hatte oder die Jungs einen Zirkuselefanten adoptierten und mit ihm auf der Ponderosa trainierten.

Auffallend war, in wie vielen Folgen soziale Probleme eine Rolle spielten. Ob es vorkam, daß ein chinesisches Mädchen als Sklavin verkauft werden sollte, Schwarze verfolgt, Mexikaner verprügelt oder Indianer betrunken gemacht wurden – Minderheiten und Menschen anderer Hautfarbe konnten sich auf die Cartwrights immer verlassen. Die Konflikte wurden mit Gott-

Der Patriarch und seine Söhne: Ben Cartwright (Lorne Greene), Sohn Adam (Pernell Roberts, rechts), Sohn Hoss (Dan Blocker, links), Sohn Little Joe (Michael Landon, vorne links)

Er sorgte in ›Bonanza‹ für Komik: der chinesische Koch Hop Sing (Victor Sen Yung)

vertrauen, Tatkraft, eisernen Prinzipien, demokratischer Gesinnung und stählernen Fäusten gelöst. Und wenn Ben dann kräftig auf den Tisch haute und Hoss grinste, war alles wieder okay.

In kaum einer anderen Fernsehserie schimmerte der Goodwill der Kennedy-Ära so deutlich durch. In den späten 50er Jahren, als der Krieg kalt und Rock 'n' Roll Sünde war und jeder halbwegs anständige Familienvater seine Sippe mit einem Farbfernsehapparat bei Laune hielt, lechzte das fromme Amerika nach sauberer Unterhaltung, nach Programmen, die moralisch einwandfrei waren, in denen Glaube, Liebe, Tradition und Patriotismus die Eckpfeiler einer gesunden Familie darstellten. Es war 1959, und die Zeit war reif für BONANZA – die erste Western-Fernsehserie in Farbe. Bonanza – ein Begriff, der aus Mexiko stammt – bedeutet soviel wie »Goldgrube«, »Glück« oder »ein erfolgreiches Unternehmen«. »A bonanza farm« ist eine sehr ergiebige Farm. Die fast gleichnishaften Handlungen dieser Wildwest-Seifenoper spielten Mitte des 19. Jahrhunderts auf der 1000 Quadratmeilen großen Ponderosa-Ranch in der Nähe von Virginia City, Nevada.

Hier lebt der Rinderbaron Ben Cartwright mit seinen drei Söhnen Adam, Hoss und Joseph (Little Joe). Adam (Pernell Roberts) ist der älteste Sohn. Ein dunkelhaariger, ruhiger Langweiler, immer schwarz gekleidet und tadellos frisiert. Sein Bruder Hoss (Dan Blocker), ein gutmütiger Gigant in Hosenträgern und mit seiner Lücke zwischen den Schneidezähnen, ist der Liebling aller Kinder. Der jüngste Sproß der Cartwrights ist Little Joe, ein Draufgänger und Heißsporn, der dauernd in irgendwelchen Schwierigkeiten steckt und jedem Mädchen den Hof macht. Laut Drehbuch wurde jeder der Söhne von einer anderen Frau geboren, die alle bei der Geburt gestorben sind. Aber auch den anderen Frauen war auf der Ponderosa kein langes Leben gegönnt. Wann immer sich ein Mädchen in einen Cartwright Jr. verliebte, mußte es garantiert ins Gras beißen. Die Phantasie der BONANZA-Autoren war dabei leider etwas beschränkt. Wenn die jungen Dinger nicht durch den Biß einer Klapperschlange zugrunde gingen oder von einem durchgegangenen Pferd abgeworfen wurden, fielen sie normalerweise Feuer- oder Flutkatastrophen zum Opfer. So wurden die weiblichen Fans bei der Stange gehalten, die ihre TV-Lieblinge natürlich lieber als Singles sahen.

Neben diversen dramaturgischen Unglaubwürdigkeiten muß man der Serie leider noch andere schwere Fehler vorwerfen: Wie konnten die Cartwrights bei all der schweren Farmarbeit immer so tadellos sauber gekleidet sein? Die Serie spielt zur Zeit des amerikanischen Bürgerkriegs. Warum wurden Ben Cartwrights Söhne nie zum Militär eingezogen? Die Cartwrights züchteten Rinder zu einer Zeit, als es noch sehr viele Büffel gab. Mit Rindern war damals kein Geld zu verdienen. Wieso waren sie aber so reich?

Als Dave Dortort BONANZA konzipierte, wollte er das Matriarchat, das damals das Fernsehen beherrschte, mit einer reinen »Männer-Show« bekämpfen. In den meisten Fernsehfamilien stand eine starke Mutterfigur im Vordergrund, BONANZA hingegen sollte eine Fernsehserie werden, in der Frauen nur eine Nebenrolle spielen. Jeder Amerikaner sollte sich mit den mutigen Männern von der Ponderosa-Ranch, die für Gerechtigkeit kämpfen, identifizieren. Obwohl sich eigentlich alles nur darum dreht, daß drei erwachsene Männer ständig ihrem Vater hinterherlaufen und fragen: »Und was machen wir jetzt, Pa?« Laut

Dave Dortort beschrieb seine Serie »einen Vater und dessen drei Söhne, deren Treue ihrem Land gilt. Zwar ist jeder der Söhne ein Sturkopf und Einzelgänger, aber wenn es darauf ankommt, dann halten sie zusammen.« Oder wie es der damalige Vizepräsident von NBC auszudrücken pflegte: »Eine Liebesgeschichte zwischen vier Männern.«

In BONANZA durften Männer richtige Kerle sein – und manchmal auch stinken. Aber Ben Cartwright hatte seine Söhne gut erzogen. Auf der Ponderosa ist es selbstverständlich, Damen aus der Postkutsche zu helfen oder ihnen den Arm zum Tanz anzubieten. Adam, Hoss und Little Joe haben es gelernt, väterliche Autorität und weibliche Anmut zu respektieren. Selbst wenn sie bei der harten Farmarbeit manchmal schwitzten, konnte sie nichts davon abhalten, vor einer Lady den Hut zu ziehen. Tatsächlich hält Ben Cartwright seine großen Jungs in einer Unselbständigkeit, über die sich deren europäische Altersgenossen wahrscheinlich nur wundern können. Daß so ein Abhängigkeitsverhältnis für einen jungen Menschen gesund und erstrebenswert ist, möchten wir stark bezweifeln.

Wie ein Monolith steht der alles beherrschende Ben Cartwright im Mittelpunkt der Serie. Anfangs gar als tyrannischer Vater angelegt, der seine Söhne mit der neunschwänzigen Katze antreibt, wurde Bens Charakter dann schließlich auf Drängen der NBC-Manager auf »hart, aber gerecht« entschärft. Ben Cartwright war der kanadische Schauspieler Lorne Greene. Ein Mann mit einer faszinierenden Ausstrahlung, schlohweißem Haar – in Wirklichkeit ein Toupet (!) – und einem sonoren Baß (in der deutschen Synchronisation meisterhaft von Friedrich Schütter intoniert). Mitte der 60er Jahre galt Lorne Greene in Amerika als einer der populärsten TV-Stars. Wenn er einem Gesetzesbrecher seine Auffassung von Recht und Ordnung erklärte, hatte das beinahe etwas Biblisches. Binnen kürzester Zeit mutierte Lorne Greene zur Vaterfigur der Nation. In einer Schlüsselszene der Episode *Ein neuer Start für Mister Daniels* heißt es: »Jetzt, wo ich Sie kennengelernt habe, Mister Cartwright, weiß ich erst, wie schön es ist, einen Vater zu haben, der so richtig für einen da ist.«

Pro Season wurden 34 Folgen gedreht, also alle sechs Tage eine Episode. Und obwohl die Einschaltquoten im ersten Jahr lausig waren, stand NBC hinter BONANZA. Aus guten Gründen: Die

›Bonanza‹-Boß Lorne Greene

NBC-Verantwortlichen brauchte eine farbige Prime-Time-Serie, um den Umsatz ihrer Mutterfirma RCA anzukurbeln. Damals erzielte der Medienkonzern mit dem Verkauf von Farbfernsehgeräten gerade Rekordgewinne. NBC konnte die erste farbige Westernserie der Geschichte also nicht so ohne weiteres sterben lassen. Die Ausdauer hat sich gelohnt. Ab 1964 erzielte BONANZA schier unglaubliche Einschaltquoten. Die Serie war zu einer Institution am Sonntagabend geworden.

Angeblich soll der amerikanische Präsident Lyndon B. Johnson sogar einmal eine Rede verschoben haben, um nicht mit den Cartwrights und der Ponderosa-Farm konkurrieren zu müssen. In der Zeit des kalten Krieges war es anscheinend sehr befriedigend, jede Woche zu sehen, wie die bösen Buben ins Gras beißen. Bis heute wurde BONANZA in 123 Ländern ausgestrahlt

– sogar im damals kommunistischen Polen war man mit den Cartwrights vertraut; bisweilen hatte die Serie zwischen 300 und 500 Millionen Zuschauer. Queen Elizabeth soll zu Lorne Greene gesagt haben: »Die Kinder und ich sehen jeden Sonntag Ihre Serie.«

Für Lorne Greene, Dan Blocker und Michael Landon erwies sich die Serie im wahrsten Sinn des Wortes als »Bonanza«. Klugerweise hatten sich die drei Schauspieler prozentuale Anteile an den BONANZA-Rechten gesichert. Als sie dann ihre »Syndication«-Rechte um jeweils eine siebenstellige Dollarsumme verkauften, waren Greene, Blocker und Landon gemachte Millionäre.

Der einzige Cartwright, der bei diesem gigantischen Geldsegen durch die Finger schaute, war Pernell Roberts. Hinter der Kamera ein scheuer Einzelgänger, vergiftete er in den Drehpausen durch sein launenhaftes, mürrisches Benehmen die ausgelassene Atmosphäre.

Während Dan Blocker und Michael Landon privat die besten Freunde waren und eine diebische Freude daran hatten, Lorne Greenes Toupet zu verstecken, versuchte Pernell Roberts schon in den frühen 60er Jahren, die Serie zu verlassen. Als man ihm bei NBC nahelegte, sich diesen Schritt noch einmal genau zu überlegen – andernfalls würde er in Hollywood nie wieder Arbeit finden –, blieb Roberts bis 1965. »Um nicht krank zu werden, gab ich mein Gehirn in der Maske ab und spielte einfach die Rolle. Es gab keine dramatische Ehrlichkeit dabei.« Ein schwerer Fehler, wie sich später herausstellte. Sollte es doch 14 (!) lange Jahre dauern, bis Pernell Roberts wieder eine Hauptrolle im Fernsehen spielte (TRAPPER JOHN, M. D., 1979–1986). Noch heute gilt Pernell Roberts' Ausstieg aus BONANZA in Hollywood als eine der größten Fehlentscheidungen, die jemals ein Fernsehstar getroffen hat. Nur Patrick Duffys Abgang aus DALLAS im Jahr 1985 ist damit vergleichbar, obwohl sich Duffy 1986 vernünftigerweise wieder dem Ewing-Clan anschloß.

Als Pernell Roberts ging, kam David Canary, der ab da den Cowboy Candy verkörperte. Nur für einen konnte kein Ersatz gefunden werden. Als Dan Blocker 1972 überraschend an einer Lungenembolie starb, lag die Serie bereits in den letzten Zügen. 1973, nach 14 Jahren und 440 Episoden, wurde BONANZA endgültig eingestellt.

Starke Sprüche

HOSS: »Diese Maultiere! Fauler als ein fettes Schwein im Sommer.«

SUE LING: »Ehrenwerter Sir, es ist sehr schwierig, geheimnisvollen Westen zu verstehen. Mysteriös mir alles. Viele unergründliche Geheimnisse.«
HOSS: »Bin ich auch eins?«
SUE LING: »Ja!«

Die Prominenz

Gaststars: Dean Stockwell, Jack Carson, John Carradine, Ossie Davies, R. G. Armstrong, Robert Culp, Ruth Roman, Yvonne De Carlo

Die wichtigsten Regisseure: Joseph Sargent (*Die Todesfahrt der U-Bahn 123*), Jacques Tourneur (*Cat People*), Christian Nyby (*Das Ding aus einer anderen Welt*), Charles Rondeau (*Star Trek*), Paul Henreid (*Der schwarze Kreis*)

Fanpost

Heute ist die Ponderosa-Ranch, die eine halbe Autostunde außerhalb von Reno liegt, ein beliebtes Ausflugsziel. Auch mehrere deutsche und österreichische Reisebüros bieten dorthin Reisen an. Natürlich ist die Ranch nicht mehr das, was sie einmal war. Mittlerweile ist die Ponderosa zu einem gigantischen Freizeitkomplex mit Läden, Fotostudios, einem Streichelzoo, dem Silver Dollar Saloon, einer Oldtimer-Ausstellung und einem Friedhof mit den Grabsteinen der Cartwrights mutiert. Gegen ein Entgelt von ein paar hundert Mark können Sie sich in der Ponderosa-Kirche von einem echten Priester trauen lassen. Bis zum heutigen Tag wurden in Amerika rund 300 BONANZA-Restaurants gezählt.

Kultobjekte

1965 nahm Lorne Greene die Single »Ringo« auf, eine Westernballade in Sprechgesang; sie wurde sofort ein Hit, der sich zwei-millionenmal verkaufte.

Notizen für Insider

BONANZA
USA 1959–1973
Produktion: NBC Productions
440 Episoden
Laufzeit: 52 Minuten
Musik: Jay Livingston, Ray Evans

Stammbesetzung:
Lorne Greene (Ben Cartwright), Michael Landon (Little Joe Cartwright), Dan Blocker (Eric »Hoss« Cartwright, 1959–1972), Pernell Roberts (Adam Cartwright, 1959–1965), Victor Sen Yung (Hop Sing), David Canary (Candy, 1967–1970, 1972–1973), Ray Teal (Sheriff Roy Coffee), Mitch Vogel (Jamie Hunter Cartwright, 1970–1973), Bing Russell (Deputy Clem Poster)

Lorne Greene, geboren am 12. Februar 1916 in Ottawa, Kanada, starb am 11. September 1987 an den Folgen einer Magenoperation. US-Präsident Ronald Reagan kondolierte seiner Ehefrau Nancy Greene mit folgenden Worten: »Meine Frau und ich sind tief erschüttert.«
Dan Blocker starb am 15. Mai 1972 im 43. Lebensjahr an einer Lungenembolie.
Michael Landon (eigentlich Eugene Michael Orowitz), geboren am 31. Oktober 1936 im New Yorker Stadtteil Queens als Sohn eines jüdischen Kinomanagers und einer katholischen Schauspielerin, starb am 1. Juli 1991 an Bauchspeicheldrüsen- und Leberkrebs.
In der Episode *Keine Chance für Ed Payson* singt (!) Pernell Roberts am Grab eines erschossenen Revolverhelden.
1987 wollte Produzent Dave Dortort die Serie unter dem bezeichnenden Titel BONANZA – THE NEXT GENERATION fortsetzen. Es kam jedoch nur der Pilotfilm zustande. In den Hauptrollen: Michael Landon Jr. als Little Joes Sohn und Gillian Greene, Lorne Greenes Tochter. Eigentlich hätte ja Lorne Greene wieder die Rolle des Ben Cartwright übernehmen sollen, leider starb der Star vier Monate vor Beginn der Dreh-

arbeiten. Also erfand man die Figur des Aaron Cartwright, Bens seefahrendem Bruder, der von nun an die Geschicke der Familie leiten sollte, gespielt von John Ireland.

Eine Frage noch ...

Wie um alles in der Welt kommen moderne Zippverschlüsse in Cowboyhosen anno 1850?

Chicago 1930

»Ich kriege Sie, Capone.
Verlassen Sie sich darauf.«

Eliot Ness

Die Bilanz einer Fernsehwoche des Jahres 1960: 144 Mörder, 143 Mordversuche, vier Versuche von Lynchjustiz, zwei Massaker von Massenmördern, 52 weitere Mordfälle und elf geplante Morde. Erhoben von einer Meinungsforschungsgruppe in Los Angeles, spiegelt das Ergebnis den Krieg um Einschaltquoten zwischen den Fernseh-Networks nur allzu deutlich wider. Man war darum bemüht, das Publikum mit Action bei der Stange zu halten – und am besten glang das den UNTOUCHABLES, hierzulande unter dem Titel *Chicago 1930* bekannt. Produzent Quinn Martin hatte seine Autoren angewiesen, »mehr Action-Szenen zu schreiben, andernfalls gehen wir unter«. Die oft genug für fade Familiendramen eingesetzten Lohnschreiber ließen ihrer Phantasie freien Lauf, und prompt erhielt *Chicago 1930* den Beinamen »Das wöchentliche Blutbad«. Immerhin: Wenigstens dreimal pro Folge spuckte eine Maschinenpistole Blei ins Gangstervolk.

Kernstück des Fernsehgemetzels war die Autobiographie von Gangsterjäger Eliot Ness, der wesentlich an der Festnahme des Mafia-Bosses Al Capone im Jahr 1931 beteiligt war. Ness wurde in der Serie von Robert Stack dargestellt, der die Reihen der bösen Buben cool und ohne jegliche Emotion lichtete. Er und sein Team erhielten bald nach ihren ersten Einsätzen den Beinamen »Die Unbestechlichen«, da sie sich von keiner der rivalisierenden Gangs kaufen ließen. Die Einsatzfreude der unbestechlichen Truppe reichte von der Verhaftung Al Capones (THE SCARFACE MOB/DESILU PLAYHOUSE, 1959) über die Aktivitäten von Frank Nitti, Bugs Moran, Ma Barker bis hin zu Walter Legenza und Dutch Schulz.

Allerdings: Diese Unbestechlichen waren vom Start weg nicht einmal halb so erfolgreich wie die Originale im Kampf gegen das organisierte Verbrechen. In der ersten Drehzeit schaffte es *Chicago 1930* gerade eben auf Platz 43 der US-Charts, erst in der zweiten Season kletterte die Produktion auf Platz acht hoch.

Robert Stack als Eliot Ness in ›Chicago 1930‹

Der Erfolg war aber nicht von langer Dauer, denn bereits in der dritten Drehzeit stand *Chicago 1930* wieder auf Platz 41, weshalb die Serie nach insgesamt 114 Episoden eingestellt wurde. Was anfänglich als Zugpferd diente – kolossale Bleischlachten –, wurde schlußendlich langweilig: Die Zuschauer verloren das Interesse an Eliot Ness' Wandel zwischen den Fronten. Obwohl Quinn Martin sofort reagierte und seine Autoren zu einem weiteren Gesinnungswandel anwies – weniger Schießereien, mehr Logik –, war das Produkt nicht mehr zu retten. Gerüchten zufolge sollen die Einschaltquoten aber nur der offizielle Einstellungsgrund gewesen sein. Da die Serie mit originalen Namen arbeitete (und einer Tafel am Schluß: Handlung und Personen sind frei erfunden), soll die Produktionsfirma von der Mafia unter Druck gesetzt worden sein, in Zukunft fiktive Namen einzusetzen und die Serie zu »neutralisieren«. »Das war mit ein Grund für das schnelle Ende«, sagt Robert Stack. »Die Leute waren nicht an der harten Machart interessiert, sondern vor allem am Schicksal der prominenten Figuren aus Amerikas Vergangenheit.«

Nach der Einstellung der Serie im Jahr 1963 blieb die Bekämpfung des organisierten Verbrechens für zwei Jahre vom Bildschirm fern; erst im Jahr 1965 gelang es Martin, die Nachfolgeproduktion F.B.I. zu etablieren, zu der Edgar J. Hoover persönlich seine Genehmigung geben mußte.

Die Auferstehung feierten *Die Unbestechlichen* 1986 in Brian De Palmas gleichnamigem Kinothriller, in dem Kevin Costner die Rolle von Eliot Ness übernahm. An seiner Seite spielte Sean Connery. Der Film wurde zwar ein großer Erfolg, basierte allerdings nicht wie die Serie auf Originalakten des FBI.

Im Jahr 1993 wurde ein letzter Versuch zur Wiederbelebung der Etüde in Blei gestartet: THE NEW UNTOUCHABLES, die allerdings keinen besonderen Anklang beim Publikum fanden. Kein Wunder: Zwar dürfen Gangster wieder namentlich genannt werden, dafür ist den Produzenten jeglicher Realismus abhanden gekommen.

Und ohne den wird es still in und um Chicago.

Augenzeugenbericht

AL WOLFF war einer der »echten« Untouchables. Er wurde als Berater zu den Dreharbeiten des Kinofilms THE UNTOUCHABLES von Brian De Palma herangezogen.

Über Eliot Ness sagt er: »Eliot Ness war so jung wie ich, als ich ihn damals kennenlernte. Er wurde ein harter Kerl, aber ein harter Kerl mit Klasse. Er war naiv, als er anfing, aber er lernte. Er lernte, etwas härter zu werden, weil es auch etwas gefährlicher wurde.«

Über die Dreharbeiten zum Kinofilm: »Robert Stack war in der Rolle des Eliot Ness nicht annähernd so gut wie Kevin Costner. Er war von Anfang an knallhart. Als die Filmleute mich aus meiner Versenkung holten, damit ich Costner erzählen sollte, wie Ness war, habe ich ihm gezeigt, wie er gehen muß. Ness ging langsam. Und ich habe Costner gezeigt, wie er mit der Waffe umgehen muß. Ich sagte: ›Wenn du deine Waffe ziehst, sei bereit, sie zu benutzen, denn es geht um Leben oder Tod.‹«[1]

Notizen für Insider

Chicago 1930 / THE UNTOUCHABLES
USA 1959–1965
Produktion: ABC Television/Desilu/Langford Productions
117 Episoden zu je 60 Minuten, schwarzweiß
Ausführende Produzenten: Jerry Thorpe, Leonard Freeman, Quinn Martin

Die wichtigsten Regisseure:
Walter Grauman, Tay Garnett, Phil Karlson, Howard Koch, Stuart Rosenberg

Stammbesetzung:
Robert Stack (Eliot Ness), Jerry Paris (Agent Martin Flaherty), Abel Fernandez (Agent William Longfellow), Anthony George (Agent Cam Allison), Nick Georgiade (Agent Enrico Rossi), Paul Picerni (Agent Lee Hobson), Steve London (Agent Rossman), Bruce Gordon (Frank Nitti), Walter Winchell (Einleitung)

Kinofilm

Die Unbestechlichen / THE UNTOUCHABLES
USA 1987, 120 Minuten
Buch: David Mamet, inspiriert durch die gleichnamige Fernsehserie sowie die Werke von Oscar Fraley, Eliot Ness und Paul Robsky

---

[1] aus: *Kevin Costner – Die nichtautorisierte Biografie* von Todd Keitz, Heyne-Verlag

Regie: Brian De Palma
Besetzung: Kevin Costner (Eliot Ness), Sean Connery (Jim Malone), Charles Martin Smith (Oscar Wallace), Andy Garcia (George Stone), Robert De Niro (Al Capone), Richard Bradford (Mike)

Die Cosby Show

CLIFF HUXTABLE: »Du hast den Kuchen also nicht aus dem Kühlschrank genommen?«
RUDY: »Nein, Doktor Huxtable.«
CLIFF: »Er hat also alleine die Türe geöffnet, ist herausgesprungen und zum Tisch gegangen.«
RUDY: »Ja, Doktor Huxtable.«
CLIFF: »Und dort hat er sich selbst das Messer angesetzt und sich in Stücke geschnitten?«
RUDY: »Ja, Doktor Huxtable.«
CLIFF: »Und du denkst wirklich, daß ich dir das glaube?«
RUDY: »Ja, Doktor Huxtable.«

CLIFF: »Wozu einen Handwerker holen, der nur Geld kostet? Das repariere ich doch selbst.«
CLAIRE: »Theo, ruf den Installateur an.«
CLIFF: »Aber warum soll ich das nicht machen?«
CLAIRE: »Erinnerst du dich daran, als du die Waschmaschine repariert hast?«
THEO: »Ja, wir mußten den Keller auspumpen.«
CLIFF: »Theo, tu', was deine Mutter dir sagt, und ruf den Installateur an.«

Die COSBY SHOW gilt als das Musterbeispiel sauberer Unterhaltung für die ganze Familie. Dementsprechend lang ist ihre Geschichte: Im Jahr 1984 das erstemal ausgestrahlt, hat sie es bislang auf über 300 Episoden gebracht, und ein Ende ist noch nicht abzusehen. Obwohl: Im ersten Anlauf wäre es beinahe gar nicht zur COSBY SHOW gekommen. Im ursprünglichen Konzept sollte keine Arzt-, sondern eine Arbeiterfamilie die Hauptrolle spielen, was sowohl ABC und NBC glattweg ablehnten. Erst auf Drängen seiner Frau schrieb Cosby die Hauptrolle um – ABC lehnte das neue Konzept wieder ab, NBC erhielt den Zuschlag. Der Sender erfüllte Cosby sogar zwei ungewöhnliche Bitten: Da der »Vater der Nation« (einer seiner vielen Spitznamen) Hollywood nicht sehr schätzt, wurde in New York gedreht. Darüber hinaus erhielt er freie Hand für sein Projekt, konnte also machen, was er wollte. Trotz dieser Zugeständnisse war der Sender nicht 100prozentig vom Erfolg des Projektes überzeugt. Zwar hatte Cosby mit den Kinoproduktionen I Spy, Bill Cosby und Fat Albert and the Cosby Kids beste Reputationen vorzuweisen, dennoch schien das neue Programm in den Augen der Kritiker an mehreren Stellen zu kranken:

1) Die Cosby Show ist eine Sitcom – gehört also einem Genre an, um das es im Jahr 1984 nicht sehr gut bestellt war (»Insider« sagten ihr baldiges Ende voraus).

2) Im Mittelpunkt der Show stand eine schwarze Familie. Ob auch Weiße einschalten würden, war zum damaligen Zeitpunkt äußerst fraglich.

Die Propheten irrten in allen Punkten. Die Cosby Show entwickelte sich vom Start weg zu einem der erfolgreichsten Familienprogramme überhaupt – insgesamt 38,8 Millionen Amerikaner verfolgten mit Interesse, was sich im Wohnzimmer der Familie Huxtable Woche für Woche ereignete. Bill Cosby, der eigentlich William H. Cosby Jr. heißt, wurde zum Millionär (alleine an Neuausstrahlungsrechten verdiente das Studio 600 Millionen Dollar) und die Show zum Präzedenzfall dafür, daß schwarze TV-Produktionen auch ein weißes Publikum anlocken können – was Anfang der 90er zu einer regelrechten Flut von derartigen Sitcoms führte, die noch bis heute nach Europa schwappt. *Echt Super, Mr. Cooper* etwa oder *College-Fieber* (A Different World, USA 1983), ein Spin-Off mit Lisa Bonet über Denise Huxtables College-Leben, entwickelten sich vor allem außerhalb der Staaten zu Erfolgen; mangels Originalität war ihnen aber kein allzu langes Leben beschieden.

Originell ist auch die Cosby Show nicht. Sie läßt uns zwar am Leben des Frauenarztes Cliff Huxtable und seiner Anwaltsgattin Claire teilhaben, wirklich neue Elemente werden aber nicht ins Spiel gebracht. Ihre Kinder sind Denise (dargestellt von Lisa Bonet, die von der Zeitschrift Harper's Bazaar unter die zehn schönsten Frauen Amerikas gewählt wurde), Theo (Malcolm-Jamal Warner), Vanessa (Tempestt Bledsoe), Rudy (Keshia Knight Pulliam) und Sondra (Sabrina Le Beauf); alles intelligente, urbane und charmante Zeitgenossen. Mit ihnen lernt der Zuschauer fürs Leben: Daß man nicht lügen darf, daß Probleme zum Darüberreden da sind, daß die Ehe etwas ganz Wichtiges ist und daß man in keiner Situation seinen Humor verlieren darf. Die Situationen sind alltäglich – ein überraschender Besuch, ein

Frauenarzt Dr. Cliff Huxtable: Bill Cosby

neuer Verehrer, eine lecke Wasserleitung, ein defekter Kühlschrank, Ungeziefer etc. – und ganz dem inneren Mechanismus einer Situation Comedy entsprechend.
Die banale Ausgangssituation entwickelt sich dank der hervorragenden Darsteller zur nur selten seichten Unterhaltung –

ebenfalls einer der Gründe, warum sich die COSBY SHOW bis Mitte der 90er Jahre als Spitzenreiter in den Programmcharts etablieren konnte. »Alles, was in der Serie passiert, habe ich auch mit meiner Familie erlebt«, beteuert Cosby. »Ich habe schon viele Leute sagen hören, daß sie nicht möchten, daß ihre Kinder fernsehen. Also wollte ich eine TV-Show machen, die alle meine Kinder ansehen konnten, ohne daß meine Frau und ich uns Sorgen machen mußten, wie sich das auf sie auswirken würde.«

Und auch die NEW YORK TIMES lobte beim Serienstart im November 1984: »Anders als in anderen Serien dieser Art, in denen Geschichten konstruiert werden oder mit Wortwitzen gespielt wird, versuchte die Cosby-Serie, Realität zu zeigen. Sie ist voll von kleinen Momenten, die dem Zuschauer das Gefühl geben, daß er sie selbst erlebt hat. Die Familie liebt sich, aber sie gerät auch aneinander. Die Kinder werden flügge und ärgern die Eltern gelegentlich. Es sind leicht erzählte Begebenheiten, die jedem Zuschauer passieren könnten.« Cosby traf den Nerv der Zeit und wurde dafür prompt von PENTHOUSE in die Liste der »25 wichtigsten Amerikaner« aufgenommen. Auch auf dem Index der Edelmütigen steht Cosby ganz oben: Als die COSBY SHOW 1985 für den Emmy vorgeschlagen wurde, lehnte er selbst eine Nominierung ab, weil er nicht mit seinen Mitspielern konkurrieren wollte.

Seit Anfang der 90er Jahre macht sich bei den US-Fernsehstationen leise ein neuer Trend bemerkbar: Einerseits geben die Sender wieder einstündigen Produktionen den Vorzug (was lange vernachlässigt wurde), andererseits machen Newcomer mit Arbeiten auf sich aufmerksam, die jung und ungewöhnlich sind (z. B. die SIMPSONS). Cosbys Platz an der Spitze der Unterhaltungsmaschinerie ist damit nicht mehr unangefochten – zumal William H. Jr. auch auf der Kinoleinwand nur mäßige Erfolge vorweisen kann. Seine letzte nennenswerte Produktion, GHOST DAD (USA 1990), spielte neben den Produktionskosten nur einen kleinen Bonus ein, mehr nicht.

Bill Cosby, der vom LIFE-Magazin als »Amerikas lustigster Vater« bezeichnet wurde, begann seine Fernsehkarriere mit Robert Culp in der Serie I SPY (USA 1965 bis 1968), die ihm drei Emmy Awards einbrachte. Neben seiner Tätigkeit für Film und Funk geht Cosby auf Tournee und veröffentlicht Alben von seinen Auftritten – insgesamt erhielt er fünf Grammy Awards in der Rubrik »Best Comedy Album« und brach im Jahr 1986 den Verkaufsrekord der Radio City Music Hall in New York, der 53 Jahre gehalten hatte. Neben seiner Tätigkeit als Entertainer hat er auch einen »vernünftigen« Beruf erlernt: Er ist Arzt mit Diplomen von der Temple University und der University of Massachussetts.

Notizen für Insider

Die Cosby Show / THE COSBY SHOW
USA 1984–?
Produktion: NBC
Über 300 Episoden zu je 25 Minuten
Erfinder: Ed Weinberger, Michael Leeson, William H. Cosby Jr. (Bill Cosby)

Nicht originell, aber höchst erfolgreich: Bill Cosby, Phylicia Rashad und Lisa Bonet

Musik: Stu Gardner, Bill Cosby
Regie: Verschiedene Regisseure; unter anderem Jay Sandrich

Stammbesetzung:
Bill Cosby (Doctor Heathcliff Huxtable), Phylicia Rashad (Claire Huxtable), Sabrina Le Beauf (Sondra Huxtable Tibideaux), Lisa Bonet (Denise Huxtable Kendall), Malcolm-Jamal Warner (Theodore Huxtable), Tempestt Bledsoe (Vanessa Huxtable), Geoffrey Owens (Elvin Tibideaux), Keshia Knight Pulliam (Rudy Huxtable), Joseph C. Phillips, Raven-Symone, Erika Alexander (Pam Tucker), Minnie Gentry (Gram Tee), Terry Farrell, Deon Richmond

Gaststars:
Danny Kaye, Stevie Wonder, Sammy Davies Jr., Dizzie Gillespie

Filmographie Bill Cosby

I Spy (1965), To All My Friends on Shore (1971), The Electric Company (1971), Fat Albert and the Cosby Kids (1972), Hickey and Boggs (1972), The New Bill Cosby Show (1972), Man and Boy (1972), Uptown Saturday Night (1974), Let's Do It Again (1975), Cos (1976), Mother, Jugs & Speed (1976), A Piece of the Action (1977), California Suite (1978), Top Secret (1978/TV), The New Fat Albert Show (1979), The Devil and Max Devlin (1981), Bill Cosby – »Himself« (1982), The Cosby Show (1984, *Doctor Heathcliff Huxtable*), Leonard Part 6 (1987), Ghost Dad (1990), You Bet Your Life (1991), Meteor Man (1993), I Spy Returns (1994), The Cosby Mysteries (1994)

Columbo

*FRAU: »Einen Inspektor hätte ich mir doch
bedeutender vorgestellt.«
COLUMBO: »Gott, ja, mein ewiges Pech.«*

*»Wissen Sie, ich konnte nicht schlafen, heut'
nacht. Ich hatte da ein paar Fragen, die haben
mich nervös gemacht. Ich muß mir Klarheit
verschaffen.«*
(COLUMBO)

*»Meine Neugier ist ein Fehler, ich weiß. Meine
Frau hält mir das ständig unter die Nase.«*
(COLUMBO)

»Ach, eine Frage noch ...«

Diese Worte können nichts Gutes bedeuten – schon gar nicht, wenn man im Schutze der Nacht ein Verbrechen begangen hat und nun ungeschoren davonkommen möchte. Wenn dieser Satz fällt, dann hat man ausgespielt. Denn Columbo kann zwar noch nicht beweisen, wer die makabre Tat begangen hat, aber er kennt den Täter, und wie ein anhänglicher Poltergeist wird er ihm auf der Schulter sitzen und auf einen Fehler warten. Columbo hat Zeit. Und Columbo hat mehr Geduld als ein Goldfisch. Das ist das Geheimnis seines Erfolges. Das Motto »Ich lös' den Fall auf jeden Fall« hätte besser zu ihm gepaßt als zu Eddy Murphy, der im dritten Aufguß von BEVERLY HILLS COP nicht einmal das Problem löst, wie man einen guten Film macht. Columbo ist ein Detektiv ohne Spezialeffekte; manchmal ein unschuldiger Engel in einer Welt listiger Verbrecher aus Leidenschaft. »Lassen Sie das«, sagt er am Ende der Episode *Schritt aus dem Schatten* zur entlarvten Mörderin. »Dazu haben wir doch zuviel Format.«

Hat Columbo eine Waffe? Sieht nicht so aus, aber er hat. Columbo hält sich an die Vorschriften. Von einem wie ihm, der daherkommt wie eine Hybride aus zerstreutem Professor und rastlosem Familienvater, erwartet man nichts anderes. Im zerknitterten Trenchcoat, seinem Markenzeichen, steckt jedoch nicht der erwartete Spießer, sondern bloß ein entrückter Kopfarbeiter. Wenn Columbo den Tatort betritt und seine Aufmerksamkeit über kleinste Details gleiten läßt, schaut man durch seine Augen auf ein durcheinandergeworfenes Puzzle hinab. Noch bevor der Gerichtsmediziner die Todesursache des Opfers feststellen kann, beginnen sich am Rand des Bildes erste Puzzlesteine auszurichten. Die gute alte Columbo-Maschine arbeitet bereits an der Lösung des Problems; null Defekte.

Columbo ist ein Volksheld, jeder liebt ihn – und oft genug hat man den Eindruck, Columbo würde seinerseits die Bösen lieben. Oder ihnen zumindest aufrichtige Bewunderung für ihren zum Scheitern verurteilten Plan entgegenbringen. Er interessiert sich für ihre Berufe, als würde er daraus fürs eigene Leben lernen, absorbiert ihre Lebensart und ihre Lebensumstände. Kontrast zu den meisten Krimiserien: Der Zuschauer ist schon vor Columbo am Tatort und kennt den Mörder beim Namen – und der ist unwichtig. Columbo wird ihn schon herausfinden, kein Zweifel; die Methodik, mit der er ans Werk geht, Steinchen für Steinchen zu einem Ganzen zusammenfügt und »lose Enden zusammenknotet«, das ist der eigentliche Thrill, der Nervenkitzel dieses sympathischsten aller Fernsehdetektive.

Columbo, meist mit seinem Dackel »Hund« in einem alten Peugeot unterwegs – der europäische Wagen ist eine Anspielung auf die ersten Jahre von Peter Falks Kindheit, die er in Wien verbrachte –, ist ein lebender Schwamm, der Informationen aufsaugt, die andere als nicht relevant ignorieren. Er sieht nicht den Toten und sucht nicht den Täter: Er rekonstruiert den Tathergang, durch den sich der Verbrecher selbst entlarvt. Trickreich, psychologisch, (vermeintlich) schusselig. Nichts davon ist Tarnung, und nichts davon ist echt. Ein Familienmensch, der ständig von seiner Frau spricht, sie uns aber nie vorstellt. Wir wissen, welche Bücher sie liest, welche Musik sie mag, wie sie kocht, was sie Columbo bedeutet. In der Episode *Ruhe sanft, Mrs. Columbo* stirbt sie gar, ohne in der Besetzungsliste zu erscheinen: Columbo hat ihren Namen als Köder mißbraucht, das Foto auf der Kommode war das einer Kollegin, und der Mörder, der dem Polizisten sein liebstes Gesprächsthema nehmen wollte, hat auf die Falsche gezielt. Columbo hat beide gefoppt: Publikum und Gegner. Das macht ihn so genial. Er ist unberechenbar. Wir wissen zwar, daß irgendwann »die letzte Frage« kommt, aber wir wissen

Ein Volksheld: Peter Falk als Inspector Columbo

auch, daß wir keine Chance haben, wenn er sie uns stellt. Er geht
schon aus dem Zimmer, dann bleibt er in der Tür nochmals stehen, hebt den Arm mit der Zigarre und …

Die Figur des Columbo wurde Anfang der 70er Jahre von William Link und Richard Levinson für einen Krimi ersonnen, der
in der Reihe MYSTERY MOVIES ausgestrahlt werden sollte. Diese Reihe dient quasi als Prüfstand für angehende Krimihelden:
In loser Folge dürfen neue Charaktere einen abendfüllenden
Fall lösen. Als Erfolgsprämie winkt eine eigene Serie, Mißerfol-

ge verschwinden unauffällig und ohne Tränen zu verursachen aus dem Programm. Columbos erster Fall, *Mord nach Rezept* von Regisseur Richard Irwing, kam beim Publikum so gut an, daß Peter Falk schon bald das Angebot für eine Krimiserie bekam. Zwischen 1971 und 1977 drehte Peter Falk insgesamt 45 COLUMBO-Folgen, danach ging der linkische Unter-Bulle vorerst in Pension. NBC suchte nach einem Ersatzprogramm und fand es in MRS. COLUMBO: Dem Willen der TV-Gewaltigen folgend, sollte sich Columbos bessere Hälfte ebenfalls der Verbrechensbekämpfung widmen. In insgesamt vier Episoden, die zwischen Oktober und Dezember 1979 ausgestrahlt wurden, stand Kate Mulgrew, die spätere Schiffsärztin von *Raumschiff Enterprise,* als Jane Columbo vor der Kamera. Danach verschwand das mißgebildete Fortsetzungsbaby in den Archiven.

Die MYSTERY MOVIES-Reihe und später auch COLUMBO waren ein Spielplatz sowohl für etablierte Regisseure wie auch für vielversprechende Newcomer. Die Liste der Regisseure, die in den 70er Jahren den Knitter-Detective in Szene gesetzt haben, liest sich daher wie ein Who's Who der heutigen Hollywood-Größen: Beispielsweise Steven Spielberg, der gleich zweimal im Regiestuhl Platz nahm (um danach mit dem *Weißen Hai* über Nacht weltberühmt zu werden). Oscar-Preisträger Jonathan Demme (*Das Schweigen der Lämmer*) drehte ebenso eine COLUMBO-Folge, wie der STAR TREK-Regisseur Ted Post oder der Allrounder Patrick McGoohan (dem wir die psychedelische Serie *Nummer 6* verdanken). Auch die Liste der Gaststars ist beachtlich: Robert Vaughn versuchte sich mehrmals als Bösewicht, Oscar Werner zeigte, daß auch Literaten töten können; Krimi-Autor Mickey Spillane versuchte sich als Bombenleger; William »Kirk« Shatner mimte einen Schauspieler und Leonard »Spock« Nimoy einen hinterlistigen Chirurgen.

Peter Falk kehrte im Jahre 1987 als Columbo auf die Mattscheibe zurück: Er dreht in unregelmäßigen Abständen abendfüllende Ermittlungen des deutlich gealterten TV-Bullen. Seiner Initiative ist es zu verdanken, daß COLUMBO während seiner Abwesenheit von der Mattscheibe nicht mit einem anderen Schauspieler weitergeführt und in den Untergang getrieben wurde. Manchmal ist der Anblick trotzdem etwas schmerzhaft: Wenn man den agilen Detective aus den 70er Jahren vor Augen hat, der seine französische Rostlaube zwischen amerikanischen Superschlitten parkt, hält man den »neuen« Columbo auf den ersten Blick für einen entfernten Verwandten. Aber es ist Peter Falk, entledigt von ein paar wichtigen Requisiten wie dem Hund, dem Auto und dem Mantel. Ja, und von dem neugierigen Columbo, der mit der Präzision eines Schachspielers nachwies, daß es das perfekte Verbrechen nicht gibt.

Notizen für Insider

COLUMBO
USA 1971–1977, 1989–?
Produktion: NBC Television
45 Folgen zwischen 70 und 90 Minuten (1971–1977); 19 Folgen mit etwa 90 Minuten (seit 1989)
Idee: William Link, Richard Levinson
Autoren: William Link, Larry Cohen, Richard Levinson, Steven Bocho, Barney Slater (u. a.)

Die wichtigsten Regisseure:
Steven Spielberg, Ted Post, Jonathan Demme, Patrick McGoohan, Hy Averback

Stammbesetzung:
Peter Falk (Columbo)

Gaststars:
Kim Cattral, Michelle Pfeiffer, William Shatner, Leonard Nimoy, Robert Vaughn, Harvey Keitel, Oscar Werner, Donald Pleasance, John Cassavetes, Johnny Cash, Mickey Spillane

Einzeltitel

Deutscher Titel	Originaltitel	Regie
	Drehzeit 1971 bis 1977	
Mord nach Rezept	Prescription Murder	Richard Irwing
Lösegeld für einen Toten	Ransom for a Dead Man	Richard Irwing
Tödliche Trennung	Murder by the Book	Steven Spielberg
Zigarren für den Chef	Short Fuse	Edward Abroms
Ein Denkmal für die Ewigkeit	Blueprint for Murder	Peter Falk
Mord in Pastell	Suitable for Framing	Hy Averback

Deutscher Titel	Originaltitel	Regie
Schritt aus dem Schatten	Lady in Waiting	Norman Lloyd
Mord im Bistro	Fade into Murder	Bernard L. Kowalski
Mord mit der linken Hand	Death Lends a Hand	Bernard L. Kowalski
Alter schützt vor Torheit nicht	Dagger of Mind	Richard Quine
Doppelter Schlag	Double Shock	Robert Butler
Etüde in Schwarz	Etude in Black	Nicholas Colasanto
Blumen des Bösen	The Greenhouse Jungle	Boris Sagal
Wenn der Eismann kommt	The Most Crucial Game	Jeremy Paul Kagan
Schach dem Mörder	The Most Dangerous Match	Edward Abroms
Klatsch kann tödlich sein	Requiem for a Falling Star	Richard Quine
Zwei Leben an einem Faden	A Stitch in Crime	Hy Averback
– Ein ehrenwerter General	Dead Weight	Jack Smight
– Mord unter sechs Augen		
Wein ist dicker als Blut	Any Old Port in a Storm	Leo Penn
Stirb für mich	Candidate for a Crime	Boris Sagal
– Ein perfektes Alibi	Double Exposure	Richard Quine
– Ein gründlich motivierter Tod		
– Schön um jeden Preis	Lovely but Lethal	Jeannot Szwarc
– Ein Hauch von Mord		
Teuflische Intelligenz	Mind Over Mayhem	Alf Kjellin
Schreib oder stirb	Publish or Perish	Robert Butler
Geld, Macht und Muskeln	An Exercise in Fatality	Bernard L. Kowalski
Momentaufnahme für die Ewigkeit	Negative Reaction	Alf Kjellin
Des Teufels Korporal	By Dawn's Early Light	Harvey Hart
Schwanengesang	Swan Song	Nicholas Colasanto
Meine Tote – deine Tote	A Friend Indeed	Ben Gazzara
Playback	Playback	Bernard L. Kowalski
Traumschiff des Todes	Troubled Waters	Ben Gazzara
Der Schlaf, der nie endet	A Deadly State of Mind	Harvey Hart
Tödliches Comeback	Forgotten Lady	Harvey Hart
Blutroter Staub	A Matter of Honour	Ted Post
Mord in der Botschaft	A Case of Immunity	Ted Post
Tod am Strand	Identity Crisis	Patrick McGoohan
Wenn der Schein trügt	Now You See Him	Harvey Hart
Der alte Mann und der Tod	Last Salute to the Commodore	Patrick McGoohan
Bei Einbruch Mord	Old Fashioned Murder	Robert Douglas
– Rache ist bitter	Try and Catch Me	James Frawley
– Alter schützt vor Morden nicht		
Mord in eigener Regie	Make Me a Perfect Murder	James Frawley

Deutscher Titel	Originaltitel	Regie
Todessymphonie	The Bye-Bye Stay High I.Q. Murder Case	Sam Wanamaker
Mord per Telefon	How to Dial a Murder?	James Frawley
Waffen des Bösen	The Conspiration	Leo Penn
– Mord à la carte	Murder Under Glass	Jonathan Demme
– Lauter Feinschmecker		

Drehzeit ab 1989

– Tödliche Kriegsspiele – Täuschungsmanöver	Grand Deception	Sam Wannamaker
Die vergessene Tote	Murder, Smoke and Shadows	Jim Frawley
Wer zuletzt lacht	Columbo Cries Wolf	Daryl Duke
Ruhe sanft, Mrs. Columbo	Rest in Peace, Mrs. Columbo	Vincent McEveety
Tödliche Tricks	Columbo Goes to the Guillotine	Leo Penn
Black Lady	Sex and the Married Detective	Jim Frawley
Mord nach Termin	Agenda for Murder	Patrick McGoohan
Niemand stirbt zweimal	Murder in Malibu	Walter Graumann
Schleichendes Gift	Uneasy Lies the Crown	Alan J. Levi
Selbstbildnis eines Mörders	Murder – A Selfportrait	Jim Frawley
Der erste und der letzte Mord	Caution, Murder Can Be Hazardous to Your Health	Daryl Duke
Luzifers Schüler	Columbo Goes to College	E. W. Swackhamer
Tödliche Liebe	Columbo and the Murder of a Rockstar	Alan J. Levi
Tödlicher Jackpot	Dead Hits the Jackpot	Vince McEveety
Bluthochzeit	No Time to Die	Alan J. Levi
Ein Spatz in der Hand	A Bird in the Hand	Vince McEveety
Der Tote in der Heizdecke	It's All in the Game	Vince McEveety
Todesschüsse auf dem Anrufbeantworter	Butterfly in Shades of Grey	Daryl Duke
Undercover	Undercover	Vince Mc.Eveety

Dallas

*»Es ist so faszinierend schlecht, daß ich keine
Folge versäume. Die Handlung ist abstrus und
unlogisch, die Kameraführung grauenhaft, die
Regie entsetzlich, und unglaublich viele schlechte
Schauspieler und Schauspielerinnen spielen
unglaublich schlecht. Aber es ist irre faszinierend.«*

(INGMAR BERGMAN, 1983)

*»Diese Stadt ist großartiger, verrückter, gewalt-
tätiger und ruhmreicher als irgendeine andere
Stadt im immer noch ›Wilden Westen‹. Sie wird
regiert von Korruption, Fleischeslust, Geld und
Macht. Hier herrschen die Ewings.«*

(Einleitung zum Roman DALLAS von Lee Raintree)

Verteufelt, verflucht, geliebt, gelobt, unterschätzt, aber von allen
gesehen, treibt die amerikanische Seifenoper DALLAS seit dem
2. April 1978 auf nahezu allen Fernsehschirmen dieses Planeten
ihr schmieriges Unwesen. Als der amerikanische Fernsehsender
CBS auf Anraten des genial-cleveren Produzenten Leonard
Katzman die komplizierte Familiensaga auf den Spielplan setzte, schien es so, als hätten sich alle Höllentore des Fernsehens
geöffnet und eine gewaltige Mixtur aus Bosheit, Habsucht, Neid
und Lüge würde sich in Form einer riesigen Flutwelle über die
Welt ergießen. Die Fernsehzuschauer spürten instinktiv, daß mit
DALLAS ein neues Zeitalter über sie hereingebrochen war.
Und wirklich: Das ölige Intrigenspiel der neureichen Cowboy-
hut-High-Society fütterte mehr als ein Jahrzehnt die sensations-
hungrige Boulevardpresse mit pikanten Skandalhistörchen,
lieferte Anschauungsmaterial für tiefsinnige soziologische Ana-
lysen, bereicherte die Damenmode um die geschmacklosesten
Abendkleider der 80er Jahre, verhalf dem eher mittelmäßig begabten Schauspieler Larry Hagman zu einem 150-Millionen-
Dollar-Vermögen und adelte die real existierende Southfork
Ranch zum Graceland von Texas. Die gesellschaftliche Bedeutung von DALLAS habe darin bestanden, schrieb das Nachrichtenmagazin TIME, daß die Serie das amerikanische Publikum

auf die gierigen 80er Jahre der Reagan-Ära vorbereitet habe. DALLAS, in Insider-Kreisen auch das »Linda-Evans-Projekt« genannt, war von Drehbuchautor David Jacobs ursprünglich für die blonde Schauspielerin entwickelt worden, die damals bei CBS unter Vertrag stand. Nachdem Mrs. Evans allerdings das Drehbuch gelesen hatte – sie sollte Pam, Bobby Ewings erste Frau, spielen –, ließ sie den Produzenten Leonard Katzman wissen, daß sie nicht die geringste Lust hätte, ihr Talent an eine »unerträglich unmoralische« Seifenoper zu verschwenden. Als sie aber vier Jahre später die hochdotierte Rolle der Krystle Carrington in der galligen Konkurrenzserie *Dynasty – Der Denver Clan* übernahm, schien sich ihre Einstellung plötzlich auf wundersame Weise geändert zu haben.

Der Dallas-Clan: (v. l. n. r.) Clayton Farlow (Howard Keel), Ellie Ewing Farlow (Barbara Bel Geddes), J. R. Ewing (Larry Hagman), Sue Ellen Ewing (Linda Gray), Bobby Ewing (Patrick Duffy), April Stevens (Sheree J. Wilson), Cliff Barnes (Ken Kercheval), Lucy Cooper-Ewing (Charlene Tilton)

Auch Ekelpaket J. R. (sprich: Tschäi Ar) war anfangs mit dem bekannten Film- und Fernsehschauspieler Robert Foxworth (*Die James Dean-Story, Airport – Verschollen im Bermuda-Dreieck*) fehlbesetzt. Für David Jacobs' und Leonard Katzmans Geschmack war Foxworth zu sanft und zu schwach, und das paßte nicht ins DALLAS-Konzept. Foxworth ging – gelangte aber Jahre später in der Weinbauern-Saga FALCON CREST doch noch zu Seifenopern-Serienruhm – und ein gewisser Larry Hagman, der in den 60er Jahren als verwirrter Major Nelson in dem Komödienhit *Bezaubernde Jeannie* einen wirklich sympathischen Eindruck gemacht hatte, kam. Mit dem vom Publikum mit Haßliebe bedachten Hagman in der Hauptrolle, einem militanten Nichtraucher, dessen striktes Rauchverbot während der Dreharbeiten einzig der Schauspieler Ken Kercheval alias Cliff Barnes zu ignorieren wagte, durchbrach DALLAS bald die Schallmauer der Einschaltquoten.

Der erste Höhepunkt im Verlauf der langen DALLAS-Zeit ereignete sich 1980, als sich alle Welt fragte, wer J. R. wohl niedergeschossen hatte. 300 Millionen Zuschauer in 64 Ländern starrten wie hypnotisiert auf die Fernsehgeräte, um des Rätsels Lösung zu erfahren. In der Türkei schloß sogar das Parlament frühzeitig seine Pforten. Larry Hagman bekam von Konkurrenzsendern astronomische Summen angeboten, damit er in Talkshows das Geheimnis vorzeitig lüfte. Hinter den Kulissen sah die Sache freilich anders aus: Die Produktionsfirma Lorimar wußte nicht, ob Hagman wieder zurückkehren würde, da er wegen Unstimmigkeiten kurzfristig aus der Serie ausgestiegen war. Am 20. November 1980 war es soweit. 80 Prozent der amerikanischen Fernsehzuschauer waren Augenzeugen der unglaublichen Enthüllung: Kirstin Shepard (Mary Crosby), Sue Ellens Schwester und J. R.s geschmähte, geschwängerte Geliebte, gesteht die Tat und wird später tot im Swimmingpool der Southfork Ranch aufgefunden.

Bei DALLAS verschwanden immer wieder Menschen auf mysteriöse Weise. Die Serie war voller Überraschungen. Jedesmal, wenn ein Schauspieler aus der Serie ausstieg oder starb (Jock-Ewing-Darsteller Jim Davis), schlugen die Drehbücher die wildesten Kapriolen. Menschen verschwanden plötzlich und tauchten ein paar Folgen später ebenso plötzlich mit neuem Gesicht oder neuer Identität wieder auf. Aber das Intrigenkarussell

Das Ekelpaket: Larry Hagman als J. R.

drehte sich weiter. Scheidungen und neue amouröse Verwicklungen standen ins Haus.

Nach Jock Ewings Hubschrauberabsturz im südamerikanischen
Dschungel heiratet Miss Ellie (Barbara Bel Geddes) den
schwerreichen Clayton Farlow (Howard Keel). Bobby Ewing
(Patrick Duffy) stirbt eines unnatürlichen Todes und wird nach
einem Jahr von den Toten erweckt. (Patrick Duffy quittierte
voreilig seine Dienste und kehrte ein Jahr später wieder reu-
mütig zur Ewing-Familie zurück.) Pam (Victoria Principal) wird
bei einer Explosion so schwer verletzt, daß sie nur noch als ban-
dagierte Mumie zu sehen ist.

Wenn ein Familienmitglied ins Dallas Memorial Hospital einge-
liefert wurde, scharte sich meistens der gesamte Clan um das
Krankenbett und hielt mit sorgenzerfurchter Miene die Hand
des bedauernswerten Patienten. Aber ob Verbrennungen,

Bauchschüsse oder Kopftransplantationen, die gewitzten Autoren fanden immer eine »plausible« Erklärung. Allerdings dauerte es bis zur Auflösung des jeweiligen Plots oft mehrere Episoden. Dieses »Cliffhanger«-Prinzip stammt aus den späten 30er Jahren, aus der Zeit der Filmserials (BUCK ROGERS, FLASH GORDON, AL FUZZY).

Um das Publikum bei der Stange zu halten, mußten die Helden die halsbrecherischsten Risiken auf sich nehmen. Am Ende jeder Folge hingen sie dann tatsächlich oder im übertragenen Sinn an einer Klippe über einem schier endlos tiefen Abgrund. Fällt er? Oder fällt er nicht? Natürlich fällt er nicht. Aber wie kann er sich retten? Fortsetzung folgt!

356 Episoden lang sorgte der Ewing-Clan, allen voran die negative Hauptfigur J. R. – im Laufe der 13 DALLAS-Jahre verbrauchte er 31 Frauen und 53 Stetson-Hüte –, für Cliffhanger, Irrungen und Wirrungen, Lügen und Betrügereien, Machtkämpfe und Intrigen. Das DALLAS-Team kam in den letzten Jahren noch viel in der Weltgeschichte herum: Die Flitterwochen mit seiner neuen Braut Cally Harper-Ewing (Cathy Podewell) führten J. R. nach Europa (Wien und Salzburg). Geschäftlich zog es die Ewings sogar nach Rußland. Perestroijka und Glasnost machten es möglich, daß für das kapitalistische Intrigenspiel vor einem Sowjet-Heiligtum wie dem Lenin-Mausoleum gefilmt werden durfte. Dennoch sanken die Einschaltquoten empfindlich. CBS machte kurzen Prozeß. Nach 13 Jahren kam das endgültige Aus für DALLAS.

Endspiel ist der Titel der letzten Folge, in der Satan (Joel Grey) höchstpersönlich dem zum Jammerlappen geschrumpften J. R. vorführt, wie DALLAS gewesen wäre, hätte es ihn nicht gegeben. In einer Art metaphysischem Ausflug zeigt der Teufel J. R. eine Seifenopernwelt, die wohl keinen Hund hinter dem Ofen hervorlocken würde, hätte sie Leonard Katzman nicht so genial inszeniert: Der gute Bobby wäre ein kleiner Gauner und Spieler geworden, ein geschiedener Verlierer. Sue Ellen hätte als Hauptdarstellerin in einer Endlos-Fernsehserie (!) Karriere gemacht, während es Cliff Barnes, der Inbegriff des ewigen Verlierers, gar bis zum Präsidenten der Vereinigten Staaten gebracht hätte. J. R. wird übel. Er ist am Ende. Sein Sohn John Ross hat beschlossen, bei seiner Mutter Sue Ellen in England zu bleiben. Miss Ellie hat Bobby Southfork übertragen, und Cliff Barnes ist der neue Eigentümer von Ewing Oil. J. R. hat alles verloren, was ihm lieb und teuer war. Er öffnet die Schublade und holt den Revolver seines Vaters hervor. Im Spiegel erscheint der Teufel. Seine Augen sind glühend rot. Mit schmeichelnder Stimme redet er auf J. R. ein: »Na los. Tun Sie es! Niemand liebt Sie. Alle haben Sie verlassen. Warum noch länger warten. Na los doch. Machen Sie Schluß! ... Bringen Sie's hinter sich ... Es geht Ihnen gleich viel besser. Und denken Sie daran, wie leid es allen tun wird. Na los ... Ein Schuß, und alles liegt hinter Ihnen ... Tun Sie's!!« Währenddessen kommt Bobby nach Hause. Er merkt sofort, daß etwas nicht in Ordnung ist, und rast die Treppe zu J. R.s Zimmer hinauf. Da fällt ein Schuß. Bobby öffnet die Tür, erstarrt und flüstert: »Oh, mein Gott!« Ende. Aus. Abspann. DALLAS war tot.

Hochzeiten, Scheidungen, Intrigen aller Art: ›Dallas‹ als Vorbereitung auf die gierigen 80er Jahre

Starke Sprüche

»Ich trage nur, was ich bequem finde. Tiroler Lodenfleck, chinesische Hemden aus Seide oder Baumwolle, die laß ich in Bangkok je 120 Stück machen und verschenke sie, sowie meine neuseeländischen Pelzschuhe.« (Larry Hagman alias J. R., KRONEN-ZEITUNG)

J. R.: »Du mußt deinen Freunden nahe sein und deinen Feinden noch näher!«

SUE ELLEN: »Ich hab' das Gefühl, daß J. R. irgend etwas plant. Und das gefällt mir nicht.«

SATAN: »Wieso bekomme ich immer die J. R.s dieser Welt zugewiesen?«

Unsterbliche Momente

MISS ELLIE: »Früher hätte ich eine Million Dollar gewettet, daß du Jenna mal heiraten würdest. Ich hätt' es getan! Jenna hat dich verlassen, und du hast Pam geheiratet. Jetzt ist Pam gegangen, und Jenna ist wieder da. Und so ist das Leben im Kreis gelaufen.«
BOBBY.: »Du sagst es.«

BOBBY: »Was ist nur aus dem so völlig sorglosen Playboy geworden, der ich einmal war?«
MISS ELLIE: »Er ist erwachsen geworden.«

EDGAR: »Sie sind kein Mensch mehr. Sie sind Abschaum.«
J. R.: »Ich weiß, es ist schmerzlich. Aber das ändert die Tatsachen auch nicht. Machen Sie es sich doch nicht so schwer. Ich bin wirklich nett, wenn ich bekomme, was ich will.«

SUE ELLEN: »Über eins solltest du dir klar sein, J. R.: Es wird so ausgehen wie die Geschichte von Cinderella. Wenn wir nach der Party wieder hier zu Hause sind, wird unsere Ehe vor der Tür zu meinem Schlafzimmer wie ein Traum zerplatzen.«
J. R.: »Ich bin bereit, das zu akzeptieren.«

Die Prominenz

Gaststars: Barbara »Jeannie« Eden, Gayle Hunnicut, Lesley-Ann Down, George Kennedy, Joel Grey, Alexis Smith, Diana Ross, Barbara Carrera, Kate Reid, Lois Chiles

Die wichtigsten Regisseure: Leonard Katzman, Larry Hagman, Linda Gray, Patrick Duffy, Corey Allen, Barry Crane, Michael Preece, William F. Clayton, Ray Danton, Paul Krassny

Kultobjekte

Unsterbliche Melodien der Dallas-Stars auf CD verewigt:
»Together We're Strong« – Patrick Duffy und Mireille Matthieu
»C'est La Vie« – Charlene Tilton
»Manuel, Goodbye« – Audrey Landers
»And I Love You So« – Howard Keel

Die Romane zur Fernsehserie sind im Wilhelm Heyne Verlag erschienen:
Dallas (Lee Raintree)
Die Männer von Dallas (Burt Hirschfeld)
Die Frauen von Dallas (Burt Hirschfeld)
Skandal in Dallas (Burt Hirschfeld)

Notizen für Insider

DALLAS
USA 1978–1991
Produktion: Lorimar Studios
356 Episoden, CBS
Laufzeit: 50 Minuten
Idee: David Jacobs
Produzent: Leonard Katzman
Musik: Jerome Imel

Stammbesetzung:
Larry Hagman (John Ross »J. R.« Ewing), Barbara Bel Geddes, Donna Reed (Eleanor Southworth »Miss Ellie« Ewing), Jim Davis (John Ross »Jock« Ewing), Patrick Duffy (Bobby Ewing), Victoria Principal (Pamela Barnes Ewing), Charlene Tilton

(Lucy Ewing Cooper), Linda Gray (Sue Ellen Ewing), Steve Kanaly (Ray Krebbs), Ken Kercheval (Cliff Barnes), David Ackroyd, Ted Shackleford (Gary Ewing), Joan Van Ark (Valene Ewing), Mary Crosby (Kristin Shepard), Jared Martin (Dusty Farlow), Susan Howard (Donna Culver Krebbs), Leigh McCloskey (Mitch Cooper), Tyler Banks, Omri Katz (John Ross Ewing III), Audrey Landers (Afton Cooper), Priscilla Poniter (Rebecca Wentworth), Howard Keel (Clayton Farlow), Morgan Britanny (Katherine Wentworth), Timothy Patrick Murphy (Mickey Trotter), John Beck (Mark Graison), Morgan Fairchild, Francine Tacker, Priscilla Presley (Jenna Wade), Joshua Harris (Christopher Ewing), Christopher Atkins (Peter Richards)

1980 wurde Barbara Bel Geddes mit dem Emmy ausgezeichnet.
1981 erhielt Linda Gray das Goldene Bambi.
Jim Davis starb am 15. Oktober 1984 an den Folgen einer Magenoperation.

Department S. und Jason King

»Was hat der Mann für eine Nationalität?«
»Nach unseren Unterlagen ist seine Mutter eine
französische Gräfin gewesen. Während sein Vater
aus einer seit vielen Jahren im Exil lebenden
Moskauer Adelsfamilie stammen soll ..., und der
ebenfalls im Exil lebende amerikanische Zweig
seiner Familie hat schon zwei Präsidenten in
diesem Jahrhundert hervorgebracht.«
»Also wenn ich Sie recht verstehe, dann kann es
ja wohl nur einen Mann geben, den sie meinen.«

(aus der JASON KING-Episode *Willkommen auf Capri*)

Mysteriöse Verbrechen, schöne Frauen und breite Krawatten in unmöglichen Farben sind untrennbar mit Jason King und seinem Darsteller, dem britischen Schauspieler Peter Wyngarde, verbunden. Der blasierte Schriftsteller (»Meine Prosa ist sehr ähnlich der von James Joyce ... Nur verständlicher«), der dauernd in dubiose Kriminalfälle verwickelt wird und die Schurken stets mit Grips, Phantasie und flotten Sprüchen zur Strecke bringt, hat Peter Wyngarde in aller Welt berühmt gemacht. Und auch heute noch, nach mehr als 20 Jahren seit der Erstausstrahlung der beiden Erfolgsserien DEPARTMENT S. und JASON KING, wird der 1923 in Marseille als Cyril Goldbert geborene Schauspieler mit dieser einen Fernsehrolle identifiziert.

Damals drückte er als literarischer Schöngeist unter den Hobby-Detektiven den 70er Jahren seinen Stempel auf – seine Einflüsse auf Zeitgeist, Mode und »Savoir vivre« sind unbestritten. Den meisten Frauen zwischen London, Paris und New York, die für einmal Kraulen seiner Brusthaare gestorben wären, muß Peter Wyngarde wohl als Inbegriff des gebildeten Playboys, der jeden Morgen eine andere Frau zum Frühstück vernascht, gegolten haben, und für viele Männer muß er ein erstrebenswertes Idol gewesen sein.

»Sicherlich ist Jason King eine romantische Übertreibung von mir«, gestand Peter Wyngarde 1977 in einem Interview in der österreichischen Zeitung DIE PRESSE. »Wer möchte nicht wie er leben? Es sich leisten können, so verrückt und extravagant zu sein? Aber ich habe bei dieser Figur einen großen Fehler gemacht. Jason King verliebt sich. Das macht ihn verwundbar. Und damit ist da plötzlich zuviel Realität, der Supermann ist zu nahe am Leben. Jason King sollte nicht verwundbar sein.«

Hier irrte Mister Wyngarde. Ein Mann wie Jason, der die Hauptfigur einer selbstironischen Krimiserie ist, der seinen Rachen vor dem Zähneputzen mit Scotch spült, der in einer »Kiste nach Moskau« transportiert wird und einen Nachtigallen-Zuchthain in Katmandu betreibt, wird garantiert nicht in die Nähe der Realität gerückt. Weil es nebensächlich ist. Die Hauptsache war und ist Jason King, der affektierte Snob. Jason King, der weltmännische Macho mit dem Überschmäh. Jason King, der sensible Schwerenöter. Jason King, der coole Sprücheklopfer – ein großes Lob der deutschen Synchronisationsfirma DS Karlheinz Brunnemann, die die relativ trockene englische Originalfassung mit unsterblichen Sprüchen veredelte: »Will hübsche Frau nicht brennen, mußt du zur nächsten rennen. Bulgarische Bauernregel.« – »Tritte beim Bücken finden wenig Entzücken. Sinnspruch aus der Po-Gegend.«

Die Kriminalfälle sind im Grunde unwichtig. Jason King zu beobachten, wie er täglich Stil und Geschmack beweist, ist weitaus amüsanter, als sich zu fragen, wer wohl der Verräter bei Scotland Yard sein könnte (»Zum ersten, zum zweiten und zum ...«), wenn er am frühen Morgen (wir reden von zwölf Uhr mittags!) auf nüchternen Magen zwei doppelte Brandys kippt (»das einzige wirkliche Mittel gegen Kater«), sich danach an »Erdbeeren in Champagner« delektiert und schließlich verkündet: »Ich habe mich gestern abend an drei Dutzend Austern gütlich getan. Die fahr' ich heut' spazieren.«

Der windige Lebemann, der geheimnisvolle Verbrechen aus Langeweile klärt, ist die Erfindung des Produzenten Monty Berman und des Drehbuchautors Dennis Spooner. Mit ihrer Krimiserie DEPARTMENT S., die später in 80 Länder der Erde verkauft wurde, waren Berman und Spooner bald die neuen Goldknaben der britischen Fernsehproduktionsgesellschaft ITC, die schon mit ihren Serien SIMON TEMPLAR, THE CHAMPIONS und *Der Mann mit dem Koffer* große Erfolge gefeiert hatte. ITC-Boß Lew Grade, ein Spezialist für international wirkende Fernsehserien, die in den englischen Borehamwood-Studios gedreht wurden, war vom DEPARTMENT S.-Konzept begeistert:

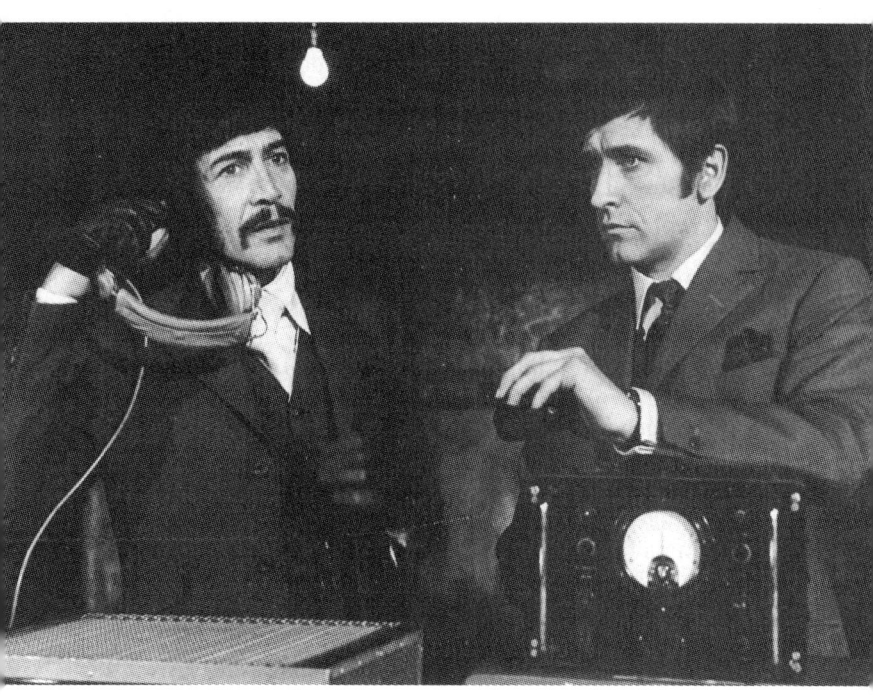

*Im Sonderauftrag von Interpol: Peter Wyngarde (links) als Jason King
und Joel Fabiani als Stewart Sullivan in ›Department S.‹*

Es geht um ein Sonderdezernat von Interpol, das sich das Auf-
decken von rätselhaften Verbrechen zur Aufgabe gemacht hat.
Die Idee, den Chef von Department S., Sir Curtis Seretse, mit
dem schwarzen Schauspieler Dennis Alaba Peters zu besetzen,
war geradezu revolutionär liberal für die späten 60er Jahre. Sein
schlagkräftiges Superteam bestand aus dem amerikanischen
James-Bond-Verschnitt Stewart Sullivan (Joel Fabiani), der
schnippischen Spezialagentin Annabelle Hurst (Rosemary
Nichols) und dem erfolgreichen Bestsellerautor Jason King, dessen Romanheld Mark Caine dem alternden Carnaby-Street-
Playboy ein regelmäßiges Einkommen sicherte: »In aller Be-
scheidenheit, er ist mein liebstes Kind. Mark Caine ist der Den-
ker von uns beiden. Ich bringe ihn nur in die unangenehmen Situationen. Glücklicherweise sind wir beide humorvoll. Einer
von uns beiden weiß immer, wie es ausgeht.«

Peter Wyngarde spielte zwei Jahre als Jason King nur die dritte Geige – immerhin tauchte sein Name in den Credits von DE-PARTMENT S. erst an dritter Stelle nach Joel Fabiani und Rose-mary Nichols auf. Als ITC nach der Erstausstrahlung der Serie mit King-Fanpost geradezu überflutet wurde, waren seine Star-allüren kaum noch zu ertragen. Er sah im kriminalistischen Dreierteam keine Zukunft mehr und konnte bei Berman, Spoo-ner und Grade die solistisch angelegte Nachfolgeserie JASON KING durchboxen. In der ersten deutsch synchronisierten JASON KING-Folge (Zum ersten, zum zweiten und zum …«) präsentier-te sich Wyngarde dann auch so, wie seine Fans und er sich gerne sahen. Als rasender Skifahrer, der über die Hänge der Schwei-zer Alpen flitzt. »Hallo, meine Fans. Die Durststrecke ist vorbei. Ich wedle euch wieder ins Haus«, tönt es da aus Kings Mund, be-vor er die Ski abschnallt und zwei Mädchen küßt.

Abgesehen davon, daß der langhaarige Schriftsteller die Krimi-nalrätsel von nun an alleine löste, hatte sich nicht viel geändert. Die Kriminalfälle waren bei DEPARTMENT S. sorgfältig konstru-iert, die Drehbücher brillant – Jason King hatte wie immer die besten Sprüche – und die Regieleistungen der britischen Fern-sehroutiniers Cyril Frankel, Roy Ward Baker, Ray Austin und John Gilling wieder unter jeder Kritik. Jedesmal, wenn Wyngarde in einer Außenaufnahme zu sehen ist, hat man den Eindruck, als ob gerade der Don-Kosaken-Chor durch sein Haar geritten wä-re – wie es Meister King wahrscheinlich ausgedrückt hätte. In der nächsten Einstellung (die im Studio aufgenommen wurde) ist er dann meistens frisch geföhnt an einem Brandy schlürfend zu beobachten – besonders auffallend in der Episode *Wer ist Wer in Wien*. Oft machte man sich nicht einmal die Mühe, den armen Komparsen, die in den Außenaufnahmen (Istanbul, Wien, Capri, Venedig, Madrid, Hongkong, Moskau) die Schau-spieler doubelten, die richtigen Kostüme zu verpassen.

Nach 26 Episoden bereitete ITC-Chef Lew Grade, der nicht viel davon hielt, daß die Serie den Stil von anderen ITC-Produktio-nen parodierte, JASON KING ein Ende und damit auch Peter Wyngardes Karriere. »Sie können sich nicht vorstellen, wie rasch man keine Freunde mehr hat, wenn der Erfolg ausbleibt. Wie spurlos sich die Schmarotzer absetzen, wenn man kein Star mehr ist, in Schwierigkeiten kommt, kein Geld hat. Das war wi-derlich, ekelhaft. Die häßlichste Erfahrung in meinem Leben«, räsonierte Peter Wyngarde 1986 in der österreichischen Zeitschrift BASTA. Jason King, der reiche, gelangweilte Lebenskünstler mit der kriminalistischen Spürnase, sei sein Glück und gleichzeitig sein Verhängnis gewesen: »Ja, ich war reich. Ich habe mir ein riesiges Farmhaus ausbauen lassen, hatte eine Haushälterin, einen sündteuren Hund, Kleider, die ich selbst entworfen habe. Mein Sekretär hat fast alles veruntreut, und was noch übriggeblieben ist, hat mir die Steuer weggenommen. Heute lebe ich allein in einer kleinen Wohnung in Kensington, London. Na und? Geld ist unwichtig. Ich brauche kein Geld.«

Wie aber ist der schier unglaubliche Vorfall vom 18. Oktober 1975 zu verstehen, als Peter Wyngarde in der Toilettenanlage von Hampstead Head in London, einem beliebten Schwulentreffpunkt, wegen Erregung öffentlichen Ärgernisses verhaftet wurde? Ein 24jähriger Stricher, ganz in schwarzes Leder gewan-

›Department S.‹

det, hatte den heruntergekommenen Schauspieler, der mittlerweile unter dem Namen William Franklyn durch englische Theaterprovinz tingelte, zur Anzeige gebracht. Peter Wyngarde, der drei Jahre mit dem Fotomodell Dorinda verheiratet war, kam mit einer Geldstrafe von 75 Pfund davon, aber sein Mythos war für immer zerstört. Jason King, der Playboy, der Frauenheld, der Potenzprotz, das Sexsymbol – ein Homosexueller? Very shocking!

Aber damit nicht genug. Peter Wyngarde hatte noch ein anderes trauriges Geheimnis. Als sich Wyngarde wieder einmal über das unbequeme Schuhwerk beschwerte, platzte dem BBC-Garderobier der Kragen, und er herrschte den scheinbar hysterischen Schauspieler an. Daraufhin zog Wyngarde seine Socken aus, und der Kostümspezialist verstummte. Die Füße des Jason-King-Darstellers waren mehrfach gebrochen, die Zehen zerquetscht und die Nägel nicht mehr vorhanden. Die bestialische Kriegsfolter der Japaner (Wyngarde war im Zweiten Weltkrieg wegen angeblicher Spionage in Birma von den Japanern verhaftet und jahrelang in Kriegsgefangenschaft gehalten worden) hatte ihre Spuren hinterlassen. Und das ist leider die schmerzliche Wahrheit: Unser liebstes Fernsehidol der 70er Jahre, der feuchte Traum vieler Frauen, der Mode-Messias einer ganzen Generation, war hinter den Kulissen ein Krüppel.

Starke Sprüche

»Glück ist nur ein Armreif charmanter Verwechslungen!«
»Chinesisch Beinkleid vermeidet Kneifleid.«
»Ich muß nach Moskau, um den diesjährigen Kaviar zu kosten.«
»Und das passiert mir ausgerechnet da. In Istanbul. Kurz vor der Verleihung des Kruzitürkenkreuzes.«

Unsterbliche Momente

JASON: »Was fragst du, holde Maid? Du weißt doch schon Bescheid. Es ist soweit. Den Mund zum Kuß bereit. Für Poesie ist immer Zeit.«

JASON: »Was ist denn das? Erdbeeren in Champagner? Habe ich etwa Geburtstag?«

Der Lebemann als Hobby-Detektiv: Peter Wyngarde mit Magda Konopka in einer Episode von ›Jason King‹

ISOBELLE: »Geburtstag? Das frühstücken Sie doch jeden Morgen.«

JASON: »Stell es warm! Mich fröstelt heute. Angezeigter wären Ham and Eggs, Antilopen-Steak, Klapperschlange in Gelee und zum Abschluß ein winziges getrüffeltes Nachtigallenzünglein.«

ISOBELLE: »Nachtigallenzünglein? Igitt! Igitt!«

JASON: »So sagte ich. Sie stammen aus meinem Zuchthain in der Nähe von Katmandu.«

JASON: »Zu dieser unchristlichen Zeit weiß ich noch nicht, soll es ein Betthupfer sein oder ein Frühstück. Ich bin ziemlich zerschlagen.«

CHINESISCHER KELLNER: »Wie wäls mit Glapefluit odel Olangensaft?«

115

JASON: »Ich bin für Flühstück! Einen doppelten Scotch!«

JASON: »Und die Knöpfe wie immer aus Dukatengold!«
SCHNEIDER: »Ja, ganz lupenreines, Mister King.«
JASON: »Nicht wieder die geschmolzene Trompete!«

JASON: »Miss äh …«
JULIA: »March!«
JASON: »Julia March?«
JULIA: »Ja.«
JASON: »Chefprogrammiererin?«
JULIA: »Überwachung, Datenverarbeitung und Tabellisierung!«
JASON: »Klingt ein bißchen wie was Ansteckendes, nicht?«

JASON: »Und sprechen Sie bitte nicht fern. Wenn meine Verlegerin merkt, daß hier besetzt ist, dann beißt sie sich fest. Da war mal ein Blutegel in der Familie.«

Die Prominenz

Gaststars: Anthony Hopkins (*Das Schweigen der Lämmer*), Peter Arne (*Viktor/Viktoria*), Philip Stone (Alex' Vater in *Uhrwerk Orange*), Julian Glover (*Indiana Jones und der letzte Kreuzzug*)

Die wichtigsten Regisseure: Cyril Frankel (*Der Panther von Soho*), Roy Ward Baker (*Die 7 goldenen Vampire*), Leslie Norman (*Versuchung auf der Schulbank*), John Gilling (*Der Fluch der Mumie*), Ray Austin (*Airwolf IV – Ein neuer Freund*)

Notizen für Insider

DEPARTMENT S.
GB 1969–1970
Produktion: ITC/Scoton-Productions
28 Episoden ITV
Laufzeit: 50 Minuten
Idee: Monty Berman, Dennis Spooner

Stammbesetzung:
Joel Fabiani (Stewart Sullivan), Rosemary Nichols (Annabelle Hurst), Peter Wyngarde (Jason King), Dennis Alaba Peters (Sir

Curtis Seretse), Dennis Price (Sir Brian), Ronald Lacey
(Ryland), Ann Sharp (Nicola Harvester)

Nr.	Originaltitel	Season
1	Wanna Buy a Television Series?	1
2	A Page Before Dying⸱	1
3	Buried in the Cold, Cold Ground	1
4	A Deadly Line in Digits	1
5	Variations on a Theme	1
6	As Easy as A.B.C.	1
7	To Russia – With Panache	1
8	A Red, Red Rose Forever	1
9	All That Glisters (Part One)	1
10	All That Glisters (Part Two)	1
11	Flamingoes Only Fly on Tuesdays	1
12	Toki	1
13	The Constance Missal	1
14	Uneasy Lies the Head	2
15	Nadine	2
16	A Kiss for a Beautiful Killer	2
17	If It's Got to Go – It's Got to Go	2
18	A Thin Band of Air	2
19	It's Too Bad About Auntie	2
20	The Stones of Venice	2
21	A Royal Flush	2
22	Every Picture Tells a Story	2
23	Chapter One: The Company I Keep	2
24	Zenia	2
25	An Author in Search of Two Characters	2
26	That Isn't Me, It's Somebody Else	2

JASON KING
GB 1971–1972
Produktion: ITC/Scoton-Productions
26 Episoden ITV
Laufzeit: 50 Minuten
Idee: Monty Berman, Dennis Spooner
Stammbesetzung:
Peter Wyngarde (Jason King), Dennis Price (Sir Brian), Ronald
Lacey (Ryland), Ann Sharp (Nicola Harvester)

Nr.	Originaltitel	Season
1	Six Days	1
2	The Trojan Tanker	1
3	A Cellar Full of Silence	1
4	The Pied Piper of Hambletown	1
5	One of Our Aircrafts Is Empty	1
6	The Man in the Elegant Room	1
7	Handicap Dead	1
8	Black Out	1
9	Who Plays the Dummy?	1
10	The Treasure of the Costa del Sol	1
11	The Man Who Got a New Face	1
12	Les Fleur Du Mal	1
13	The Shift that Never Was	1
14	A Ticket to Nowhere	1
15	The Man from X	2
16	Dead Man Die Twice	2
17	The Perfect Operation	2
18	The Duplicated Man	2
19	The Mysterious Man in the Flying Machine	2
20	The Double Death of Charlie Crippen	2
21	Death on Reflection	2
22	The Last Train To Redbridge	2
23	A Small War of Nerves	2
24	The Bones of Byrom Blaine	2
25	Spenser Bodily is 60 Years Old	2
26	The Ghost of Mary	2
27	A Fish Out of Water	2
28	The Soup of the Day	2

In der JASON KING-Episode *Astronaut und Grizzlybär* ist Peter Wyngarde in einer Doppelrolle zu sehen. Als abgewrackter, versoffener Schauspieler Michael Strong, der krampfhaft versucht, Jason King zu imitieren, gibt Wyngarde eine brillante Performance, ohne zu ahnen, daß dies einmal sein Schicksal sein würde.

Dynasty – Der Denver Clan

*»DYNASTY ist eine Serie, die den Zuseher amüsiert
und gleichzeitig einiges lernen läßt. Es kommen
Geisteskranke vor oder etwa Homosexuelle.
Die Serie zeigt, daß Reichsein allein noch lange
nicht alle Probleme löst. Und das ist, glaube ich,
wichtig. Viele glauben, wenn sie Geld hätten,
wäre alles schön.«*

(LINDA EVANS)

Am Anfang war das Nichts. Dann kam Ende der 70er Jahre
DALLAS und stieß die Tür zu einer neuen Fernsehdimension auf.
Aber als der amerikanische Fernsehgigant CBS mit der öligen
Seifenoper eine noch nie dagewesene TV-Hysterie auslöste und
damit in den USA dem Konkurrenzsender ABC etliche Werbe-
millionen verloren gingen, mußte ABC – nach guter amerikanischer Fernsehtradition – reagieren und begann, eine eigene Sei-
fenbrühe nach dem DALLAS-Rezept zu kochen. Das Gegengift
hieß *Dynasty – Der Denver Clan* und war im Herbst 1982 erstmals stark genug, um DALLAS zu vernichten.

Was war passiert? Der Erfolgsproduzent Aaron Spelling (LOVE
BOAT) hatte das renommierte Autorenduo Esther und Richard
Shapiro (*Jenseits von Eden*) beauftragt, eine reiche, gemeine,
skrupellose Familie zu erfinden, die in der Lage wäre, die
Ewings vom Bildschirm zu fegen. Die Resultate dieser Überlegungen hießen Carrington und waren noch reicher, noch ge-
meiner, noch skrupelloser als ihre Rivalen von der Southfork
Ranch. »Verglichen mit dieser verkommenen Sippe sind die te-
xanischen Ewings – der Kleinkunst-Luzifer J. R. und die hohle
Seufzerpuppe Sue Ellen, der holzköpfige Rindhüter Ray und
das samtmütige Mütterchen Miß Ellie – nur tölpelhafte Klein-
viehzüchter und Petro-Spießer«, erkannte DER SPIEGEL richtig,
während das amerikanische Nachrichtenmagazin NEWSWEEK
die Quintessenz der neuen Serie mit der Feststellung »DYNASTY
ist der Rolls-Royce unter den Soap Operas« auf den Punkt
brachte.«

In der Tat würde die gesamte Southfork Ranch spielend in die
Auffahrt des *Denver*-Anwesens passen. Im Vergleich zum mon-

dänen Lebensstil der Carringtons hausen die Ewings in geradezu hinterwäldlerischer Geschmacklosigkeit. Während es die DALLAS-Helden für notwendig erachten, ihren Reichtum mit deutschen Luxusautos offen zur Schau zu stellen, und jeglichen Sinn für Stil und Eleganz vermissen lassen, werden die Carringtons, unsichtbar für das gemeine Volk, in schwarzen Limousinen chauffiert.

Dynasty – Der Denver Clan spielt wie DALLAS im intriganten Milieu der superreichen Ölbarone, die mit schmutzigen Tricks ständig ihr Vermögen vermehren. Blake Carrington (John Forsythe) regiert sein Reich in Denver, Colorado, mit biblischer Härte und Brutalität. Wenn's ums Geschäft geht, schreckt er vor nichts zurück. »Gleich beim ersten Gespräch fragte ich, wie denn Blake aussehen solle«, erinnert sich John Forsythe in Ulrich Hoppes Buch *Dynasty – Der Denver Clan intim.* »Und einer der Produzenten ließ mir buchstäblich die Haare zu Berge stehen. Er erklärte mir allen Ernstes, daß dieser Mr. Carrington als Nachzieher von J. R. Ewing zu sehen wäre. Als Ausbund von Gemeinheit und Kriminalität. Wörtlich erklärte mir dieser Produzent, Blake müßte solch ein Typ sein, der das Attentat auf John F. Kennedy in Dallas angezettelt haben könnte. Ich habe gedacht, ich träume schlecht. Und ich habe diesem Menschen sofort ins Gesicht geschleudert, daß er da wohl den Falschen engagiert hätte. Wenn er nicht auf der Stelle diesen Satz zurücknehmen würde, würde ich meine Rolle hinschmeißen.«

John Forsythes Auseinandersetzung mit dem Produzenten spaltete die *Denver*-Macher in zwei Fraktionen. Man drohte Forsythe sogar, den Vertrag zu kündigen. Schlußendlich konnte sich der damals 62jährige Schauspieler aber durchsetzen und seine Vision von Blake Carrington verwirklichen: »Wenn er etwas Böses tut, muß er besonders nett sein, wenn er sehr nett ist, muß etwas Diabolisches durchschimmern.«

Die Sache hatte natürlich ein Vorspiel. Im 150 Minuten langen Pilotfilm zur Serie war ursprünglich der Schauspieler George Peppard (*Frühstück bei Tiffany, Das A-Team*) in der Rolle des machtgierigen Ölmagnaten zu sehen gewesen. Als die ABC-Manager das Werk begutachteten, wußten sie sofort, daß mit der Art und Weise, wie Peppard die Rolle angelegt hatte, kein Fernsehkrieg zu gewinnen sei. Ein nettes, sanftmütiges, weißhaariges Familienoberhaupt wäre wohl besser im Schoß der Waltons auf-

»Der Rolls-Royce unter den Soap Operas«: ›Der Denver Clan‹ inkl. Joan Collins

gehoben als im Dunstkreis der »modernen Borgias«, argumentierten die ABC-Bosse und zwangen Aaron Spelling, den richtigen Hauptdarsteller zu besorgen.

Spelling suchte und fand in dem erfolgreichen Schauspieler John Forsythe, dessen Karriere 1956 nach dem Hitchcock-Film *Immer Ärger mit Harry* in ein Dauertief geraten war und der sich mit obskuren Jobs über Wasser hielt – er lieh dem unsichtbaren Chef in der TV-Serie *Drei Engel für Charlie* seine Stimme –, die Idealbesetzung für Blake Carrington. John Forsythe verlieh der Figur ähnliches Charisma wie seinerzeit der kanadische Schauspieler Lorne Greene dem Ponderosa-Boß Ben Cartwright in der Westernserie BONANZA. Blake Carrington ist wie Ben Cartwright ein edelweißer, harter Mann, der selbst in den schwersten Stunden wie ein Fels in der Brandung steht, sich aber auch vor Tränen nicht scheut, wenn ihn Schicksalsschläge treffen.

Für die bildhübsche Sekretärin Krystle Jennings (Linda Evans) ist Blake Carrington ein Traummann. Getreu dem Märchen vom amerikanischen Traum heiratet die blonde, naive, aufrichtige Krystle den respektablen Ölmilliardär, übersiedelt vom Vorzimmer ins Schlafzimmer ihres Chefs und wird erst an der Seite ihres neuen Ehemannes erwachsen. »Als ich zum erstenmal das Drehbuch las, erinnerte mich Krystle sofort an mein eigenes Leben. Und ich dachte, das kenne ich alles ganz genau, ich kann mit der Filmarbeit beginnen, ohne das Drehbuch weiterzulesen«, verriet die als schießkundige Westernschönheit in der TV-Serie BIG VALLEY (mit Barbara Stanwyck und Lee Majors in den Hauptrollen) bekannt gewordene Linda Evans – die Tochter eines Tänzerehepaars aus Connecticut und Exfrau von John Derek – 1986 den Lesern der KRONENZEITUNG.

Wie harmonisch könnte doch die Ehe der Carringtons verlaufen, wäre da nicht die mißratene Verwandtschaft: Der Sohn des großen Blake, Steven Carrington (Al Corley; nach Stevens Gesichtsoperation Jack Coleman), hat Probleme mit der Heterosexualität, und Tochter Fallon (Pamela Sue Martin, später Emma Samms) wechselt ihre Liebhaber wie Slips. Auf Wunsch ihres allmächtigen Vaters heiratet Fallon Jeff Colby (John James), den Neffen des einflußreichen Cecil Colby (Lloyd Bochner). Die Ehe steht von Anfang an unter keinem guten Stern und treibt den bemitleidenswerten Jeff in die zarten Arme von Kirby (Pamela Bellwood), der Tochter des Butlers Joseph (Lee Bergere). Auch Krystles Nichte, Sammy Jo Dean (Heather Locklear, die Ehefrau von Tommy Lee, dem Sänger der Hardrock-Band MÖTLEY CURE, die gleichzeitig die Krimiserie T. J. HOOKER mit

William »Captain Kirk« Shatner drehte), die erst ab Folge 24 auftauchte, läßt ihr Herz für viele schlagen. Zuerst verführt das blonde Miststück den verwirrten Steven, danach verkauft sie dessen Sohn Daniel an Blake und Krystle und verschwindet nach New York. Adam Carrington (Gordon Thomson), der älteste Sohn von Blake Carrington aus dessen erster Ehe mit Alexis (Joan Collins), wurde als Baby von unbekannten Kidnappern entführt (ein gefinkelter Drehbuchtrick) und meldet nun ebenfalls Besitzansprüche auf Daddys Milliarden an. Adam ist ein rechter Teufelsbraten – er versucht Jeff aus Eifersucht mittels mit Quecksilberoxyd getränkter Wandfarbe langsam und heimlich zu vergiften – und der leibliche Sohn seiner Mutter: Alexis Carrington, eine bis zum Exzeß emanzipierte Frau, die den meisten Männern weit überlegen ist und bei Bankdirektoren Minderwertigkeitskomplexe hervorruft.

Mit dem Auftauchen dieser Viper in Frauengestalt, die aufgrund einer Vertragsklausel berechtigt ist, im Gartenhäuschen gegen-

Vom Vorzimmer ins Schlafzimmer: Ex-Sekretärin Krystle Jennings (Linda Evans) und Ölmilliardär Blake Carrington (John Forsythe)

123

über der Feudalvilla zu logieren, platzte ab Folge 14 ein unwillkommener Gast, ein weiblicher J. R., in die Luxuswelt der Carringtons und wirbelte die ohnehin schon überstrapazierte Familie mit Intrigen, Rachegelüsten und Haß durcheinander. Alexis Carrington ist ein Satansweib, angesichts deren Böswilligkeit vermutlich sogar J. R. Ewing in den Himmel kommen würde. Ihre einzige Mission besteht in dem teuflischen Vergnügen, ihrem geschiedenen Ehemann und dessen junger, hübscher Frau Krystle das Leben zur Hölle auf Erden zu machen. Als Alexis Blakes Konkurrenten, den schwerreichen Cecil Colby, ehelicht und kurz danach beerbt, verfügt sie letztendlich nicht nur über die finanziellen Mittel, um ihren zyankaligewürzten Rachegelüsten freien Lauf zu lassen, sondern auch über die Macht und den Einfluß, um die Carringtons auf die Knie zu zwingen.

Joan Collins schuf mit Alexis ein geradezu medusenhaftes Schreckensbild einer schuldig geschiedenen Frau, die sich weder um ihre Ehe noch um ihre Kinder gekümmert hat – und von NEWSWEEK immerhin zur »Familienfeindin Nummer eins« gewählt sowie von der TV-Klatschsendung ENTERTAINMENT OF THE WEEK regelmäßig mit Attributen wie »Alexis ist das Allerletzte – nicht J. R.!« bedacht wurde. Dennoch galt die britische Skandal-Schauspielerin als das erste Sexidol der US-Film- und Fernsehgeschichte, das seine Fans vorwiegend aus dem weiblichen Geschlecht rekrutierte und binnen kürzester Zeit zum erklärten Liebling aller geschiedenen Frauen avancierte. »DYNASTY führt vor, wie Frauen stark und ehrgeizig sein können, ohne ihre Weiblichkeit zu verlieren, daß sie sich in einer Männerwelt behaupten können«, analysierte Joan Collins, die gelernt hat, mit ihrem schlechten Ruf gut zu leben, das Geheimnis ihres Erfolges. »Ich bin das Ventil für Millionen und Abermillionen gedemütigter Frauen. Ich bin die personifizierte Rache jeder geschiedenen Frau.«

Als nach starken Reichweiteneinbußen beim besten Willen nicht mehr zu leugnen war, daß sich DYNASTY zu Tode intrigiert hatte – Jeff war fett geworden, Blake wirkte wie eine einbalsamierte, wieder auferstandene Mumie, Alexis' Gesicht war der augenscheinliche Beweis dafür, daß die plastische Chirurgie an ihre Grenzen gestoßen war, und selbst Krystles Schönheit war nicht mehr das, was sie einmal war –, wollte die Produktionsfirma Lorimar noch einmal alle Kräfte mobilisieren und einen

Läßt ihr Herz für viele schlagen: Sammy Jo Dean (Heather Locklear, hier in einer Szene mit Ted McGinley)

letzten großen Schwanengesang über das tolle Treiben der reichen Leute drehen. Und so kam es in der 217. und letzten Folge von *Dynasty – Der Denver Clan* zum großen Massensterben.
In der letzten Folge geht es um korrupte oder wahnsinnige Polizisten, um eine unterirdische Kunstsammlung, und kaum hat

Dex mit seinen drei Geliebten abgerechnet, stürzt er mit Adam und Alexis vom Balkon eines Hotels in die Tiefe. Auf der berühmten Treppe des Hauses Carrington knallen Blake und der Polizeichef einander ab.

Starke Sprüche

»Dieser Blake verfolgt mich Tag und Nacht. Im Supermarkt taxieren mich neugierige Frauen mit enttäuschten Blicken, wenn ich den Einkaufswagen schiebe. Stewardessen begrüßen mich: ›Willkommen an Bord, Mister Carrington!‹ Ein Zöllner in London fragte mich ungläubig: ›Ist das Ihr richtiger Paß, Mister Carrington?‹ Auch die schönste Rolle kann zu einem Alptraum werden, wenn man die Menschen hinter der Rolle vergißt.«
(John Forsythe, 15. März 1986, OBERÖSTERREICHISCHE NACHRICHTEN)

»Natürlich sind die Frauen, die im Fernsehen jetzt die über 40jährigen darstellen, keine Durchschnittsfrauen. Aber was ausgesagt werden soll, ist doch nur, daß Frauen jeden Alters gut aussehen können. Daß man nicht auf die Abfallhalde gehört – wie früher schon mit 25. Nicht jede Frau wird wie Linda Evans oder Diahann Carroll aussehen können, aber sie kann doch dicht rankommen. Man muß nicht fett werden, man muß keine schlampigen Kleider oder eine häßliche Frisur tragen. Man kann attraktiv für Männer bleiben.«
(Joan Collins, 24. Februar 1986, DER SPIEGEL)

BLAKE: »Ende der Diskussion!«

BLAKE: »Ich weiß, du hast in letzter Zeit Schweres durchgemacht, Liebes.«

BLAKE: »Mir ist klar, wie du zu diesem verzerrten Bild der Tatsachen gekommen bist! Das hat dir wohl deine Mutter erzählt?«

KRYSTLE: »Du bist ein Mann, der auf einem Berg steht, auf deinem Berg!«

ALEXIS: »Wir können es uns nicht leisten, die Realität zu verleugnen.«

ALEXIS: »Ich finanziere keine Dummköpfe!«

ALEXIS: »Ich bin nicht so ein Heuchler wie dein Vater!«

Unsterbliche Momente

STEVEN: »Fallon, mein Gesicht wurde mehrmals operiert ... Ich sehe jetzt nicht mehr so aus wie früher!«
BLAKE: »Keine Sorge, Fallon. Er hat sich zwar verändert, aber er sieht immer noch sehr gut aus.«

KRYSTLE: »Jetzt mußt du aber versuchen zu schlafen!«
BLAKE: »Ja, natürlich ... Und wenn ich nicht schlafen kann, werde ich dich einfach die ganze Nacht anblicken. Das ist fast genausogut wie schlafen.«

BLAKE: »Meine bezaubernde Frau. Immer versucht sie anderen zu helfen. Auch dafür liebe ich dich sehr. Du ahnst nicht, wie sehr.«

BLAKE: »Steven, alles, was wir für dieses Kind wollen, ist doch, daß es in der Atmosphäre einer Familie aufwächst ... in einer richtigen Familie und nicht mit einem ... einem ...!«
STEVEN: »Sag es! Du kannst doch sonst so deutlich werden, Dad! Du willst nicht, daß Danny mit einem schwulen Vater aufwächst. Aber mach dir keine Sorgen. Denn dein Enkelsohn wird eines Tages groß genug sein, um selber zu entscheiden, wer und was er sein will.«
BLAKE: »Ja, mit dir als ständigem Vorbild.«
KRYSTLE: »Blake!«

ADAM: »Ich vermute, du weißt mehr.«
ALEXIS: »Ich weiß auf jedem Gebiet mehr als du! Ich weiß vieles über Weine, über Kunst und Musik ...«
ADAM: »Und über das Leben.«
ALEXIS: »Ja, das hätte ich beinah vergessen.«

ALEXIS: »Mister Hess! Wenn ich Ihnen einen Rat geben darf. Sehen sich sich im Fernsehen nicht andauernd die alten Filme mit diesen übertriebenen Dialogen an. Und noch etwas. Wenn Sie wider Erwarten von irgend jemand das Geld bekommen sollten, kaufen Sie sich ein neues Jackett. Das schreckliche Muster, das Sie tragen, muß Ihnen doch schon zum Hals raushängen.«

MR. HESS:»Das werden Sie bedauern! Ja, das werden Sie sogar noch sehr bedauern.«

ALEXIS:»Krystle, das Leben ist ein Marktplatz. Die Leute kaufen und verkaufen. Ich bin ein Meister in beidem.«
KRYSTLE:»Für mich sind Sie nur verabscheuungswürdig.«

Die Prominenz

Gaststars: Rock Hudson, Gerald Ford, Henry Kissinger, Stephanie Beacham, Helmut Berger, George Hamilton, Diahann Carroll

Die wichtigsten Regisseure: Alf Kjellin, Philip Leacock, Jerome Courtland

Fanpost

Nachdem Linda Evans in einer äußerst charmanten Szene den aidskranken Rock Hudson geküßt hatte, der vom cleveren Produzenten Aaron Spelling für einige Episoden als Gaststar engagiert worden war, rauschte es im Blätterwald gewaltig. »Es war schlimm, wie hysterisch Hollywood darauf reagiert hat. Alle Zeitungen waren voll mit reißerischen Meldungen, ich hab' Tausende von Fan-Briefen bekommen, die mir einen Test empfohlen haben.« (Linda Evans, STERN-TV)

Kultobjekte

Prime Time – Das schöne Biest, der große, 392 Seiten starke, autobiographische Roman von Joan Collins. (Textzitat: »Es gibt zwei Arten von Menschen. Solche, die eine Nummer schieben, und solche, die geschoben werden.«)
Ehemänner in Hollywood, Jackie Collins' Abrechnung mit den sexuellen Eskapaden ihrer Schwester Joan und deren damaligem Ehemann Peter Holm.

Notizen für Insider

DYNASTY – DER DENVER CLAN
USA 1981–1989
Produktion: Aaron Spelling Productions/Fox
217 Episoden ABC
Laufzeit: 50 Minuten
Idee: Richard und Esther Shapiro
Musik: Peter Myers
Titelthema: Bill Conti

Stammbesetzung:
John Forsythe (Blake Carrington), Linda Evans (Krystle Jennings Carrington), Joan Collins (Alexis Carrington Colby), Pamela Sue Martin, Emma Samms (Fallon Carrington), Al Corley, Jack Coleman (Steven Carrington), Gordon Thomson, John James (Jeff Colby), Pamela Bellwood (Kirby), Heather Locklear (Sammy Jo Dean)

1983 erhielt John Forsythe den Golden Globe (der große Preis der Auslandsjournalisten in Hollywood) als bester Hauptdarsteller einer Fernsehserie.
Mit der Serie *Die Colbys – Das Imperium* wurde ein Ableger des *Denver Clan* ins Leben gerufen, der sich in den USA ziemlich schnell gegen die Konkurrenten DALLAS und DYNASTY behaupten konnte. Auch die Colbys und deren Intrigen sind nicht besser als die Carringtons.

Stammbesetzung:
Charlton Heston (Jason Colby), Barbara Stanwyck (Constance Colby), John James (Jeff Colby), Maxwell Chauffield

Ein echter Wiener geht nicht unter

*»Die Figur des Mundl ist ewig gültig – ein Wurf
auf derselben Ebene wie der Herr Karl.«*

(JULIA GSCHNITZER)

*»Heast, du kriagst glei a Watschn, daß dir
vierzehn Tag die Ohren wackeln!«*

(EDMUND SACKBAUER)

*»Ein ›echter Wiener‹ kommt aus der Substanz.
Der ›echte Wiener‹ bleibt, was mit dem ›Wiener‹
wird, das weiß man nicht.«*

(KURT WEINZIERL)

HERR WERNER: *»Ungut das Ganze.«*
MUNDL: *»Eineg'schissn!«*

*»Nach dem ›Herrn Karl‹ war der Mundl
die unterhaltsamste österreichische Figur.
Ein Durchschnittsbürger – emotionsgeladen –,
der es allen hineinsagt.«*

(HERBERT FUX)

»Du Nudlaug!«

(EDMUND SACKBAUER)

1975. Die UNO proklamiert das Jahr der Frau. In Westdeutschland wird die Volljährigkeit von 20 auf 18 Jahre gesenkt. Der Bundesverfassungsgerichtshof in Karlsruhe erklärt die vom Bundestag beschlossene Reform des aus dem Jahr 1871 stammenden Paragraphen 218 für verfassungswidrig, wodurch die Abtreibung während der ersten zwölf Schwangerschaftswochen verboten bleibt. 225 Kilometer über dem Atlantik haben die sowjetische Sojus 19 und die amerikanische Apollo 18 ein »Rendezvous im Weltall«: Entspannung ist angesagt. In Amerika gelingt dem jungen Regisseur Brian De Palma mit seinem Thriller *Schwarzer Engel* der Durchbruch. Martin Scorceses Klassiker *Taxi Driver* mit Robert De Niro wird uraufgeführt und ein Jahr später mit der Goldenen Palme von Cannes ausgezeichnet. Der von Michael Douglas produzierte und von Milos Forman gedrehte Film *Einer flog über das Kuckucksnest* erhält fünf Oscars – Jack Nicholson wird zum Star.

Revolutionäres aus Österreich: Karl Merkatz als Edmund (»Mundl«) Sackbauer mit Ehefrau Toni (Ingrid Burkhard) und Tochter Hanni (Erika Deutlinger)

In Österreich wird 1975 vom Regisseur und Drehbuchautor Reinhard Schwabenitzky Fernsehgeschichte geschrieben. Nach dem Roman *Das Salz der Erde* von Ernst Hinterberger dreht er die erste Episode der neuen ORF-Fernsehserie *Ein echter Wiener geht nicht unter,* die es auf eine – für damalige Begriffe sensationelle – Laufzeit von 24 Episoden bringt. Am Küniglberg, dem Fernsehzentrum des Staatsfunkes, ahnt noch niemand vom Geniestreich: Die Erlebnisse der Fernsehfamilie Sackbauer gehen über den Sender – und verursachen Aufregung. Denn: die Sackbauers sind »echte« Wiener mit einem »nicht ganz so goldenen Herz am rechten Fleck« und einer Goschn, die es mit der ganzen Welt aufnehmen kann.

Ungewöhnlich – wenigstens für österreichische Verhältnisse – war die Produktion vom Start weg: »Es war einfach revolutionär, daß es einen Regisseur gegeben hat, der die Schauspieler damals frei improvisieren ließ«, erinnert sich der Schauspieler Götz Kaufmann, der die Rolle des immer betrunkenen Hausmeisters Kurti Blahovec verkörpert, an die ersten Gehversuche der neuen Fernsehfamilie. »Die Drehbücher sind oft erst in der Früh gekommen, manchmal haben wir sie erst in der Maske erhalten.«

In technischer Hinsicht gehörte das Equipment zum Feinsten, was der ORF im Jahr 1975 zu bieten hatte: Den »Neuen Medien« auf ferner Fährte wurde *Ein echter Wiener geht nicht unter* bereits vollständig auf Videoband produziert – was dem ORF finanzielle Vorteile einbrachte, für Videosammler aber ein Risiko darstellt. Die meisten Episoden wurden Anfang der 90er Jahre im Fernsehen wiederholt oder sind als Videoedition im Handel erhältlich, die letzten drei der 24 Folgen sind seit ihrer Erstausstrahlung in den 70er Jahren aber nicht mehr über den Bildschirm geflimmert. Da die Qualität des Bandmaterials mit zunehmendem Alter nicht besser wird, steht dem österreichischen Kult-Archiv möglicherweise bald eine tragische Verlustmeldung ins Haus. Aber vielleicht werden dann die, die den »kompletten Sackbauer« noch in den 70ern erleben durften, ihren Kindern davon erzählen.

Edmund Sackbauer (Karl Merkatz), genannt Mundl, ist das Oberhaupt der Familie; zusammen mit Frau Toni (Ingrid Burkhard), Sohn Karli (Klaus Rott) und Tochter Hanni (Erika Deutlinger) lebt er in einer kleinen Wohnung in der Hasengasse im 10.

›Ein echter Wiener geht nicht unter‹

Wiener Gemeindebezirk (Favoriten). Er ist Elektriker, und die
Probleme der Familie sind Alltäglichkeiten: zu wenig Platz, zu wenig Geld, Arbeit, Beziehungen. Anders als bei den meisten Fernsehfamilien, bei denen Dialog und Wirklichkeit verschiedene
Dinge sind, wird im Mundl »dem Volk aufs Maul geschaut«. Dementsprechend gehören ein herzhaftes »Scheiße!«, ein gutgemein-
tes »Geh scheißen!«, der freundliche Ratschlag »Halt die Pappn,
sonst faungst ane, daß dir vierzehn Tag die Ohrn wackeln« oder
die Erkenntnis »I bin jo ka Trottl« zum Standardsprachschatz des
bäuchigen Biertrinkers.
»Ursprünglich war der Mundl ein Bosnigel, den ich gar nicht
spielen wollte, weil er viel zu bös war«, erinnert sich Karl Merkatz, für den dieses Kapitel seines Lebens als Schauspieler ab-
geschlossen ist. Heute widmet er sich anderen Rollen und denkt
nicht im Traum an immer wieder kolportierte Revival-Gerüch-

te. Motto: So etwas wie den Mundl kann man ohnehin nicht am Reißbrett entwerfen. Mitte der 70er Jahre schien die Zeit für einen Helden wie diesen gerade reif zu sein, Mitte der 90er ist sie es nicht (mehr). »Mit dem Reinhard Schwabenitzky haben wir uns auf einen Mann geeinigt, der für die Familie da war. Obwohl ein Rabauke, war ihm die Familie das Wichtigste. Daher haben wir die ersten Geschichten immer um den Tisch herum gemacht, quasi als Zentrum der Familie.« Dort nahm das Leben seinen täglichen Gang: Sohn Karli lernte für den Führerschein; dort wurde über Politik diskutiert (»Tan eh nix, de Trottln. Vaschtehst, unser Geld nemans, oba daunn is aus. Dabei san des unsere Aungschdödn, de zoin mia mit unsare Steuern!«); Familienstreitigkeiten wurden begonnen und beendet, und Mundl trank sein vielgeliebtes Bier (»Geh, Hanni, bring ma a Bier«).

»Nach außen hin wirkt die Familie Sackbauer furchtbar, aber in Wirklichkeit ist es eine gute, eine integre Familie«, beschreibt Irmi-Darstellerin Liliane Nesika den inneren Erfolgsmechanismus der Serie. »Bei aller Schreierei des Mundl würde ich so mancher Wiener Familie, die nobel tut, ein so integres Familienleben wünschen wie das der Sackbauers: Er geht nicht fremd, schreit zwar, aber sie *reden* miteinander.«

In der Folge *Die Erbschaft* kommt selbst das Lieblingsspielzeug der Regierung Kreisky ins Spiel, die Atomkraft. Von einer entfernten Verwandten erbt Hanni einen Bauernhof in der Nähe des Atomreaktors Zwentendorf. In *Ein echter Wiener geht nicht unter* durfte sich der Volkszorn erstmals erheben und Bedenken gegen die Kernenergie äußern: Die Rechnung wird 1978 präsentiert, als sich 50,47 Prozent der Österreicher im Rahmen einer Volksabstimmung gegen die Inbetriebnahme des Reaktors aussprechen (und ihre Meinung bis heute beibehalten).

Brisant, aber »bürgernah« aufgearbeitete Themen und starke Charaktere machten den »Mundl« auch zum Streitobjekt. »Eines Tages hat mich auf der Singerstraße der Modezar Adlmüller aufgehalten und gemeint: ›Herr Schippel, wie kann man sich zu so etwas hergeben?‹« erinnert sich der Schauspieler Rudi Schippel, der den »Schani-Onkel« spielt: »Er hat mich auf einen Kaffee eingeladen und mir dabei ganz erbittert hundert Details aus der Mundl-Serie erzählt, die ihm alle nicht gefallen haben. Da hab ich gesehen, daß er wirklich jede Folge ganz genau gekannt hat, und ich hab' ihn gefragt, warum er sie sich denn anschaut. Er darauf: ›Ich muß ja, in meinem Betrieb wird von nichts anderem mehr geredet.‹«

So war der Wiener, und so ist der Wiener – und so wird er immer sein, auch wenn er sich nach außen hin bürgermeisterlich-weltbürgerlich gibt. Tief in seinem Wesen ist er ein originaler Mundl, nur der dünne Lack der Zivilisation hindert ihn daran, sich auch so zu benehmen. Denn: der »echte« Wiener ist anders – ganz anders als die in habsburgischen Würden gealterten Hofräte, die blassen Sektionschefs und deren Bürgersgattinen, die uns die Stehgreif-Serie *Die liebe Familie* jahrzehntelang ins Haus brachte.

Der *echte Wiener* ist Archetypus und Fernsehanachronismus zugleich: Während er sich *in real life* kaum verändert und nur seine Methoden angepaßt hat – er hat jetzt CD-Player mit Fernbe-

Keine heile Welt, sondern realistische Probleme: das Leben der Familie Sackbauer

dienung –, scheint er im Fernsehen ausgestorben zu sein. Abgesehen von *Kottan ermittelt* und einigen Kinofilmen (wie etwa Harald Sicheritz' Kleinod *Muttertag*[2] aus dem Jahr 1994 oder – auf ganz andere Art und Weise – Franz Novotnys spektakulärer Film *Exit – nur keine Panik*[3]) ist in Österreich bislang nichts mehr von ähnlicher Qualität und Machart produziert worden. Natürlich: Ohne Palastrevolution ging der Mundl am kleinen Österreich nicht vorüber. Erwartungsgemäß beschwerten sich zunächst die Wiener, die ganz genau wußten, daß sie gemeint waren, und sich mißverständlich dargestellt fühlten. »Der Mundl hat rein objektiv Fernsehgeschichte gemacht«, meint Mundls Schwiegervater Jaromir Borek. »Die Serie basierte auf einer sehr realistischen Grundlage, aber die wurde bewußt ein bisserl künstlerisch überhöht.«

Als Milieustudie der besonderen Art machten die »Sackbauers« Fernsehgeschichte. »Es war eine richtig revolutionäre Sendung«, meint Erika »Hanni« Deutlinger. »Ohne anderen schaden zu wollen: Es gibt nichts Vergleichbares. Überall sonst wird die heile Welt beschworen. Uns ist es aber gelungen, die Probleme der kleinen Leute zu zeigen, und das war unter anderem ein Verdienst des Herrn Hinterberger.«

Entstanden ist die Serie in der ersten Ära des (endgültig?) von der Bildfläche abgetretenen ORF-Generalintendanten und Privat-TV-Sanierers Ernst Bacher sowie in der Übergangszeit zu Intendant Oberhammer. »Für die damalige Zeit war die Serie etwas Außergewöhnliches, nämlich, daß wir FAMILIE PUR gezeigt haben«, weiß Ingrid Burkhard, die im Mundl die Toni Sackbauer spielte. »Es war einfach eine schöne Arbeit mit

---

[2] *Muttertag*. Regie: Harald Sicheritz. Buch: Harald Sicheritz, Roland Düringer, Alfred Dorfer und Peter Berecz nach dem gleichnamigen Bühnenstück von »Schlabarett«. Darsteller: Eva Billisich, Alfred Dorfer, Roland Düringer, Andreas Händler, Reinhard Novak, Hanno Pöschl, Dr. Kurt Ostbahn und viele andere. Österreich 1994.

[3] *Exit … nur keine Panik*. Regie: Franz Novotny. Buch: Gustav Ernst, Franz Novotny. Mit: Hanno Pöschl, Isolde Barth, Paulus Manker, Eddie Constantine, Peter Weibel. Österreich/BRD 1980, 105 Minuten. Notiz für Cineasten: Die mehr oder weniger originale Version von *Exit* ist in der Edition *Sex & Crime made in Austria* bei GIG-Video erschienen (Führichgasse 8, A-1010 Wien. Tel: +43 (1) 512 24 91). In der BRD ist eine *synchronisierte* Fassung in Umlauf, die Wiener Mundart mit norddeutschem Charme kompensiert.

Schwabenitzky. Es wurde nicht schöngefärbt, und man hat einfach rausgehört, wie die Leute wirklich gesprochen haben.« Auch Karl Merkatz ist überzeugt: »Ich glaube, daß der Mundl beim Publikum deshalb so gut angekommen ist, weil er Gefühl gehabt hat und alles für die Familie gemacht hat. Auch wenn er lautstark donnert, hat er doch auch immer wieder nachgegeben.«

Kuriosum am Rande: Karl Merkatz, der dem Paradewiener Edmund Sackbauer so überzeugend Leben eingehaucht hat, stammt aus Wiener Neustadt, etwa 50 Kilometer südlich von Wien.

Sprüche

»Die Serie hatte eine unglaubliche Popularität, sogar im Wintermantel haben mich die Leute in Eisenkappel erkannt und auf die Serie angesprochen. Auch noch Jahre später, wie ich meine Kinder in den Kindergarten gebracht hab, hat's geheißen: ›Jetzt geht der René schon in den Kindergarten.‹ Die Leute haben mein Fernsehkind voll in die Realität übernommen.« (Klaus »Nudlaug Karli« Rott)

»Eines Tages, ich bin gemütlich in einem Lokal gesessen, kommt so ein Strizzi-Typ auf mich zu und sagt: ›Schani-Onkel, richt dem Mundl aus, er soll zur Toni net so grauslich sei, sonst kriegt er a Watschen, daß ihm zwei Wochen lang der Schädel wackelt. Richt ihm das ja aus, sonst halt ma uns an di.« (Rudi »Schani-Onkel« Schippel)

»Für mich war die Mundl-Produktion eine Kultgeschichte. Und zufälligerweise war ich in allen drei österreichischen Kultfilmen mittendrin, im *Fall Jägerstätter,* in *Kottan ermittelt* und auch in *Ein echter Wiener geht nicht unter.* Ich denke gerne daran zurück.« (Kurt Weinzierl)

»Jedesmal, wenn die Serie im Fernsehen wiederholt wird – ohnehin selten genug – kann ich in kein Gasthaus gehen, wo nicht geschrien wird: ›das Nudelaug‹. Es hat mich nie wirklich gestört, und inzwischen hab ich das ganz gern.« (Alexander »Franzi« Wächter)

MUNDL: »Jetzt hau ma uns a Flascherl in die Vehnen, sonst foll I unterm Christbam zsaumm.«

MUNDL: »Wies beim Militär wor, was I net. Bevor I durt zum Hoarschneidn kumma bin, hat da Adolf scho die Patschn beutlt.«

TONI: »Geh, drink a Wasser.«
MUNDL: »I wüll do net innwendig verrostn.«

VITUS: »»Frohe Weihnachten.«
MUNDL: »Eh kloa.«

Notizen für Insider

EIN ECHTER WIENER GEHT NICHT UNTER
Österreich 1975
24 Folgen; davon erschienen 13 auf Video; die Folgen 22–24 wurden seit ihrer Erstausstrahlung in den 70er Jahren nicht mehr wiederholt.
Buch: Ernst Hinterberger
Wichtigster Regisseur: Reinhard Schwabenitzky (Folgen 1–13)

Stammbesetzung:
Karl Merkatz (Edmund Sackbauer), Ingrid Burkhard (Toni Sackbauer), Klaus Rott (Karli Sackbauer), Erika Deutlinger (Hanni Sackbauer), Liliana Nesika (Irmi Werner), Alexander Wächter (Franz Vejvoda), Rudi Schippel (Schani-Onkel), Kurt Weinzierl (Vitus), Götz Kaufmann (Kurt Blahovec), Dolores Schmiedinger (Fini Blahovec), Julia Gschnitzer (Frau Vejvoda)

KARL MERKATZ: Geboren 1930 in Wiener Neustadt; erlernter Beruf: Tischler. Merkatz lebt mit seiner Familie, zwei Töchtern und drei Enkelkindern, auf einem Bauernhof in Salzburg. Er ist seit 1954 als Schauspieler tätig. Seine Theaterengagements reichen vom Hamburger Schauspielhaus, den Kölner Bühnen über das Theater in der Wiener Josefstadt, die Volksoper Wien und das Salzburger Landestheater bis zu den Opernhäusern in Genf und Antwerpen. Insgesamt hat Karl Merkatz am Theater etwa 150 Rollen gespielt, darunter Nestroy, Raimund und Shakespeare. Im Fernsehen und im Kino war Merkatz in etwa 250 Produktionen zu bewundern, darunter Regisseur Franz Antels preisgekrönter Streifen *Der Bockerer,* für den Merkatz den großen Filmpreis von Moskau und das Berliner Filmband in

Gold erhielt. Motto: »Ich lebe gerne auf dem Land. Mich stört kein Misthaufen.«

REINHARD SCHWABENITZKY: Geboren 1947 in Buchleben-Rauris, Salzburg. An der Filmhochschule Wien erwarb er das Diplom für Kamera und Regie. Nach einer Assistentenlaufbahn bei Otto Schenk, Axel Corti und Bernhard Wicki dreht Schwabenitzky seit Mitte der 70er Jahre unermüdlich TV-Serien, Fernsehfilme, (bislang fünf) Kinofilme sowie Werbespots und Industriefilme. Für *Ein echter Wiener geht nicht unter* erhielt Schwabenitzky 1978 die Goldene Kamera. Weitere Preise: Goldene Truhe, Sofia 1978, für *Der Einstand,* Österreichischer Filmpreis 1992 und Ernst-Lubitsch-Preis der deutschen Filmkritik 1992 für *Ilona und Kurti,* Hauptpreis »Best Entertaining Film«, Simbabwe 1994, für *Verlassen Sie – bitte – Ihren Mann.* Zu den TV-Serien, an denen Schwabenitzky mitgearbeitet hat, gehören unter anderem Klassiker wie *Der ganz normale Wahnsinn* mit Towje Kleiner (1979, Regie: Helmut Dietl), *Büro, Büro* mit Elfi Eschke (1982 bis 1984), *In Zeiten wie diesen* mit Ludwig Hirsch (1988 bis 1989), *Kaisermühlen-Blues* (1992 bis 1993).

MUNDL AUF VIDEO: Bei BMG ARIOLA ist eine Edition mit den ersten 13 Mundl-Episoden, die von Reinhard Schwabenitzky gedreht wurden, als Kaufkassette erschienen. Ein Volume enthält zwei Kassetten mit je zwei Episoden.

Reinhard Schwabenitzky wollte zwar nicht den Mundl auferstehen lassen, sein Erfolgskonzept aber dennoch in die 90er Jahre retten. Das Ergebnis, die Blödelgroteske *Kaisermühlen-Blues* (benannt nach einem Wiener Siedlungsgebiet), kann dem Vergleich allerdings nicht standhalten. Obwohl wieder von Ernst Hinterberger geschrieben – der sich im Laufe der Produktion mit Schwabenitzky verfeindete, da dieser eigenmächtig den Part seiner Frau Elfi Eschke ausbaute –, war der *Kaisermühlen-Blues* kein ehrlicher (wenn auch überhöhter) Spiegel seiner Charaktere, sondern nur ein buntes Zuckerl, das man schnell schluckt und dann vergißt.

Eine schrecklich nette Familie

*»Sie glauben, ich bin ein Verlierer. Nur weil ich
einen Scheißjob habe, den ich hasse, und eine
Familie, die mich nicht respektiert. Gut, das ist
vielleicht für Sie ein Verlierer. Aber ich will Ihnen
mal was sagen. Jeden Morgen, wenn ich aufstehe,
weiß ich, es kann gar nicht besser werden, bis ich
mich wieder schlafen lege. Also stehe ich auf, esse
meinen wassergetränkten Seetang und meine
noch gefrorenen Brötchen, steige in mein Auto
mit durchgesessenen Sitzen, sechs ausstehenden
Raten und ohne Benzin. Ich stürze mich in den
Verkehr, nur um die Freude zu haben, ein paar
billige Schuhe an die Hufe von versyphten
Leuten wie Sie zu drücken. Ich werde nie Foot-
ball spielen, wie ich es mal wollte. Ich werde nie
von einer Superfrau gestreichelt werden. Eigentlich dürfte ich nie wieder Auto fahren ohne
Maske auf meinem Kopf. Aber ich bin kein
Verlierer, weil ich trotz alledem, genau wie jeder
andere, der nie das sein wird, was er mal sein
wollte, mich doch da draußen rumtreibe und das
bin, was ich nicht sein wollte. 40 Stunden pro
Woche, lebenslang. Und die Tatsache, daß ich mir
keine Kanone in den Mund stecke, macht mich
zum Gewinner.«*

(Der Schuhverkäufer Al Bundy über sein Schicksal)

Chicago. Irgendwo dort, in einem muffeligen, kleinen Reihen-
haus, lebt die Familie Bundy. Vater Al, Mutter Peggy, Tochter
Kelly und Sohn Bud. Wer an die Tür des Bundy-Hauses klopft,
wird nicht freundlich empfangen, sondern mit dem Gestank
schmutziger Socken begrüßt. Denn hier wird weder geputzt, ge-
bohnert, gewaschen, gebügelt, gekocht noch gelüftet. Hier wird
gestritten, geflucht, gelästert, geklaut, gefressen und gerülpst –
wie es nach alter Bundy-Tradition Sitte ist. Willkommen in der
Hölle. Willkommen bei den Bundys.
Seit sich die groteske Alptraumfamilie aus den Suburbs von
Chicago, Illinois, 1987 in Amerikas Wohnzimmer, eingenistet hat,

Willkommen in der Hölle: die Bundys mit ihren netten Nachbarn

wirbelt sie unaufhaltsam wie ein Tornado durch die TV-Landschaft und zieht einen tiefen Graben durch die Welt der 25-Minuten-Sitcom (Situationskomödie). Auf der einen Seite stehen im besten Fall die BILL COSBY SHOW, GOLDEN GIRLS, SOAP und ROSEANNE. Auf der anderen Seite thront der unangefochtene König des schlechten Geschmacks, Al Bundy. Man mag über MARRIED … WITH CHILDREN (so der Originaltitel von *Eine schrecklich nette Familie*) denken, was man will. Ein Kunststück des Fernsehens. Eine Pervertierung der Sitcoms. Eine Zumutung auf unterstem Niveau. Fest steht, daß man als *Forsthaus Falkenau-, Diese Drombuschs-, Gute Zeiten, Schlechte Zeiten-*geschädigter Channel-Switcher eine Woche ohne MARRIED … WITH CHILDREN kaum erträgt. Al Bundy und sein Clan bereicherten das Fernsehen um eine neue Facette. Hier waren Figuren, die die Dinge beim Namen nannten. Offen und direkt. Da wurde nicht lange um den heißen Brei herumgeredet, sondern klipp und klar gesagt: »Hier riecht's nach Rattenscheiße!«

Nachdem Ron Leavitt und Michael G. Moye, die Erfinder der Serie, 1986 den Bossen des TV-Senders FOX die ersten Drehbücher von MARRIED … WITH CHILDREN überreicht hatten, herrschte erst einmal Ratlosigkeit in der Chefetage. Dialoge wie »Hättest du kein Deodorant nehmen können, du Schwein?« – »Nein, du hast heute nicht genug Haarspray drauf. Ich kann deinen Atem riechen«, waren noch nie zuvor in einer Fernsehserie zu hören gewesen. Leavitt und Moye, zwei alte Hasen im TV-Geschäft, die schon auf Erfolgsserien wie THE JEFFERSONS, HAPPY DAYS und LAVERNE & SHIRLEY zurückblicken konnten, hatten geahnt, daß MARRIED … WITH CHILDREN schwer zu verkaufen sein würde und waren deshalb gut vorbereitet.

Die FOX-Bosse gaben zu bedenken, daß ein derartiger Humor das Publikum vor den Kopf stoßen könnte. Leavitt und Moye zerstreuten die Befürchtungen mit dem Argument, daß sich Al, Peggy, Kelly und Bud die ganze Zeit wie lebendig gewordene, völlig ausgerastete Comic-Figuren benehmen (eine Ähnlichkeit mit der Zeichentrickfamilie THE SIMPSONS ist nicht von der Hand zu weisen). Und wer würde die schon ernst nehmen. Hauptsache, der Gag ist gut. Andererseits begann der Sender damals gerade jugendorientierter zu programmieren. Mit den Teenie-Serien 21 JUMP STREET, *Das dreckige Dutzend* und WERWOLF hielten sie die unter 18jährigen vor der Glotze. Was FOX

»Dumpfbacke« Kelly Bundy (Christina Applegate, links) versucht sich als Sängerin

noch fehlte, war ein Hit für die 18- bis 35jährigen. Also bestanden die Senderverantwortlichen auf Änderungen in den Drehbüchern, und Leavitt und Moye wußten, daß dies nicht die letzte Auseinandersetzung gewesen sein würde. Aber das wichtigste war, MARRIED … WITH CHILDREN wurde produziert.

Al Bundy, der unflätige Antiheld, der unfähige Macho, der nicht einmal eine Maus fangen kann, der unterbezahlte Schuhverkäufer, der in »Garys Schuhe und Accessoires für die Frau von heute« arbeitet, das Opfer, wurde mit dem ehemaligen Football-Spieler Ed O'Neill aus Youngstown, Ohio, ideal besetzt. Die Rolle der unbefriedigten, rothaarigen Peggy, die einem Video der New-Wave-Band THE B52S entsprungen sein könnte und jegliche Hausarbeit meidet, ging an die großartige Katey Sagal, die Tochter des Film- und Fernsehregisseurs Boris Sagal (*Der Omega-Mann*). Als Tochter Kelly Bundy, die wasserstoffblonde

»Dumpfbacke«, die nicht einmal weiß, welche Farbe ihre Haare wirklich haben, brilliert Christina Applegate, die Exfreundin des verstorbenen Jungstars River Phoenix. Und Sohn Bud Bundy, das intelligenteste und geschäftstüchtigste Familienmitglied, das die Dummheit seiner Schwester in Bargeld umsetzt, fand in David Faustino seinen perfekten Darsteller.

MARRIED ... WITH CHILDREN war von Anfang an ein Smash-Hit. Obwohl nie zuvor in der Geschichte des Fernsehens der stagnierende Zustand des Verheiratetseins den Zuschauern drastischer und realistischer vor Augen geführt wurde, hatte das bedauernswerte Schicksal der Proletarierfamilie beinahe hypnotische Wirkung. Ihre schönste Zeit (»Ich meine das Glück, das man empfindet, wenn er sich abwendet, wenn er rülpst, statt sich dir zuzuwenden und zu sagen: Ist kein Bier mehr da? ... Wenn er wenigstens noch versucht, die Kloschüssel zu treffen. Und wenn du während des Sex nicht mehr daliegst und denkst: Was tut er da eigentlich?«) haben Al und Peggy längst hinter sich.

Das Tragische daran ist, daß sich die beiden gar nichts Großartiges vom Leben erwartet hatten und dennoch bitter enttäuscht wurden. Für die Bundys gestaltete sich der amerikanische Traum zum lebenslangen Alpdruck: Heirat, zwei Kinder, ein eigenes Haus, ein Hund, ein Auto, kein Geld. Aus Al, dem talentierten High-School-Football-Star, ist ein mickriger Schuhverkäufer geworden, der bereits resigniert hat und seine Karriere als »langsamen Tod bei Mindestlohn« bezeichnet. Peggy, die ehemalige Schulball-Königin, hat es lediglich zur gelangweilten Hausfrau gebracht, die auf das Geld ihres Mannes angewiesen und scharf ist.

Sex zwischen den beiden (»Also, wenn ich alles zusammenzähle an Sex, den Al und ich je hatten, dann komme ich nicht auf eininhalb Stunden«) ist zur bitteren Farce geworden (»Ich muß nein sagen, Peg!«). Selbst die Illusion, daß es ihre Kinder im Leben einmal zu etwas bringen werden, ist längst unter der Gewißheit begraben, daß der Apfel nicht weit vom Stamm fällt. Die Bundys brauchen keine Feinde, sie sind mit sich selbst genug gestraft.

Die Horror-Familie aus Chicago lebt uns keine heile Welt wie die BILL COSBY SHOW vor, sondern setzt dort an, wo das Eheleben bereits in Höllenqualen ausgeartet ist. Gnadenlos hält uns die Serie einen Spiegel vor, in dem keine unserer Unzulänglichkeiten verborgen bleibt. Und weil hinter der Geschichte von dem Ehemann, der jedem fremden Rock nachsieht, jedoch mit der eigenen Frau partout nicht ins Bett gehen will, mehr Wahr-

Müde vom Marathon des Lebens: Al Bundy (Ed O'Neill) liegt Probe, Gattin Peggy (Katey Sagal) schaut zu

heit steckt, als uns lieb ist, bleibt uns gar nichts anderes übrig, als herzhaft darüber zu lachen. Zwar beten wir insgeheim darum, nie so zu enden wie Al Bundy, aber seien wir ehrlich: Steckt nicht in jedem Mann ein kleiner Al Bundy? Er lebt in seinen eigenen vier Wänden doch nur das aus, worüber sich niemand reden traut.

Wenn Al abends von der Arbeit müde nach Hause kommt, sich auf die Couch fallen läßt, eine Dose Bier öffnet und den Fernsehapparat einschaltet, wozu braucht er dann noch Sex? Geschlechtsverkehr ist Arbeit, und Al arbeitet schließlich den ganzen Tag. Aber das muß er Peggy erst einmal erklären, und das bedeutet wieder Arbeit: »Daß ich nicht mit dir ins Bett gehe, heißt doch nicht, daß ich dich nicht liebe. Und wenn du so hübsch wärst, wie die Mädchen im Fernsehen – ich würde dich gar nicht mal ansehen. Du kennst doch den Baseball-Handschuh, den mir mein Dad geschenkt hat, als ich ein Kind war. Ich liebe diesen Handschuh. Er ist alt, und das Gewebe ist löchrig, aber er ist etwas Besonderes für mich. Und so geht's mir mit dir auch, Peg. Du mußt dich nicht aufregen, ich liebe dich. Ich will nichts an dir verändern. Ich finde, du bist toll, so wie du jetzt bist … Genau wie mein Handschuh!« So ist Al! Und so sind auch viele andere. Diese Menschen existieren tatsächlich, und sie leben unter uns. Denken Sie darüber nach.

Das tat auch eine gewisse Terry Rakolta. Bis ihr eines Tages die Geduld riß. Die naive Frau aus Detroit konnte einfach nicht begreifen, daß die Serie kein Kommentar zur amerikanischen Gesellschaft war, sondern lediglich Unterhaltung, die provoziert. Sie fühlte sich durch die Serie in ihrer Würde als Hausfrau und Mutter verletzt und startete einen großangelegten Protestfeldzug gegen MARRIED … WITH CHILDREN. Sie überflutete den verantwortlichen TV-Sender FOX mit Beschwerdebriefen und trat in mehreren Talkshows auf, um zum Boykott gegen »diese widerwärtige Anhäufung von Schweinereien« aufzurufen.

Das Schlimmste daran war, daß man den Worten der resoluten Matrone auch noch Beachtung schenkte; in einem Land, wo jedes Wichtelhirn im Fernsehen seine bescheuerten Ansichten vor einem Millionenpublikum vertreten darf, kein Wunder. Die NEW YORK TIMES brachte eine Cover-Story, woraufhin ein paar Firmen dem Sender drohten, die lukrativen Werbeverträge aufzukündigen, sollte man sich nicht schleunigst dazu entschließen, die Drehbücher zu entschärfen. Hätte sich die rührige Mrs. Rakolta allerdings intensiver mit den Geheimnissen der Public Relations beschäftigt als mit dem Arrangieren von Geranienbeeten, wäre ihr bestimmt schon früher aufgefallen, daß ihre Mission von Anfang an zum Scheitern verurteilt war. Denn Publicity bleibt Publicity. Egal, ob gut oder schlecht. Die Hauptsache ist, man bleibt im Gespräch.

Rückblickend gesehen hat die Schmutzkampagne der Serie daher auch mehr genützt als geschadet. Die Gratiswerbung, die die naive Frau aus Detroit für MARRIED … WITH CHILDREN machte, war Gold wert. Die Einschaltquoten stiegen mit jeder neuen Episode, die Werbekunden beruhigten sich wieder, FOX hatte die Genugtuung, die Werbetarife erhöhen zu können, und die Erfinder der Serie, Ron Leavitt und Michael G. Moye, bekamen absolute Narrenfreiheit.

Sofort wurden Drehbücher in Auftrag gegeben, die die Chaotenfamilie in noch absurdere Situationen bringen sollten. Die Bundys finden eine Goldmine. Die Bundys treten in einer Game-Show auf. Die Bundys gehen fein essen. Die Bundys richten Marcys zweite Hochzeit aus, Al sprengt das Haus in die Luft. Oder, wie Al es ausdrücken würde: »Damit wir im Marathon des Lebens dauernd gegen die Wand laufen.«

Starke Sprüche

AL: »Peg, ich hab den Verdacht, daß dein Verstand, genau wie der verlorene Kontinent von Atlantis, auf keiner Karte mehr erscheint.«

PEGGY: »Al, wir brauchen deine Füße am Fenster. Sie halten uns die Moskitos vom Leib!«

KELLY: »Wie können die Typen in den U-Booten nur so lange den Atem anhalten?«

BUD: »Mom, wir kommen um vor Hunger. Gib uns entweder etwas zu essen oder verkauf uns.«

STEVE: »Hast du je versucht, ›Bravo‹ zu rufen mit ’ner Lippe wie ein Basketball?«

KUNDE IN EINEM JUWELIERLADEN: »He, Sie, ich war zuerst da!«

AL: »Ja, das waren die Indianer auch.«

MARCY: »Al ist eine geizige, sexistische, primitive Ausgeburt eines menschlichen Wesens.«

Unsterbliche Momente

AL: »Lieber Gott! Die Tiere im Zoo essen besser als ich. Und öfter, möchte ich hinzufügen. Darf ich mich nicht wenigstens so fühlen wie ein Schakal … Danke, daß du mir zugehört hast. Dein Freund Al.«

PEGGY: »Weißt du, Al, ich glaube, bei einer Banker-Party ist es unangebracht, am Buffet zu stehen und zu schreien: He, jetzt machen wir die Blusen der Frauen naß und bewerten ihre Brustwarzen.«

PEGGY: »Al, heute nacht hast du geschnarcht, und deine Nasenhaare sind raus- und reingefahren wie eine Posaune. Ich hab' Angst, daß sie eines Tages rausgreifen und eins von den Kindern reinsaugen.«

KELLNER: »Möchten Sie etwas über unsere frischen Fische hören?«

AL: »Ja, vielleicht nach dem Essen. Vorher bringen Sie uns vier Steaks. Gut durch.«

PEGGY: »Werde ich wirklich alt?«

AL: »Woher soll ich das wissen? Ich seh' dich nie an!«

AL: »… Ich gehe auf Hasenjagd.«

KELLY: »Daddy, darf ich dir vielleicht einen Rat geben. Ich habe im Fernsehen oft Sendungen über Hasen gesehen. Steck auf keinen Fall den Gewehrlauf ins Loch rein. Weißt du, was die tun? Die versuchen, einen Knoten in den Lauf zu machen, und der explodiert dir dann im Gesicht. Oder manchmal machen sie auch was anderes. Sie ziehen den Lauf in die Länge, biegen ihn, und dann kommt er aus einem Loch hinter dir raus, und du schießt dir selber in den Arsch.«

AL: »Peg, ich bin blind!«
PEGGY: »Sehr komisch, Al.«
AL: »Nein, wirklich Peg. Ich habe deine Mutter nackt gesehen. Dann wurde alles schwarz. Ich glaube, meine Augen wollten mein Herz schützen!«

AL: »Was haben wir im Kühlschrank?«
PEGGY: »Einen Milchkarton, aus dem ein Baum herauswächst.«

STEVE: »Weißt du, warum du solche Hühnerbeine hast, Marcy? Weil deine Mutter so viele Eier ißt.«

MARCY: »Toll, Al! Schön, dich auf allen vieren zu sehen. Wie deine Vorfahren.«

Die Prominenz

Gaststars: Tracy Lords, Ex-Porno-Queen

Die wichtigsten Regisseure: Linda Day, Gerry Cohen, John Sgueglia

Kultobjekte

Die Al-Bundy-Freizeitkleidung
Köcheln & Röcheln mit Peg, das ultimative Kochbuch von Peggy Bundy, erschienen im Verlag Bastei/Lübbe.

Notizen für Insider

Eine schrecklich nette Familie / MARRIED ... WITH CHILDREN
USA 1987–?
Produktion: FOX
Laufzeit: 25 Minuten
Idee: Ron Leavitt, Michael G. Moye
Titelsong: »Love and Marriage« von Sammy Cahn und James Van Heusen, gesungen von Frank Sinatra

Stammbesetzung:
Ed O'Neill (Al Bundy), Katey Sagal (Peggy Bundy), Christina Applegate (Kelly Bundy), David Faustino (Bud Bundy), David

Garrison (Steve Rhoades, 1987–1990), Amanda Bearse (Marcy Rhoades, später Marcy Darsy), Ted McGinley (Jefferson Darsy)

David Garrison, der Darsteller des Nachbarn der Bundys, Steve Rhoades, stieg Anfang 1990 aus der Serie aus, weil er die Hauptrolle im Musical MERRILY WE ROLL ALONG des Madonna-Komponisten Stephen Sondheim übernahm. In der Serie wurde Garrisons Abgang so erklärt: Steve will sich selbst verwirklichen, verläßt Marcy, steigt aus und wird Wildhüter.

Einsatz in Manhattan

»Sagen Sie mir den Unterschied zwischen Kojak und Savalas, und ich sage Ihnen den Unterschied zwischen einem Apfel und einem Apfelkuchen.«

»Ich habe in mehr als 70 Filmen die unterschiedlichsten Rollen gespielt. Aber im Gedächtnis bleibe ich den Leuten nur als Theo Kojak. Das zeigt die Macht des Fernsehens.«

»Freud war der größte Gangster, den Gott je hervorgebracht hat.«

(ARISTOTELES »TELLY« SAVALAS)

Who loves ya, Baby – Wer liebt dich, Baby? Bevor er den Kojak in der erfolgreichen 70er-Serie *Einsatz in Manhattan* spielte, mußte Aristoteles »Telly« Savalas die Frage mit einem lapidaren »Keiner« beantworten – obwohl, das ist ein wenig übertrieben: »Seit Kojak ist mein Fanclub enorm gewachsen«, meinte Savalas. »Vorher bestand er nur aus meiner Familie. Jetzt sind es ein paar Millionen Leute.«
Telly Savalas wurde am 21. Januar 1924 in Garden City, New York, als Sohn eines griechischen Tabakimporteurs geboren. Nach seiner Soldatenzeit im Zweiten Weltkrieg studierte er Psychologie und arbeitete dann in der PR-Abteilung des US-Innenministeriums. Er lernte einen Casting-Agenten kennen, der einen Schauspieler mit europäischem Akzent suchte – und Savalas fand. Knappe zehn Jahre vor seinem Höhenflug als cooler Cop im heißen Manhattan hatte Savalas eine Oscar-Nominierung für seine Darstellung in John Frankenheimers Film *Der Gefangene von Alcatraz* (BIRDMAN OF ALCATRAZ, USA 1962) erhalten; 1969 ließ er sich von James Bond vulgo George Lazenby *Im Geheimdienst Ihrer Majestät* durch die Alpen jagen, aber das war in der kurzlebigen Filmbranche bereits Schnee von gestern.
Um so lauter war das Medienecho, als Lt. Theo Kojak in Regisseur Joseph Sargents Fernsehfilm *Mordfall Marcus Nelson* (THE MARCUS NELSON MURDERS, USA 1973) die Showbühne betrat. Immer einen lockeren Spruch auf der Lippe und einen Lolli im

Mit Lolli und ohne Haare zum Erfolg: Telly Savalas als Lieutenant Theo Kojak

Mund, löste er den Fall eines jungen Schwarzen, den die Polizei zum Geständnis eines dreifachen Mordes zwingt. Die nach Tatsachen gedrehte Geschichte war nicht nur der Verursacher einer Fernsehserie, deren Realismus und schauspielerische Leistungen von Kritikern weltweit gelobt wurden, sie gewann auch einen Emmy-Award. Im ersten Produktionsjahr stand *Einsatz in Manhattan* bereits auf Platz sieben der TV-Charts; in der Cop & Crime Shows-Parade eroberte sie sich überhaupt Platz zwei hinter HAWAII FIVE-0.

Kojak, immer gut gekleidet und einen passenden Zynismus zur Hand, arbeitet seit 20 Jahren für das Manhattan Police Department. Nach außen wirkt er wie ein kalter, sarkastischer Bulle; in Wirklichkeit sorgt er sich um seinen Job und um die Leute, die zu seinem Leben gehören. Er hat eine mißglückte Ehe hinter

›Einsatz in Manhattan‹: Telly Savalas mit Maria Schell

sich und ist es gewöhnt, die Dinge manchmal etwas anders zu lösen, als es die Dienstordnung vorschreibt. Wenn er der Gerechtigkeit zum Sieg verhelfen kann, wird er selbst zum Richter und interpretiert die Buchstaben des Gesetzes – meist im Sinne aller beteiligten »good guys«. Sein ehemaliger Partner Frank McNeil (Dan Frazer), mit dem er beim Department begonnen hat, ist die Karriereleiter nach oben gefallen und steht über Kojak. Frank respektiert die Arbeit des Kollegen, hat aber ein wachsames Auge auf ihn geworfen – er will die ungewöhnlichen Methoden und Auslegungen seines Freundes mit der hohen Stirn unter Kontrolle halten. Kojak selbst wird von Det. Bobby Crocker und Det. Stavros unterstützt; letzterer ist Savalas Bruder (obwohl er in den Credits gelegentlich unter dem Namen Demosthenes erscheint).

Die Arbeit der fiktiven Truppe wußten selbst richtige Polizisten zu schätzen, weil sie da einen realistischen Krimi sahen, in dem Gewalt kein Fremdwort war (obwohl *Einsatz in Manhattan* die filmische Gewalt nie zelebrierte, wie andere Produktionen das tun).

Nach Möglichkeit wurde an Originalschauplätzen gedreht, was der Serie einen zusätzlichen realistischen Touch verlieh. Kojak, der mit Verbrechen konfrontiert wurde, »bei denen die Sonne explodiert und die Polizei sieht zu«, war ein wenig anders als die meisten Detectives. Der Umstand, daß Telly Savalas großen Wert auf eine eigenständige Charakterisierung seines Helden legte und das Kunststück fertigbrachte, tatsächlich »seinen« Kojak über die Jahre zu bringen, trägt ein gut Teil zum Erfolg bei.

»Kojak ist cool, ja«, sagt Mark Richards, Autor einiger Episoden. »Aber ohne Savalas ist er ein Nichts. Niemand anders könnte diese Rolle spielen. Die Nebenfiguren sind zwar hervorragend besetzt, aber Savalas hält die ganze Show zusammen.« Fazit: *Einsatz in Manhattan* wurde in mehr als 75 Länder verkauft; pro Folge saßen über 100 Millionen Menschen mit Kojak im Streifenwagen. Der Erfolg hielt sich bis zur fünften Drehzeit, in der sich Kojaks zynischer Charme langsam abzunützen begann und die Zuschauer ausblieben. Den Gesetzen der Branche folgend, schickte CBS den kahlköpfigen Leutnant in Pension – und mit ihm ein aus etwa 35 Drehbuchautoren und 15 Regisseuren bestehendes Team. Bis dahin befand sich Telly Savalas am Höhepunkt seiner Karriere: Er besaß einen Rolls-Royce Silver Cloud (mit dem Nummernschild TELLY S) sowie sechs weitere ausländische Sportwagen; er machte eine umsatzträchtige Schallplatte und kassierte 100.000 Dollar pro Woche für Showauftritte in Las Vegas.

Nach elf Jahren Abwesenheit kehrte Kojak im Jahr 1989 mit weiteren, diesmal abendfüllenden Abenteuern auf die Mattscheibe zurück, konnte aber die Erfolgsstory nicht wiederholen. Kein Wunder: Der »neue« Kojak hatte mit starker Konkurrenz zu kämpfen: Da die einzelnen Filme im Rahmen des MYSTERY MOVIES-Programm ausgestrahlt wurden, mußte der kahle Star gegen seinen schusseligen Kollegen COLUMBO antreten – und der machte schließlich das Rennen.

Telly Savalas starb einen Tag nach seinem 70. Geburtstag in Universal City, Kalifornien, an Prostatakrebs.

Kuriosum

»Entzückend, Baby!« Dieser Spruch hallte nur in den Ohren deutscher Fernsehzuschauer. Im Original würgte Kojak ein launiges »Who loves ya, Baby?« hinter seinem Lolly hervor. Böse Absicht oder mangelnde Sprachkenntnisse sind nicht der Grund der Verstümmelung: Vielmehr konnte Savalas' deutsche Stimme Edgar Ott den Spruch nicht lippensynchron aussprechen. Mit der Tierwelt hingegen hatte Edgar Ott weniger Probleme: Er lieh seine Stimme unter anderem dem Bären Balu in Walt Disneys *Das Dschungelbuch.*
Tragisches Detail: In Chile knüppelte Pinochets Schlägertruppe ihre Gegner mit Lollies im Mund zu Tode. Who loves ya, Baby?
Als die New Yorker Polizei für höhere Gehälter demonstrierte, schritt Theo Kojak in vorderster Front mit seinen echten Kollegen einher. Fazit: Neben der geforderten Gehaltserhöhung erhielten die New Yorker Cops auch Autogramme ihrer kahlen Galionsfigur.

Die Blöße bedeckt: »Entzückend, Baby!«

Notizen für Insider

Einsatz in Manhattan / KOJAK
USA 1973–1978
Produktion: CBS Television
112 Episoden à 60 Minuten, 1 Episode à 130 Minuten, 5 Episoden à 120 Minuten
Idee: Abby Mann

Die wichtigsten Regisseure:
Christian Nyby, Paul Stanley, Richard Donner, Russ Mayberry, Jerry London, Sigmund Neufeld

Stammbesetzung:
Aristoteles »Telly« Savalas (Lt. Theo Kojak), Dan Frazer (Chief Det. Frank McNeil), Kevin Dobson (Lt. Bobby Crocker), George »Demosthenes« Savalas (Det. Stavros), Mark Russel (Det. Saperstein), Vince Conti (Det. Rizzo)

Kinofilm

Der Mordfall Marcus-Nelson / THE MARCUS NELSON MURDERS
USA 1973, 140 Minuten
Regie: Joseph Sargent
Buch: Abby Mann nach einer Dokumentation von Selwyn Raab
Darsteller: Telly Savalas, Marjoe Gortner, José Ferrer, Ned Beatty, Allen Garfield

Die wichtigsten Filme von Telly Savalas

THE WITNESS (USA 1960, als Lucky Luciano)
Der Gefangene von Alcatraz (BIRDMAN OF ALCATRAZ, USA 1962, Regie: John Frankenheimer)
Ein Köder für die Bestie (CAPE FEAR, USA 1962, Regie: J. Lee Thompson)
Das dreckige Dutzend (DIRTY DOZEN, USA 1967, Regie: Robert Aldrich)
Buona Sera, Mrs. Campbell (BUONA SERA, MRS. CAMPBELL, USA 1968, Regie: Sydney Pollack)
Im Geheimdienst Ihrer Majestät (ON HER MAJESTY'S SECRET SERVICE, GB 1969, als Ernst Stavro Blofeld; Regie: Peter R. Hunt)

PANCHO VILLA (USA 1972, Regie: Eugenio Martin)
Unternehmen Capricorn (CAPRICORN ONE, USA 1978, Regie: Peter Hyams)
Jagd auf die Poseidon (BEYOND THE POSEIDON ADVENTURE, USA 1979, Regie: Irwin Allen)
Auf dem Highway ist die Hölle los II (CANNONBALL RUN II, USA 1984, Regie: Hal Needham)

Familie Feuerstein

»Ich kann nur sagen, unsere Steinzeit wäre viel
mehr schöner, wenn es noch mehr Menschen gibt
wie diese Familie Feuerstein.«

(Ole Nordsteinson, aus der Episode *Turbulente Ferien,*
1963)

Als der amerikanische Sender ABC am 30. September 1960 mit
der Ausstrahlung der ersten Episode von THE FLINTSTONES eine
Kultserie von wahrlich prähistorischer Relevanz aus der Taufe
hob, fiel dem arroganten Fernsehkritiker der NEW YORK TIMES
dazu nicht mehr ein als »eine gepinselte Katastrophe«. Nun, der
Verfasser dieser Worte ist längst vergessen oder tot, die FLINT-
STONES sind unsterblich – solange es Fernsehapparate gibt.
Dank des anbetungswürdigen Genies der beiden Zeichentrick-
Spezialisten William Hanna und Joseph Barbera sind die Na-
men der Steinzeitmenschen beinahe jedem Kind zwischen
Karlsruhe und Katmandu ein Begriff: Fred, Wilma, Barney, Betty, Pebbles, Bamm Bamm und Dino.
Lange bevor die beiden Zeichentrick-Produzenten William
Hanna und Joseph Barbera 1960 mit THE FLINTSTONES ein be-
deutendes Stück amerikanischer Fernsehgeschichte schrieben,
konnten sie schon auf eine langjährige, erfolgreiche Karriere im
Animationsbereich zurückblicken. Mit Tom und Jerry, Huckleberry Hound und Yogi Bär hatten sie zeitlose Figuren geschaffen, für deren Rechte so mancher Cornflakes-Erzeuger auch
heute noch bereit wäre, den Werbeetat eines ganzen Jahres zu
verpulvern. Obwohl die Cartoons regelmäßig von über 100
Fernsehstationen ausgestrahlt wurden – HUCKLEBERRY HOUND
lief am Montag, QUICKDRAW MCGRAW am Mittwoch und *Yogi
Bär* am Freitag – hatten sie doch einen Nachteil: Sie waren nur
sechs Minuten lang.
Die Idee einer Zeichentrick-Serie, die über das bis dahin übliche
Sechs-Minuten-Format hinausging und erstmals Menschen (!)
zeigte, war geradezu revolutionär. Kein Sender hatte damals eine gezeichnete, halbstündige Situationskomödie mit gleichblei-
benden Figuren im Programm. Und schon gar keine über eine
Arbeiterfamilie aus der Steinzeit. Ursprünglich hießen die Flint-

stones eigentlich Flagstones (Fließenstein) – allerdings nur bis zu dem Zeitpunkt, als ein aufmerksamer Cartoonist durch seinen Rechtsanwalt Hanna und Barbera mitteilen ließ, daß Flagstone der Name seiner Comics-Familie sei. Von den Flagstones hat man seither nichts mehr gehört.

Mit den ersten Storyboard-Entwürfen wurden Hanna und Barbera bei allen großen New Yorker Sendern vorstellig. »Da saß manchmal nur einer, oder es waren gleich 40 bei unserer Präsentation«, erinnerte sich Joe Barbera in einem Interview mit dem Autor Ted Sennett an seine anstrengende Verkaufstaktik in New York. »Ich mußte alle Figuren vorspielen. Ich rannte herum wie Fred, sprang auf den Tisch wie Barney und machte alle Stimmen und Geräusche nach. Manchmal mußte ich fünf Präsentationen an einem Tag durchmachen. Danach ging ich in mein Zimmer im Sherry Netherland Hotel und kollabierte bis zum nächsten Telefonanruf. Da sagte jemand: ›In zehn Minuten sind alle da, beeil dich!‹ Also bin ich wieder aufgestanden und mußte wieder raus. So ging das acht Wochen lang.«

CBS lehnte ab, NBC lehnte ab, ABC griff nach 15 Minuten zu und strahlte in der Zeit von 1960 bis 1966 166 Folgen von THE FLINTSTONES aus. Im Laufe der Zeit war den amerikanischen Fernsehzuschauern die Arbeiterfamilie aus der Steinzeit ans

Die Familie Feuerstein

Herz gewachsen. Für die Kinder waren die FLINTSTONES eine rasante, lustige Achterbahnfahrt in einer modernen Steinzeitwelt; für die Erwachsenen eine zarte, leichtfüßige Satire auf den »American way of life«. Fred und Wilma leben in einer voll funktionierenden Steinzeit-Stadt namens »Bedrock« (»Steintal«). Alle Indizien sprechen dafür, daß die Urzeit-Metropole im Großraum des heutigen Los Angeles liegt. (Einige FLINTSTONES-Episoden sind in »Hollyrock« [!], dem Vergnügungsviertel von Bedrock, angesiedelt, andere wiederum spielen in »Rock Vegas« [!], der nahegelegenen Glücksspielstadt.) Ein Fernsehsender und sieben Zeitungen liefern den 2500 Einwohnern von Bedrock täglich die neuesten Schlagzeilen (»Bedrock Bugle«, »Bedrock Chronicle«, »Bedrock Daily State«, »Bedrock Gazette«, »Bedrock Press«, »Daily Granite«, »Daily State«).

Fred Flintstone arbeitet als Dino-Kranführer in einer Schottergrube, Wilma ist Hausfrau. Ihre Nachbarn und besten Freunde sind Barney und Betty Rubbles (Geröllheimer). Immer wenn Wilma und Betty ihre Ehemänner für ein paar Minuten aus den Augen lassen, stecken die beiden auch schon in Schwierigkeiten. Oft werden Fred und Barney nicht einmal mit den einfachsten Dingen des täglichen Steinzeitlebens fertig. Obwohl die beiden stets nur das Wohl ihrer Familie im Sinn haben, führen alle ihre Bemühungen immer geradewegs ins Chaos. Als Fred ein Überraschungsgeschenk für Wilma kaufen will, landet er im Gefängnis; als er den Haussaurier Dino zum Tierarzt bringt, atmet Barney Gas ein und schwebt davon; und als die beiden einmal zufällig durch die falsche Türe gehen und prompt zum Militär eingezogen werden, fliegen sie sogar ins Weltall.

Dank der genialen Phantasie der Zeichner und Autoren, die bei Hanna und Barbera unter Vertrag standen, entstand ein originelles High-Tech-Steinzeit-Universum, das die meisten technologischen Errungenschaften des 20. Jahrhunderts auf prähistorische Weise vorwegnahm. Die Autos wurden mit den Füßen angetrieben, und Tiere wurden entweder als Arbeitssklaven gehalten oder gegessen – zu Freds Lieblingsspeisen zählten »Brontosaurus-Steak« mit gebackenen »Kaktusäpfeln« und »Säbelzahntiger-Milch« oder »Brontosaurus Stroganoff« mit »Kaktus-Cola«. Papageien mußten von Gegensprechanlage zu Gegensprechanlage watscheln, Affen waren für Verkehrsampeln zuständig, und die Scheren eines gigantischen Krebses wurden als

Fred Feuerstein auf Tour.

Rasenmäher mißbraucht. Ein kleiner Elefant diente Wilma als Staubsauger, eine Muschel, in der eine Biene eingeschlossen war, benutzte Fred als Rasierapparat, und ein riesiger Vogel mit Brille war der Stolz von »Pterodactyl Airlines«.

Zu den meistbeschäftigten Tieren in Fred Feuersteins wundersamer Steinzeitwelt zählten eindeutig die Vögel. Als Autohupen, Wecker, Wäscheklammern, Mikrophone, Türglocken oder Flugzeuge mußten sie ein bemitleidenswertes Dasein fristen. Anfangs nahmen sie ihr trauriges Schicksal noch kommentarlos hin, mit der Zeit häuften sich allerdings die Beschwerden: »Immer muß ich den Kopf für andere hinhalten.

Ein Beruf ist das«, jammerte eine Schildkröte, die als Wagenheber benutzt wurde. »Ach, ich hasse diese stupiden Gruppenfotos«, meinte ein Vogel verstimmt, als er im Gehäuse einer Kamera in Sekundenschnelle ein Bild in Stein meißeln mußte. Und ein anderer, dessen langer, spitzer Schnabel als Plattennadel diente, schimpfte mit Fred: »Hey, paß auf, Chef, ich bin ein Präzisionsinstrument.«

161

Seltsamerweise liefen Fernsehapparate und Monitore ohne Tier-Antrieb. Sie funktionierten elektronisch. Eine Erklärung dafür blieb man uns schuldig.

Von ein paar Ungereimtheiten abgesehen, die man jedem Zeichentrickfilm gerne verzeiht, sind die 166 Folgen von THE FLINTSTONES ein Ideenfeuerwerk der Extraklasse: Leonard Bernstone dirigierte Werke von Rockmaninoff, Floyd Pattterstone boxte gegen Rocky Granite, und Ed Sullystone moderierte eine Talkshow. Einmal sprang die Sängerin Anne Margrock (in der Originalfassung von Ann Margret gesprochen) bei den Flintstones als Babysitter ein, und der Schauspieler Stony Curtis (gesprochen von Tony Curtis) zeigte Fred, wie anstrengend es mitunter ist, ein berühmter Filmstar zu sein. Manchmal wurden auch andere Fernsehserien und Sitcoms auf die Schaufel genommen.

Eine der gelungensten Parodien ist die herrliche Anspielung auf die Addams Family in der Folge *Schaudersteins von nebenan* (1964), als plötzlich Weirdly und Creepella Gruesome (in der deutschen Synchronisation heißt das seltsame Paar Grünfried und Schwelgunde Schauderstein) nach Bedrock ziehen.

Große Aufregung herrschte im Februar 1963, als im Bedrock Rockapedic Hospital Pebbles Feuerstein geboren wurde. Vor lauter Aufregung brachte Fred Dino in die Entbindungsklinik, anstelle von Wilma. Im gleichen Jahr adoptierten Barney und Betty den kleinen Bamm Bamm, ein Findelkind mit enormer körperlicher Kraft.

1967 kaufte NBC die Serie und wiederholte bis 1970 alle Folgen. 1971 hoben Hanna und Barbera eine neue Serie aus der Taufe: PEBBLES AND BAMM BAMM.

Aus den einstigen Steinzeit-Babys waren mittlerweile Steinzeit-Teenager geworden, die an der Bedrock High School ein unbeschwertes Schülerleben führten. Später wurden diese Episoden mit neuen kombiniert und liefen zwei Jahre lang bei CBS unter dem Titel THE FLINTSTONES COMEDY HOUR (1972–1973) und THE FLINTSTONE SHOW (1973–1974).

In den späten 80er Jahren entwickelten Hanna und Barbera die bislang letzte FLINTSTONE-Fernsehserie.

In THE FLINTSTONE KIDS treten Fred, Wilma, Betty und Barney ähnlich wie *Die Muppet-Babys* als freche Kinderbande auf.

Kleines Feuerstein-ABC

COPACAVE: Bedrocks heißester Nachtclub
DONNERKIESEL!: Freds liebster Ausspruch
GRAVELTOWN: Heimatstadt von Wilmas Schwester
HERCUROCK: Freds Rollenname in einem Film
HUGO: Freds Kran-Saurier
HOLLYROCK: Bedrocks Vergnügungsviertel
MAXY MESSER: Unterweltboß
POLAROCK: Freds Fotoapparat
PTERODACTYL AIRLINES: Bedrocks Fluglinie
ROCKAPULCO: Urlaubsparadies
ROCKOPOLY: Beliebtes Gesellschaftsspiel
ROCK VEGAS: Glücksspielviertel
SHLUMP: Dinos Lieblingsfutter
SNOB HILL: Teure Wohngegend
STONEWAY: Freds Klavier
STEINHOLD: Wilmas Friseur
WILMAAAA!: Ausdruck der Verzweiflung
YABBA DABBA DOO: Ausdruck der Freude
YELLOROCK PARK: Nationalpark

Titelthema von THE FLINTSTONES

»Flintstones, meet the Flintstones,
they're a modern stone age family.
From the town of Bedrock
they're a page right out of history.
Lets ride with the family down the street
through the courtesy of Fred's tow feet.
When your're with the Flintstones
have a yabba dabba doo time
a dabba doo time.
We'll have a great old time
We'll have a great old time.«

(Hoyt S. Curtin, William Hanna, Joseph Barbera)

Starke Sprüche

BARNEY: »Frauen kann man sowieso nicht verstehen. Kein Mann kann in ihren Grips reinleuchten.«

BARNEY: »Wär' vielleicht doch besser, wir hätten Sicherheitsgurte!«
FRED: »Och, das ist doch nur was für Sonntagsfahrer.«

Unsterbliche Momente

GRÜNFRIED SCHAUDERSTEIN: »Unser Söhnchen, unser Miesling, ist ein aufgewecktes Kerlchen, an dem wir schauderhafte Freude haben.«
FRED: »Wandert Ihr kleiner Miesling vielleicht mit einer Spinne rum, die aussieht wie ein Mülleimer mit Beinen?«
G. S.: »Miesling hatte so eine, aber vorhin hat er sie etwas überstrapaziert, und das hat das Tierchen nicht überlebt.«
FRED: »Ich verstehe ... Ist ja kein Wunder ... Spinnen sind auch nicht mehr das, was sie mal waren.«

Zwei Affen, die das Rad eines Dampfers antreiben:
AFFE 1: »So ein Leben ist doch eine reine Affenschande.«
AFFE 2: »Ach, nun gib bloß noch mir die Schuld, du Affe. Wer von uns beiden war denn dagegen, daß wir das Abitur machen?«
GROSSER WASSERBÜFFELBRUDER POOBAH: »Ist ja ein Luxusdampfer, den du da für uns gemietet hast, Feuerstein. Na, und der Schiffskapitän heißt wohl Noah!«

Die Prominenz

Gaststars: Stony Curtis (Filmstar), Anne Margrock (Sängerin, Pebbles Babysitter), Gina Lolabricks (ehemalige High-School-Tussie, Filmstar), Grandma Dynamite (Bankräuberin), Uncle Tex Flintstone (Freds reicher Onkel aus Texasrock), Sassie (Fernsehhund, Dinos Idol), Mortimer Stoneface (Eigentümer des Kostümladens), Roberto Rockalino (Latin Lover), Eppy Brianstone (Manager der Rockgruppe The Termites)

Notizen für Insider

Familie Feuerstein / THE FLINTSTONES
USA 1960–1966
Produktion: HANNA/BARBERA Prod. Inc.
ABC, 166 Folgen

Laufzeit: 25 Minuten
Regie: William Hanna, Joseph Barbera
Chef-Animation: Charles A. Nichols
Musik: Hoyt Curtin

Stammbesetzung:
Fred Flintstone (Originalstimme: Alan Reed), Wilma (Original-stimme: Jean Vender), Pebbles, Barney Rubbles (Originalstim-me: Mel Blanc), Betty (Originalstimme: Bea Benaderet), Bamm Bamm, Dino (Haussaurier der Feuersteins, Originalstimme: Mel Blanc), Hoppy (Dino-Känguruh der Geröllheimers), Mrs. Slag-hoople (Wilmas Mutter), Marblehead Sandstone jr. (Bettys Nef-fe), Galaxius (The Great Gazoo, Außerirdischer, Originalstim-me: Harvey Korman)

In der Episode *Turbulenter Urlaub* (1963) hat eine andere berühmte Zeichentrickfigur von Hanna und Barbera einen Ca-meo-Auftritt: Yogi Bär!
In der Episode *Fred im Star-Fieber* (1965) werden Pebbles und Bamm Bamm Baby-Popstars. Ihre Nummer-eins-Single heißt: »Open Your Heart and Let the Sunshine in«.

Fernseh-Specials

A FLINTSTONE CHRISTMAS (1978),
THE FLINTSTONES LITTLE BIG LEAGE (1978),
FRED'S FINAL FLING (1980),
JOGGING FEVER (1981),
WIND-UP WILMA (1981),
THE FLINTSTONES 25TH ANNIVERSARY (1986).

Kinofilme

THE MAN CALLED FLINTSTONE (1966). Fred als Geheimagent auf Europareise. In einer Szene trägt Fred einen Hut mit einem eingebauten Propeller auf dem Kopf. Hier hat wohl Inspector Gadget geklaut.
THE FLINTSTONES (1994). Live-Action-Film aus dem Hause Spielberg mit John Goodman als Fred Feuerstein und Rick Mo-ranis als Barney Geröllheimer.

Eine Frage noch ...

Wieso gibt es im Steintal eigentlich Tankstellen, wo doch die Autos mit den Füßen betrieben werden?

Fitness

MARCEL: *»I mach jetzt die Matura mit Studien-
berechtigung.«*
SANDRA: *»Zu was brauchst das?«*
MARCEL: *»Na, i will Arzt studieren.«*
SANDRA: *»Und warum willst auf einmal Arzt
werden?«*
MARCEL: *»Kennts ihr die Bill Cosby Show?«*
SANDRA: *»Ja, und?«*
MARCEL: *»Der is doch auch Arzt. Der is so
super.«*
HANS: *»Siehst du Sandra, das kommt davon,
wenn man zu viele Sitcoms sieht.«*

HANS: *»Eine Überraschung: Die bisher unveröf-
fentlichten Live-Mitschnitte von Bob Dylan.«*
SANDRA: *»Bob Wer?«*
HANS: *»Du kennst Bob Dylan nicht?«*
SANDRA: *»Ist das vielleicht so ein urfader Sänger
aus den 60ern?«*
HANS: *»Wie sprichst du über die Leitbilder
unserer Generation ...«*

SANDRA: *»Du bist wie ein Kaffeefilter in einem
japanischen Teehaus.«*

Die erste originale Sitcom deutscher Zunge stammt aus Österreich und heißt *Fitness* (bei Humorblüten wie der RTL-Serie
Vier unter einer Decke handelt es sich allesamt um Klone von erfolgreichen US-Serien).
Erdacht vom *Indien*[1]-Regisseur Paul Harather und seinem Kol-

---

[1] *Indien – Der Film.* Österreich 1994, 84 Minuten. Buch: Josef Hader, Alfred
Dorfer. Kamera: Hans Selikowski. Musik: Ulrich Sinn. Regie: Paul Harather.
Darsteller: Josef Hader, Alfred Dorfer. Produktion: Dor-Film. FBW: Wert-
voll (Österreich): »Ein schon auf der Bühne bewährtes und preisgekröntes
Kabarettprogramm, nunmehr als Spielfilm um das anfängliche Gegeneinander und spätere Zusammenwirken zweier Lebensmittelinspektoren in
der Provinz. Der scharfe Witz des Programmes verleitet die beiden begabten Humoristen allerdings auch zu ordinären Ausrutschern.« *(multimedia)*

Fitte Truppe: Jörg Stelling, Michael Thomas, Victor Couzyn, Louis Strasser in der österreichischen Sitcom ›Fitness‹

legen Thomas Enzinger ist *Fitness* eine Situationskomödie nach amerikanischem Vorbild: Das Publikum sitzt auf einer erhöhten Zuschauertribüne und kann mitverfolgen, was vor und hinter der Kamera geschieht. Jeder Lacher wird auf einer eigenen Tonspur aufgezeichnet und später der Spielhandlung unterlegt. Aufgezeichnet wird das Spektakel live mit vier Kameras in vier Dekorationen. Das Publikum kann die Handlung sowohl direkt im Set wie auch auf Monitoren mitverfolgen, die den Rohschnitt zeigen. Wann gelacht wird, entscheiden die Zuschauer selbst, »Bitte jetzt«-Schilder gibt es nicht. In den meisten Fällen stimmt das Timing selbst dann, wenn eine Szene wiederholt wird und der gefallene Witz noch hilflos am Boden liegt.

Die skurrile Handlung ist in der niederösterreichischen Landeshauptstadt St. Pölten angesiedelt, wo sich vier Personen für die neuen Besitzer eines Fitneßstudios halten und in der ersten Episode gleich die Einäscherung ihres beim Bungee-Jumpen im Grand Canyon verstorbenen Exchefs verpassen. Weil sich die

Serie als eine »Satire auf den Leistungs- und Schönheitswahn unserer Tage« versteht, handelt es sich bei den Protagonisten um übriggebliebene Alt-68er, denen irgendwo zwischen Bob Dylan und Jim Morrison der Kalender abhanden gekommen ist. Nur Sandra (Alexandra Haring), die Tochter der neuen Studiobesitzerin Helga (Susanne Altschul), weiß um die aktuelle Jahreszahl und würde sich nichts mehr wünschen als bürgerliche Eltern, die ihr Vorschriften machen. Der Rest ist Sitcom-Fertigpulver: Leo (Louis Strasser), der langjährige Trainer, haßt Helgas Lebensgefährten Hans (Victor Couzyn), weil er damit gerechnet hat, das Studio selbst zu erben. Bei Masseur Marcel (Michael Thomas) verhält sich der Verstand umgekehrt proportional zur Muskelmasse, und (der offenbar einzige) Stammkunde Viktor (Jörg Stelling), ein Bestattungsunternehmer, muß als Opfer herhalten, wenn Verwechslungen im Drehbuch stehen. Mit Genreklassikern wie *Eine schrecklich nette Familie* oder den Zuständen im Haus von ROSEANNE ist *Fitness* nicht zu vergleichen: Bei den amerikanischen Vorbildern wird die Gagmaschi-

Susanne Altschul, Miguel Herz-Kestranek und Victor Couzyn in ›Fitness‹

169

ne von bis zu 30 Drehbuchschreibern mit jahrelanger Routine in Schwung gehalten, während die rotweißroten Fernsehunterhalter ihren Wortwitz nur aus zwei Quellen schlürfen – den eigenen. Das ist vielleicht auch mit ein Grund, warum die Serie auf nur 13 Folgen angelegt wurde: Mehr ist in Enzinger und Harather nicht drin.

Die in den Monaten August und September 1994 in den Wiener Rosenhügel-Filmstudios gedrehte Sitcom ist sicherlich kein Meilenstein ihres Genres. Sie ist ein exemplarisches Beispiel dafür, daß gelungene Fernsehunterhaltung ohne adäquate Schauspieler und Drehbücher nicht möglich ist. Aber – und das verschafft ihr einen Stammplatz in den Annalen der österreichischen Fernsehgeschichte – sie ist der erste Versuch, amerikanische Produktionsmechanismen in einer Eigenproduktion anzuwenden. Mitbeteiligt am Projekt war übrigens auch Medien-Mogul Leo Kirch.

Notizen für Insider

Fitness
Österreich 1994
13 Folgen zu 24 Minuten
Buch und Regie: Paul Harather, Thomas Enzinger

Stammbesetzung:
Victor Couzyn, Susanne Altschul, Alexandra Haring, Louis Strasser, Michael Thomas, Jörg Stelling

Flipper

»Man ruft nur Flipper! Flipper! Bald wird er
kommen. Jeder kennt ihn, den klugen Delphin.«

»Ich habe mein ganzes Leben auf dem Meer ver-
bracht. So hat mein Vater gelebt, und so wird
auch mein Sohn leben. Ich habe die riesigen Ge-
schöpfe der Tiefe gesehen. Die großen Wale auf
dem Weg zu den nördlichen Fischgründen und
die letzten Herden der See-Elefanten. Der riesige
Seepolyp, zwar grimmig anzusehen, aber im
Grunde sehr furchtsam, ist oft meinem Boot aus-
gewichen. Aber dann: die Delphine. Sie waren
nicht so schüchtern. Sie schossen geradewegs auf
die Fischerboote zu und ritten auf den Wellen mit
der Geschwindigkeit eines Torpedos. Es mag
unglaublich klingen, aber es schien oft so, als
würden sie miteinander reden und uns dabei
ansehen. Ich habe Stunden damit verbracht, über
sie nachzudenken und mich an die Geschichten
zu erinnern, die ich über sie gehört habe. Aber ich
kannte die Delphine immer noch nicht richtig,
bis mich mein Sohn eines Tages dazu brachte,
Art und Wesen dieser seltsamen Geschöpfe
zu verstehen.«

(aus: *Flipper,* USA 1962)

Eine geballte Ladung Moral war es, die uns der Drehbuchautor und Schauspieler Ivan Tors 1962 vor den Bug knallte: ein Mann und seine Familie im Kampf gegen die Elemente. Nicht ganz so tiefsinnig, wie es Hemingway in *Der alte Mann und das Meer* beschrieb, und nicht ganz so dramatisch, wie es sich vielleicht anhört: Wir schreiben das Jahr 1962, und der Kampf gegen die Elemente ist der eines Fischers gegen sinkende Fangzahlen. Gelegentlich wird Porter Ricks (Chuck Connors) auch von einem Hurrican heimgesucht, aber daran muß man sich in Florida gewöhnen. Als ein Delphin seinem Sohn Sandy (Luke Halpin) das Leben rettet, ist er zum Umdenken gezwungen: Bislang hat Ricks Delphine als natürliche Feinde betrachtet, die Fischernet-

Wahre Freundschaft: Delphin Susi und Luke Halpin als Sandy

ze zerstören und getötet werden müssen. Zwei Welten prallen aufeinander und vermischen sich tränenreich: die des rechtschaffenen Fischers, für den die ehernen Gesetze der Natur und die Verfassung der Vereinigten Staaten bindend sind; und die des romantischen Träumers. Wahre Freundschaft geht über alles. Die Kinoproduktion unter der Regie von James B. Clark nach dem Roman von Ricou Brownings und Jack Cowden erwies sich zwar nicht als ultimativer Kassenschlager, lockte mit seinen gut gemachten Unterwasseraufnahmen dennoch ein genügend großes Publikum an, um NBC über eine Familienserie mit dem Delphin Flipper nachdenken zu lassen.

In der TV-Serie FLIPPER, von der in den Jahren 1964 bis 1968 immerhin 88 Episoden gedreht wurden, ging es bereits etwas bürgerlicher zu als in Browning und Cowdens Romanvorlage. Weil es ein verunsichertes Publikum zu unterhalten gab, verschaffte Erfinder Tors Porter Ricks zunächst ein neues Image und eine

Erfolg mit Unterwasseraufnahmen: ›Flipper‹

gesicherte Existenz – im Mittelpunkt sollten die Abenteuer des Jungen und seines Delphins stehen, nicht der finanzielle Ruin eines Fischers nach einem Hurrican. Ricks bekam einen Job als Ranger, eine ordentliche Uniform, ein schmuckes Boot und einen ganz anderen Tonfall im Umgang mit den anderen Fischern. Darüber hinaus wurde die Rolle nicht mehr mit dem derbgesichtigen Chuck Connors besetzt, sondern mit Brian Kelly, der dem Archetypus des amerikanischen Vaters eher entsprach. Seine Frau ist vor ein paar Jahren gestorben, der neue Ricks muß seine beiden Söhne Bud (Tommy Nordon) und Sandy (Luke Halpin) alleine aufziehen – ein Job, der ihn dann und wann ein paar ernste Worte kostet, im übrigen aber von Flipper (Susi) erledigt wird. An der Seite des Delphins erforschen die beiden ihre Umgebung, entdecken versunkene Schiffe, kommen Verbrechern auf die Spur, werden aus Stürmen gerettet, retten andere aus Stürmen oder handeln sich Probleme ein.

Die Serie FLIPPER verdankt ihren Erfolg mehr den Unterwasseraufnahmen und weniger der Handlung – die ist oft an den Haaren herbeigezogen, wie etwa im zweiten Kinofilm *Flippers neue Abenteuer:* Da verläßt Sandy seinen Vater und schippert auf eine einsame Insel, weil man ihm Flipper wegnehmen will. Mitte der 60er Jahre gab es keine vergleichbare Produktion, die mit Realbildern aus der Welt unter dem Meer aufwartete.

Für Ivan Tors war der Erfolg von FLIPPER der Startschuß für eine Reihe weiterer Tierserien: Noch während der Dreharbeiten für FLIPPER produzierte er für CBS die Serie DAKTARI (USA 1966–1969, 89 Folgen), die ebenfalls ein weltweiter Erfolg wurde. Auch Brian Kelly blieb zunächst seinem Metier treu: Im Jahr 1969 kurvte er an der Seite von Lloyd Bridges, Shirley Eaton und David McCallum in einem U-Boot in 110 Minuten *Unter Wasser rund um die Welt.* Obwohl Regisseur Andrew Marten ein recht solides Science-fiction-Abenteuer gelang, ging es mit Brian Kellys Karriere konstant abwärts – so daß der einstige Serienstar heute kaum mehr auf der Leinwand zu sehen ist. Herausragende Ausnahme: Im Jahr 1986 spielte Kelly in MIAMI VICE-Erfinder Michael Manns Thriller MANHUNTER (dem Vorläufer von *Das Schweigen der Lämmer*).

Ein ähnliches Schicksal erlebte Luke Halpin, der seine Karriere als kleiner Junge begann und als Teenager am Höhepunkt seines Schaffens stand.

Er konnte sich vornehmlich in B-Produktionen profilieren, bis er 1993 von Regisseur Joe Dante in MATINEE (mit ROSEANNE-Star John Goodman) eine neue Chance erhielt.

Was aus dem Delphin Susi geworden ist, steht nicht in den Annalen der Geschichte. Ricou Browning, Regisseur, Autor und Tiertrainer, verweigert jede Auskunft.

Notizen für Insider

FLIPPER
USA 1964–1968
Produktion: NBC/MGM Television/Ivan Tors Films
88 Episoden zu je 60 Minuten
Erfinder und ausführender Produzent: Ivan Tors
Autoren: Lee Erwin, James Buxbaum, Mark E. Little, Richard Tuber, Maria K. Little, Peter C. Dixon, Leonard Kaufman

Die wichtigsten Regisseure:
Ivan Tors, Leon Benson, Herman Hoffman, Ricou Browning,
Stanley Z. Cherry, Paul Landres

Stammbesetzung:
Brian Kelly (Porter Ricks), Luke Halpin (Sandy Ricks), Tommy
Nordon (Bud Ricks), Susi (Flipper)

Kinofilme

FLIPPER
USA 1962, 90 Minuten
Regie: James B. Clark. Buch: Arthur Weiss, nach einem Roman
von Ricou Browning und Jack Cowden. Produktion: Ivan Tors.
Mit: Chuck Connors (Porter Ricks), Luke Halpin (Sandy Ricks),
Connie Scott, Kathleen Maguire, Jane Rose und Susi als Flipper

Video: Warner Home Video

Flippers neue Abenteuer (FLIPPER AND THE PIRATES / FLIPPER'S
NEW ADVENTURE)
USA 1964, 94 Minuten
Regie: Leon Benson. Buch: Art Arthur. Mit: Brian Kelly (Porter
Ricks), Luke Halpin (Sandy Ricks), Pamela Franklin (Penny),
Tom Helmore und Susi als Flipper

Video: Warner Home Video

Filmographien

Brian Kelly

Flippers neue Abenteuer (FLIPPER AND THE PIRATES / FLIPPER'S
NEW ADVENTURE, USA 1964, Regie: Leon Benson)
Unter Wasser rund um die Welt (AROUND THE WORLD UNDER
THE SEA, USA 1966, Regie: Andrew Marten)
COMPANY OF KILLERS (USA 1970, Regie: Jerry Thorpe)
Affäre in Berlin (BERLIN AFFAIR, USA 1970, Regie: David
Lowell)
Manhunter (MANHUNTER / RED DRAGON: THE PURSUIT OF HAN-
NIBAL LECTER, USA 1986, Regie: Michael Mann)

Luke Halpin

PETER PAN (USA 1960, Regie: Vincent J. Donehue, TV)
Flipper (siehe oben)
Flippers neue Abenteuer (siehe oben)
ISLAND OF THE LOST (USA 1967, Regie: John Florea)
IF IT'S TUESDAY, THIS MUST BE BELGIUM (USA 1969, Regie: Mel Steward)
SHOCK WAVES / ALMOST HUMAN / DEATH CORPS (USA 1977, Regie: Ken Wiederhorn)
HOT STUFF (USA 1979, Regie: Dom DeLuise)
ISLAND CLAWS / NIGHT OF THE CLAW (USA 1980, Regie: Herman Cardenas)
NOBODY'S PERFECT (USA 1981)
EYES OF A STRANGER (USA 1981, Regie: Ken Wiederhorn)
Matinee (MATINEE, USA 1993, Regie: Joe Dante)

Golden Girls

»Jede Periode des Lebens hat ihre Leidenschaf-
ten. Das Alter, das man für das weiseste halten
sollte, hat gewöhnlich die schmutzigsten.«

(JOHANN GOTTFRIED SEUME)

»Wer nicht alt werden will, soll sich in der Jugend
aufhängen.«

(Altes jiddisches Sprichwort)

Nachdem das Fernsehen über Jahrzehnte hinweg eine Schein-
welt, voll von Jugend und Schönheit, aufgebaut hatte, tauchte
eines Tages ein betagtes Damenquartett auf dem Bildschirm auf,
das eindrucksvoll demonstrierte, wie man auch noch mit Zahn-
prothesen kraftvoll zubeißen kann, und löste eine TV-Revolu-
tion aus, die eines der letzten Tabus im Unterhaltungsfernsehen
brechen sollte. Die GOLDEN GIRLS Sophia (Estelle Getty),
Dorothy (Bea Arthur), Rose (Betty White) und Blanche (Rue
McClanahan) waren die ersten Fernsehstars, die dem Ideal von
jugendlicher Frische und faltenloser Schönheit nicht im gering-
sten entsprachen, sondern »die mit ihrer radikalen Feststellung,
daß ältere Frauen mehr wie kostbare Weine zu behandeln sind
und weniger wie Wegwerfrasierer, etwas bewegt haben«, wie es
1992 ein amerikanischer Fernsehkritiker treffend formulierte.
Von der brillanten TV-Autorin Susan Harris (SOAP) ursprünglich als Unterhaltungsserie für Senioren konzipiert, konnte
NBC-Television schon bald an den Publikumsreaktionen able-
sen, wie sehr die GOLDEN GIRLS den Nerv der Fernsehzuschauer aller Altersschichten getroffen hatten. Bereits nach der ersten
Season, im Jahr 1985, waren die vier lebenslustigen Seniorinnen
aus Miami hipper als die beiden gestylten Armani-Bullen vom
Drogendezernat. Gepflegte ältere Damen, die einmal nicht als
schrullige Stichwortgeber für junge Serienhelden fungieren,
sondern mit bissigen Schlagabtäuschen und idiotischen Geschichten aus Sankt Olaf (das von Norwegern besiedelte Hei-
matdorf von Rose) für Spaß und Verwirrung sorgen, fanden anscheinend sogar MIAMI VICE-süchtige Halbwüchsige komisch.
Nicht nur, daß die vier grauen Panther Haare auf den dritten

Zähnen haben und mit einer Offenheit über Themen diskutieren, die anderen – jüngeren und konservativeren – Fernsehhelden im Hals steckenbleiben würden (Aids, Verhütungsmittel, künstliche Befruchtung, Organspenden, Fettabsaugen, Sex im Rentenalter); die Golden Girls haben auch endlich gründlich mit dem Vorurteil aufgeräumt, daß man im Alter lediglich zum Kreuzworträtsel-Lösen und Enkelkinder-Hüten taugt.

Seit die Golden Girls den Mund aufmachen und jeder Wortwechsel zum Kleinkrieg ausartet, der mit verbalen Giftpfeilen ausgetragen wird, und sie mit fester Überzeugung ihre Lebensweisheiten verkünden, so daß es katholischen Fernsehzuschauern die Schamesröte ins Gesicht treibt, haben sich viele Senioren positiv über die Serie geäußert. Die Golden Girls hätten ihnen Mut gemacht und sie dazu ermuntert, ihr Leben wieder aktiv in die Hand zu nehmen, hieß es. Selbst Englands greise Königinmutter scheute sich nicht, der skurrilen Wohngemeinschaft aus Florida ihre majestätische Sympathie zu versichern, und lud die amerikanische Viererbande zu einem Gastspiel nach London anläßlich der Royal Variety Performance 1988.

Und das sind die Golden Girls: Blanche Devereaux, die verblühende »Southern Belle« aus Atlanta mit dem ausgeprägten Sexualtrieb; Rose Nyland, die naive, verklemmte Sozialberaterin aus Sankt Olaf (ihr Mädchenname lautet: Gerklelnerbigenhoffstettlerfrau), die ihre Freundinnen mit pikanten norwegischen Heringsgerichten und versponnenen Jugenderinnerungen quält; Dorothy Zbornak, die ehemalige Lehrerin mit der spitzen Zunge, die noch immer von ihrem windigen Exehemann, dem erfolglosen Scherzartikelvertreter Stan (Herb Edelman) heimgesucht wird, und ihre 85jährige italienische Mutter Sophia Petrillo, angesichts deren drastischer Ausdrucksweise sich sizilianische Großmütter wahrscheinlich bekreuzigen (»Verzeih mir, Rose, aber bei mir ist sexuell 15 Jahre nichts gelaufen. Das geht mir auf die Nerven.«). Für Blanche, die männerverschlingende Witwe, ist es wie für anständige Frauen schwer zu begreifen, daß ihr Körper nicht mehr unwiderstehlich ist. Bei Dorothy »scheint es immer schon passiert zu sein, bevor sie ins Zimmer kommt«. Rose erteilt schlechte Lehren aus Sankt Olaf, um sich zu trösten, daß sie nicht mehr imstande ist, gute Beispiele zu geben (»Bin ich eine verrückte alte Frau?«). Und Sophia ist wie eine Zigarette. Das ganze Gift sammelt sich zuletzt im Mundstück.

Seit das illustre Rentnerquartett gemeinsam in Blanches' schmuckem Bungalow wohnt, wird das Wort »Schlagfertigkeit« seiner einzig wahren Bedeutung – »die Erwiderung in Form einer Beleidigung« – gerecht (»Sophia, Mel und ich sind dafür bestimmt, zusammen zu sein.« – »Schön, wenn ich das auch über deine Schenkel sagen könnte, Blanche.«). Zwar sind die vier Damen im Wesen grundverschieden – immerhin schleudern sie sich innerhalb von 30 Minuten mehr Gemeinheiten an den Kopf, als in der Zitatensammlung von Lenny Bruce zu finden sind –, aber dennoch scheint ihre Freundschaft von der Art zu sein, die im Himmel beschlossen und auf Erden vollzogen wird.

Dreht sich der anrüchige Disput allerdings um die Herren der Schöpfung, wird ihre Freundschaft chronisch auf eine harte Bewährungsprobe gestellt. Keine der Golden Girls wäre bereit, jemals zugunsten der anderen auf einen Mann zu verzichten. So ist Sophia gezwungen, ihren Galan Julio Iglesias durch die Küchentür ins Haus zu schmuggeln; Dorothy, ihre (wenigen)

Amerikanische Viererbande: die ›Golden Girls‹

179

Liebhaber vor Blanche geheimzuhalten, und Rose, ihren Miles (Harold Gould) im Schrank zu verstecken. »Die Golden Girls können süchtig machen«, jubelte der Kritiker im TV GUIDE. »Die Girls sind das Komischste, was es auf dem Bildschirm gibt. Es ist ein Teenie-Magazin für ältere Frauen.«

In einer der amüsantesten Episoden (*Valentinstag*, 1989) erinnern sich die Golden Girls gar an ihre peinlichsten Erlebnisse. Weil die naive Rose einen Werbeprospekt mißverstanden hat, landen Blanche, Dorothy und Rose unfreiwillig in einem Nudistencamp (»… Freuden der Bergwelt in Fülle ohne Hülle. Wandern, Schwimmen und Volleyball-Spielen, während die Sonne auf die wertvollsten Körperteile scheint«). Nach ersten Überwindungsschwierigkeiten wagen sie dennoch das Unglaubliche und schleichen sich nackt in den Speisesaal. Was die drei Flitzerinnen nicht wußten: »Zum Abendessen wird Kleidung getragen. In Ihrem Fall würden wir es begrüßen, wenn Sie das bei allen drei Mahlzeiten täten.«

Ein anderes Mal ist es ein verhängnisvoller Kondom-Kauf, der die drei Junggebliebenen vor Scham im Boden versinken läßt. Als sich der unsensible Verkäufer bei seinen Kollegen lautstark (»Die Blonde will die Ultrasensitiven mit Noppen – in Schwarz«) nach den Präservativpreisen erkundigt und alle Kunden auf das betretene Trio starren, versucht Blanche die Situation mit einer flammenden Rede zu retten: »Na schön, wen zum Teufel starren Sie denn so an? … Haben Sie vorher noch nie drei vitale, gesunde, sexuell aktive Frauen getroffen? … Wir verlassen diesen Laden mit hocherhobenen Köpfen, und wir wissen ganz genau, daß das, was wir gemacht haben, sowohl moralisch als auch verantwortungsvoll ist.« Dorothy jedoch fällt ihr in den Rücken und behauptet: »Ich kenn' die Frau nicht. Ich hab' sie für meinen Bruder gekauft.«

Den glücklichen Ausgang ihrer frivolen Abenteuer besiegelten die Golden Girls in vielen Episoden mit einer großen Portion Käsekuchen (während der achtjährigen Laufzeit wurden mehr als hundert versöhnliche Käsekuchensitzungen abgehalten). Und als Dorothy 1993 schließlich Blanches Onkel Lucas (Leslie Nielsen, dem Darsteller des Lt. Frank Drebin in POLICE SQUAD und *Die nacke Kanone*) heiratete, fand die Serie nach 180 Episoden ihren harmonischen Ausklang. Da sich Roses Langzeitfreund Miles als Mafia-Anwalt entpuppte und im Zuge des

Warum gibt's heute keinen Käsekuchen?

Zeugenschutzprogrammes Florida verlassen mußte und auch
Blanche und Sophia die letzte große Liebe ihres Lebens versagt
blieb, sprach nichts gegen eine Fortsetzung der Serie unter an-

derem Titel. Im Mittelpunkt der kurzlebigen Sitcom GOLDEN PALACE, die ebenfalls auf das Konto der GOLDEN GIRLS-Macherin Susan Harris ging, standen allerdings nur mehr Rose, Blanche und Sophia (Bea »Dorothy« Arthur hatte keine Lust mehr). Diesmal waren sie kraft ihres Amtes als die neuen Besitzerinnen des Golden-Palace-Familienhotels damit beschäftigt, ihrem unfähigen Personal (darunter Cheech Marin, die kleinere Hälfte des kiffenden Komiker-Duos Cheech und Chong) Geschäftssinn einzubleuen. Mit wenig Erfolg.

Starke Sprüche

»Halt die Klappe, Rose!«
(SOPHIA, DOROTHY, BLANCHE)

SOPHIA: »Ich hab den Körper einer 40jährigen, hat er gesagt. Einer toten 40jährigen.«

SOPHIA: »Nicht leicht, Nonnen was zu Weihnachten zu kaufen!«

SOPHIA: »Zerschneidet mir nicht meine Todesanzeigen. Ich weiß sonst nicht, ob mein Canasta-Abend noch stattfinden wird.«

DOROTHY: »Wenn du mich anfaßt, ist dein Gebiß wieder in Sizilien, bevor du ankommst.«

BLANCHE: »Dorothy, nur weil du auf dem Kopf aussiehst wie ein englischer Strafverteidiger, muß deshalb nicht jeder so rumlaufen.«

Unsterbliche Momente

SOPHIA: »In Sizilien sind wir nie zum Arzt gegangen, sondern zur Witwe Caravelli. Was immer man hatte, sie wußte ein Mittel. Sie war bei den Leuten wegen der grünen Salbe, mit der sie Mittelohrentzündung heilte, bekannt. Eines Tages hat sie dem Dorftrottel Salvator die Salbe gegeben. Der hat die Gebrauchsanweisung mißverstanden und die Salbe auf die Linguini statt in sein Ohr gestrichen. Es stellte sich heraus, daß es nicht mal 'ne üble Idee war. Das Zeug schmeckte gut, und Salvator fing an, es zu vermarkten. Am Anfang lief es nicht sehr gut. Linguini mit Ohrsalbe auf einem Teller, das sieht nicht sehr appetitlich aus. Aber dann nannte er die Salbe ›Pesto-Sauce‹, und sie ging weg wie warme Semmeln.«

DOROTHY: »Ma, die Geschichte hast du erfunden!«

SOPHIA: »Na und, ich bin alt und muß mir was einfallen lassen.«

DOROTHY: »Ma, wo bleibst du? Die haben dir doch nur ein bißchen Blut abgenommen.«

SOPHIA: »In meinem Alter ist das wie eine Versuchsbohrung nach Öl.«

BLANCHE: »Dorothy, hast du je auf einem Berg mit einem Mann geschlafen?«

DOROTHY: »Nein, aber was dem nahe kommt. Ich hab so was mal auf einem fetten Kerl gemacht, der Old Smokey hieß.«

Immer schlagfertig, aber nur selten handgreiflich: die ›Golden Girls‹

BLANCHE: »Alle meine Träume sind aber nicht sexuell. Ich träume genauso von Essen ... Nur, daß ich im Traum nackt bin, wenn ich esse.«

ROSE: »Ich bin auch einmal vom Blitz getroffen worden.«
SOPHIA: »Ja, wahrscheinlich am Kopf.«

BLANCHE: »Dorothy, hast du schon mal etwas von *Dirty Dancing* gehört?«
DOROTHY: »Aber natürlich, Blanche. Das haben sie in dem Film getrieben.«
ROSE: »In welchem Film?«
DOROTHY: »*Lawrence von Arabien,* Rose!«

SOPHIA: »Hier, Dorothy, wie findest du meine Pasta Pesto?«
DOROTHY: »Ma, die schmeckt furchtbar.«
SOPHIA: »In dem Topf wasch' ich die schmutzigen Putzlappen ... Ich mein' den andern Topf.«

Die Prominenz

Gaststars: Kristy McNichol, Bob Hope, Leslie Nielsen, Julio Iglesias, Richard Mulligan, Dick van Dyke, Eddie Bracken, Howard Duff, Burt Reynolds, Mickey Rooney, Don Ameche, Lloyd Bochner, Billy Barty, Quentin Tarantino (später der Regisseur von RESERVOIR DOGS)

Die wichtigsten Regisseure: Terry Hughes, Paul Bogart, Jay Sandrich, Jim Drake

Kultobjekte

YOUNG AT HEART: BODY CONDITIONING WITH ESTELLE (Video Treasures) – Bodybuilding (!) light mit Estelle »Sophia« Getty.

Notizen für Insider

Golden Girls / THE GOLDEN GIRLS
USA 1985–1993
Produktion: Witt-Thomas-Harris-Production/Touchstone Television

180 Episoden, NBC
Laufzeit: 25 Minuten
Idee: Susan Harris
Musik: George Tipton
Titelsong: Thank You for Being a Friend (Andrew Gold)

Stammbesetzung:
Bea Arthur (Dorothy Zbornak), Betty White (Rose Nyland), Rue McClanahan (Blanche Devereaux), Estelle Getty (Sophia Petrillo), Herb Edelman (Stanley Zbornak), Harold Gould (Miles Webber)

Die Serie wurde 65(!)mal für den Emmy nominiert und gewann zehnmal die begehrte Auszeichnung. Ebenfalls einzigartig in der Geschichte des Fernsehens: Alle vier Hauptdarstellerinnen wurden zweimal mit dem Emmy ausgezeichnet.

1993 beauftragte der britische Sender Channel 4 die Produktionsgesellschaft Carlton Television, eine englische Version der GOLDEN GIRLS zu entwickeln. Das Resultat war die erfolglose Serie THE BRIGHTON BELLES. In den Hauptrollen waren Jean Both als Josephine (Sophia), Sheila Hancock als Frances (Dorothy), Wendy Craig als Annie (Rose) und Sheila Gish als Bridget (Blanche) zu sehen.

Das Haus am Eaton Place

»Das halte ich für eine gute Entscheidung, Sir.«
(BUTLER HUDSON)

Das englische Fernsehen ist vor allem für Krimis, Komödien und Science-fiction bekannt, es hat aber auch ein paar stattliche Dramen hervorgebracht, von denen *Das Haus am Eaton Place* (UPSTAIRS, DOWNSTAIRS) zu den herausragenden gehört.

England zu Beginn des 20. Jahrhunderts – von dieser Zeit waren die beiden Schauspielerinnen Jean Marsh und Eileen Atkins besonders angetan. Mit der erfolgreichen BBC-Soap THE FORSYTHE SAGA (1967) im Hinterkopf entwickelten sie das Konzept zu einer Serie, in der nicht die adelige Herrschaft im Vordergrund stehen sollte, sondern das Leben der Dienerschaft. »Wir konnten einfach nicht verstehen, warum den Bediensteten in der FORSYTHE SAGA sowenig Aufmerksamkeit entgegengebracht wurde«, erklärt Jean Marsh – und wollte im gleichen Atemzug die geschönte Darstellung des Klassensystems ins rechte Licht rücken.

Ursprünglich war UPSTAIRS, DOWNSTAIRS als Komödie mit dem Titel »Below Stairs« im Gespräch, danach als »Behind the Green Daize Door«, bis das Konzept schließlich auf dem Schreibtisch von John Whitney landete, dem Boß der London Weekend Television Company. Der konnte nach einigen Mühen das nötige Kapital für die Produktion des – wie sich später herausstellte – erfolgreichsten englischen Seriendramas aufbringen.

UPSTAIRS, DOWNSTAIRS wurde zu einem denkbar ungünstigen Termin ausgestrahlt: Sonntag abend, 22 Uhr 30. »Es hätte der Tod der Serie sein können«, kommentierte Jean Marsh. »Tatsächlich hatten wir aber unheimlichen Erfolg. Noch nie in der Geschichte des englischen Fernsehens war eine neue Serie so schnell an die Spitze geschossen.«

Die Geschichte aus der Dienerwelt hielt, was die Mundpropaganda versprach. UPSTAIRS, DOWNSTAIRS hatte eine griffige Handlung, lebensechte Personen und eine gute Dramaturgie; es brachte einen Hauch von Realismus in die ansonsten entrückte Fernsehwelt, in der sich außerirdische Helden tummelten.

Die Besetzungsliste der Dienerschaft, die im Hause der Bellamys für Ordnung sorgte, ließ nichts zu wünschen übrig: Als Chefbutler Hudson wurde der Charakterdarsteller Gordon Jackson verpflichtet (später war er in *Die Profis* als Chef der Scotland-Yard-Spezialabteilung CI-5 zu sehen). Das Hausmädchen Rose, ursprünglich für Eileen Atkins geplant, wurde von Jean Marsh verkörpert; als tagträumerisch-naive Magd agierte Pauline Collins, einer der Stars aus der Sitcom THE LIVER BIRDS (1969–1978).

Die Handlung der aus 13 Episoden bestehenden ersten Staffel, die ab Oktober 1971 ausgestrahlt wurde, hatte es in sich: Gleich am Beginn der Chronik stehen die Folgen einer Nacht zwischen einem Stubenmädchen und einem Vertreter der gehobenen Gesellschaft (A CRY FOR HELP). Kurz darauf folgt der Selbstmord eines Küchenmädchens (I DIE FOR LOVE) und die Konfronta-

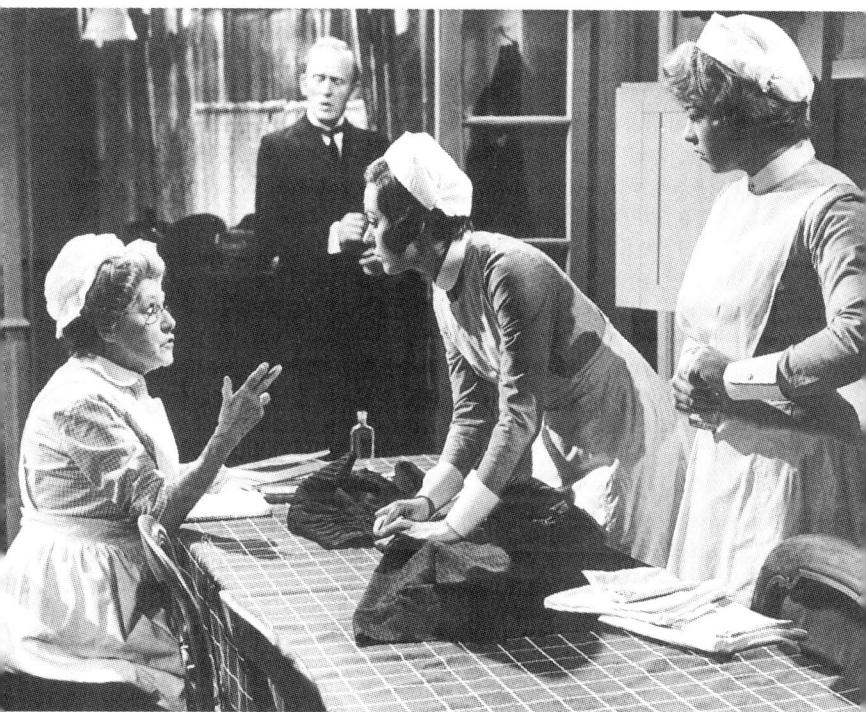

Die Dienerschaft im ›Haus am Eaton Place‹: (v. l. n. r.) Angela Baddeley, Gordon Jackson, Jacqueline Tong, Pippa Page

tion der Bellamys mit ihrer arroganten Verwandtschaft (THE KEY OF THE DOOR).

Mit der zweiten Staffel, die ab Oktober 1972 ausgestrahlt wurde, erfolgte ein verstärktes soziales Engagement der Filmemacher. UPSTAIRS, DOWNSTAIRS begann ein immer stimmigeres Schicksalsbild der dargestellten Charaktere zu zeichnen. Die dritte und vierte Drehzeit erstreckte sich über die Geschehnisse während des Ersten Weltkrieges, drohte allzu oft ins Sentimentale abzurutschen und endete mit der Grippe-Epidemie im Jahr 1919.

Eine abschließende, etwas turbulente fünfte Drehzeit führte die Geschichte der Bellamys und ihrer Dienerschaft weiter in die 20er Jahre hinein: Nachkriegstrauma, Einstieg in die Politik, der Generalstreik von 1926, der Wall Street Crash und – der Untergang des Hauses Bellamy. Am Ende ist nur noch Rose übrig; sie verläßt das zum Verkauf stehende Haus 165 Eaton Place, und die Geister der Vergangenheit sind um sie.

UPSTAIRS, DOWNSTAIRS gilt als das Renommierprodukt der BBC, ein Meilenstein in der Geschichte des englischen Fernsehens. Die menschliche Sichtweise der Figuren, gepaart mit einem Porträt der Gesellschaft des angehenden 20. Jahrhunderts, ergibt eine unterhaltsame und bewegende Sozialgeschichte, die es nicht nötig hat, mit Sensationen à la DALLAS nach Aufmerksamkeit zu heischen. *Das Haus am Eaton Place* ist eine britische Produktion durch und durch; das macht sich an der Sprache, am Humor, an der Kamera, am Licht und an der Gestik der Akteure bemerkbar.

Wiederholungen von *Das Haus am Eaton Place* sind selten. Obwohl die Serie einen Ehrenplatz in den Annalen des britischen Fernsehens einnimmt, war ihr keine sehr langlebige Popularität vergönnt.

Notizen für Insider

Das Haus am Eaton Place / UPSTAIRS, DOWNSTAIRS
GB 1971–1973
Produktion: LTW/Sagitta Productions (ITV), s/w und Farbe
68 Episoden zu je 50 Minuten
Idee: Jean Marsh und Eileen Atkins
Produzent: John Hawkesworth

Oben und unten: Hausherr Richard Bellamy (David Langton, Mitte) be-spricht sich mit Butler Hudson (Gordon Jackson) und Hausmädchen Rose (Jean Marsh)

Ausführender Produzent: Rex Pirkin
Buch: Fay Weldon, Terence Brady, Charlotte Bingham, Jeremy Paul, Julian Bord, John Hawkesworth, Alfred Shaughnessy, Rosemary Anne Sisson, Anthony Skene

Die wichtigsten Regisseure:
Derek Bennet, Raymond Menmuir, Herbert Wise, Bill Bain, Chris Hodgson, Cyril Cake

Stammbesetzung:
Rachel Gurney (Lady Marjorie Bellamy), David Langton (Richard Bellamy), Simon Williams (James), Nicola Pagett (Elizabeth), Gordon Jackson (Hudson), Angela Baddeley (Mrs. Bridges), Jean Marsh (Rose), Pauline Collins (Sarah), Evin Crow-

ley (Emily), George Innes (Alfred), Patsy Smart (Roberts), Brian Osborne (Pearce), Christopher Beeny (Edward), Ian Ogilvy (Laurence)

Termine

1. Drehzeit:
10. Oktober 1971 bis 5. März 1972: 13 Episoden (die ersten Episoden wurden in Schwarzweiß gedreht, Farbe hielt erst in der zweiten Season Einzug);
2. Drehzeit:
22. Oktober 1972 bis 19. Januar 1973: 13 Episoden;
3. Drehzeit:
27. Oktober 1973 bis 19. Januar 1974: 13 Episoden;
4. Drehzeit:
14. September 1974 bis 7. Dezember 1974: 13 Episoden;
5. Drehzeit:
7. September 1975 bis 21. Dezember 1975: 16 Episoden.

Kurioses

Amerikanische Fernsehstationen versuchten das Erfolgskonzept von UPSTAIRS, DOWNSTAIRS zu kopieren. So brachte beispielsweise CBS im Jahr 1975 die im Boston der 20er Jahre angesiedelte historische Soap Opera BEACON HILL auf die Mattscheibe.

So schnell UPSTAIRS, DOWNSTAIRS in Amerika das Fernsehpublikum eroberte, so schnell verlor es auch dessen Interesse. Nach nur 13 Episoden (von 55 eingekauften) wurde die US-Erstausstrahlung mangels Zuschauerzahlen abgesetzt.

Lindenstraße

*»Was hier gestattet ist, bestimmt mein Mann. Und
Ungeziefer duldet er nicht. Hier herrscht eine
Ordnung, und das gilt für einen jeden.«*

*»Datenschutz – geh, Schmarrn. Am besten schützt
man sich, wenn man weiß, mit wem man
es zu tun hat.«*

*»Wer soll denn einmal unsere Renten bezahlen,
wenn sie alle nur diese Schrägstrich-Ehen führen.
Statt daß sie ordentlich heiraten und
Kinder kriegen.«*

Ein Geräusch läßt Hans Beimer erwachen. Er schaut auf die
Uhr. Irgendwann nach Mitternacht. Vom Gang hört er Schritte.
Er öffnet die Schlafzimmertür, geht hinaus und dreht das Licht
an. Seine Tochter Marion ist nach Hause gekommen. Sie steht
starr da, wendet ihm den Rücken zu. Beimer hört sein Herz
schlagen. »Was ist passiert?« Ein langes Schweigen, dann:
»Nichts.« Marion dreht sich langsam um, geht ins Licht. Ihr Gesicht ist blutüberströmt …
Wer am 18. Dezember um 18 Uhr 40 zufällig die ARD eingestellt hatte, bekam Dramatik pur: *Herzlich willkommen,* die erste Folge der neuen Serie *Lindenstraße,* endete mit einer Groß-
aufnahme von Ina Bleiweiß' zerschundenem Gesicht. Dann:
Abspann und Cliffhanger bis zum nächsten Sonntag. Die Presse
reagierte trotzig und befand die *Lindenstraße* für »langweilig,
einfältig und öde«. Gesamturteil: »Zum Abschalten schön«.
Zehn Jahre später ist die *Lindenstraße,* erste und einzige Dau-
erserie des deutschen Fernsehens, immer noch Gesprächsthema. Die Schauspieler haben sich verändert, neue Gesichter sind
dazugekommen, andere für immer verschwunden. Das Klischee
ist gleichgeblieben: die Geschehnisse in einer Münchner Straße;
Momentaufnahmen aus dem Leben für Durchschnittsmenschen, die stellvertretend für den Zuschauer leiden. Die *Lindenstraße* ist – tatsächlich! – Leben pur. Nichts wird ausgelassen,
und nichts wird hinzugefügt. Das Grundrepertoire von Lieb-
und Feindschaften, Beziehungs-, Berufs-, Drogen- und Behör-

Das war einmal: Ehepaar Beimer in glücklichen Zeiten

denproblemen, Un- und Todesfällen etc. wird zwischen den Vor-
zeigefamilien ununterbrochen variiert und mit einem aktuellen
Thema vermischt.

Nach dem Fall der Mauer erlebten beispielsweise einige Bewohner überraschenden Familienzuwachs aus dem ehemaligen
Osten – von dem sich nach der Öffnung der Stasi-Akten her-

ausstellte, daß er Dreck am Stecken hatte. Kaum gab die Weltgesundheitsorganisation Aids-Alarm, konnte die *Lindenstraße* schon ihren ersten Aids-Toten vorweisen. Homosexualität ist ohnehin ein Thema: Seit jeher sind Männerpärchen Bestandteil der Wohn- und Streitgemeinschaft *Lindenstraße,* die damit einen doppelten Zweck erfüllen: Wer liberal und fortschrittlich eingestellt sein will, findet nichts dabei und sich bestätigt; für alle anderen hält die Konstellation Miethaus-Homosexualität ein Füllhorn an möglichen Geschichten parat.

In der *Lindenstraße* wird nicht lange herumstilisiert und die Beleuchtung zur Wissenschaft hochgetrieben, da wird gefilmt. Und das offenbar aus der Hüfte. Jeder Besitzer einer Videokamera kann problemlos ähnliche Bilder zustande bringen. Nichts in der *Lindenstraße* ist so einzigartig, daß es nicht austauschbar wäre: In jeder Stadt und in jedem Dorf gibt es solche Zimmer, gibt es solche Menschen, gibt es so ähnliche Geschichten. Von Dramaturgie kann keine Rede sein, schon gar nicht von einem stilisti-

Münchener (Kulissen-)Straße auf Kölner Gelände: ›Lindenstraße‹

193

schen Fingerabdruck des Regisseurs. Der Blick in die *Linden-straße* versteht sich als heimlicher Blick durchs Schlüsselloch ins eigene Wohnzimmer. Miniaturen aus dem Haßleben einer Film-straße, deren Kulisse in Köln steht und die so wirklich sein will wie die *Tagesschau*. Wenn das Bundeskriminalamt die aktuelle Drogentotenstatistik veröffentlicht, wird auch in der *Linden-straße* verstärkt zur Nadel gegriffen. Und wenn sich das glückli-che Ehepaar Hans und Helga Beimer (Joachim Herman Luger und Marie-Luise Marjan) im jahrelangen Serientaumel ausein-anderlebt und tränenreich trennt, weil er bei seiner neuen Ge-liebten Anna Ziegler einzieht – auch das soll im wirklichen Le-ben schon einmal passiert sein.

Erdacht wurde die *Lindenstraße* vom Filmemacher Hans W. Geißendörfer (bekannt für seine Thomas-Mann-Verfilmung *Der Zauberberg,* 1981) auf Ersuchen von WDR-Fernsehspiel-chef Gunther Witte. Nach dem Modell der englischen Serie CORONATION STREET[1] konzipierte Geißendörfer eine Endlos-serie über Durchschnittsmenschen. Als nach zähen Verhandlun-gen mit den öffentlich-rechtlichen Sendeanstalten auch die Fi-nanzierungsfrage geklärt war (die ersten 30 Episoden kosteten immerhin fast zwölf Millionen Mark), begannen WDR und Geißendörfers GFF mit der Produktion. Sie rechneten zwar mit einem Erfolg, nicht aber mit einem dermaßen durchschlagen-den: 30 Prozent des deutschen Fernsehpublikums hatte sich für die *Lindenstraße* entschieden.

Ein Ende ist freilich nicht in Sicht. Den *Lindenstraße*-Machern werden weder die Fans noch der Stoff ausgehen: Die Wirklich-keit, der die *Lindenstraße* derzeit noch ein bißchen hinterher-hinkt, bietet mehr Storys als die Phantasie eines Drehbuch-

---

[1] CORONATION STREET, England 1960–?. Bislang über 3700 gedrehte Episo-den. Erfinder: Tony Warren. Verschiedene Regisseure und Drehbuchauto-ren, darunter Quentin Lawrence, Richard Argent, Joe Boyers, Cormac Ne-well und Lawrence Moody. Auf das Konto der englischen CORONATION STREET geht auch die amerikanische Serie PEYTON PLACE, die es zwischen 1964 bis 1969 auf immerhin 514 Episoden brachte. PEYTON PLACE wurde definitiv als amerikanische Antwort auf CORONATION STREET konzipiert, erwies sich langfristig gesehen aber als Rohrkrepierer. 1973 machte die Se-rie mit RETURN TO PEYTON PLACE einen zweiten Anlauf, fiel aber erneut durch. Die CORONATION STREET selbst gehört zu den langlebigsten Serien, die je gedreht wurden.

Klatschmaul Else Kling (Annemarie Wendl) mit ihrem Ehemann Egon (Wolfgang Grönebaum)

schreibers. Auf die Zukunft sind Geißendörfers Regienachfolger (er selbst gab die Regie ab Folge 31 an verschiedene Kollegen ab) bestens vorbereitet: Wenn irgendwo ein Atomreaktor hochgeht, werden es die Drehbuchautoren der *Lindenstraße* zuerst erfahren. So ein Thema darf in der nächsten Episode nicht ausgelassen werden – jeglicher Realismus wäre ja dahin.

Notizen für Insider

Lindenstraße
BRD 1985–?
Produktion: GFF/WDR
Erfinder: Hans W. Geißendörfer

Die wichtigsten Regisseure:
Hans W. Geißendörfer, Kaspar Heidelbach, George Moorse, Nikolai van der Heye, Karin Hercher, Claus Peter Witt, Ilse Hofmann, Lutz Konermann, Ron Jones, Michael Günther

Stammbesetzung:
Amoran Surangkanjanajai (Gung), Andrea Spatzek (Gabi Zenker), Annemarie Wendl (Else Kling), Christian Kahrmann (Benny Beimer), Christoph Wortberg (Frank Dressler), Domna Adamopoulou (Elena Sarikakis), Georg Uecker (Carsten Flöter), Guido Gagliardi (Enrico Pavarotti), Hermes Hodolides (Vasily Sarikakis), Irene Fischer-Probst (Anna Ziegler), Joachim Herman Luger (Hans Beimer), Kostas Papanastasiou (Panaiotis Sarikakis), Ludwig Haar (Ludwig Dressler), Manfred Schwabe (Matthias Steinbrück), Marcel Komissin (Manoel Griese), Margret van Munster (Rosi Koch), Marianne Rogée (Isolde Panowak-Pavarotti), Marie-Luise Marjan (Helga Beimer), Martin Armknecht (Robert Engel), Martin Rickelt (Franz Wittich), Moritz A. Sachs (Klaus Beimer), Robert Zimmerling (Hubert Koch), Susanne Gannott (Beate Sarikakis), Sybille Waury (Tanja Schildknecht), Thorsten Nindel (Zorro), Ute Mora (Berta Griese), Ina Bleiweiß (Marion Beimer), Wolfgang Grönebaum (Egon Kling)

Knight Rider

»Er kommt! ... Knightrider! Ein Auto! ...
Ein Computer! ... Ein Mann! Knightrider! ...
Ein Mann und sein Auto kämpfen gegen
das Unrecht!«

(Im Vorspann von KNIGHT RIDER)

Einmal in der Woche gibt es einen magischen Moment, an dem jegliche elterliche Autorität kläglich versagt und alle verkabelten Kinder im Alter zwischen fünf und zwölf Jahren plötzlich kollektiv verstummen. Wenn sie sich dann wie willenlose Zombies vor den Fernsehapparaten versammeln und in einem trance-ähnlichen Zustand auf das Geschehen einer amerikanischen Fernsehserie starren, die – wie böse Zungen behaupten – in der nach oben offenen Dämlichkeitsskala bislang die Spitzenposition hält, ist KNIGHT RIDER-Time.

Michael Knight alias David Hasselhoff rast wieder in seinem schwarzen Sportwagen über den Bildschirm und bekämpft eine Stunde lang die Schurken dieser Welt. Es ist die Stunde des brustbehaarten, blauäugigen Superhelden, dessen Darsteller über zwei verschiedene Gesichtsausdrücke (Freude, Sorge) verfügt und dessen lässige Eleganz an einen Hydranten erinnert. Obwohl der Knight Rider ohne die Hilfe des Wunderautos K.I.T.T. (die Abkürzung für »Knight Industries Two Thousand«), das nicht nur fahren, springen, fotografieren, faxen, telefonieren, rechnen, denken und sprechen kann, ziemlich blaß aussehen würde, ist seine Anziehungskraft auf Millionen irregeleiteter Kinder beinahe hypnotisch.

»Als Kind habe ich mir gewünscht, ein berühmter Schauspieler zu werden«, behauptete der am 17. Juli 1952 in Baltimore geborene Star (laut Filmregisseur John »HAIRSPRAY« Waters die Stadt mit dem schlechtesten Geschmack der Welt). »Es ist wahr geworden, weil ich eben daran geglaubt habe.« Daran werden die Eltern wohl noch lange laborieren, weil die Kids regelrecht süchtig sind nach Hasselhoff und dem seichten Action-Märchen, dem er seine immense Popularität verdankt. Ihre Wände sind mit David-Hasselhoff-Postern und -Kalendern vollgepflastert, und da der amerikanische Rattenfänger mit dem krausen

Haar auch noch singt, wenn er nicht filmt, tönt aus den Lautsprecherboxen I'VE BEEN LOOKING FOR FREEDOM, anstatt pädagogisch wertvoller Musik wie der von den »Fantastischen Vier«, Nina Hagen oder Madonna.

Mit musikalischen Kriterien ist das Phänomen David Hasselhoff aber nicht zu erklären. Egal, ob er sich auf der Bühne ähnlich ungelenk wie ein Nußknacker bewegt oder seine stimmlichen Qualitäten höchstens von Helge Schneider unterboten werden – einem Kinderidol wie David wird alles nachgesehen. Seit es die Knight Rider Live-Shows gibt, werden die üblichen Altersgrenzen bei Rockkonzerten drastisch heruntergeschraubt. Oft müssen die Besucher sogar in den Saal getragen werden. Wen nimmt es da noch wunder, daß Onkel David dann zu seinem Publikum wie ein Kindergärtner redet.

»Hasselhoff ist der geborene Held«, verkündete ZDF-Unterhaltungschef Wolfgang Penk 1990. »Er hat das Charisma, Kinder zu begeistern.« Und trotzdem ist es nicht zu fassen, daß am Höhepunkt der KNIGHT RIDER-Mania täglich mehr als 1000 Fanbriefe bei Hasselhoff eingingen. »David, ich liebe dich«, schrieb etwa die siebenjährige Nicole an ihr Idol in Amerika und brachte damit die Gefühle ihrer Altersgenossen für den Fernsehhelden auf den Punkt. »David Hasselhoff übernimmt die Ersatzfunktion für den abwesenden Vater«, erkannte dann auch die deutsche Psychoanalytikerin Dr. Margarete Mitscherlich. »Hasselhoff symbolisiert die Omnipotenz des Vaters, er spricht mit seinem Auto so, wie die Kinder sich wünschen, daß der Vater mit ihnen sprechen würde.« – *»Danke Kumpel ... Wenn ich den Weihnachtsmann sehe, frage ich nach einem kleinen Extra für dich.«* (Michael Knight zu K.I.T.T. in der Episode *Silent Knight – Eine schöne Bescherung*).

Deshalb war es in Amerika auch für den Knight-Rocker kein Problem, der öligen Ewing-Saga DALLAS die Zuschauer zu stehlen. Die Serie lief zur selben Zeit wie KNIGHT RIDER, was zur Folge hatte, daß die DALLAS-süchtigen Eltern vor ihren KNIGHT RIDER-abhängigen Kindern kapitulierten und umschalteten – vielleicht hätte man Hasselhoff für DALLAS verpflichten sollen.

In der ersten KNIGHT RIDER-Folge wird der Cop Michael Long bei einer Schießerei schwer verletzt und von der dubiosen »Foundation für Recht und Verfassung«, einer Art High-Tech-Hilfstruppe der Polizei, in letzter Sekunde gerettet. Der schreck-

Edler Ritter der Highways: David Hasselhoff

lich entstellte Michael bekommt nicht nur ein neues Gesicht verpaßt, sondern auch den tapfer klingenden Familiennamen des schwerkranken Industriebarons Wilton Knight (Richard Basehart). Anführer der ominösen Truppe, die von einer fahrenden Zentrale aus operiert, einem schwarzen Lkw-Koloß mit hochtechnisiertem Innenleben, ist der väterliche Devon Miles (Edward Mulhare). Der Rest der fahrenden Spezialeinheit setzt sich aus der »Frau für alle Fälle« Bonnie Barstow (Patricia Mc-

Pherson), dem blonden optischen Aufputz April Curtis (Rebecca Holden) und dem schwarzen Homeboy Reginald Cornelius III-»RC3« (Peter Parros) zusammen.

Michael Knights Mission bestand nun 90 Episoden lang darin, überall dort in seinem Macho-Outfit aufzutauchen, wo das Böse über das Gute zu triumphieren drohte, und mit seinem schwarzen High-Speed-Flitzer, einem aufgemotzten Pontiac TransAm, den höchstens Kids und Zuhälter cool finden, Gerechtigkeit walten zu lassen.

Daß eine KNIGHT RIDER-Folge, in der 17 verschiedene Autos die jeweils vorgesehene Funktion von K.I.T.T. simulierten, eine Million Dollar gekostet hat, sieht man der Serie allerdings nicht an. Man fragt sich wirklich, wohin das Geld geflossen ist. In die Action-Szenen bestimmt nicht. Ein paar Explosionen in der Wüste, berstende Fensterscheiben und brennende Kulissen kosten nicht die Welt und sind in jedem B-Film aus Hongkong eindrucksvoller in Szene gesetzt. Die Stuntmen leisteten kaum Atemberaubendes, und selbst die Autoverfolgungsjagden konnten nicht mit den eindrucksvollen Berg-und-Tal-Fahrten in *Die Straßen von San Francisco* konkurrieren.

Die Drehbücher strotzten vor logischen Fehlern und technischen Unmöglichkeiten (wie kann K.I.T.T. jemanden durch ein dichtes Gestrüpp fotografieren?), und die Dialoge wirkten peinlich. Da saß kein Gag und kein Kostüm – oft sieht Michael Knight, der den Kragen seines offenen Hemdes gerne über die Lederjacke stülpt, wie eine schlechte 80er-Jahre-Reinkarnation von Jason King aus. Man muß schon Kind sein, um der Faszination von KNIGHT RIDER zu erliegen. Das erkannte auch NBC und verkaufte alle Rechte an die TV-Studios von Universal, die Michael Knights Heldentaten am 28. Februar 1986 ein Ende bereiteten. Obwohl die Serie in viele Länder der Erde verkauft werden konnte, war es unmöglich, die Produktionskosten, die sich nahezu auf 150 Millionen Dollar beliefen, hereinzuspielen. Die einzigen Nutznießer waren die Automobilfabrik Pontiac, die ihre 17 Wagen auf Tournee durch die Lande schickte, und David Hasselhoff.

»Nach Abschluß der Dreharbeiten 1986 habe ich damit gerechnet, daß ich ein Jahr keinen Job bekommen werde«, erklärte der beschäftigungslose Star kurz vor seinem zweiten TV-Hit BAYWATCH. »Zu sehr war ich mit dieser Rolle festgelegt. Es wurden zwar immer wieder Hasselhoff-Typen gesucht, woraufhin ich mich natürlich gemeldet habe. Aber dort bekam ich zu hören: Wir wollen nicht dich, sondern einen Typen wie dich. Ich hatte deshalb aber nie die Angst, daß es für mich ganz aus sein könnte, aber es ist einfach nicht lustig, jahrelang kein einziges Angebot zu bekommen.« Zur Freude der Kinder verstand es der geschäftstüchtige Fernsehstar, sein Image blendend zu verkaufen, und tingelte samt K.I.T.T., an dem er alle Rechte besitzt, und einer Reihe von Ohrwürmern für gutes Geld durch die deutsch-österreichische Provinz.

In Österreich verbrannte sich der Knight Rider jedoch im März 1987 seine Zunge empfindlich. Er nannte den Salzburger Werbemann Ernst Prenner öffentlich einen »polizeilich gesuchten Verbrecher«, wobei sich natürlich alles nur um das Superauto K.I.T.T. gedreht hatte. Was war geschehen? Hasselhoff, damals

Der zweite Hauptdarsteller von ›Knight Rider‹: das Wunderauto »K.I.T.T.«

gerade auf Österreich-Tour, stand unter Vertrag mit dem Konzertveranstalter Herbert Fechter. Als Ernst Prenner zur selben Zeit eine K.I.T.T.-Show ansetzte, fühlte sich Hasselhoff um seine Tantiemen betrogen und wollte die Veranstaltung durch eine einstweilige Verfügung stoppen lassen. Der clevere Prenner allerdings richtete es so ein, daß ihm die richterliche Anordnung nicht zugestellt werden konnte, woraufhin sich Hasselhoff zu der beleidigenden Äußerung verstieg. Die Folge: Prenner klagte gegen Hasselhoff. Zuerst negierte der US-Star die österreichische Gerichtsbarkeit, dann bot er eine Entschuldigung an, mit der sich Prenner nicht zufriedengab, und schließlich wurde Hasselhoff zu einer Geldstrafe von ÖS 225.000 verurteilt – bedingt auf ein Jahr, weil sich Hasselhoff dann doch noch zu einer Entschuldigung bequemt hatte. Aber wie, bitte, erklärt man nun den Kindern, daß ihr heißgeliebter Michael Knight hinter den Kulissen ein vorbestrafter Choleriker ist?

Starke Sprüche

K.I.T.T.: »Michael, ich halte das für keine gute Idee.«

K.I.T.T.: »Michael, ich bin etwas ratlos, was ich Ihnen zu Weihnachten schenken soll. Wenn man ein Auto ist, weiß man nicht so recht, was angebracht ist.«

MICHAEL: »Du hast doch die Bibel gelesen, oder?«
TINO: »Sicher ... Ich gebe nur nicht damit an.«

LEILA: »Knight ist nur ein Fahrer. Als Gehirn hat er einen Benzintank und einen Auspuff als Mund.«

»Ich spiele viel besser als früher.« (David Hasselhoff über seine schauspielerische Leistung in der Fernsehserie BAYWATCH, KURIER, 24. Juni 1990)

Unsterbliche Momente

MICHAEL: »Weißt du, ich kann mir nichts Schöneres vorstellen, als mit dir zusammenzusein.«
K.I.T.T.: »Danke, Michael.«

K.I.T.T.: »Das Ausmaß der Ölflecken scheint eher größer zu werden statt kleiner, Michael.«

MICHAEL: »Dann halt deine Nase schön auf dem Asphalt, Kumpel«

K.I.T.T.: »Wenn man bedenkt, daß manche Tiere gezwungen sind, so ihr Dasein zu fristen.«

K.I.T.T.: »Denkt daran: Lernt den Text, achtet auf die Einsätze und stolpert nicht über die Möbel.«

MICHAEL: »K.I.T.T., alter Kumpel. Spencer Tracy sagte das mal zu Darstellern und nicht zu Musikern.«

K.I.T.T.: »Nun, der Rat eines großen Künstlers ist immer und für jeden lehrreich.«

MICHAEL: »Was ist denn jetzt los?«

K.I.T.T.: »Na, hab' ich doch gesagt. Ich hab grad ein volles Ding in die Fresse gekriegt, Mensch.«

MICHAEL: »Was ist mit deiner Stimme, Kumpel? Du hörst dich an wie ein Taxifahrer aus der Bronx.«

K.I.T.T.: »Och, Taxifahrer aus der Bronx. Komm schon, Alter, hör doch auf, mich zu verarschen, Mickey … Ach, du liebe Güte. Mein Gespräch mit dem Parkwächter. Das Akzentmodul in meinem Stimm-Synthesizer hat sich offenbar gelockert und diesen vulgären Slang reaktiviert.«

Fanpost

Wer mit dem Knight Rider korrespondieren will, schreibt an: *David Hasselhoff, 4310 Sutton Place, Sherman Oaks, California 91403, USA.*

Kultobjekte

David-Hasselhoff-LPs NIGHT ROCKER, LOVING FEELINGS, KNIGHT LOVE, LOOKING FOR FREEDOM, CRAZY FOR YOU, DAVID, EVERYBODY SUNSHINE, YOU ARE EVERYTHING
Resi, bring Bier – die CRAZY FOR YOU-Cover-Version von Roberto Blanco und Tony Marshall

Notizen für Insider

KNIGHT RIDER
USA 1982–1987
Produktion: NBC/Universal TV/Glen A. Larson
90 Episoden
Laufzeit: 60 Minuten
Idee: Glen A. Larson
Titelmusik: Glen A. Larson, Stu Phillips

Die wichtigsten Regisseure:
Virgil Vogel (*Das Schwert des Ali Baba*), Bernard Kowalski
(SSSSNAKE KOBRA), Bruce Kessler (*Ein Stall voll süßer Bubis*),
Christian Nyby (*Das Ding aus einer anderen Welt*), Jeff Hayden
(*Unter glühender Sonne*)

Stammbesetzung:
David Hasselhoff (Michael Knight), Edward Mulhare (Devon
Miles), Patricia McPherson (Bonnie Barstow), William Daniels
(K.I.T.T.s Originalstimme), Rebecca Holden (April Curtis), Pe-
ter Parros (Reginald Cornelius III), Richard Basehart (Wilton
Knight)

Fernsehfilme

KNIGHT RIDER (Pilotfilm)
USA 1982, Universal. Laufzeit: 89 Minuten. Regie: Daniel Hal-
ler. Besetzung: David Hasselhoff, Edward Mulhare, Phyllis Davis, Pamela Susan Shoop, Richard Anderson

Knight Rider 2 – Der Unfall
USA 1985, Universal. Laufzeit: 92 Minuten. Regie: Georg Fena-
dy. Besetzung: David Hasselhoff, Edward Mulhare, Patricia Mc-
Pherson, Peter Parros.

KNIGHTRIDER 2000
USA 1991, Universal. Laufzeit: 92 Minuten. Regie: Alan J. Levi.
Besetzung: David Hasselhoff, Edward Mulhare, Susan Norman,
Carmen Agrenziano, Eugene Clark

Kobra, übernehmen Sie!

»Guten Abend, Mister Phelps!
Kobra, übernehmen Sie!«

Seit jeher zehrte unser aller Zimmerkino vorwiegend aus transatlantischen Quellen. Ob es nun Geheimagenten, Polizisten, Privatdetektive, Amateur-Schnüffler, Stuntmen, Söldner oder gar Priester und Nonnen waren, die unseren Adrenalinspiegel auf maximalem Niveau hielten, das krimilüsterne Volk ließ sich am liebsten von amerikanischen Fernsehhelden beherrschen. Und daran hat sich bis heute nichts geändert. Wie auch die 168 »klassischen« Episoden der Abenteuer- und Spionageserie MISSION: IMPOSSIBLE (*Kobra, übernehmen Sie!*) nach wie vor zum Aufregendsten, zum Spannendsten, zum Phantasievollsten und möglicherweise auch zum Wichtigsten gehören, was das amerikanische Unterhaltungsfernsehen zum Krimigenre beigetragen hat.
Fast 30 Jahre nach der Erstausstrahlung hat die fiktive Kriminalserie, die von *Bruce* MANNIX *Geller* (»Ich habe schon immer Filme wie *Rififi, Topkapi* und *Die Herren Einbrecher geben sich die Ehre* bewundert«) erdacht, produziert und in 90 Länder verkauft wurde, nichts von ihrer magischen Anziehungskraft verloren. Obwohl das politische Klima in den letzten Jahrzehnten starken Schwankungen unterworfen war, scheinen der Wert von gutem Teamgeist und Einfallsreichtum, den die Serie in der Zeit des kalten Krieges stets hervorhob, und das Leitthema von MISSION: IMPOSSIBLE – der Triumph des Guten über das Böse angesichts schier unüberwindlicher Hindernisse – kurz vor der Jahrtausendwende so bedeutsam wie eh und je. Das gilt auch für die markante Titelmelodie von Lalo Schifrin, dem genialen argentinischen Filmkomponisten (*Bullitt, Dirty Harry, Achterbahn, Brubaker, Das Osterman-Weekend* etc.), die auch heute noch gut ins Ohr geht. Markante Passagen daraus werden von cleveren Dancefloor-Produzenten immer wieder gerne zur Aufbesserung ihrer kurzlebigen House- und Techno-Musik verwendet. Und selbst die schweizerische Avantgarde-Pop-Band *Yello* griff auf Samples von Lalo Schifrins Hit-Thema zurück.
Nicht nur, daß die enorme Beliebtheit der Serie weit über die Grenzen des Fernsehens hinausging, MISSION: IMPOSSIBLE be-

einflußte auch andere Gebiete des kulturellen Alltags: Redewendungen wie die berühmten Eröffnungsworte *»Sollten Sie beschließen, diesen Auftrag zu übernehmen ...«* oder der Hinweis *»... dieses Band wird sich innerhalb von fünf Sekunden selbst zerstören«* werden von jedem anständigen MISSION: IMPOSSIBLE-Fan bei passender Gelegenheit zitiert.

Der Rahmen für die einzelnen Folgen war immer der gleiche: Ein rätselhafter Korrespondent verabredet sich mit Jim Phelps (Peter Graves), dem Commander der »Impossible Mission Force«, was soviel bedeutet wie »Einheit für unmögliche Aufträge« – einem Geheim-Department der US-Regierung, das auf besonders verzwickte Fälle spezialisiert ist. Phelps findet ein Tonband. Eine mysteriöse Stimme gibt ihm die nötigen Hintergrundinformationen. In der deutschen Synchronfassung schließt der unbekannte Auftraggeber seine streng geheimen Instruktionen stets mit den Worten: *»Kobra, übernehmen Sie!«* Sekunden später löst sich das Tonband in Flammen und Rauchschwaden auf.

Um den reibungslosen Ablauf dieser gefährlichen Sondereinsätze zu garantieren, griff Jim Phelps immer wieder auf sein bewährtes Team zurück: Barney Collier (Greg Morris), ein technisches Genie mit Nerven aus Stahl, Willie Armitage (Peter Lupus), der Muskelmann mit Hirn, Rollin Hand (Martin Landau), der Mann mit den tausend Gesichtern, und die attraktive Cinnamon Carter (Barbara Bain), eine Frau in den besten Jahren, die die feindlichen Mächte mit Charme, List und Tücke austrickst.

In der ersten Season (September 1966 bis April 1967) hieß der »IMF«-Boß noch Dan Briggs (Steven Hill). Steven Hill, ein orthodoxer Jude, der mit bürgerlichem Namen Solomon Krakovsky hieß, auf koscheres Essen bestand und jeden Freitag die Dreharbeiten vor Sonnenuntergang verließ, wurde jedoch von Lucille Balls Produktionsfirma DESILU (die auch mit *Raumschiff Enterprise* verbandelt war) gefeuert. Er wurde, nachdem weder Stuart Whitman noch John Forsythe für die Rolle des Jim Phelps Interesse zeigten, durch den relativ unbekannten Schauspieler Peter Graves – den Bruder von Matt-Dillon-Darsteller James Arness aus *Rauchende Colts* – ersetzt. Von nun an sollte Peter Graves' väterliche Ausstrahlung die Serie prägen.

Die meisten Aufträge, die Jim Phelps und sein Stab an Land zo-

»Mission: unmöglich«: die Kobra-Truppe (von links oben) Barbara Bain, Martin Landau, (von links unten) Steven Hill, Greg Morris, Peter Graves

gen, wären von Normalsterblichen unmöglich zu bewältigen gewesen. Da wurden Scheinwelten aufgebaut, um größenwahnsinnige Diktatoren zur Strecke zu bringen, Scheinoperationen durchgeführt, um Umstürze zu entlarven, Schein-Jiu-Jitsu-Kämpfe veranstaltet, um Supergangster zu täuschen, kurz die raffiniertesten Tricks ausgetüftelt, um Verbrechersyndikaten, Rauschgiftringen und Spionageorganisationen das Handwerk zu legen.

In der legendären Episode ECHO OF YESTERDAY (1967) klebte sich Agent Rollin Hand das Führerbärtchen unter die Nase und stellte für einen mit Drogen betäubten US-Nazi Adolf Hitler dar. In einer anderen Episode (THE HEIR APPARENT, 1968) wurden Cinnamon Carter undurchsichtige Linsen auf die Pupillen und eine graue Perücke auf den Kopf gesetzt, da sie die verschollen geglaubte, blinde Thronfolgerin eines obskuren Königreichs spielen mußte, während Agent Paris (Leonard Nimoy) in der Episode BUTTERFLY (1970) in die Rolle eines Kabuki-Tänzers schlüpfte, um einen skrupellosen japanischen Industrie-Tycoon des Mordes zu überführen.

1969 trat The Great Paris (Leonard Nimoy) die Nachfolge von Verkleidungsgenie Rollin Hand (Martin Landau) an, der seine Tätigkeit bei der *Kobra*-Truppe zusammen mit Cinnamon Carter (Barbara Bain) kündigte.

Landau und Bain waren damals miteinander verheiratet und fühlten sich ständig unterbezahlt. Als sie MISSION: IMPOSSIBLE 1969 gemeinsam verließen, mußte das Agententeam eine Season lang ohne besonders erwähnenswerten weiblichen Aufputz auskommen. Erst 1970 wurde Barbara Bains Part durch die atemberaubende Figur der Dana Lambert (Lesley Ann Warren) ersetzt.

So sehr die Serie auch wegen ihrer exotischen Schauplätze vom TV-Publikum geschätzt wurde, entstand sie doch in Wirklichkeit auf dem Gelände der Paramount-Studios in Hollywood. Dort mußte mehr als einmal der Balkon eines Studiochefs als »Location« für den Palast eines Präsidenten irgendeiner ominösen Bananenrepublik herhalten – während die neuen MISSION: IMPOSSIBLE-Episoden (1988–1990) vorwiegend in Australien, an der paradiesischen Küste von Queensland und an tropischen Schauplätzen in und um Brisbane, gedreht wurden. Überraschenderweise war es den 35 Episoden der neu aufgelegten Serie gelungen, sowohl technisch als auch handlungsmäßig viel von dem genialen Scharfsinn einzufangen, durch den das Original dem Fernsehen zu einem erfrischenden Aufbruch in die End-60er-Jahre verholfen hatte. »Wir wären Narren gewesen, wenn wir uns nicht auf einige der klassischen Handlungen zurückbesonnen hätten«, gestand dann auch John Pike, der damalige Präsident von Paramount Network Television, 1989 bei einer Presseversammlung.

MISSION: IMPOSSIBLE, berühmt für seine technischen Spielereien und Tricks, war generalüberholt worden, was die technologischen und elektronischen Entwicklungen betrifft, die seit der Ausstrahlung des Originals stattgefunden hatten. Doch im Showbusineß bleibt selbst das gelungenste Comeback von Kritikerschelte nicht verschont: »Die größte Schwäche ist die lückenhafte Glaubwürdigkeit«, urteilte das Branchenblatt VARIETY anläßlich der zweiten MISSION: IMPOSSIBLE-Premiere im amerikanischen Fernsehen im Herbst 1989. »Die Impossible Mission Force achtete zwar bei manchen Gelegenheiten mit bewundernswerter Aufmerksamkeit aufs kleinste Detail, doch in anderen Momenten schien sie das Schicksal der Handlung mehr oder weniger dem Zufall zu überlassen.«

Und noch etwas: Der Mord an Mister Phelps' Nachfolger und Freund wurde als Aufhänger für die Pilotfolge THE KILLER be-

Martin Landau als Verwandlungskünstler Rollin Hand

nutzt, in der Phelps (Peter Graves) in den aktiven Dienst zurückkehrt, um den Profi-Killer (John de Lancie, bekannt als außerirdischer Sadist Q aus der Fernsehserie STAR TREK – THE NEXT GENERATION) aufzuspüren. Dabei hat man etwas zu ausführlich versucht, das Fernsehpublikum in die Gefühle der »IMF«-Agenten einzuweihen. Die ideale MISSION: IMPOSSIBLE-Story – und das hatte Mastermind Bruce Geller seinen Drehbuchautoren ins Stammbuch geschrieben – unterhält mit verzwickten Plots. Sollten diese nicht fesselnd genug sein, so ist ein Eintauchen in die Seelenzustände der Agenten keine Entschädigung dafür! Der eigentliche Reiz dieser ersten Episode bestand in den cleveren Methoden, mit denen die »IMFler« den Killer dazu brachten, in ihrem Scheinhotel zu bleiben, das er, wie er glaubte, rein zufällig gewählt hatte. Von dieser Ebene aus entwickelt sich der Rest der Geschichte. Die IMF-Agenten beschatten den Killer, verlieren ihn im heißesten Moment aus den Augen und gelangen schließlich wieder auf seine Spur, bis er sie zu seinem Auftraggeber führt. In einem sinnlos destruktiven Schluß (wie es ihn allerdings auch in der Originalserie des öfteren gab) tötet der Killer seinen Boß, der wiederum den Killer schwer verwundet.

Die Prominenz

Gaststars: Fritz Weaver, Nehemia Persoff, Lloyd Bridges, George »Sulu« Takei, Arthur Hill, Albert Dekker, Lee »DYNASTY« Berger, Beatrice Straight, Carroll O'Connor, Ricardo Montalban, Eartha Kitt, Simon Oakland, Harold Gould, Joan Collins, Malachi »False Face« Throne, Barry Sullivan, Pernell »BONANZA« Roberts, Vincent Gardenia, Wilfried Hyde-White, Anthony Zerbe, Edmund O'Brien, Will »Grandpa Walton« Geer, Bradford Dillman, Sugar Ray Robinson, Theodore Bikel, John Vernon, Lloyd Bochner, Martin Sheen, Henry Silva, Anne Francis, Lee Grant, Susan Howard, Ray »Onkel vom Mars« Walston, Robert Webber, Sal Mineo, George Sanders, William »Captain Kirk« Shatner, Lee Meriwether, Kim Hunter, John Ireland, Joe Don Baker, Diane Baker, Kevin McCarthy, Jack Cassidy, Vic Morrow, Gary *2001* Lockwood, Roddy McDowall, Dean Stockwell, John »Q« de Lancie, Maud Adams, Edward »LOU GRANT« Asner

›Kobra, übernehmen Sie!‹: Commander Jim Phelps (Peter Graves) über-
nimmt alle Sondereinsätze

Die wichtigsten Regisseure: Bernard L. Kowalski (*Ssssnake Kobra*), Tom Gries (*Helter Skelter*), Ralph Selensky (STAR TREK), Lee H. Katzin (*Le Mans*), Joseph Pevney (STAR TREK), Alf Kjelin (COLUMBO), Marc Daniels (*Die Kraft und die Herrlichkeit*), Robert Butler (*Das turbogeile Gummiboot*), Marvin Chomsky (HOLOCAUST), David Lowell Rich (*Airport 80 – Die Concorde*), Peter Graves (Episode KIDNAP), Cliff Bole (STAR TREK – THE NEXT GENERATION), Don Chaffey (*Elliot – Das Schmunzelmonster*)

Kultobjekte

MISSION: IMPOSSIBLE-Comic

Noitzen für Insider

Kobra, übernehmen Sie! / MISSION: IMPOSSIBLE
USA 1966–1973
Produktion: Desilu Productions/CBS
168 Episoden
USA 1988–1990
Produktion: Paramount TV/ABC
35 Episoden
Laufzeit: 50 Minuten
Idee: Bruce Geller
Titelmusik: Lalo Schifrin

Stammbesetzung:
Steven Hill (Dan Briggs, 1966–1967), Peter Graves (Jim Phelps, 1967–1973, 1988–1990), Peter Lupus (Willy Armitage, 1966–1973), Greg Morris (Barney Collier, 1966–1973), Barbara Bain (Cinnamon Carter, 1966–1969), Martin Landau (Rollin Hand, 1966–1970), Leonard Nimoy (The Great Paris, 1969–1971), Lesley Ann Warren (Dana Lambert, 1970–1971), Sam Elliot (Dr. Doug Robert, 1970–1971), Lynda Day George (Casey, 1971–1972), Barbara Anderson (Mimi Davis, 1972–1973), Thaao Peghlis (Rollin Hand, 1988–1990), Tony Hamilton (Willy Armitage, 1988–1990), Phil Morris – der Sohn von Greg Morris (Barney Collier, 1988–1990), Terry Markwell (Cinnamon Carter, 1988–1989), Jane Badler (Cinnamon Carter, 1989)

Preise

Wie kaum eine andere Fernsehserie zuvor wurde MISSION: IMPOSSIBLE mit Preisen geradezu überschüttet:

1967

4 Emmy Awards
(Beste Serie, Bestes Drehbuch, Bester Schnitt, Beste Schauspielerin: Barbara Bain)
2 Grammy Awards für Lalo Schifrin
1 Golden Globe für die beste Fernsehserie
1 Golden Globe für Martin Landau

1968

2 Emmy Awards (Beste Serie, Beste Hauptdarstellerin: Barbara Bain)

1969

2 Emmy Awards (Beste Ausstattung, Beste Hauptdarstellerin: Barbara Bain)

1970

1 Golden Globe für Peter Graves
1 Emmy Award (Bester Ton)

1971

1 Emmy Award (Bestes Make-up)

Kottan ermittelt

*»Der Kottan ist ein unbequemer Typ; von Beginn
an ein kleinlicher Typ; ein Erfolgloser, der gern
Erfolge haben möchte, aber nie zum Zug kommt.
Vom gewohnten TV-Helden her gesehen
ist er einer, der wieder zum Verschwinden
verurteilt ist. Er ist wirklich die Reduzierung
auf das Normale.«*

(Regisseur Peter Patzak über seine Serienfigur[1])

*»Ich will ein Lachen, das Ausdruck des Protestes
ist. Protest gegen die Institutionen und Protest gegen die großen Gefühle, die in Literatur, Theater,
Kino und Fernsehen angewandt werden, um
wirkliche Konflikte zu vernebeln. Außerdem
ist mir die Fähigkeit zu lachen lieber als die
Hilflosigkeit bedeutsamer Posen. Wir alle lachen
ja auch immer wieder über uns selbst – unser
Lachen über gestörte Beziehungen zum Beispiel
ist die Grundlage für neue Gefühle. Das ist keine
billige Äußerung, sondern ein Lachen über
erlittene Schmerzen. Und so kann es keinen
glücklichen Kottan geben, genausowenig wie es
glückliche Clowns gibt.«*

(PETER PATZAK)

*»Bei den frühen Folgen mit Buchrieser und Vogel
hat manche deutsche Krimireihe fleißig Anleihen
gemacht. Dagegen haben wir gar nichts. Der*
Tatort-*Schimanski wäre – ohne* Kottan-*Kenntnis
– gar nicht entstanden. Daß Schimanski manchmal gleiche Dialoge und Szenen wie früher Kottan hat, finde ich auch nicht aufregend.
Daß manche Zeitungen in der Bundesrepublik
unüberlegt und lässig Kottan als Alpen-
Schimanski begreifen, ist ärgerlich.«*

(HELMUT ZENKER)[2]

---

[1] aus: *Kottan ermittelt … Ein Lesebuch* von Helmut Zenker, Europaverlag
[2] aus *Peter Patzak-Filme*, Europaverlag

Kottan Nr. 1 (1976–1977): Peter Vogel (2. von rechts)

Als der Wiener Kriminalpolizist Adolf Kottan im Jahr 1976 einen Mord in der *Hartlgasse 16* aufklärte, wußte vermutlich niemand im ORF davon, daß Regisseur Peter Patzak und Drehbuchautor Helmut Zenker soeben ein Stück Fernsehgeschichte geschrieben hatten. Im nachhinein entpuppte sich *Kottan ermittelt* als die sicher gemeinste, anarchistischste, manchmal subtilste, einfach beste Parodie auf Krimis und speziell das österreichische Kriminal- und Polizistenmilieu.

»Kottan ist durchschnittlich, steht seinem Beruf zwiespältig gegenüber, leidet fast unter seinen nicht besonderen Fällen, hat private Probleme«, schreibt Helmut Zenker über seinen Antihelden mit dem Wiener Dialekt. »Kottan ist keine reale Figur, dennoch eine realistische, weil man seine Motive und Haltungen verstehen kann.«[3]

Als die Pensionistin Gertrude Klenner in ihrer Wohnung in der Hartlgasse tot aufgefunden wird, sucht Kottan den Mörder zunächst in einer Gruppe von Gastarbeitern, die mit der Toten in Verbindung gestanden haben. Obwohl es keine Beweise für deren Schuld gibt, ist der (anfangs rassistische) Kieberer[4] davon überzeugt, daß einer der Jugoslawen die Bluttat begangen haben muß:

SCHRAMMEL: Ja, immerhin wohnen fast sechzig Jugoslawen in ihren zwei Häusern.

SCHREMSER: Unter die sechzig Jugoslawen wird er seinen Mörder schon finden.

KOTTAN: Wie meinst denn des?

SCHREMSER: Des weißt genau.[5]

Kottan findet *seinen* Mörder – zwar nicht unter den Gastarbeitern, aber bis es so weit ist, wird das Wiener Bassena-Milieu[6] schonungslos enttarnt. Kottan ist der Wirklichkeit näher, als es

---

[3] aus: *Peter Patzak – Filme*, Europaverlag

[4] Ki(e)berer: »Kriminalbeamter, auch: Polizist; vom mittelhochdeutschen kieben = schelten oder – unwahrscheinlich – vom hebräischen kewjus = Sicherheit.« Aus: *Sprechen Sie Wienerisch?* von Peter Wehle, Überreuter-Verlag.

[5] aus: *Kottan ermittelt … Ein Lesebuch* von Helmut Zenker, Europaverlag

[6] »Wasserleitungshahn mit Becken, der sich auf dem Gang befindet; Substandardwohnungen heißen halbamtlich Bassenawohnungen; vom französischen bassin, ital. bacio = Waschbecken.« Aus: *Sprechen Sie Wienerisch?* von Peter Wehle

Kottan Nr. 2 (1977–1979): Franz Buchrieser (rechts)

die meisten Fernsehserien sind – und aufgrund der zahlreichen Gags, mit denen Drehbuchautor und Regisseur den österreichischen Staatsapparat bedachten, auch provokant. »Viele hielten KOTTAN (was uns freut) für den Treffer der Saison, preisverdächtig, eine Wohltat, den Helden der achtziger Jahre. Persönlich wurden (von vielen ORF-Anrufern) die Darsteller, der Regisseur und ich ins KZ gewünscht, an den Galgen oder zumindest ins immerwährende Berufsverbot«, schreibt Helmut Zenker. »In einer Salzburger Tageszeitung wurde Kottan als Demokratiefeind und Terrorist bezeichnet. (Die Zeitung ist mittlerweile eingegangen, ihr Herausgeber ist als Intendant in den ORF zurückgekehrt.) Als wir während einer KOTTAN-Folge (zumindest laut Insert) *unbekannte Flugobjekte* bei Duisburg landen ließen[7], forderten viele ein endgültiges Verbot. (Denn: We-

---

[7] *Kottan ermittelt – Kansas City*

217

der der gemeinsame Flugzeugabsturz mehrerer Politiker oder die europäische Atomkatastrophe würden während einer KOT-TAN-Sendung als wahr akzeptiert werden. Auf jeden Fall gehe es nicht an, daß der TV-Zuschauer nicht zwischen Wirklichkeit und TV-Programm unterscheiden kann; wozu er sowieso nicht in der Lage ist.)«[8]

Einer der geflügelten Witze, die sich Helmut Zenker über die Herren in Grün ausdachte, zog dereinst sogar eine parlamentarische Anfrage nach sich, ob denn so etwas in Österreich möglich und – vor allem – erlaubt sei: *Wie fängt man alle Narren von Wien auf einen Schlag? – Indem man ein Netz über dem Wiener Sicherheitsbüro auswirft!* »Erst als nach einer parlamentarischen Anfrage der Innenminister persönlich die Sendung als Fiktion bezeichnete, wußte die Polizei, daß sie nicht gemeint war«, berichtete *Kottan*-»Verursacher« Wolfgang Ainberger.[9]

Vom ORF auf die Suche nach neuen Drehbuchautoren und -stoffen geschickt, stieß er auf Helmut Zenker. Der damals 25-jährige Autor lieferte zwei Drehbuchvorschläge ab: *Die Initiative* (nach seinem Roman *Kassbach,* der später von Peter Patzak sehr erfolgreich fürs Kino verfilmt wurde) und *Kottan ermittelt.* Zenker erhielt den Zuschlag für den Wiener Kommissar, und Wolfgang Ainberger, der den Deal zustande gebracht hatte, führte ihm »dann österreichische Regisseure mit ihrem Lebenswerk vor, bis wir uns schließlich auf einen einigten. Der willigte ein und hieß nicht Peter Patzak.« Letztgenannter stieß erst zum *Kottan*-Team, nachdem der Wunschregisseur Zenkers Drehbuch gelesen und das Weite gesucht hatte. »Zu welcher Einschätzung man auch immer kommt, jedenfalls ist *Kottan ermittelt* unsere Reaktion auf die vorherrschenden Fernsehprogramme. Die Serie erfüllt unseren Anspruch, provokativ und produktiv zu sein«, meint Patzak heute.

In den ersten Episoden, *Hartlgasse 16* und *Der Geburtstag,* ist Adolf Kottan ein zynischer *Krimineser*[10], Anfang 40, verheiratet, ein Kind. Verkörpert wird die Rolle anfangs vom Schauspieler

---

[8] aus: *Peter Patzak – Filme*, Europaverlag

[9] aus: *Kottan ermittelt … Ein Lesebuch* von Helmut Zenker, Europaverlag

[10] Laut *Sprechen Sie Wienerisch?* von Peter Wehle, Ueberreuter-Verlag: »a) Bewohner der Krim in Wien, b) Kriminalbeamter, c) Ausruf des Ärgers.« Entscheiden Sie selbst.

Peter Vogel (der Selbstmord beging), dann von Franz Buchrieser (der übrigens auch in *Das Arche-Noah-Prinzip,* dem Debütfilm des deutschen Regisseurs Roland Emmerich, die Hauptrolle spielte) und ab Episode 6 vom Kabarettisten Lukas Resetarits. Ihm zur Seite stehen seine Kollegen Paul Schremser (»Einbeiniger Hobbykoch und Vielfraß vom Dienst, trotzdem Dezernatsleiter«[11]; gespielt von C. A. Tichy) und der einfältige Alfred Schrammel[12] (»kriminalistisches Glühwürmchen, unbedeuten-

Kottan Nr. 3 (1980–1982): Lukas Resetarits

[11] aus: *Kottan ermittelt – Alle Morde vorbehalten* von Helmut Zenker. Roman, Cabal-Verlag, Klosterneuburg

[12] Der Name kommt vom Ausdruck »Schrammeln«, laut dem Dialektführer *Sprechen Sie Wienerisch?* von Peter Wehle »die Wiener Heurigenmusik: zwei Fiedln, a Klampfn, a Maurerklavier; Gründer waren die Brüder Josef und Johann Schrammel aus Litschau im österreichischen Waldviertel«. *Fiedln* sind Geigen, *a Klampfn* eine Gitarre und ein *Maurerklavier* eine Ziehharmonika. Wenn Sie mehr über die Schrammeln wissen wollen, empfehlen wir den Film *Schrammeln* von Gezá von Bolvary mit Hans Moser und Paul Hörbiger (erschienen bei Taurus Film Video, München, und GIG-Video, Wien).

der Autor und werdender Liebhaber«[13]; gespielt von Walter David).

Während in der Ära Vogel/Buchrieser noch Kriminalfall und Milieustudie im Vordergrund standen, dominiert bei Resetarits bereits der Slapstick – was so weit geht, daß es oft gar keinen richtigen Fall zu lösen gibt und Kottan sogar den Polizeidienst quittiert, um als Privatdetektiv zu arbeiten. Anders als bei US-Serien wie DALLAS oder DYNASTY, in denen Gesichtsoperationen, Unfälle und ähnliches als Grund herhalten müssen, wenn eine Rolle von unterschiedlichen Darstellern verkörpert wird, hat Frau Kottan/Resetarits die Bilder von Vogel/Kottan und Buchrieser/Kottan auf dem Kamin stehen – ein surrealistisches Element, mit dem herkömmliche TV-Konventionen aufgebrochen werden.

»Wenn Kottan nicht stirbt, verändert er sich weiter«, schreibt Helmut Zenker über seine Figur und blickt sarkastisch in die Zukunft: »Ab 1985 spielt Peter Patzak den Kottan, Lukas Resetarits schreibt die neuen Folgen, die im Fußballer-Milieu oder in Bisamberg spielen werden, ich werde vielleicht Schriftsteller.« Und: »Frau Kottan träumt von Kottan IV … Eine Umkehr, auch wenn sie von vielen herbeigewünscht wird, kommt nicht in Frage. Kottan wird auf seinem konsequenten Weg in Richtung Comic-Held bleiben: eine Figur, die die Spielregeln des Mediums verletzt, die ruppig, unverläßlich und unsicher bleibt.«[14]

In *Kottan ermittelt* sind die Dinge nur selten so, wie sie auf den ersten Blick scheinen, vor allem wenn es um das Fernsehen geht. Deutlich wird das vor allem, wenn die Fernsprecherin Chris Lohner plötzlich von der Mattscheibe herunter direkt mit Kottan zu sprechen beginnt, ihm das Programm des nächsten Tages vorlesen will und, als Kottan das Gerät abschaltet, unvermittelt an der Tür klingelt und die Ansage persönlich erledigt.

»Natürlich haben wir vieles vergrößert oder verkleinert, übertrieben oder weggelassen«, meint Peter Patzak in einem Gespräch mit Joachim Riedl[15]: »Das entspricht auch Brechts Forderung zur Entstellung der Kenntlichkeit. Wir lassen Kottan aus

[13] aus: *Kottan ermittelt – Alle Morde vorbehalten* von Helmut Zenker. Roman, Cabal-Verlag, Klosterneuburg

[14] aus: *Peter Patzak – Filme*, Europaverlag

[15] aus: *Kottan ermittelt … Ein Lesebuch* von Helmut Zenker, Europaverlag

›Kottan ermittelt‹: Bibiane Zeller, Lukas Resetarits

der filmischen Realität heraustreten, etwa wenn er sich beim Publikum für vermeintliche Textschwächen entschuldigt. Er verhält sich sehr wohl unrealistisch und gewinnt dadurch seine eigene Wirklichkeit« – die bisweilen von ausgesprochen skurrilen Typen bewohnt wird, wie etwa vom Sandler[16] Drballa. Der wohnt vornehmlich im Münzklosett und findet jene Leichen, deren Mörder wiederum Kottan finden muß. Auch er entwickelt sich weiter, wird im Laufe der einzelnen Episoden vom Unterstandslosen zum surrealen Totenvogel: Hat er eine Leiche entdeckt, öffnet er den Mund, und eine Sirene ruft Kottan an den Tatort. Seine Seelenverwandschaft mit dem Polizisten fußt auf einer einzigen Gemeinsamkeit: Beide sind »loser«.

---

[16] für: »Faulpelz, Schnorrer, Arbeitsloser, Unterstandsloser«. Aus: *Sprechen Sie Wienerisch?* von Peter Wehle

Ein weiterer Verlierer ist Kottans höchster Vorgesetzter, der Polizeipräsident Heribert Pilch. Dessen Abscheu gegen Insekten, speziell gegen Fliegen, läßt ihn ständig am Rande des Wahnsinns taumeln und die verrücktesten Taktiken entwickeln. Am Ende ist er so weit, daß er mit dem Schnuller im Mund den Kaffeeautomaten im Polizeipräsidium terrorisiert. Auch er ist mit Kottan/Resetarits seelenverwandt: Beide versuchen sich neben ihrer hauptberuflichen Tätigkeit als Sänger zu profilieren – als Playback-Interpreten von Helmut Zenkers Lieblingssongs (zu denen unter anderem das gesamte Repertoire von Paul Anka zählt). Den Durchbruch schaffen beide nicht.

Zur großen Gemeinde der »loser« gehören auch jene Politiker und Beamten, die sich seinerzeit nicht entblödeten, ihre vom Volke verliehene Macht für Zensurmaßnahmen zu mißbrauchen. Aber die Zeit ist gerecht: Die Politiker von damals sind heute kein Thema mehr; entweder sind sie über ihre eigenen Skandale gestolpert oder, ohne einen nennenswerten Abdruck in der Zeit zu hinterlassen, in Pension gegangen. Sie sind nicht mehr da, und es mögen Klügere nachgekommen sein.

Fest steht aber: Den *Kottan* gibt es immer noch, auf Video und als geschätztes Wiederholungsprogramm.

»*Zerschossene Träume* hieß ein früher Kinofilm von Peter Patzak, *Wahnsinnig glücklich* ein Theaterstück von Helmut Zenker«, schreibt Wolfgang Ainberger. »Ihre letzte gemeinsame Kinoarbeit nannten sie *Den Tüchtigen gehört die Welt.* In allen drei Titeln versteckt sich Ironie.«[17] Tatsächlich.

Starke Sprüche

»Diffamierung eines ganzen Berufsstandes und Entwürdigung der Kriminalpolizei.«
Stefan Haiden, 1977 Landesvorsitzender der öffentlich Bediensteten Oberösterreichs über Kottan ermittelt – Wien Mitte *in den* OBERÖSTERREICHISCHEN NACHRICHTEN

»Eine ausgemachte Schweinerei!«
Hofrat Dr. Johann Feldbacher, 1977 stellvertretender Polizeidirektor in Salzburg über Kottan ermittelt – Wien Mitte *zum* SALZBURGER VOLKSBLATT.

---

[17] aus: *Kottan ermittelt … Ein Lesebuch* von Helmut Zenker, Europaverlag

»Kottan, ein Berg im Krimi-Flachland.«
1976, WESTFÄLISCHE RUNDSCHAU über Kottan ermittelt –
Hartlgasse 16

»Mich wundert, daß die Polizei sich das gefallen läßt. Ein Kriminalbeamter, der sich so benimmt wie dieser Herr Vogel, gehört entlassen. Ich war selber 45 Jahre Polizist und weiß darüber etwas auszusagen.«
Leserbrief in der SÜDOST-TAGESPOST über Kottan ermittelt –
Hartlgasse 16

»Ein heiter-spannender Kriminalfilm mit typisch wienerischer Provenienz, der sich sehen lassen kann.«
1976, DIE PRESSE über Kottan ermittelt – Hartlgasse 16

»Statt des Menschlichen die nackte Niedertracht, statt des wienerischen Milieus die Gosse. Erstaunlich, daß sich Schauspieler wie Peter Vogel, Louise Martini, Heinz Ehrenfreund, Elfriede Ramhapp usw. dafür nicht zu gut waren.«
1976, SALZBURGER VOLKSBLATT über Kottan ermittelt – Hartlgasse 16

»In einem Schreiben an den ORF-Generalintendant Oberhammer hat der Sicherheitssprecher der Wiener Volkspartei, Fürst, gegen die ›unverantwortliche Diskreditierung der Exekutive und ihrer Arbeitsmethoden‹ in der TV-Sendung *Kottan ermittelt* protestiert.«
1977, TIROLER TAGESZEITUNG

»Gewerkschaftsvorsitzender Rudolf Sommer verlangte in einem Telegramm an ORF-Generalintendant Oberhammer die Einstellung der Fernsehserie, andernfalls die Gewerkschaft geeignete Maßnahmen überlegen müsse.«
1977, SALZBURGER VOLKSBLATT

»Der ORF hat schon so manchen überflüssigen Film ausgestrahlt, aber der letzte *Kottan* hat alles übertroffen (*Anm: Gemeint ist* Kottan ermittelt – Wien Mitte). Der Österreicher wird täglich mit primitiven Leuten konfrontiert, muß er sich auch am Abend, wo er eigentlich Erholung und Ruhe genießen will, solchen Unsinn ansehen?«
Leserbrief an die KRONEN ZEITUNG

»Diesmal war der Ansturm auf die Telephone des ZDF einpro-
grammiert: Obwohl schon mehrmals nachgeahmt, kann man
nicht annehmen, daß alle Zuschauer mit Orson Welles' UFO-
Hörspiel-Fiktion vertraut sind und die Katastropheneinblen-
dungen einfach hinnehmen würden, die auf die Landung von
unbekannten Flugobjekten hinweisen. Die mürrische Absage,
daß niemand mehr wegen dieses Zitates in Mainz anrufen müsse, machte deutlich, daß sich das ZDF mit diesen Österreichern
doch wohl etwas übernommen hat.«
SÜDDEUTSCHE ZEITUNG über Kottan ermittelt – Kansas City,
*in dem mittels Insert die Landung außerirdischer Flugobjekte bei
Duisburg gemeldet wurde*

»Das Buch ohne Ideen war von Helmut Zenker, die einfallslose
Regie von Peter Patzak.«
Insert am Schluß von Kottan ermittelt – Kansas City

Unsterbliche Momente

DRBALLA: »Den Erwin hat's erwischt.«
HORVATH: »Wen?«
DRBALLA: »Der Erwin bin i.«
HORVATH: »Wer hat dich erwischt?«
DRBALLA: »Die Krise!«
(aus: *Kottan ermittelt – Wien Mitte*)

KOTTAN (zu Mutter Kottan und Frau Kottan): »Erste Fledermaus, zweite Fledermaus!«
(aus: *Kottan ermittelt – Hausbesuche*)

KOTTAN: »In drei Wochen is Ostern.«
SCHREMSER: Mir egal, I geh net hin.«
(aus: *Kottan ermittelt – Die Beförderung*)

PILCH (liest Schlagzeilen aus der Zeitung vor): »Inspektor ver-
letzt eigenen Kollegen mit Maschinenpistole schwer.«
KOTTAN: »Des war net bei uns.«
PILCH: »Polizei fährt nach Banküberfall zur falschen Filiale.«
KOTTAN: »War in Innsbruck.«
PILCH: »Und wer hat zwei Funkstreifen die Reifen zerschos-
sen?«

SCHREMSER: »Der Schrammel.«
(aus: *Kottan ermittelt – Die Einteilung*)

KOTTAN: »Sie haben ka Alibi für die Zeit von sieben bis halb neun gestern.«
REITMAYER: »Des haben viele net. Kann i jetzt gehen?«
SCHREMSER: »Bleimma no' a wengerl[18] sitzen.«
REITMAYER: »Wenn S' mich so höflich bitten – von mir aus.«
(aus: *Kottan ermittelt – Drohbriefe*)

PRÄSENTATOR: »Meine verehrten Damen und Herren. Jetzt wirds spannend. Für die Endausscheidung zur heurigen Show-chance haben sich qualifiziert: Kottans Kapelle – und der Senk-rechtstarter in der Unterhaltungsbranche: Heribert Pilch, der Wiener Polizeipräsident.«
(aus: *Kottan ermittelt – Entführung*)

E. (gespielt von Eddie Constantine): »Ist das die Zeitung, die der Ermordete im Zimmer hatte?«
KOTTAN: »Ja.«
E.: »Er hat da angerufen. Schaun Sie. Er hat mit einem Finger-nagel die Anzeige gekennzeichnet.«
KOTTAN: »A Spur wie in an alten Edgar-Wallace-Film.«
(aus: *Kottan ermittelt – Hausbesuche*)

PILCH: »Wie die Statistik beweist, sind wir wieder das erfolg-reichste Dezernat. Die letzten zehn Morde umgehend und kom-plikationslos gelöst. Ruckzuck, wie unser Kollege Kottan so tref-fend sagt.«
(aus: *Kottan ermittelt – Drohbriefe*)

POLIZIST: »Halt. Da dürfen S' net herumrennen.«
SCHREMSER: »Ihre Erlaubnis braucht niemand.«
POLIZIST: »Da ist ein Mord passiert.«
KOTTAN: »Deswegen sind wir ja da!«
POLIZIST: »Halten S' wen anderen zum Narren.«
Der Polizist dreht Kottan einen Arm auf den Rücken. Kottan öff-net den Mund, seine Polizeimarke kommt zum Vorschein.

---

[18] »wengerl«; für: ein wenig

POLIZIST (*salutiert betroffen*): »Entschuldigung. Des kann ja keiner wissen.«

SCHREMSER (*zu Kottan*): »Wieder ein typischer Fall von einem, der 1907 verschlafen hat.«

KOTTAN (*widmet dem uniformierten Polizisten noch einen verächtlichen Blick*): »Was ich immer sag. Fünf Meter grüner Stoff und ein blödes G'sicht.«

(aus: *Kottan ermittelt – So long, Kottan*)[19]

Die Prominenz

Gaststars:
Maria Bill, Eddie Constantine, Chris Lohner, Stefan Weber (»Drahdiwaberl«), Louise Martini, Ernie Mangold, Michael Schottenberg, Hanno Pöschl

Kultobjekte

Kottan auf Video: Zahlreiche Folgen sind als Kaufkassetten bei Tristar Video GmbH, Hamburg, erschienen und im Videofachhandel erhältlich.

Schußgefahr, Kriminalroman von Helmut und Margit Zenker, erschienen bei Athenäum. Weitere Kottan-Romane (mit neuen Storys) sind im Cabal-Verlag erschienen, wo man auch Helmut Zenker kontaktieren kann: Cabal Verlag, Dreyhausenstraße 42/9, A-1140 Wien.

Zahlreiche Kottan-Drehbücher sind im Europa-Verlag, Wien (z. B. *Kottan ermittelt – ein Lesebuch*), und im Blaulicht-Verlag (c/o Edina Cech, Babenbergergasse 1, A-2340 Mödling) erschienen.

Notizen für Insider

Kottan ermittelt
1976–1983
Produktion: Satel-Film/ORF
16 Folgen; Episoden 1–5 à ca. 90 Minuten, Episoden 6–16 à ca. 60 Minuten

---

[19] aus: *Kottan, Band 1*, Blaulicht-Verlag

Regie: Peter Patzak
Drehbuch: Helmut Zenker

Stammbesetzung:
C. A. Tichy, Walter David, Bibiane Zeller, Carlo Böhm, Harald von Koeppelle (Pilch 1), Kurt Weinzierl (Pilch 2), Gusti Wolf, Franz Surada

Einzeltitel

Nr.	Originaltitel	Kottan-Darsteller	Jahr
1	Hartlgasse 16A	Peter Vogel	1976
2	Der Geburtstag	Peter Vogel	1977
3	Wien-Mitte	Franz Buchrieser	1977
4	Nachttankstelle	Franz Buchrieser	1978
5	Drohbriefe	Franz Buchrieser	1979
6	Räuber und Gendarm	Lukas Resetarits	1980
7	Die Beförderung	Lukas Resetarits	1981
8	So long, Kottan	Lukas Resetarits	1981
9	Die Einteilung	Lukas Resetarits	1981
10	Kansas City	Lukas Resetarits	1981
11	Die Entführung	Lukas Resetarits	1981
12	Hausbesuche	Lukas Resetarits	1981
13	Fühlt wie du	Lukas Resetarits	1981
14	Genie und Zufall	Lukas Resetarits	1982
15	Die Enten des Präsidenten	Lukas Resetarits	1982
16	Smokey und Baby und Bär	Lukas Resetarits	1982

Kottan-Kinofilm

Den Tüchtigen gehört die Welt / THE UPPERCRUST, 1980, 113 Minuten.
Produktion: Peter Patzak und Richard Chase in Zusammenarbeit mit Satel-Film, Wien, ORF und Baytide Films, San Francisco.
Regie: Peter Patzak, Drehbuch: Helmut Zenker und Peter Patzak.
Darsteller: Franz Buchrieser (Adolf Kottan), Bibiane Zeller, Walter Davy, Lukas Resetarits, Peter Neubauer, Maria Bill,

Michael Schottenberg. *Gaststars:* Alfred Worm (Journalist und Skandal-Aufdecker), Hanno Pöschl (Café-Besitzer und Wiener »Charakter«-Darsteller), Peter Turrini (Autor), Dieter Seefranz (verstorbener TV-Moderator), Dieter Berner (Regisseur)

Lou Grant

LOU GRANT: »Rossi, Ihre Texte sind eitel.«
ROSSI: »Sie sind nicht eitel, sie sind sehr gut.«

»Warum muß ich eigentlich immer selbst an alles
denken«?
(LOU GRANT)

LOU GRANT: »Wissen Sie, Rossi, wenn Sie sich
unter Kontrolle haben, sind Sie ein ganz
brauchbarer Journalist.«
ROSSI: »Danke, Lou. Wie wär's mit einer
Gehaltserhöhung?«

»Rossi! – Raus!«
(LOU GRANT)

Die wunderbare Welt des Zeitungsmachens. Journalisten sind einsame Wölfe. So wenigstens sieht Hollywood eine Branche, deren Vertreter zu 90 Prozent in Lokalteilen von Brückeneröffnungen berichten.

Auf der Leinwand war das schon immer ganz anders: In Billy Wilders *Reporter des Satans* (ACE IN THE HOLE / BIG CARNIVAL, USA 1951) mimte Kirk Douglas den sensationsgeilen Schreiber, dem das Ausmaß der Katastrophe gar nicht groß genug sein kann. Bewußt verzögert er die Rettung eines Verschütteten, nur um die Story möglichst lange ausschlachten zu können.

Völlig unbrutal, aber nicht weniger sensationsgeil benimmt sich Jack Lemmon als Sensationsreporter einer amerikanischen Boulevardzeitung in Billy Wilders zweiter Themenarbeit *Extrablatt* (THE FRONT PAGE, USA 1974). Obwohl er den Job an den Nagel hängen und sich ins Eheleben zurückziehen will, kann er sich die Gelegenheit, einen ausgebrochenen Todeskandidaten zu erwischen, nicht entgehen lassen.

Mit seinem Politthriller *Die Unbestechlichen* (ALL THE PRESIDENT'S MEN, USA 1976) zelebrierte Regisseur Alan J. Pakula die Tatsache, daß die Wirklichkeit auch ohne aufgebauschte

Sensationen schlimm genug ist: Zwei Journalisten (Robert Redford und Dustin Hoffman) kommen einem Komplott in höchsten Regierungskreisen auf die Spur. Hollywood hatte schnell reagiert: Zwei Jahre davor war Richard Nixon über die Watergate-Affäre gestolpert.

Die harten Seiten des Journalistenlebens zeigte Roger Spottiswoode in UNDER FIRE (USA 1982): In Nicaragua gerät ein Fotograf (Nick Nolte) zwischen die Fronten und muß mit seinen Bildern Partei ergreifen. Er verzerrt die Wirklichkeit, indem er einen toten Partisanenführer auf seinen Fotos lebendig erscheinen läßt. *Ein Jahr in der Hölle* (THE YEAR OF LIVING DANGEROUSLY, Australien/USA 1982) verbrachten auch Sigourney Weaver und Mel Gibson. In Peter Weirs Film kämpft ein australischer Journalist im Jahr 1965 in Indonesien um Karriere und Identität, während der Bürgerkrieg schon vor der Tür steht.

Verklärte Images? Bilder eines Berufes, wie man ihn gerne sehen möchte: abenteuerlich, schnell, cool? Daß viele Überzeichnungen wahr geworden sind, hat der CNN-Reporter Peter Arnette mit seinen Live-Berichten vom Nintendo-Krieg am Persischen Golf bewiesen. Draußen fielen die Bomben vom Himmel, während Arnette mit dem Satellitentelefon unter dem Bett lag und via CNN die Einschläge zählte.

Da orientierte sich die US-Serie LOU GRANT, die zwischen 1977 und 1982 produziert wurde, schon ein wenig mehr an der – nicht ganz so lebensgefährlichen – Wirklichkeit. Schon die Signation der von Allan Burns, James L. Brooks und Gene Reynolds erdachten Journalisten-Saga erklärt aufschlußreich den Werdegang eines Baumes bis zur fertigen Ausgabe der Tageszeitung »The Los Angeles Tribune«, kurz und liebevoll »Trib« genannt. Chefredakteur der »Trib« ist Lou Grant (Edward Asner), ein grantiger, aber meistens netter Zeitungsmacher, der für jemanden in seiner Position über erstaunlich viel Zeit und Geduld verfügt. Er arbeitet für seinen alten Freund Charlie Hume (Mason Adams); gemeinsam müssen sie die journalistischen Interessen der Zeitung gegenüber ihrer Besitzerin, Margaret Pynchon (Nancy Marchand), vertreten. Deren Meinung stimmt schon aus wirtschaftlichen Überlegungen nicht immer mit der von Grant überein, die permanente Auseinandersetzung zwischen Cash Flow und journalistischer Aufrichtigkeit ist vorprogrammierter Bestandteil der Handlung.

›Lou Grant‹: Edward Asner

Lou Grants wichtigste Leute sind die junge und ambitionierte Journalistin Carla Mardigian (Rebecca Balding), die später von der Reporterin Billie Newman (Linda Kelsey), einem ähnlichen, aber konsequenteren Charakter, ersetzt wurde, und Joe Rossi (Robert Walden), der sich selbst am nächsten steht und nur seine Arbeit so sehr liebt wie sein Spiegelbild. Für das nötige Bildmaterial sorgt der Fotograf Herb »Bestie« Herbert, dargestellt von Daryl Anderson. Bei ihm stellt sich die Frage, wie er zu seinem deutschen Synchronnamen gekommen ist, denn im Original heißt er Denis »Animal« Price.

Im amerikanischen Original bestehen die Titel der meisten Episoden aus nur einem Wort – wie die Schlagzeilen der »Trib«, mit denen das Reporterteam die Früchte seiner Arbeit für die Öffentlichkeit zugänglich macht. HOOKER – Nutte – war der Titel einer aufsehenerregenden Folge, die sich mit Prostitution beschäftigte und deren soziales Engagement von der Kritik gelobt wurde. POISON befaßte sich mit radioaktiver Verseuchung, VET mit dem amerikanischen Vietnam-Trauma, an dem viele Filmemacher leiden.

Als Serie ist LOU GRANT ein Spin-Off der MARY TYLER MOORE SHOW, die zwischen 1970 und 1974 produziert wurde. Die Komödienserie, die mit insgesamt 27 Emmys ausgezeichnet wurde, handelte von einem Karrieremädchen aus Minneapolis, das es im Newsroom des Fernsehsenders WJM-TV zu etwas bringen will. Ihr Boß, der »jähzornige, aber gutherzige« Mister Grant, wird in der letzten Folge der Show vom Sender gefeuert. Daraufhin übersiedelt er von Minneapolis nach Los Angeles und leitet als Star einer eigenen Serie die Redaktion der »Los Angeles Tribune«. Der Charakter der Figur ändert sich vom Komischen ins Dramatische.

Allerdings: Für Asner bedeutete die Rolle des Lou Grant nicht den erhofften Durchbruch. Erst im Verlauf der dritten Drehzeit konnte er sein Image so weit ausbauen, daß die Serie tatsächlich mit ihm als alleinigem Aufhänger funktionierte. Asner brachte sich selbst ins Gespräch, indem er während der Reagan-Ära als liberaler Aktivist tätig wurde und sich gegen die amerikanische Einmischung in El Salvador und gegen Nuklearwaffen aussprach. Während des Schauspielerstreiks im Jahr 1980 fungierte er als Sprecher der Betroffenen, ein Jahr später wurde er zum Präsidenten der »Screen Actor's Guild« gewählt (ein Posten, den auch Reagan vor seiner politischen Tätigkeit ausgeübt hatte).

Gerüchte sprechen davon, das Asners öffentliche Statements und Aktivitäten der Grund für die Einstellung der Serie gewesen sein sollen – offizielle Begründung waren sinkende Einschaltziffern. Asner beschuldigt CBS, daß seine Verurteilung der amerikanischen Aktivitäten in Zentralafrika den Ausschlag gegeben haben soll. Trotz seiner umstrittenen Person wurde er

1975 ein zweites Mal Präsident der »Screen Actor's Guild«, blieb aber politisch aktiv. Seine Mitwirkung an der Serie ROOTS im Jahr 1977 dürfte aber dennoch eher finanziellen Überlegungen zu verdanken sein. Asner spielte daraufhin noch in A SMALL KILLING (USA 1981), OFF THE RACK (USA 1985) und THE TRIALS OF ROSIE O'NEILL (USA 1991).

Insgesamt elf Emmy Awards konnte LOU GRANT während der fünfjährigen Ausstrahlung einheimsen, zwei davon gingen direkt an Ed Asner, drei an Nancy Marchand für die beste Nebenrolle. Zwei Folgen wurden als exemplarische Beispiele eines herausragenden Seriendramas ausgezeichnet.

Kurioses

Die von Mary Tyler Moore dargestellte Mary Richards war die erste Frau in der Geschichte der TV-Comedies, die sich aus eigenem Willen für das Single-Dasein entschlossen hatte.

Notizen für Insider

LOU GRANT
USA 1977–1982
Produktion: CBS
113 Episoden zu je 60 Minuten
Idee: Allan Burns, James L. Brooks, Gene Reynolds

Die wichtigsten Regisseure:
Gene Reynolds, Mel Damski, Jay Sandrich, Richard Crenna, Jud Taylor, Irving J. Moore, Corey Allen, Roger Young, Michael Zinberg, Peter Levin, Alan Cooke, Ralph Senesky

Stammbesetzung:
Edward Asner (Lou Grant), Linda Kelsey (Billie Newman Mc-Covey), Robert Walden (Joe Rossi), Mason Adams (Charlie Hume), Nancy Marchand (Margaret Pynchon), Daryl Anderson (Denis »Animal« Price), Allen Williams (Adam Wilson), Rebecca Balding (Carla Mardigian), Jack Bannon (Art Donovan)

Max Headroom

»Dies ist eine Live-Reportage mit Edison Carter
vom Sender 23.«

»Mein Erfolg ist vorprogrammiert. Das Fer-Fer-
Fernsehen ist meine Welt – ein Königreich! Euch
zu unterhalten ist meine vorrangigste Pflicht.«

(Max Headroom in der Episode *Zensur-Programme*)

»Hat der Zensor nichts mehr zu zensieren, wird
er seine Daseinsberechtigung verlieren.«

(MAX HEADROOM)

Auch wenn es Julie Burchill und den anderen Zeitgeistern nicht
in den Kram paßt, die 80er Jahre waren ein gutes Jahrzehnt.
Sony erfand den Walkman, DURAN DURAN schrieben ihre besten Songs, auf der SIGUE SIGUE SPUTNIK-LP FLAUNT IT waren
zwischen den Tracks Werbespots zu hören, Ridley Scott drehte
Blade Runner, und Max Headroom verkündete: »Ich bin ein
Bild, dessen Zeit gekommen ist.« Heute wissen wir, er hatte
recht.

Mit Max Headroom, dem Star der gleichnamigen 14teiligen TV-
Serie, wirbelte nicht nur die Fernsehzukunft durch die Stube,
sondern es begann auch der Verdacht zu keimen, daß das Fernsehen eines Tages wichtiger sein würde als das Leben. MAX
HEADROOM gab uns eine realistische Demonstration der technischen Möglichkeiten des Mediums und einen intensiven Vorgeschmack auf TV-Shopping (AMAZING DISCOVERIES), Cyberspace
(die Welt hinter dem Bildschirm), Virtual Reality (künstliche
Wirklichkeit), Subliminal Messages (unterschwellige Botschaf-
ten), Video-Religion, verrückte Game-Shows und Live-Men-
schenjagden zum Amüsement der Massen. Mitte der 80er Jahre
sah die Serie also bereits Entwicklungen voraus, die jetzt Mitte
der 90er Jahre gerade in den Kinderschuhen stecken.

Es war das erste Mal, daß sich ein synthetischer Fernsehstar
über Menschen lustig machte. Daß ein merkwürdiges, unver-
schämtes Wesen, halb Mensch, halb Computerprogramm, das
seine stahlblauen Augen meist mit coolen Don-Johnson-Son-

nenbrillen verdeckte, uns mit unseren eigenen Unzulänglichkeiten konfrontierte und wir es komisch fanden. Nie zuvor stotterte uns ein zuckender Kopf, der aus einem futuristischen Fiberglas-Anzug ragte, Frechheiten ins Gesicht, die andere Fernsehmoderatoren garantiert den Job gekostet hätten: »Wußten Sie eigentlich, daß es im Chinesischen manchmal mehr als 30 Möglichkeiten gibt, um nur ein Wort zu sagen. Vielleicht gibt's deswegen so viele Chinesen. Chinesen wissen eben manchmal nicht, wie sie sagen sollen: Nein. Nein, ich will nicht.«

Dieses Wesen war boshaft und nannte die Dinge beim Namen. Es sagte das, was sich andere niemals trauten, und das imponierte uns. Wenn es den Mund aufriß und sein gewaltiges, ebenmäßiges Gebiß entblößte, mußte man es lieben. Nicht nur, daß er außergewöhnliche Fähigkeiten, beißenden Witz und eine gehörige Portion Unverschämtheit sein eigen nannte, der künstliche Mensch verfügte auch über beachtliche Menschenkennt-

Rasender Reporter im 21. Jahrhundert: Edison Carter (Matt Frewer)
macht Reality-TV

nis: »Wissen Sie, woran man einen Politiker erkennt? Wenn er die Lippen bewegt – dann lügt er.«

Von Anfang an war Max' Karriere vom Erfolg verfolgt. Als sich der englische Werbefachmann Peter Wagg 1982 den Kopf über eine aufsehenerregende Promotionkampagne für ein neues Musik-Video (PARANOIMIA von der britischen Avantgarde-Popband ART OF NOISE) zerbrechen mußte, kam er auf die revolutionäre Idee, ein Computerwesen mit metallischer Stimme und ruckartigen Bewegungen als Running Gag über den Bildschirm flimmern zu lassen. MAX HEADROOM war geboren und sollte seinem Vater noch viel Freude und Geld bescheren.

Binnen kürzester Zeit avancierte der rappende Max Headroom zur Kultfigur der 80er Jahre und zum heiligen Fernsehidol der ersten MTV-Generation. Mit einemmal war sein kantiges Konterfei überall auf der Welt bekannt. Der »computeranimierte« Quadratschädel war plötzlich das bekannteste Gesicht im Fernsehen. Jeder Teenager, der etwas auf sich hielt, besorgte sich ein MAX HEADROOM-T-Shirt (ganz Mutige ließen sich das eckige Gummigesicht sogar auf die Haut tätowieren) und die ART OF NOISE-Single.

Anfangs wurde die Aura des Mysteriösen rund um MAX HEADROOM noch erhöht, indem man das Publikum im unklaren darüber ließ, ob Max tatsächlich der erste Fernsehmoderator ist, der nicht aus Fleisch und Blut, sondern aus Bits und Bytes besteht. Max Headroom, der von sich selbst sagt, er hätte einen »Charakter wie eine defekte Diskette«, wurde uns als künstliche Lebensform verkauft, als bahnbrechende Computersimulation, die eigenständig denken, sprechen und handeln kann.

In Wirklichkeit aber war Max lediglich die praktische Anwendung einer alten Weisheit aus dem Showbusineß: »Die Leute wollen glauben, was sie sehen!« Und so steckte hinter beziehungsweise in der synthetischen Figur der amerikanische Schauspieler Matt Frewer, der in der Fernsehserie auch den Reporter Edison Carter spielte. Max Headroom wurde also nicht, wie gerne behauptet, im Computer geschaffen, sondern vom Make-up-Artisten im Schminkraum (Matt Frewer mußte täglich drei Stunden geschminkt werden) – und vom Tontechniker im Studio, der am Synthesizer für den blechernen Klang in Max' Stimme sorgte. Nachdem die Wahrheit über seine Entstehung bekannt geworden war, verlor der freche Fernsehstar seine enorme Zug-

Gab der Serie den Namen: »Computer-Schöpfung« Max Headroom (alias Matt Frewer)

kraft nicht. Im Gegenteil. Die Popularität von Max Headroom stieg ins Ungeheure.

Zuerst engagierte ein amerikanischer Getränkehersteller Max Headroom für sieben Millionen Dollar für eine Reihe von Werbespots, danach sollte der Mann ohne Unterleib Fernsehgeschichte schreiben. Mit der 1987 entstandenen 14teiligen Fernsehserie, die zu den aufwendigsten amerikanischen Fernsehproduktionen der 80er Jahre zählt, erreichte MAX HEADROOM den absoluten Höhepunkt seiner Karriere. Endlich konnte das Fernsehen zeigen, was es wirklich kann. Produzent und MAX HEADROOM-Erfinder Peter Wagg meinte einmal dazu: »Das Köstliche an der Sendung ist, daß ein Network uns erlaubte zu zeigen, wie das System funktioniert, wie sehr die Einschaltquoten im Vordergrund stehen und warum die Amerikaner immer wieder dasselbe alte Zeug vorgesetzt bekommen.«

Nicht weniger selbstbewußt begründete Serienautor Steven Roberts den großen Erfolg:»Das amerikanische Fernsehen produziert zum Großteil vorverdauten Käse, und das garantiert den Fehlschlag. Aber wenn man die Auswüchse des Fernsehens satirisch betrachtet, bekommt man die Leute in Scharen vor die Glotze.«

Die Serie spielt in der Zukunft, wahrscheinlich im Jahr 2003. In der Episode *Zipp-Programme* erfahren wir, daß der technische Direktor vom Sender 23, das junge Computergenie Bryce Lynch, 1988 geboren wurde. Allem Anschein nach ist Mr. Lynch nicht älter als 15 Jahre. Alle Politiker sind abgeschafft. Die Welt liegt in Trümmern und wird von 4000 Fernsehstationen beherrscht, die Tag und Nacht um die Gunst der Zuschauer buhlen. Der Kampf um die Einschaltquoten hat mörderische Dimensionen angenommen.

Durch verbotene Videodrogen, »Neurostimulatoren« und »hexadezimale Bildschirmnarkotika« werden die Zuschauer im wahrsten Sinn des Wortes fernsehsüchtig gemacht. Der Sender mit der höchsten Einschaltquote darf regieren. Wer ihn kontrolliert, ist Herr über die Welt. Die derzeit gerade mächtigste Fernsehstation ist Sender 23. Hier arbeitet der Enthüllungsjournalist Edison Carter (Matt Frewer), der über heiße Themen berichtet, die sonst überall totgeschwiegen werden: tödliche Werbespots (*Psycho-Spots*), falsche Religionen (*Video-Religion*), brutale Gladiatorenkämpfe (*Kampfboard-Turnier*) oder die Willkür der Zensur (Zensur-Programme). Seine Live-Reportagen sind Reality-TV vom Feinsten; da müssen sich die Damen und Herren von den deutschen Kommerzsendern aber noch kräftig anstrengen, wenn sie auch nur in die Nähe von Carters Qualität kommen wollen.

Edison Carter ist ein bekannter und beliebter Mann, der viele Feinde hat. Den Mächtigen im Sender 23, denen Carter dauernd auf die Finger schaut, ist der respektlose Reporter schon lange ein Dorn im Auge. Und sie sind auch die ersten, die ihn um die Ecke bringen wollen. Schon im ersten MAX HEADROOM-Fernsehfilm, der 1985 vom amerikanischen Regie-Duo Rocky Morton und Annabel Jankel (*Super Mario Bros.*) inszeniert wurde und sich von der ersten Folge der Fernsehserie (*Psycho-Spots*) nur in der Besetzung der Nebenrollen unterschied, sollte Edison Carter sterben. Bei einer spektakulären Verfolgungsjagd rast

Carter mit seinem Motorrad gegen eine Parkplatzschranke. Nur dank der raschen Hilfe von Theora Jones (Amanda Pays), seiner atemberaubenden Controllerin, überlebt er den Unfall.

Während er bewußtlos in der Tiefgarage liegt, versucht Bryce Lynch, der Leiter der Entwicklungsabteilung von Sender 23, Carters Gedanken im Computer des Senders zu speichern und so den Reporter durch eine Computeranimation zu ersetzen. Als Lynch den Computer mit allen Daten, die über Edison Carter bekannt sind, füttert, ist das Ergebnis so enttäuschend wie verblüffend: Max Headroom! Mit ihm kann man zwar nicht das Verschwinden von Edison Carter vertuschen, aber gewiß die Einschaltquoten steigern. Zum Namen Max Headroom kam es übrigens so: Die letzte Einstellung, die Carters Videokamera aufnahm, bevor er durch die Schranke brach, war ein Schild, auf dem mit großen Lettern geschrieben stand: »Max. Headroom 2,3 m« – zu deutsch: Maximale Durchfahrtshöhe 2,3 Meter.

Als Folge einer kleinen Systemstörung in der Software stottert

Szene aus ›Max Headroom‹

Max Headroom. Obwohl er nur auf dem Bildschirm existiert, ist seine Bewegungsfreiheit nahezu unbegrenzt. Im Zeitalter von High Technology ist es für ein hochentwickeltes Computerprogramm wie Max kein Problem, durch die Datennetze der Welt zu spuken und die falschen Worte zur falschen Zeit zu sagen. Sender 23 hat also kein Problem beseitigt, sondern ein neues geschaffen. Edison Carter und Max Headroom. Gemeinsam mit der Spitzen-Controllerin Theora, die jeden Schritt Carters über ihren Computermonitor verfolgt, und dem väterlichen Chefredakteur Murray bilden sie das hinreißendste Fernseh-Team der Zukunft.

Die Storys der 14 Episoden sind nicht nur äußerst unterhaltsame Science-fiction-Abenteuer, bei denen die technischen Möglichkeiten des Fernsehens Kapriolen schlagen, sondern in viel höherem Maß rabenschwarze Zukunftsprognosen. Das Stören eines Senders wird mit dem Tod bestraft. Die Polizisten haben futuristische Brustpanzer umgeschnallt und tragen Baseballmützen, die sie verkehrt auf dem Kopf haben. Der japanische Lebensmittelkonzern Zig Zag hat es sich zur Aufgabe gemacht, den Hunger der Welt mit lauwarmen Hamburgern und grüner Trockennahrung zu stillen. Der Großteil der Menschheit lebt verwahrlost auf der Straße und sieht fern. Wenn man fährt, verpestet man die stickige Luft des 21. Jahrhunderts mit den stinkenden Abgasen aus alten Studebakers, da neue Autos mit Katalysatoren und Air-Bags nicht mehr hergestellt, sondern alte statt dessen aufgemöbelt werden.

Hemmungslos wie INDIANA JONES spielt die Serie mit Versatzstücken aus der Filmgeschichte (das Licht wie in BLADE RUNNER, das Mobiliar wie in BRAZIL) und zieht den Zuschauer regelrecht in die Bildröhre. Sie führt uns ein völlig von der Videotechnik beherrschtes Universum vor, in dem anscheinend bei Menschen wie bei Maschinen die Sicherungen durchgebrannt sind.

Aber wie es 1987 im amerikanischen Magazin NEWSWEEK so treffend hieß: »Sie brauchen nicht zu versuchen, die Hintergründe verstehen zu wollen. Lassen Sie es einfach über sich ergehen, wie eine Mahler-Symphonie. Lassen Sie sich selbst gehen. Lachen Sie über Max und seine Sticheleien gegen das Fernsehen. Genießen Sie die Spezialeffekte auf Theoras Computerbildschirm, und glauben Sie Edisons unglaubliche Heldentaten.«

Starke Sprüche

MAX: »Ja, die meisten werden mir zustimmen. Die Zensoren sind ein blödes Volk.«

MURRAY: »Fernsehen ist wichtiger als das Leben.«

BRYCE: »Viele Menschen geben ihre Ersparnisse jedem, der im Fernsehen darum bittet!«

Unsterbliche Momente

MAX: »Bi-Bi-Bildung ist wundervoll. U-u-u-und das Gewerbe des Lehrers ist schon sehr alt. Natürlich, das älteste Gewerbe der Welt – ihr wißt schon, was ich meine – ist viel interessanter.«

MAX: »Und als Ersatz für die nicht stattfindende Übertragung hören Sie jetzt Musik! Mu-Mu-Musik! Rollen Sie den Teppich zurück, und tanzen Sie zur besten russischen Popmusik, die es im Moment gi-gi-gibt. Die neue LP mit zwölf wunderbaren russischen Flamencos!«

MURRAY: »Max! Menschen reagieren unlogisch, wenn ihr Job in Gefahr ist. Du kannst dir ruhig auch Sorgen machen. Du solltest dich mal fragen, wenn Sender 23 untergeht, wo bleibt dann Max Headroom?«
MAX: »Beim Hörfunk!«

BRYCE: »Es dauert höchstens 30 Sekunden, dann habe ich das lächerliche Vehikel geortet. Das schaffe ich mit einer simplen Hydrokarbonreifenspuranalyse.«
MURRAY: »Macht er dir auch manchmal angst?«
EDISON: »Das Fernsehen macht mir angst. Bryce hab' ich gern.«

EDISON: »Ich war mal mit einer Priesterin befreundet.«
MURRAY: »Ach, lüg nicht!«
EDISON: »Doch!«
MURRAY: »Und wie war es?«
EDISON: »Pietätlos. Abends hatte sie immer zu tun.«

REG: »Sie sind auf dem Kanal von Big Time Television, wo Musik der Schnaps der Verdammten ist. Also, dann wollen wir die Flasche mal aufmachen.«

(*Der Alt-Punk Reg ist der Betreiber von »Big Time TV«, einer kleinen Piratenstation, die von einem klapprigen Bus aus sendet. Reg ist der einzige Anarchist unter den Fernsehbossen. Dienstags spielt er immer Videos von* GREATFUL DEAD.)

Notizen für Insider

MAX HEADROOM
USA 1987
Produktion: Lorimar Productions, Inc.
14 Folgen
Laufzeit: 50 Minuten
Idee: Peter Wagg
Produzent: Brian Frankish

Die wichtigsten Regisseure: Farhad Mann, Rocky Morton & Annabel Jankel, Victor Lobl

Stammbesetzung:
Matt Frewer (Edison Carter, Max Headroom), Amanda Pays (Theora Jones), Jeffrey Tambor (Murray), Chris Young (Bryce Lynch), George Coe (Ben Cheviot), W. Morgan Sheppard (Reg)

Fernsehfilm

MAX HEADROOM
USA 1985. Produktion: Chrysalis/Channel 4-Production. Musik: Midge »Ultravox« Ure, Chris Cross. Buch: Steve Roberts. Produzent: Peter Wagg. Regie: Rocky Morton, Annabel Jankel.
Besetzung: Matt Frewer (Edison Carter, Max Headroom), Amanda Pays (Theora Jones), Roger Sloman (Murray), Paul Spurrier (Bryce Lynch), W. Morgan Sheppard (Reg)

Einzeltitel

1. *Psycho-Spots*
2. *Anarcho-TV*
3. *Kampfboard-Turnier*

Miami Vice

»Das Fernsehen wurde neu erfunden.«
(US-Kritiker über *Miami Vice*)

»Wir sind größer als die Beatles.«
(Don Johnson über *Miami Vice*)

Mit MIAMI VICE hielt eine neue Ästhetik im Fernsehen Einzug. Erstmals hielt sich eine Krimiserie nicht an konventionelle Macharten à la *Einsatz in Manhattan,* sondern überraschte mit neuen Schnitt-Techniken, einem aus den aktuellen Musik-Charts stammenden Soundtrack und mit gestylten Kriminalisten, die bis zu acht verschiedene Anzüge pro Episode trugen. Mit der von Michael Mann erdachten Action-Krimi-Serie bot das Fernsehen im Jahr 1984 einen ersten Vorgeschmack auf die grellbunte Nintendo-Neon-Realität, die uns heute umgibt. Der Inhalt mußte sich dem Gesetz von Ausstattung und Form unterwerfen.

Im dritten Amtsjahr von Ronald Reagan, in dem die amerikanische Wirtschaft im Aufwind zu schweben schien und potentiellen Investoren der Geldbeutel recht locker saß, kam Mann mit seinem Konzept gerade recht. In der Welt der Superbullen Sonny Crockett (Don Johnson) und Ricardo Tubbs (Philip Michael Thomas) gehört der Luxus zum Alltag. Unkonventionelle Ermittlungsmethoden, übersteigerter Gerechtigkeitssinn, Irrtümer – in einer Episode hilft Sonny irrtümlich eincm schuldigen Verbrecher, seine »Unschuld« zu beweisen – und die Vernichtung kolumbianischer Drogenbosse stehen im Mittelpunkt der schnellen Krimis.

Die coolen Helden: zwei Undercover-Bullen, die gut gekleidet und mit schnellen Autos bestückt im Drogenmilieu investigieren. Liebenswerte Eigenheit des einen: Er lebt auf einem Boot und besitzt sowohl eine Elvis-Sammlung wie auch einen Aligator, der auf den Namen des Kings hört (und die Platten im Verlauf der Serie prompt verzehrt). Der andere – Ricardo Tubbs – ist schwarz und kommt eigentlich aus New York. Eine Ermittlung führt ihn nach Miami, wo er bleibt, des Wetters und der Mädchen wegen.

Michael Manns Plan ging auf. Nachdem er lange Zeit mit der

Suche nach einem interessierten Studio verbracht hatte, ging die erste Episode von MIAMI VICE im September 1984 über den Sender. Der Erfolg war verblüffend: Das Programm katapultierte sich in kürzester Zeit an die Spitze der Publikumsgunst – wo es bis zu einem Tief im dritten Produktionsjahr auch blieb. Das knallharte Jet-set-Feeling gefiel den Zuschauern. Jan Hammers Soundtrack wurde zum Bestseller – bis gegen Ende des vierten Jahres die Zuschauerzahlen langsam, aber konstant nach unten gingen: bei 1,6 Millionen Dollar Produktionskosten pro Episode eine Katastrophe. Das Konzept, das die Sinne der Zuschauer mit einem Feuerwerk aus Farbe, Styling und Sound in Beschlag nehmen sollte, hörte auf zu greifen. Die immer dünneren Stories konnten von Regieeinfällen nicht mehr kaschiert werden, so daß Crockett und Tubbs im Jahr 1989 in der Episode FREEFALL zum letzten Mal auf Verbrecherjagd in Miami gingen (die »echte« letzte Episode TOO MUCH, TOO LATE wurde erst 1990 ausgestrahlt, und auch da nicht von allen US-Stationen).

Neue Ästhetik: ›Miami Vice‹

›Miami Vice‹: die Stammbesetzung

Auch eine zunehmende Fülle von Gaststars aus der Pop- und Rock-Branche konnte den Untergang nicht aufhalten: Frank Zappa, Phil Collins, Ted Nugent und sogar Jazz-Altmeister Miles Davis gaben sich ein Stelldichein. Auch die Riege der übrigen Gaststars ist beeindruckend: Lou Diamond Philips, Ed »Al Bundy« O'Neill, Dean Stockwell, Melanie Griffith, Brian Dennehy und George »Sulu« Takei. Selbst Bruce Willis hängte seinen Moonlightning-Job (*Das Model und der Schnüffler*) kurzzeitig an den Haken und agierte in der Folge Three Eyed Turtle, zu der er auch einen Teil des Soundtracks beitrug.

Um das Publikum bei der Stange zu halten, scheuten sich die Produzenten auch nicht, das Image ihrer Helden zu verändern. Sonny Crockett etwa, der mit Idealen von der High School kam und Football-Star werden wollte, dem – klassisch! – Vietnam einen Strich durch die Rechnung machte und der sich den Thrill von da an bei der Polizei holte, sollte plötzlich heiraten. Und Ricardo Tubbs, der in der zweistündigen Pilotfolge BROTHER'S KEEPER seinen Bruder rächen will und dabei Sonny begegnet, bekam einen Bart verordnet. (Was zumindest ein augenzwin-

Bis zu acht verschiedene Anzüge pro Episode: Don Johnson und Philip Michael Thomas

kernder Hinweis auf den Fortgang seiner Karriere ist: später durfte er mit Bud Spencer in Florida filmen.)

Nach dem Ende der Serie entwickelte Don Johnson eine gute Hand für Kinoflops. Als er die Rolle als Bulle mit Dreitagebart bekam, hatte er außer ein paar gescheiterten Ehen (unter anderem mit Melanie Griffith, die er später ein zweites Mal heiratete) nicht viel vorzuweisen – am Ende standen Filme wie *Harley Davidson und der Marlboro Mann* (mit Mickey Rourke) oder BIG BANG, wobei letzterer zwar von der Kritik gelobt wurde, im Kino aber kaum für Umsätze sorgte.

Die Machart von MIAMI VICE hat – im Gegensatz zu den Stars – überlebt: Der ehemalige STARSKY & HUTCH-Drehbuchautor Michael Mann, seit seiner Erfolgsserie auch als Regisseur und Produzent aktiv, läßt seine Handschrift mehr als deutlich auch über die Kinoleinwand flimmern. Daß er ein Gespür für interessante Themen hat, läßt sich jedenfalls seit seinem 1987 nach dem Buch *Roter Drache* von Bestseller-Autor Thomas Harris gedrehtem *Manhunter* nicht leugnen. Immerhin bringt Mann in *Manhunter* erstmals jenen Doktor Lecter auf die Leinwand, der sich in *Das Schweigen der Lämmer* den Oscar holt. Jonathan Demmes Film wurde berühmt, den von Michael Mann finden Sie in der Backlist jeder gutsortierten Videothek.

Notizen für Insider

MIAMI VICE
USA 1984–1989
Produktion: NBC-Television
111 Episoden, von denen einige nicht im deutschen Fernsehen gezeigt wurden
Idee: Michael Mann

Die wichtigsten Regisseure:
Paul Michael Glaser, Richard Colla, George Stanford Brown, Richard Compton

Stammbesetzung:
Don Johnson (Det. Sonny Crockett), Phillip Michael Thomas (Det. Ricardo Tubbs), Olivia Brown (Det. Trudy Joplin), Saundra Santiago (Det. Gina Calabrese), Gregory Sierra (Lt. Lou Rodriguez), James Edward Olmos (Lt. Castillo), John Diehl

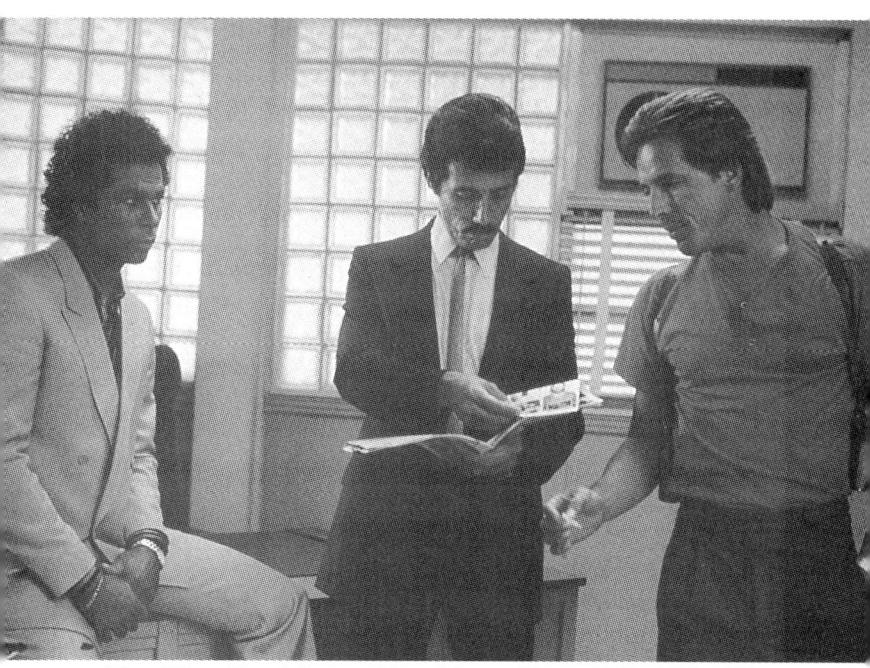

›Miami Vice‹: Don Johnson, Edward James Olmos, Philip Michael Thomas

(Det. Larry Zito), Michael Talbot (Det. Stan Switek), Pam Grier (Det. Valerie), Belinda Montgomery (Caroline Crockett), Martin Ferrero (Izzy Moreno), Charlie Barnett (Noogie), Sheena Easton (Caitlin Davies-Crockett)

Einzeltitel

Nr.	Originaltitel	US-Erst-sendung	Gaststar(s)
1. Produktionsjahr 1984/1985			
1	Brother's Keeper	16.09.84	
2	Heart of Darkness	28.09.84	Ed O'Neill
3	Cool Runnin'	05.10.84	Charlie Barnett
4	Hit List (Teil 1)	19.10.84	
5	Calderone's Demise (Teil 2)	26.10.84	
6	One Eyed Jack	02.11.84	Dennis Farina

Nr.	Originaltitel	US-Erst-sendung	Gaststar(s)
7	Three Eyed Turtle	09.11.84	Bruce Willis
8	The Great McCarthy	16.11.84	
9	Glades	30.11.84	
10	Give a Little, Take a Little	07.12.84	
11	Little Prince	14.12.84	
12	Milk Run	04.01.85	
13	Score (Teil 1)	11.01.85	Robin Johnson
14	Golden Triangle (Teil 2)	18.01.85	
15	Smuggler's Blues	01.02.85	
16	Rites of Passage	08.02.85	Pam Grier
17	The Maze	22.02.85	
18	Made for Each Other	08.03.85	
19	The Home Invaders	15.03.85	
20	Nobody Lives Forever	29.03.85	
21	Evan	03.05.85	William Russ
22	Lombard	10.05.85	

2. Produktionsjahr 1985/1986

Nr.	Originaltitel	US-Erst-sendung	Gaststar(s)
23	Prodigal Son	27.09.85	
24	Whatever Works	04.10.85	Eartha Kitt, The Power Station
25	Out Where the Buses Don't Run	18.10.85	
26	The Dutch Oven	25.10.85	
27	Buddies	01.11.85	
28	Junk Love	08.11.85	Miles Davis
29	Tale of the Goat	15.11.85	
30	Bushido	22.11.85	Dean Stockwell
31	Bought & Paid For	29.11.85	
32	Back in the World	06.12.85	
33	Phil the Shill	13.12.85	Phil Collins
34	Definitely Miami	10.01.86	Ted Nugent
35	Yankee Dollar	17.01.86	
36	One Way Ticket	24.01.86	John Heard
37	Little Miss Dangerous	31.01.86	
38	Florence Italy	14.02.86	Danny Sullivan
39	French Twist	21.02.86	
40	The Fix	07.03.86	
41	Payback	14.03.86	Frank Zappa
42	Free Verse	04.04.86	Bianca Jagger
43	Trust Fund Pirates	02.05.86	
44	Sons and Lovers	09.05.86	

Nr.	Originaltitel	US-Erst-sendung	Gaststar(s)

3. Produktionsjahr 1986/1987

Nr.	Originaltitel	US-Erst-sendung	Gaststar(s)
45	When Irish Eyes Are Crying	26.09.86	
46	Stone's War	03.10.86	
47	Kill Shot	10.10.86	
48	Walk-Alone	17.10.86	
49	The Good Collar	24.10.86	
50	Shadow in the Dark	31.10.86	
51	El Viejo	07.11.86	Willie Nelson
52	Better Living Through Chemistry	14.11.86	
53	Baby Blues	21.11.86	
54	Streetwise	05.12.86	Bill Paxton
55	Forgive Us Our Debts	12.12.86	
56	Down for the Count (Teil 1)	09.01.87	
57	Down for the Count (Teil 2)	16.01.87	
58	Cuba Libre	23.01.87	
59	The Savage	06.02.87	
60	Theresa	13.02.87	
61	The Afternoon Plane	20.02.87	
62	Lend Me an Ear	27.02.87	
63	Red Tape	13.03.87	Lou Diamond Phillips
64	By Hooker By Crook	20.03.87	Vanity, Melanie Griffith, George Takei
65	Knock Knock … Who's There?	27.03.87	
66	Viking Bikers from Hell	03.04.87	
67	Everybody's in Showbiz	01.05.87	
68	Heroes of the Revolution	08.05.87	

4. Produktionsjahr 1987/1988

Nr.	Originaltitel	US-Erst-sendung	Gaststar(s)
69	Contempt of Court	25.09.87	
70	Amen … Send Money	02.10.87	Brian Dennehy
71	Death & the Lady	16.10.87	
72	The Big Thaw	23.10.87	
73	Child's Play	30.10.87	
74	God's Work	06.11.87	Esai Morales
75	Missing Hours	13.11.87	
76	Like a Hurricane	20.11.87	Sheena Easton
77	The Rising Sun of Death	04.12.87	
78	Love at First Sight	15.01.88	
79	Rock and a Hard Place	22.01.88	

Nr.	Originaltitel	US-Erst-sendung	Gaststar(s)
80	The Cows Of. 10.ober	05.02.88	
81	Vote of Confidence	12.02.88	
82	Baseballs of Death	19.02.88	
83	Indian Wars	26.02.88	
84	Honor Among Thieves?	04.03.88	
85	Hell Hath No Fury	11.03.88	
86	Badge of Dishonor	18.03.88	
87	Blood & Roses	01.04.88	
88	A Bullet for Crockett	15.04.88	
89	Deliver Us from Evil	29.04.88	
90	Mirror Image	06.05.88	

5. Produktionsjahr 1988/1989

Nr.	Originaltitel	US-Erst-sendung	Gaststar(s)
91	Hostile Takeover	04.11.88	
92	Redemption in Blood	11.11.88	
93	Heart of Night	18.11.88	
94	Bad Timing	02.12.88	
95	Borrasca	09.12.88	
96	Line of Fire	16.12.88	
97	Asian Cut	13.01.89	
98	Hard Knocks	20.01.89	
99	Fruit of the Poison Tree	03.02.89	Stephen McHattie
100	To Have & to Hold (100)	10.02.89	
101	Miami Squeeze	17.02.89	Rita Moreno
102	Jack of All Trades	03.03.89	
103	The Cell Within	10.03.89	
104	The Lost Madonna	17.03.89	
105	Over the Line	28.04.89	
106	Victims of Circumstance	05.05.89	
107	World of Trouble	14.06.89	
108	Miracle Man	21.06.89	
109	Leap of Faith	28.06.89	
110	Freefall (letzte Episode)	21.05.89	
111	Too Much, Too Late (wurde von einigen Sendern nicht ausgestrahlt)	25.01.90	

Play-List

Eindrucksvoller als die Liste der Gaststars ist das Verzeichnis der Musik-Stücke, die in MIAMI VICE zur Aufführung gelangten.

Wenn Sie ein Revival der besten Nummern aus den 80er Jahren, gemischt mit ein wenig Klassik, zusammenstellen wollen, hier die wichtigsten Interpreten:

Interpret	Titel	in Episode
Aerosmith	Rag Doll	Honor Among Thieves?
Alan Parsons Project	Money Talks	Red Tape
Aretha Franklin	Who's Zoomin' Who	French Twist
Billy Idol	Don't Need a Gun	Down for the Count II
Black	Sweetest Smile	Blood & Roses
Bob Marley & The Wailers	Jammin'	Cool Runnin'
Bob Seeger	Come to Papa	Rites of Passage
Brian Eno	Inland Sea	Shadow in the Dark
Bruce Willis	Respect Yourself	Lend Me an Ear
Bryan Adams	Heat of the Night	Knock Knock Who's There
Bryan Ferry	Boys & Girls	Bushido
Chris DeBurgh	What About Me	Everybody's in Showbiz
Chris Isaak	Dancin'	Payback
Chris Rea	Working on It	Miami Squeeze
Crowded House	Don't Dream It's Over	Rock and a Hard Place
David Bowie	Cat People (Putting Out Fire)	Red Tape
Debbie Harry	Liar Liar	Prodigal Son
Depeche Mode	Flies on the Windscreen	El Viejo
Dire Straits	Brothers in Arms	Out Where the Buses Don't RunEric Clapton
Wonderful Tonight	One Eyed Jack	
Frankie Goes to Hollywood	Relax	Little Price
Genesis	Tell Me	Freefall
Huey Lewis & The News	Do You Believe in Love	Prodigal Son
Iggy Pop	Cold Metal	Bad Timing
INXS	What You Need	Trust Fund Pirates
Jimi Hendrix	All Along the Watchtower	Down for the Count II
Joe Cocker	I'll Just Break Down & Cry	Prodigal Son
John Lennon	Imagine	When Irish Eyes Are Crying
Madonna	The Gambler	The Fix

Interpret	Titel	in Episode
Meat Loaf	Standing on the Outside	Forgive Us Our Debts
Peter Gabriel	Don't Give Up	Redemption in Blood
Phil Collins	In the Air Tonight	A Bullet for Crockett
Phillip Michael Thomas	La Mirada	Trust Fund Pirates
Pink Floyd	Dogs of War	Borrasca
Pointer Sisters	I'm So Excited	Hit List
Robert Plant	Little By Little	Junk Love
Rod Stewart	Some Guys Have All the Luck	The Great McCarthy
Rolling Stones	Miss You	Miami Vice
Sheena Easton	Follow My Rainbow	Deliver Us from Evil
Simply Red	A Picture Book	The Good Collar
Sinead O'Connor	I Want Your Hands on Me	Borrasca
Steppenwolf	Born to Be Wild	Better Living Through Chemistry
The Animals	We Gotta Get out of This Place	Glades
The Doors	Break on Through	Back in the World
The Pretenders	Space Invader	Trust Fund Pirates
The Tubes	She's a Beauty	Heart of Darkness
The Waterboys	Be My Enemy	Lend Me an Ear
The Who	Baba O'Riley	Out Where the Buses Don't Run
The Who	Eminence Front	Kill Shot
U2	Desire (Hollywood Remix)	Fruit of the Poison Tree
Yello	Call It Love	Contempt of Court
ZZ Top	Sharp Dressed Man	Heart of Darkness

Mini-Max oder Die unglaublichen Abenteuer des Maxwell Smart

SENATOR: »Mr. Smart, wie viele Verhaftungen hat
Control letztes Jahr durchgeführt?«
MAX: »Das weiß ich nicht.«
SENATOR: »Wer ist die Nummer eins in Ihrer
Organisation?«
MAX: »Das weiß ich nicht.«
SENATOR: »Wie viele Aufträge hat Control im
vergangenen Jahr erledigt?«
MAX: »Das weiß ich nicht.«
SENATOR: »Was würden Sie machen, wenn man
Sie feuert, Mr. Smart?«
MAX: »Die können mich nicht feuern.
Ich weiß zuviel!«

Wenn man sich in der schillernden Welt der Spionage bewegt, in der Welt der Doppel- und Dreifachagenten, der Decknamen und Doubles, der Supergadgets und Wunderwaffen, trifft man immer wieder auf die guten Jungs und auf die bösen Jungs. Und Maxwell Smart war nun einmal zum Glück einer von den guten Jungs. Ausgestattet mit einer großen Portion Mut, Ehrlichkeit, Großherzigkeit und Unschuld, durchkreuzte der Top-Agent der weltumspannenden Geheimorganisation »Control« 138mal die Welteroberungspläne von »Kaos«.

Wo immer die internationale Verbrecherorganisation ein Komplott ausheckte, wann immer der größenwahnsinnige Schurke Siegfried mit der Atombombe drohte, wie immer sich ein heimtückischer Spion auch verkleidete, Maxwell Smart alias Agent 86 war stets zur Stelle. Wenn er auch nicht den Durchblick hatte und bei Problemen von globaler Relevanz genauso überfordert war wie ein Steuerberater, der die Geheimaufträge von James Bond übernehmen müßte, seine Mission war gut und sein Gerechtigkeitssinn biblisch. Von James Bond konnte man phantasieren – mit Maxwell Smart konnte sich jedes Kind identifizieren.

Man braucht allerdings von Geheimdienstarbeit keine Ahnung zu haben, muß nicht einmal wissen, wer 007 ist, um zu erkennen, daß Maxwell Smart ein ausgemachter Trottel ist – der klassische Idiot mit dem Körper eines Erwachsenen und dem Intellekt eines Zwölfjährigen, der rein zufällig zum Helden wird, aber insgeheim weiß, daß ihn seine Bemühungen (und die Geheimparolen: »Ricardo Montalban haßt Tortillas!« oder »Herb Alpert nimmt Trompetenunterricht bei Guy Lombardo!«) früher oder später zum Ziel führen werden. Knirschfrei, weil gut geölt, läuft die Gag-Maschine GET SMART (*Mini-Max*) nun schon seit drei Jahrzehnten über den Bildschirm und Maxwell Smart, der total gestörte Geheimagent, der nicht viel größer als eine normale Waschmaschine ist, wirbelt zwischen den Verweisen und Zitaten auf Genrefilme seine abstrusen Feinde – bis an die Zähne mit Pistolen, Schlagringen, Messern, Maschinenpistolen bewaffnet – durch eine verrückt gewordene Comicswelt.

Der Startschuß zum turbulentesten Spionagekrieg der Fernsehgeschichte fiel im Frühjahr 1965, als Daniel Melnick, ein Teilhaber der Produktionsfirma Talent Associates, die Zeit reif für eine serienmäßige JAMES BOND-Parodie erklärte. Zuerst versuchte Melnick den prominenten Kabarettisten und Broadway-Regisseur Mike Nichols (*Die Reifeprüfung, Die Waffen der Frauen*) für das Projekt zu gewinnen. Obwohl sich Nichols sehr interessiert zeigte, gelang es ihm nicht, aus seinem Broadway-Vertrag auszusteigen.

Daraufhin fragte Melnick bei einem gewissen Melvin Kaminsky nach, der sich unter dem Künstlernamen Mel Brooks bereits als Gag-Autor für die Sid-Caesar-Shows ADMIRAL BROADWAY REVUE, YOUR SHOW OF SHOWS und CAESAR'S HOUR profiliert hatte und gerade dabei war, sein Drehbuch für den Film THE PRODUCERS fertigzustellen. Brooks, der in jener Zeit unter chronischem Geldmangel litt, erklärte sich einverstanden. Als er darauf bestand, mit einem Partner zu arbeiten, spannte ihn Melnick mit Buck Henry zusammen – einem talentierten Komödienautor, der später mit den Filmdrehbüchern *Die Reifeprüfung, Catch 22* und *Die Eule und das Kätzchen* noch groß herauskommen sollte.

Melnick sperrte das Autorenduo in einem Konferenzraum des New Yorker Talent-Associates-Büros ein und warf den Schlüssel weg. Hier stattete Brooks den wirren Agenten mit dem legendären Schuhtelefon und dem Vornamen »Max« aus (»Mein Vater hieß Max. Mein Sohn heißt Max. In meinem Film *The*

Don Adams und Barbara Feldon

Producers hieß der Held Max Bialystock. Also fragte ich Talent Associates, ob der Name Max okay wäre. Und sie sagten: Das klingt fabelhaft.«), während Buck Henry die berühmte *Glocke des Schweigens* erfand, eine seltsame Plexiglasapparatur, die nicht nur jedes Fremdabhören verhindert, sondern vor allem gewährleistet, daß die Gesprächspartner sich akustisch nicht verstehen können.

Nach drei harten Monaten, die Brooks und Henry vorwiegend

streitend, schreibend und schwitzend verbrachten, verkündete Mel Brooks 1965 in der Oktoberausgabe des TIME-Magazins: »Alle diese netten, sensiblen, herkömmlichen Familien-Sitcoms hingen mir zum Hals heraus. Ich wollte eine verrückte, unrealistische, comic-strip-artige Serie machen. Und da noch nie jemand eine Serie über einen Vollidioten gemacht hat, habe ich beschlossen, der erste zu sein!«

Als daraufhin dem quirligen Fernsehkomiker Don Adams (PERRY COMO'S KRAFT MUSIC HALL, THE BILL DANA SHOW) die Rolle angeboten wurde, mußte er nicht lange überlegen: »Sie sagten: Willst du das Drehbuch lesen? Ich fragte: Wer hat es geschrieben? Sie sagten: Mel Brooks und Buck Henry! Und ich sagte: Okay, ich mach's!« Don Adams und die restliche Besetzung erwiesen sich als einmaliger Glücksgriff: Barbara Feldon als Agent 99, eine weitere geniale Idee von Buck Henry, der Max' Partnerin und Freundin auf den Decknamen »99« taufte und stets darauf bedacht war, ihren wirklichen Namen geschickt zu verschleiern (selbst dann noch, als 99 Max heiratet und seine Kinder großzieht); Edward Platt als Chief; Bernie Kopell als Siegfried (jener Schauspieler, der in den späten 70er Jahren als Schiffsarzt Dr. Adam Bricker in der Serie LOVE BOAT zu Seifenopernruhm gelangte); Dick Gautier als Hymie, der Roboter, und Stacy Keach Sr. (ja, der Vater von Stacy MIKE HAMMER Keach Jr.) als Professor Carlson. Niemand versuchte krampfhaft komisch zu sein. Jeder spielte seinen Part mit dem nötigen Ernst – und das war komisch. Neu hingegen war die als Slapstick getarnte Kritik an den Behörden. Nie zuvor in der Geschichte des Fernsehens wurden staatliche Institutionen dermaßen respektlos durch den Kakao gezogen wie in GET SMART. Weder FBI und CIA noch der Vatikan blieben vom Spott der GET SMART-Macher verschont. Natürlich hatte der Wahnsinn Methode: »Die Komödie darf grundsätzlich vor nichts zurückschrecken. Und gerade in der Autorität steckt natürliche Komik«, behauptet Mel Brooks. »Jedes Kind haßt Autorität. Jeder Erwachsene haßt die Bürokratie. Wir haben versucht, den Mythos der Behörden mit den Mitteln der Komik zu zerstören und die angeborene Furcht der Menschen vor Autorität zu zerstreuen.«

Aber damit noch nicht genug. Alles, was im Krimi- und Abenteuergenre Rang und Namen hatte, wurde ebenfalls gnadenlos auf die Schaufel genommen. Wer genau aufpaßt, dem werden die gemeinen Anspielungen auf *Bonnie und Clyde, Casablanca, Casino Royale, Das dreckige Dutzend, James Bond jagt Dr. No, Dr. Kimble auf der Flucht, Goldfinger, I Spy, Ironside, King Kong, The Man from UNCLE, Kobra, übernehmen Sie!, Mord im Orientexpreß, Fenster zum Hof, Der Schatz der Sierra Madre, Der Wilde, Der Gefangene von Zenda, Das Bildnis des Dorian Gray* und *Das Narrenschiff* nicht entgehen. Auch Mel Brooks' spätere Leinwanderfolge *The Producers, Frankenstein Junior, Silent Movie, Der wilde Wilde Westen, Höhenkoller, Sein oder Nichtsein, Spaceballs* oder *Das Leben stinkt* waren mit fremden Federn, Gag-Zitaten, absurdem Humor und beschwipsten Slap-stick-Knallfröschen gespickt. »Mel Brooks' Filme sind hemmungslose Befreiungsakte, aber eben auch eine Hommage an die diversen Vorbilder«, analysierte Wolfram Knorr 1976 in der WELTWOCHE anläßlich der *Silent Movie*-Premiere in Deutschland, scharfsinnig. Obwohl der Meister selbst nur an drei GET SMART-Episoden – MR. BIG (Pilotfolge), OUR MAN IN LEOTARDS und SURVIVAL OF THE FATTEST – als Koautor mitgewirkt hat, ist Mel Brooks' berühmt-berüchtigter Humor in GET SMART allgegenwärtig. Allein die Figur von Max' Erzrivalen, Ludwig von Siegfried (Bernie Kopell), einem größenwahnsinnigen, deutschen Kriegstreiber mit NS-Vergangenheit, der alle schlechten Charaktereigenschaften in sich vereinigt, zeugt von der Vorliebe des jüdischen Regisseurs, Schauspielers und Produzenten (*Der Elefantenmensch, Die Fliege*) für lächerliche Führernaturen – denn er hat sich seit eh und je gerne über Adolf Hitler und Alfred Hitchcock, geknechtete Minderheiten und unterdrückte Blähungen lustig gemacht.

Maxwell Smart gegen Siegfried, »Control« gegen »Kaos«. Es war ein ewiger Kampf zwischen Gut und Böse, Licht und Dunkelheit, Dummheit und Idiotie – jedesmal wenn »Control« einen »Kaos«-Agenten auslöschte, stellte »Kaos« zwei neue Schurken ein, und wenn »Control« zwei zusätzliche Agenten beschäftigte, heuerte »Kaos« drei weitere an. Ein großer Spaß, dabei zuzusehen.

Starke Sprüche

MAX: »Wir dürfen doch töten, schießen und zerstören. Die Guten müssen eben immer siegen im Fernsehen. So ist das!«

MAX: »Es ist aber ziemlich unsportlich, die Fische einfach zu erschießen!«

MAX: »Ich werde wohl nie mit den Philharmonikern spielen. Aber andererseits, hat Leonard Bernstein eine Lizenz zum Töten?«

MAX: »Die CIA steht dauernd in der Zeitung. Das FBI hat seine eigene Fernsehserie. Nur wir sind die einzige Geheimorganisation auf der Welt, von der noch nie jemand etwas gehört hat.«

SIEGFRIED: »Seit 20 Jahren bin ich bei Kaos. Ich habe gestohlen, gelogen, getötet, gemordet. Und was habe ich jetzt davon? Nichts. Außer viel Spaß.«

»Wenn man lebt, dann sollte man ständig mit Armen und Beinen zappeln, dann sollte man ständig in die Luft hopsen und möglichst viel Lärm machen – denn Leben ist das genaue Gegenteil von Tod. Und deshalb denke ich: Wenn man ruhig ist, ist man nicht lebendig. Ich will laut sein. Oder zumindest will ich, daß meine Gedanken laut und bunt sind. Meine Lebendigkeit basiert auf einer unglaublichen Angst vor dem Tod. Die meisten Menschen fürchten sich vor dem Tod – aber ich hasse ihn!«
(*Mel Brooks*)

Unsterbliche Momente

MAX: »Nein! Nein, 99. Das geht nicht. Das ist viel zu riskant. Kommt überhaupt nicht in Frage. Du kannst dich auf den Kopf stellen, mit den Ohren wackeln, ich werde meine Meinung nicht ändern. Das ist endgültig! Das ist aus und sitzt! So ist das!«
99: »Aber ich möcht' es doch so gern'.«
MAX: »Nichts dagegen!«

SIEGFRIED: »Wo ist Ihre Sprengstofftasche?«
MAX: »Die hab' ich dummerweise zu Hause gelassen. Aber meine Selbstmordpille hab' ich mit. Diesen Monat gab's sie mit Himbeergeschmack. Wollen Sie kosten?«
SIEGFRIED: »Nein, danke!«
MAX: »Keine Angst. Sie machen nicht abhängig!«

MAX: »Ein Selbsttötungs-Ehering? Wie funktioniert das?«

SIEGFRIED: »Meine Frau hat zu mir gesagt: Wenn du den einmal abnimmst, bring' ich dich um.«

SIEGFRIED: »Sie wissen ja wahrscheinlich, wieso ich mich noch mal mit Ihnen treffen wollte, Smart.«
MAX: »Ja natürlich. Unsere Mitarbeiter werden langsam knapp.«
SIEGFRIED: »Ja genau. Ich habe jetzt Ihr ganzes Personal, und Sie haben jetzt unser ganzes Personal.«
MAX: »Ja genau. Aber wir dürfen uns nicht noch gegenseitig entführen. Wer sollte dann den Agentenaustausch regeln?«

MAX: »Das ist Agent 27. Der sieht ziemlich weiß um die Nase aus. Irgend etwas stimmt nicht mit der 27.«
CHEF: »Das kann man wohl sagen. Er ist tot!«
MAX: »Da kann ihm ja weiter nichts passieren!«
99: »Er sieht so eigenartig aus.«
CHEF: »Es ist etwas Schreckliches mit ihm passiert. Agent 27 wurde ausgestopft.«
99: »Ausgestopft? Das ist ja furchtbar, Chef!«
CHEF: »Wir können ihn jetzt nur noch begraben.«
MAX: »Müssen wir ihn denn unbedingt begraben?«
CHEF: »Was denn sonst?«
MAX: »Nun, wir könnten ihn vielleicht in ein Museum bringen.«

PROF. CARLSON: »Ja, ich habe hier noch diesen multifunktionalen relaisgesteuerten Hydraulikgenerator.«
MAX: »Das ist ja phantastisch. Was kann man denn damit machen?«
PROF. CARLSON: »Absolut gar nichts. Wenn Sie doch einmal vom Feind gefangengenommen werden, wird er über die Funktionsweise so erstaunt sein, daß Sie in Ruhe verschwinden können.«

MRS. FERRIS: »Mister Smart, mein Name ist Anne Ferris! Dieser Name sagt Ihnen doch sicher etwas?«
MAX: »Junge Frau, ein Berufsagent kann einen Namen nach einmaligem Hören sofort im Gedächtnis behalten. Sonst wäre er ja nicht als Agent geeignet. Und ich bin nun mal Berufsagent, Mrs. Forrest!«
MRS. FERRIS: »Ferris!«

MAX: »Wie?«

MRS. FERRIS: »Ferris!«

MAX: »Wie man das ausspricht, ist ja sicher nicht so wichtig. Jetzt
sagen Sie mal, was Sie von mir wollen, Mrs. Harris ... oder Mrs.
Horace ... Horse?!«

Die Prominenz

Gaststars: Barbara »MISSION: IMPOSSIBLE« Bain, Billy Barty,
Bob Hope, Buddy Hackett, Carol Burnett, Cesar »Joker« Ro-
mero, Dana Elcar, Edward G. Robinson, Ernest Borgnine,
Frank De Vol, Gale Sondergaard, Gayle Hunnicutt, Harold
Gould, Jack Cassidy, James Caan, Johnny Carson, John Fiedler,
Julie »Catwoman« Newmar, Martin Landau, Michael Dunn,
Milton Berle, Phillis Diller, Victor Buono, Vincent Price

Die wichtigsten Regisseure: Don Adams (zwölf Folgen), Reza
S. Badiyi (*Privatdetektiv Joe Dancer*), Paul Bogart (*Was nützt
dem toten Hund ein Beefsteak?*), Bruce Bilson, Richard Don-
ner (LETHAL WEAPON), Gary Nelson (*Quatermain 2 – Auf der
Suche nach der geheimnisvollen Stadt*), Charles Rondeau (STAR
TREK), Jay Sandrich (*Fast wie in alten Zeiten*)

Kultobjekte

Don Adams, GET SMART, LP, Raven Records, PO Box 92, Cam-
berwell, Australia 3124.

Notizen für Insider

Mini-Max oder Die unglaublichen Abenteuer des Maxwell Smart /
GET SMART
USA 1965–1970
Produktion: Talent Associates/Heyday Productions
138 Episoden, NBC/CBS
Laufzeit: 30 Minuten
Idee: Buck Henry, Mel Brooks
Stammbesetzung:
Don Adams (Maxwell Smart/Agent 86), Barbara Feldon (Agent
99), Edward Platt (Thaddeus, der Chef – er starb 1974 im Alter

von 58 Jahren infolge eines Herzinfarkts), Dave Ketchum (Agent 13), Stacy Keach Sr. (Carlson), Bernie Kopell (Conrad Siegfried), King Moody (Starker), Dick Gautier (Hymie, der Roboter), Victor French (Agent 44), Robert Karvelas (Larabee), Jane Dulo (Mutter von Agent 99)

Kinofilm

Die nackte Bombe / THE NUDE BOMB AKA THE RETURN OF MAXWELL SMART
USA 1980. Produktion: Universal. Regie: Clive Donner.
Besetzung: Don Adams (Maxwell Smart/Agent 86), Sylvia Kristel (Agent 34), Rhonda Fleming (Edith von Feckinberg), Dana Elcar (The Chief), Vittorio Gassman (Nino Salvatore Sebastiani/Norman Saint Savage), Robert Karvelas (Larabee)

Pressestimme: »Der englische Regisseur Clive Donner hat mit diesem Film die Fortsetzung einer amerikanischen TV-Serie der sechziger Jahre versucht. Seine Parodie auf Agentenfilme ist ein albernes und langweiliges Machwerk um einen tolpatschigen Superagenten und seine Abenteuer mit einer Organisation von Bösewichtern. Auch einige wenige gute Gags und viele hübsche Mädchen bewahren den Klamauk nicht vor dem großen Gähnen.«
(*Martina Borger, FILMBEOBACHTER*)

Fernsehfilm

Die nackte Bombe 2 / GET SMART AGAIN)
USA 1988. Produktion: ABC. Regie: Gary Nelson
Besetzung: Don Adams (Maxwell Smart/Agent 86), Barbara Feldon (Agent 99), Bernie Kopell (Siegfried), Dick Gautier (Hymie, der Roboter), Robert Karvelas (Larabee), King Moody (Shtarker), Dave Ketchum (Agent 13), Harold Gould (Nicholas Dimanti), Kenneth Mars (Commander Durrey), John »Q« De Lancie (Major Preston Waterhouse)

Pressestimme: »Insgesamt ein herrlich dämlicher Spaß.«
(*VIDEO PLUS*)

Mit Schirm, Charme und Melone

*»Das ist es, was ich an den James-Bond-Filmen
nicht mag: zu viele Kugeln und eine Gering-
schätzung für Frauen. In* The Avengers *waren es
häufig die Frauen, die die Entscheidung trafen.
Bond benützt sie hingegen zuerst fürs Bett und
danach als Kanonenfutter.«*

(Patrick MacNee im Interview mit USA TODAY,
16. Juli 1987)

Agenten gibt es wie Sand am Meer; in jeder Form, Farbe und mit
Tausenden von Leben ausgestattet. Mit anderen Worten: Agenten sind so eine Art Super-Abklatsch des wirklichen Lebens –
nicht überirdisch, sondern eher unterirdisch überlegen. Dazu
müssen Sie wissen: Diese Zeilen werden in Wien geschrieben,
der angeblichen Hochburg des modernen Agentendaseins.
Nicht erst seit dem *Dritten Mann* ist offensichtlich, daß bei jedem Zug an der Kloschnur mindestens ein Dutzend Wanzen
durch die Kanalisation und ein bis zwei U-Boote an Land ge-
schwemmt werden. Orson Welles kannte den Untergrund –
Clint Eastwood ein paar Jahrzehnte später die *Underground*: In
FIREFOX durfte er ein erstauntes Publikum durch das damals
noch in Bau befindliche Wiener U-Bahn-Netz führen. Noch ein
wenig später bedurfte die Welt dringend eines Mannes wie
Bond-Verfälscher Timothy Dalton, um den geheimen Licht-
schalter in den Gondeln des Riesenrades im Wiener Prater zu
enttarnen. Daß aus den Wiener Gasometergebäuden ständig
Senkrechtstarter-Flugzeuge abheben, war allerdings keine Neu-
igkeit – wir stehen schließlich selbst mit Ufos in Kontakt.
Ein Agentenpärchen, wie wir es zuvor noch nicht auf der Mattscheibe gesehen hatten, kam aus England. THE AVENGERS (Die
Rächer) hieß das dynamische Duo, das hierzulande wörtlich: *Mit
Schirm, Charme und Melone* agierte; »mondäne Racheengel des
Swinging London«, die dem Verbrechen und dem tierischen
Ernst den Kampf angesagt haben (SÜDDEUTSCHE ZEITUNG, 21.
Juli 1967). »Sie halten sich dabei nicht mit schäbigen Tresorein-
brüchen und subalternen Banküberfällen auf; mindestens geht es
um die Unterjochung Englands durch monströse Geheimorgani-

sationen, meistens summarisch um die Rettung der Weltkugel vor verrückten oder infernalischen Atomvandalen.«

Interessant waren sowohl die Fälle, die von den Geheimagenten John Steed (Patrick MacNee) und Emma Peel (Diana Rigg) gelöst wurden, wie auch die Personen selbst. Von Anfang an

Dynamisches Duo: Diana Rigg als Emma Peel und Patrick MacNee als John Steed

herrschte in *Mit Schirm, Charme und Melone* ein starkes phantastisches Element vor, beginnend bei der Schwarzweißepisode THE CYBERNAUTS (*Die Roboter*) über den Jahre später in Farbe gedrehten zweiten Teil RETURN OF THE CYBERNAUTS (*Noch einmal Roboter*) bis hin zu den NEW AVENGERS, in denen das Roboterthema ein drittes Mal aufgegriffen wurde.

Die oft abgehobenen Themen (High-Tech, unheimliche Supermächte, Weltbeherrscher und simple Mörder) wurden von John Steeds trockenem Humor wieder auf den Boden der Tatsachen zurückgeholt. Und während das Agentenpärchen noch damit beschäftigt ist, die Welt zu retten, fragen wir uns, ob Mr. Steed und Mrs. Peel ein Verhältnis hatten. Diese Wahrheit allerdings wird uns vorenthalten – aber wir vermuten es. Mehr noch: Wenn wir am Anfang der Episode *Die Roboter* einen Blick in Mrs. Peels Wohnzimmer werfen, in dem Steed ein spontanes Fechtturnier austrägt, dann wissen wir es. So leichtfertig geht keiner mit dem anderen um, wenn er noch nicht mit ihm im Bett gewesen ist. Diana Riggs Bewegungen sind der pure Sex, aber zwischen den Zeilen serviert und ohne blanke Haut. Niemand wollte Emma Peel nackt sehen – von ihr besiegt werden wollte jeder (Mann). Selten ging eine britische Serie so spielerisch mit Sex um, und für Fernsehverhältnisse war Diana Rigg tatsächlich so etwas ähnliches wie die »Königin der Sünde« – obwohl die ganze Familie zuschaute. Fazit: Die Wahrheit liegt im Auge des Betrachters.

»Sie waren schon ein ideales Paar«, schrieb Petra Kipphoff in einem Kommentar in der ZEIT vom 17. Mai 1968. »Aber was heißt hier Paar, gerade das war ja der Trick dieser Serie, daß dieses ideal aufeinander abgestimmte Paar nie ein solches wurde, weder bürgerlich noch unbürgerlich, weder tragisch noch glücklich. Emma (…) war zwar stets als Sexpotential vorhanden, aber diese ihre Qualitäten kamen nie direkt zum Einsatz. Ihre Feinde verfielen ihr zwar reihenweise, aber sie legte sie kurz und kühl aufs Kreuz und nahm, nach Hause zurückgekommen, gelassen den Telefonhörer ab: ›Mrs. Peel‹, das war Steeds Stimme, ›wir werden gebraucht.‹«

»Die deutschen Fernsehprüfer hatten es den Österreichern abgenommen, eine Auswahl unter den *Schirm-Charme*-Folgen zu treffen, die von der amerikanischen TV-Gesellschaft ABC produziert und von 47 Ländern übernommen wurden«, schrieb die

›Mit Schirm, Charme und Melone‹: Diana Rigg (rechts) in voller Aktion

österreichische Tageszeitung KURIER am 5. Juni 1967 und liefert die Begründung für die öffentlich-rechtliche Vorzensur gleich mit: »Denn die telegene Heldin Emma Peel alias Diana Rigg weist im Laufe der Serie ganz besondere ›Eigenschaften‹ auf: Sie wird als ›Königin der Sünde‹ mit Spitzenhöschen serviert, trinkt Sekt im Sarg, wird von einer Weinpresse fast zerquetscht und betätigt sich als verführerische Bauchtänzerin.« Vor allem letzteres erregte den Unwillen der Moralapostel, die damit mit sträflicher Leichtfertigkeit eines der wesentlichen Elemente aus der Serie eliminierten.

Für Dr. Joachim Tettenborn, den verantwortlichen Filmredakteur des ZDF, waren die 13 zuerst eingekauften Episoden »ein enormer Prozentsatz« für eine ausländische Serie. »Wir haben alle vorhandenen englischen Folgen gesichtet, 50 Prozent konnten wir gebrauchen«, erklärte er in einem Interview mit der STUTTGARTER ZEITUNG (11. April 1967). »Der Rest war entweder zu sadistisch oder zu versponnen. Die übrigen AVENGERS-Folgen, die wir erst gar nicht geprüft haben, waren mit anderen Hauptdarstellern gedreht. Sie kommen deshalb nicht für uns in Frage, denn das deutsche Publikum will ja Patrick MacNee und Diana Rigg als John und Emma sehen.« Immerhin klebten 67 Prozent aller deutschen Fernsehteilnehmer während der Steed/Peel-Show fest an den Mattscheiben; eine Quote, die bislang nur Lou van Burgs *Goldenem Schuß* vergönnt gewesen war. Nachdem die 36. und vorerst letzte Folge vom ZDF ausgestrahlt worden war, bemerkte Petra Kipphoff in der ZEIT: »Zwar behauptete ein Anstaltssprecher, das deutsche Fernseh-Publikum habe jetzt genug von Emma, aber das klang ungefähr so, wie wenn jemand, dessen Gäste gerade fröhlich eine neue Flasche entkorken wollen, die Mäntel hereinbringt, mit der Versicherung, dieser Wein sei ganz miserabel.«

Tatsächlich wurde *Mit Schirm, Charme und Melone* fortgesetzt, allerdings mit anderen Darstellern. Anstelle von Emma Peel agierte Tara King an John Steeds Seite, vom Typus völlig konträr angelegt. Nach den sechs AVENGERS- und den zwei NEW AVENGERS-Seasons (insgesamt 187 Folgen) durfte Steed auf drei Assistentinnen zurückblicken; neben Diana Rigg waren da noch Honor Blackman (als Cathy Gale) und Linda Thorson (als Tara King).

Keiner der Aufgüsse vermochte allerdings den Geist des Originals, die prickelnde Erotik und den subtilen Wortwitz der Charaktere auferstehen zu lassen. Am wenigsten Erfolg hatte das in den Jahren 1976/77 gedrehte Re-Remake THE NEW AVENGERS, in dem Steed plötzlich im gemischten Team arbeitet.

»Während der Dreharbeiten zu den AVENGERS war Diana Rigg mit dem Regisseur Philip Saville befreundet«, meint Patrick MacNee. »Diana kam jeden Morgen mit einer Stinklaune an den Drehort, weil ihr dieser Mann ständig einredete: Warum spielst du in dieser billigen Serie mit? Du bist als Shakespeare-Darstellerin ausgebildet und nicht für so gemeines Zeug. Statt also jahrelang der Serie treu zu bleiben – wie wir es hätten tun sollen, wie wir uns später einmal eingestanden –, stieg Diana nach 18 Monaten aus« (USA TODAY). Bevor der melonenbehelmte Agent mit Diana Rigg in die Lande zog, hatte er in einer allererste AVENGERS-Staffel (die im deutschen Fernsehen noch nie gezeigt wurde) einen Assistenten namens Dr. David Keel (dargestellt von Ian Hendry) an der Seite. Kurz vor Drehbeginn der zweiten Staffel im Jahr 1961 stieg Hendry unvermittelt aus der Serie aus. Als Ersatz fungierte zunächst John Rollason (als Martin King), bis nach drei Episoden das Konzept gewechselt wurde. Steed bekam mit Honor Blackman (Cathy Gale) seine erste Frau zugeteilt, bis schließlich Emma Peel, die Lackleder gewordene Verkörperung der 60er Jahre, an ihre Stelle trat. Die »echten« AVENGERS waren geboren.

Nicht mehr so erfolgreich: ›The New Avengers‹ *mit (v. l. n. r.) Gareth Hunt als Mike Gambit, Joanna Lumley als Purdey und Patrick MacNee als John Steed*

Die Originalepisoden können auf Video wiederentdeckt werden. »Davon bin ich begeistert«, meinte Patrick MacNee in einem Interview mit USA TODAY (16. Juli 1987). »Ich werde vielleicht sogar neue Einführungen für jede Episode drehen. Die Leute haben sich schon immer sehr zu dieser Serie hingezogen gefühlt. Ihre Stärke ist – im Gegensatz zu MOONLIGHTNING, das ich sehr bewundere – daß die beiden Hauptfiguren eher untertrieben spielen. Wir waren auf eine subtile Wirkung aus und ermöglichten es dadurch den Nebendarstellern, großartig und witzig dazustehen. Haben Sie schon mal darauf geachtet, wer damals unsere Gastspieler waren? Leute wie John Cleese oder Donald Sutherland zum Beispiel.« Auf eine Waffe hat Steed die ganze Serie über verzichtet. »Ich habe nie eine Pistole getragen und nie eine Zigarette geraucht vor der Kamera. Tatsächlich war ich damals Kettenraucher und wollte deshalb der Jugend kein schlechtes Beispiel geben. Die Pistole habe ich weggelassen, weil ich ein überzeugter Pazifist bin. Ich habe mich zu meiner Verteidigung auf andere Mittel verlassen, meist auf meinen Regenschirm.«

In Deutschland stand Diana Rigg am Ende der Staffel auf der Beliebtheitsskala so weit vorne, daß die Nordborner Weberei Ludiwig Povel und Co. ihren Namen und ihren Status als Superagentin für einen Textilwerbefeldzug nützte. »Eine Reihe Hersteller von Kleidern, Röcken, Damenhosen, Blusen und Kostümen haben Lizenzen erhalten«, berichtete Das DEUTSCHE HANDELSBLATT am 2. März 1968. »Diana Rigg wird zur Förderung der ganzen Aktion in verschiedenen Werbeveranstaltungen anwesend sein. Povel hat die alleinigen Rechte nicht nur für die Bundesrepublik, sondern für ganz Europa erworben. In Frankreich, Schweden und Italien beginnt die Fernsehserie überhaupt erst in den nächsten Monaten (…).

In Deutschland ist ihre Anhängerschaft so groß, daß, wie Povel im stillen hofft, eine Wiederholung der Serie wahrscheinlich ist. Die ›Neue‹ ist schließlich noch ein unbeschriebenes Blatt. Diana Rigg aber filmt auf jeden Fall weiter, wenn auch nicht als schon fast legendäre Emma Peel.« Linda Thorson konnte als Tara King ihrer Vorgängerin Diana Rigg zwar nicht annähernd das Wasser reichen, die im deutschen Sprachraum nicht ausgestrahlten Episoden gelten unter Fans aber als gesuchte Sammlerstücke.

Starke Sprüche

»Mit Richard Burton habe ich einmal 18 Gläser Wodka hintereinander gekippt, und mit David Niven trank ich während einer Produktion auf der Insel Goa im Indischen Ozean Whisky aus der Teekanne.«
(Patrick MacNee)

»Wer einmal John Steed war wie ich – ein Held, der auf der ganzen Welt beliebt und berühmt war –, ist sich das schuldig.«
(Patrick MacNee, angesprochen auf seine pingelige Rollenauswahl)

»Ich selbst pflege die Obstbäume in unserem Garten. Am Morgen stehe ich früh auf und pflücke eine Orange, um sie auszupressen ...«
(Patrick MacNee über sein gegenwärtiges Leben in der Sonne von Palm Springs)

Die Prominenz

Gaststars:
Donald Sutherland, John Cleese

Die wichtigsten Regisseure:
Robert Tronson, Peter Hammond, Peter Graham Scott, Cyril Frankel, Charles Crichton, Leslie Norman, Kim Mills

Notizen für Insider

Mit Schirm, Charme und Melone / THE AVENGERS
GB 1961–1966 in Schwarzweiß, 1967–1969 in Farbe
Produktion: ABC Television
Idee: Sydney Newman, Leonard White

Stammbesetzung:
Patrick MacNee (John Steed), Ian Hendry (Dr. David Keel), Honor Blackman (Cathy Gale), Diana Rigg (Emma Peel), Linda Thorson (Tara King), Patrick Newell (»Mother«), Ingrid Hafner (Carol Wilson)

Einzeltitel (der Episoden mit Diana Rigg)

Deutscher Titel	Originaltitel

Schwarzweißepisoden

Stadt ohne Rückkehr	The Town of No Return
Die Totengräber	The Gravediggers
Die Roboter	The Cybernauts
Ausverkauf des Todes	Death at Bargain Prices
Das schottische Schloß	Castle Death
Club der Hirne	The Masterminds
(noch nicht synchronisiert)	The Murder Market
(noch nicht synchronisiert)	A Surfeit of H2o
(noch nicht synchronisiert)	The Hour That Never Was
Vorsicht bei Anruf	Dial a Deadly Number
(noch nicht synchronisiert)	The Man-Eater of Surrey Green
2 : 1 = 1	Two's a Crowd
(noch nicht synchronisiert)	Too Many Christmas Trees
Tödlicher Staub	Silent Dust
Geschlossene Räume	Room Without a View
Afrikanischer Sommer	Small Game for Big Hunters
(noch nicht synchronisiert)	The Girl from Auntie
Das 13. Loch	The 13th Hole
Gefährliche Tanzstunde	The Quick-Quick-Slow Death
Der Club der schwarzen Rose	The Danger Makers
(noch nicht synchronisiert)	A Touch of Brimstone
Butler sind gefährlich	What the Butler Saw
(noch nicht synchronisiert)	The House That Jack Built
Robin Hood spielt mit	A Sense of History
(noch nicht synchronisiert)	How to Succeed at Murder
Honig für den Prinzen	Honey for the Prince

Farbe

Einmal Venus und zurück	From Venus With Love
Schock frei Haus	The Fear Merchants
Fahrkarten in die Vergangenheit	Escape in Time
Die Durchsichtigen	The See-Through Man
Ein Vogel, der zu viel wußte	The Bird Who Knew Too Much
Der geflügelte Rächer	The Winged Avenger
Der Geist des Duke von Benedict	The Living Dead
Vorsicht Raubkatzen!	The Hidden Tiger
Kennen Sie Snob?	The Correct Way to Kill
Duplikate gefällig	Never Never Say Die
Filmstar Emma Peel	Epic
Fliegen Sie mal ohne	The Superlative Seven

Deutscher Titel	Originaltitel
Diesmal mit Knalleffekt	A Funny Thing Happened on the Way to the Station
1, 2, 3 – Wer hat den Ball?	Something Nasty in the Nursery
Weekend auf dem Lande	The Joker
Wer ist Wer?	Who's Who?
Und noch einmal Roboter	The Return of the Cybernauts
Der wahrgewordene Alptraum	Death's Door
Wo der Hund begraben liegt	The 50.000 Breakfast
Mit 160 aus dem Stand	Dead Man's Treasure
Sie wurden soeben ermordet	You Have Just Been Murdered
Der todbringende Anzug	The Positive-Negative Man
Im Dorf des Todes	Murdersville
Haben Sie es nicht ein bißchen kleiner?	Mission Highly Improbable
Auf Wiedersehen (1. Episode mit Tara King)	The Forget-Me-Knot

Mit Schirm, Charme und Melone erscheint in einer originalsprachigen Video-Edition bei Lumiere.

Nach langer Versenkung konnte Patrick MacNee im Jahr 1980 mit Regisseur Joe Dantes Werwolf-Klassiker *Das Tier* (THE HOWLING) wieder an seine alten Erfolge anknüpfen. Ansonsten ist es recht still um den Schauspieler geworden.

Das Model und der Schnüffler

»Wir sind ein Team, Maddie. Wie Ernie und Bert,
Lucy und Charlie Brown, Dick und Doof.« –
»Die beiden gibt es noch? – »Denk darüber nach,
Maddie. Ich find' es bewundernswert. Wir halten
zusammen, in guten und in schlechten Zeiten,
durch gute und durch miese Fälle ...« –
»Durch keine Fälle!« – »Durch keine Fälle. Und
das länger als 'ne Menge Ehepaare. Und weißt du
wieso?« – »Getrennte Büros. Deshalb.« –
»Wir haben Respekt voreinander. Wir betrachten
uns selbst als Partner ... und als gleichwertig ...
Na schön, bist du eben gleichwertiger. Aber es
bleibt, wie es ist. Die Mannschaft stimmt. Das
Team ist gut ... Auf uns. Auf unsere Freundschaft,
unsere Agentur. Auf ein neues Jahr!«

(Dialog zwischen David und Maddie in der Episode
Den Seinen gibt's der Herr im Schlaf)

Die Tatsache, daß Männer und Frauen nur in den seltensten Fällen harmonieren, war schon dem britischen Dichterfürsten William Shakespeare (1564–1616) bekannt. Kein Dramatiker vor ihm war imstande, gleich viele Aspekte des Geschlechterkampfes dermaßen faszinierend in Wort und Handlung zu bannen und in gleich vielen Gefühls- und Bedeutungsnuancen aufleuchten zu lassen. So weit er sich auch in seinen besten Komödien *Viel Lärm um nichts* und *Der Widerspenstigen Zähmung* zum Gaudium der Zuschauer vom Normalen und Alltäglichen entfernte, so nahe blieb er doch den Erfahrungen und Situationen, an denen jeder unmittelbar teilhaben konnte. Nicht umsonst zählt der Zank zwischen Mann und Frau seither zu den klassischen Themen der Komödie – in Literatur, Film und Fernsehen – und löst in Erwachsenenkreisen nostalgische Erinnerungen, heitere Stimmung, Selbsterkenntnis – und Schadenfreude aus.

Wenn Sie also über den turbulenten Krieg der Geschlechter herzhaft lachen wollen, dann sollten Sie keine Wiederholung versäumen von *Leoparden küßt man nicht* (Katharine Hepburn gegen Cary Grant), *Sein oder Nichtsein* (Carole Lombard gegen

Cybill Shepherd und Bruce Willis

Jack Benny), *Blaubarts achte Frau* (Claudette Colbert gegen Gary Cooper), *Bettgeflüster* (Doris Day gegen Rock Hudson), *Die Eule und das Kätzchen* (Barbara Streisand gegen George Segal), *Auf der Jagd nach dem grünen Diamanten* (Kathleen Turner gegen Michael Douglas) und *Harry und Sally* (Meg Ryan gegen Billy Crystal).

Das gilt auch für die erfolgreiche TV-Serie MOONLIGHTNING (*Das Model und der Schnüffler,* 1985–1989, Cybill Shepherd gegen Bruce Willis). Seit dem verbalen Schlagabtausch zwischen der resoluten Detekteibesitzerin Maddie Hays (Cybill Shepherd) und dem frechen Privatdetektiv David Addison (Bruce Willis) gehören lautstarke Auseinandersetzungen zwischen Frau und Mann im Fernsehen wieder zum guten Ton. Als der amerikanische Fernsehsender ABC 1985 die ersten Episoden der skurrilen Krimiserie ausstrahlte, hatten die schier endlosen Familienchroniken DALLAS und DYNASTY längst ihren Höhepunkt überschritten. Das einzige Motiv dafür, daß wir immer noch Woche für Woche fasziniert auf das Geschehen der öligen Seifenopern starrten, war die Neugier. Wir wollten unbedingt erfahren, wie es den Serienärzten gelang, den Kopf einer Hauptfigur, die zwei Jahre zuvor gestorben war, wieder an den Rumpf anzunähen. Eine revolutionäre Operation? Oder nur ein fadenscheiniger Trick der Drehbuchautoren, die die Zuschauer offensichtlich für Gehirnamputierte halten?

Das Publikum war von den abgedroschenen, sentimentalen Beziehungskisten, die den muffigen TV-Alltag bestimmten, langsam übersättigt und sehnte sich nach Abwechslung und Würze. Maddie und David waren genau jene frischen, scharfen Paprikaschoten im Fernsehgulasch, an denen man sich die Zunge verbrennen konnte. Mit MOONLIGHTNING bot ABC seinen Zusehern zwar nichts Neues, dafür aber etwas Ungewohntes. Die Serie scherte sich einen Dreck um die Regeln der Dramaturgie und um die Gesetze der Kontinuität des Geschehens. Logik und Realismus wurden über Bord geworfen und durch gepfefferten Wortwitz, Slapstick und Blicke in die Kamera, wie es schon Oliver Hardy 50 Jahre zuvor getan hatte, ersetzt. Was anderen Fernsehserien heilig war, zog MOONLIGHTNING gnadenlos durch den Kakao. Die Serie nahm weder sich noch andere ernst, und das war gut so.

Während die romantisch-komische Melange aus Action, Krimi

und Love-Story in Amerika die bisherigen TV-Serien-Spitzenreiter DALLAS und DYNASTY binnen kürzester Zeit überflügelte, stieß die saloppe Sprechweise der Protagonisten in der deutschen Synchronfassung so manchem strengem, europäischem Kritiker sauer im Magen auf. »Besser wird die Serie durch die Ausstrahlung an einem staatlichen Sender jedenfalls nicht«, meinte etwa Raphael Suter 1991 in der BASLER ZEITUNG, der offensichtlich Unterhaltung mit Bildungsauftrag verwechselt, anläßlich der Erstausstrahlung von *Das Model und der Schnüffler* im Schweizer Fernsehen.

Wie nicht anders zu erwarten war, setzte die populäre Serie, allen Unkenrufen zum Trotz, ihren Triumphzug natürlich auch im deutschsprachigen Raum fort. Einmal 120 Minuten (Pilotfilm) und 66mal 60 Minuten strapazierte der schlagfertige Privatdetektiv mit unverschämten Bemerkungen, blöden Sprüchen und anzüglichen Andeutungen die Nerven seiner Chefin. Aber was

›*Das Model und der Schnüffler*‹

sich liebt, das neckt sich eben – obwohl sich der Legende nach das »Model« und der »Schnüffler« von Anfang an nicht ausstehen konnten. Dennoch soll sich Cybill Shepherd Bruce Willis unter zehn anderen Bewerbern ausgesucht haben. Angeblich war sie im ersten Moment von ihm angetan, daß sie ihn verführte. Das Verhältnis hielt allerdings nur zwei Wochen. »Zum Glück«, bekannte Cybill später. »Denn ich entdeckte bald, daß Bruce ein Mistkerl ist. Begabt, aber ein Mistkerl.«

Das »Model« hieß Cybill Shepherd und war ein Filmstar Marke Grace Kelly, dessen selbstbewußte Südstaaten-Ausstrahlung Regisseur Peter Bogdanovich (THE LAST PICTURE SHOW) in den 70er Jahren gehörig den Kopf verdreht hatte und dessen Karriere nun auf dem besten Weg war, mit einem Höllentempo ins tiefe Tal der Bedeutungslosigkeit zu rasen. Der »Schnüffler« war Bruce Willis, ein unbeschriebenes Blatt in der Show-Branche, der außer ein paar Auftritten in experimentellen Theateraufführungen, Mundharmonikasoli in einer Rhythm 'n' Blues-Band und einer winzigen Nebenrolle in einer Folge der TV-Serie MIAMI VICE nichts vorzuweisen hatte.

Mit MOONLIGHTNING segelten beide auf Erfolgskurs. Der ehrgeizigen Cybill Shepherd gelang ein glanzvolles Comeback mit der Rolle der Maddie Hayes, eines ehemaligen Werbemodels, das außer einer Privatdetektei, in der noch kein einziger Fall gelöst wurde, alles Hab und Gut verloren hat. Bruce Willis schaffte mit der Figur des dreisten Maulhelden David Addison, dem coolen Leiter des »Blue Moon«-Detektivbüros, der sich für unwiderstehlich hält, ständig auf seine Qualitäten pocht und nic wieder aus dem Leben seiner Chefin verschwinden sollte, den Sprung vom Nobody zu einem der bestbezahlten Superstars.

»Willis ist die Entdeckung des Jahres. Er sieht aus wie eine Kreuzung aus Mickey Rourke und Michael Keaton, spielt wie Bill Murray und hat die Präsenz von Chevy Chase«, jubelte ein amerikanischer Kritiker nach der MOONLIGHTNING-Premiere im März 1985. Acht Jahre später allerdings, nach Kinohits wie *Stirb langsam, Stirb langsam 2,* und *Last Boy Scout,* war der Ruf des zum toughen Action-Helden avancierten Schauspielers schwer angeschlagen. Während andere Stars vom »method acting« schwärmten, ihre Sensibilität an Geige oder Saxophon bewiesen und die Wände ihrer Villen mit Picassos und Chagalls vollpflasterten, setzte der ehemalige New Yorker Szene-Kellner

mit der Bandbreite Bier, Bars, Busen nach wie vor auf sein Ra-
bauken-Image und verprügelte Fotografen.

»In Zeiten wie diesen muß man schon Michael Jackson heißen,
um mit einem noch schlechteren Verhältnis zur Presse aufwar-
ten zu können als Bruce Willis«, erkannte der Wiener Journalist
Peter Krobath 1993 richtig, als die öffentliche Empörung über
den beigen »King of Pop« Michael Jackson, der sich mit einer
astronomischen Geldsumme vom Verdacht des mehrmaligen
Kindesmißbrauchs freigekauft hatte, ihren Siedepunkt erreichte. »Anscheinend kann und will Bruce Willis nicht verstehen,
daß sein fettes Bankkonto nur zum kleinen Teil der Lohn für
seine schauspielerische Leistung ist – und zum weitaus größeren
Teil der gerechte Ausgleich dafür, daß er seit dem Erfolg der
Fernsehserie *Das Model und der Schnüffler* auf Schritt und Tritt
von der Skandalpresse verfolgt und mit mehr oder weniger gut
erfundenen Geschichten bombardiert wird.« Wieder einmal bewahrheitete sich Louella Parsons' alte Klatschweisheit: »Wenn
sich zwei Stars streiten, freut sich die Presse.«

Seit den ersten Gerüchten über die Animositäten der beiden
Fernsehstars sind die Spekulationen in der Regenbogenpresse
über Bruce Willis' Macho-Eskapaden nicht mehr verstummt.
Während die ewige Frage des Fernseh-Normalverbrauchers,
wann David seine Maddie endlich ins Bett bekommt, am Ende
der Serie schließlich beantwortet wurde, lagen Bruce und Cybill
hinter den Kulissen ständig miteinander im Clinch. Als die Serie
1989, nach vier Jahren Produktionszeit und 66 turbulenten Episoden, eingestellt wurde, war ein gewaltiger Seufzer der Er-
leichterung in Hollywood zu hören. Die Spannungen zwischen
den beiden Hauptdarstellern hatten eine Dimension jenseits des
Erträglichen erreicht.

Cybill unterstellte Bruce Größenwahn: »Er kommt betrunken
ins Studio und spielt den Supermann!« Willis konterte: »Ich habe zehnmal mehr Talent in meinem kleinen Zehennagel!« Wie
auch immer. Der Sieger in diesem Zweikampf der Egos ist eindeutig Bruce Willis. Obwohl Cybill Shepherd nach Beendigung
der Serie mit dem Kinofilm TEXASVILLE (1990), der Fortsetzung
von Peter Bogdanovichs THE LAST PICTURE SHOW, einen Achtungserfolg verbuchen konnte, hat die kühle Blonde das Duell
gegen ihren arroganten Serienpartner schmachvoll verloren.
Bruce Willis' Stern ist am Hollywood-Himmel mittlerweile wie

eine Supernova aufgegangen und hat den Sohn eines Schweißers zum vielfachen Dollar-Millionär gemacht.

Das Großmaul aus New Jersey wurde zum ungekrönten König der Arbeiterklasse, »weil er der einzige Superstar Hollywoods ist, dem man sofort glaubt, daß er seinen Luxusschlitten notfalls auch selbst reparieren könnte«, formulierte es Peter Krobath in der Wiener Programm-Zeitschrift CITY TELE einmal so treffend. »Bruce Willis ist ein Mann mit Hirn und Hoden. Ein Teddybär, der stets den Brummbären raushängen läßt. Ein Typ, den die Männer lieben, weil er immer mit zum Saufen geht, und die Frauen, weil in der Regel nach der Sperrstunde auch für sie noch mehr als genug übrigbleibt.«

Starke Sprüche

DAVID: »Leb schnell. Stirb jung. Trage saubere Unterwäsche!«

MADDIE: »Du bist gefeuert!«

MADDIE: »Was glaubst du eigentlich, wer du bist?«
DAVID: »Ich bin der Beste!«

WHOOPIE GOLDBERG: »He, läuft *Die Farbe Lila* schon auf Kabel?«

»Mein Lebensglück ist nicht davon abhängig, daß ich einen Busen wie eine 18jährige habe.«
(*Cybill Shepherd, ARSENIO HALL SHOW, 1980*)

Unsterbliche Momente

AGNES: »›Blue Moon‹-Ermittlungen! Haben Sie ein Problem? Fressen Sorgen Sie auf? Bei ›Blue Moon‹ sind Sie richtig, wir haben was drauf! Wir sind besser, weil wir zuhören. Wir hören alles, was Sie bewegt. Hören zu. Hören zu. Und schon ist Hilfe auf dem Weg.«

DAVID: »Ich ruf' ihn an, sobald ich mehr weiß … Sie sollen mich anrufen, wenn sie mehr wissen, und Mister Bloom soll meinen Anwalt anrufen.«
TOM: »Mister Bloom ist doch Ihr Anwalt.«

DAVID: »Naja, dann sollen die beiden sich zusammensetzen und sich einig werden ... Aber ich bezahl' dafür nicht doppelt.«

DAVID: »Wir sind ein völlig unbekanntes Büro. Und darum brauchen wir Sie. Zur Zeit sind wir noch so anonym, wie es schlimmer nicht geht. Wir sind das Bermuda-Dreieck der Wirtschaft. Wer bei uns arbeitet, der verschwindet von der Bildfläche ... Im Grunde bin ich manchmal geneigt zu glauben, fast alle, die bei uns arbeiten, wollen sich bloß vor irgendwem verstecken.«

DAVID: »Hier vorne finden wir die Hausbar ... den Fernseher ... und eine wirklich aufregende Aussicht auf Los Angeles. Kurz, alles was der Mensch braucht für harte Arbeit.«

MADDIE: »David Addison. Du bist ein widerliches, zurückgebliebenes Schwein!«
DAVID: »Ja, das stimmt.«
MADDIE: »Du verdienst nicht mal, mit dem Rest der Herde aus einem Trog zu schlabbern.«
DAVID: »Auch richtig.«
MADDIE: »Ein Tier bist du!«
DAVID: »Ganz genau.«
MADDIE: »Und was soll das bedeuten?«
DAVID: »Das Männchen der Spezies vereinigt sich geschlechtlich nicht weniger als sechsundvierzigtausendfünfhundertdreimal, vom dreizehnten Lebensjahr an, bis die Munition verballert ist.«
MADDIE: »Ja, das weißt du, aber nicht mal unser Postfach!«

Kultobjekte

Wenn Sie mehr von Cybill Shepherd und Bruce Willis hören wollen, dann sollten Sie sich folgende LPs zulegen:
MOONLIGHTNING (WB 925460); der Soundtrack zur Fernsehserie. Sie finden darauf Al Jarreau (MOONLIGHTNING), Bruce Willis (GOOD LOVIN') und Cybill Shepherds Interpretation des Rodgers/Hart-Songs BLUE MOON.
THE RETURN OF BRUNO (Motown 72571) – Bruce Willis sings the Blues!

IF IT DON'T KILL YOU, IT JUST MAKES YOU STRONGER (Motown ZL72680) – Bruce Willis singt noch immer!

Die Prominenz

Gaststars: Eve Marie Saint, Virginia Madsen, Demi Moore, Timothy Leary, Whoopie Goldberg, Judd Nelson, Brad Dourif, Billy Barty

Die wichtigsten Regisseure: Robert Butler (*Das turbogeile Gummiboot*), Jay Danile, Dennis Dugan (THE SPACEMAN AND KING ARTHUR), Paul Krasny (ALCATRAZ)

Notizen für Insider

Das Model und der Schnüffler / MOONLIGHTNING
USA 1985–1989
Produktion: ABC Picturemaker Productions
1 Pilotfilm, 120 Minuten
66 Episoden
Laufzeit: 60 Minuten
Idee: Glen Gordon Caron
Titelsong: Al Jarreau
Musik: Lee Holdridge

Stammbesetzung:
Cybill Shepherd (Maddie Hayes), Bruce Willis (David Addison), Allyce Beasely (Agnes Dipesto), Curtis Armstrong (Herbert Viola), Eve Marie Saint (Virgina Hayes), Robert Webber (Alex Hayes), Jack Blessing (MacGilicuddy)

Die Episode ATOMIC SHAKESPEARE wurde im Versmaß Jambus geschrieben. Maddie und Dave schlüpfen darin in Rollen, die ihnen ganz besonders liegen: Als Shakespeares zänkisches Pärchen Petruchio und Katharina agieren sie in einer Kurzversion von *Der Widerspenstigen Zähmung*.
Für MOONLIGHTNING erhielt Bruce Willis die erste und wahrscheinlich einzige Auszeichnung seiner Schauspielerkarriere: den Emmy-Award als bester Hauptdarsteller einer Fernsehkomödie.

Monty Python's Flying Circus

»Sie sind Kultfiguren. Die Marx Brothers zum
Beispiel waren das nicht. Auch nicht Abbott und
Costello oder Charlie Chaplin. Es waren Komö-
dianten, Komiker. Die Monty Pythons sind ein
Kult. Manche Leute mögen sie, manche nicht.«

(MICKEY ROONEY)

MONTY PYTHON'S FLYING CIRCUS – ein ungewöhnlicher Titel für eine alltägliche Komödienserie über Menschen und Monster wie du und ich. MONTY PYTHON'S FLYING CIRCUS – ein heimtückischer Anschlag auf den guten Geschmack, der den britischen Humor auf ganz und gar unvornehme Weise revolutioniert hat. MONTY PYTHON'S FLYING CIRCUS – die einzig wahre Parole für Freunde der bissigen, ätzenden, brillanten Satire.

Gesucht, gefunden und getroffen haben sich die Herren John Cleese, Michael Palin, Graham Chapman, Eric Idle, Terry Jones und Terry Gilliam vor mehr als einem Vierteljahrhundert an den Universitäten Oxford und Cambridge. Vor den gestrengen Augen ihrer Kommilitonen begannen Cleese, Chapman, Jones und Palin in den verrauchten Studentenclubs gemeinsam Sketche vorzuführen und entwickelten dabei wohl auch jenen unnachahmlichen Stil, der heutzutage zum Besten, zum Gemeinsten und sicher auch zum Erfolgreichsten zählt, was Großbritanniens Humor je hervorgebracht hat.

Jahre später, im Mai 1969, nachdem sie sich schon die ersten Sporen im Fernseh-Entertainment verdient hatten (u. a. als Gagschreiber für Marty Feldman), hockten sie in einem Londoner Pub und brüteten über den Titel für ihre erste gemeinsame Fernsehshow. Zuerst sollte die Comedy-Serie IT IS heißen. Doch das klang in Mr. Cleese's Ohren zu positiv. Die zweite Version IT IS NOT war Mr. Jones wiederum zu konkret. Als man sich nach heftigen Diskussionen schließlich auf den seltsamen Titel MONTY PYTHON'S FLYING CIRCUS einigte, war der erste Schritt für eine beispiellose Karriere getan, die bis heute nicht zu stoppen war.

Die Kinofilme der besten und bösesten Spaßmacher Europas – *Die wunderbare Welt der Schwerkraft, Die Ritter der Kokosnuß,*

Der »fliegende Zirkus« in relativ jungen Jahren

Das Leben des Brian, Monty Python's Live at the Hollywood Bowl und *Der Sinn des Lebens* – sind seit vielen Jahren Dauerbrenner in Programmkinos auf der ganzen Welt.

MONTY PYTHON'S FLYING CIRCUS – die Wortschöpfung der sechs Gentlemen – setzt sich aus dem erfundenen Namen »Monty Python« und einer Anspielung auf den »Fliegenden Zirkus« des »roten Barons« zusammen, jenes legendären deutschen Kriegshelden Baron Manfred von Richthofen, der im Ersten Weltkrieg seine britischen und französischen Gegner ständig in Panik versetzt hat. Graham Chapman und John Cleese hatten schon in Cambridge gemeinsam Sketche geschrieben und setzten diese Tradition nun erfolgreich fort, während Michael Palin und Terry Jones das Oxford-Team bildeten, Eric Idle alleine grübelte und Terry Gilliam so unabhängig war, daß er die anderen erst im Studio mit seiner Arbeit konfrontierte. Das erste Resultat der anstrengenden Zusammenarbeit wurde am 5. Oktober 1969 von der BBC ausgestrahlt – und spaltete das englische Königreich. Kurioserweise lief die Show auf einem Sendeplatz, der bislang einer stinklangweiligen Sendung über religiöse Betrachtungen (!) vorbehalten gewesen war. Mangelndes Publikumsinteresse und rapide sinkende Einschaltquoten hatten die Programmacher dazu bewogen, Glaubensfragen durch respektlose Unterhaltung zu ersetzen – allen voran Barry Took, jener Mann, der stets wie ein Löwe für die künstlerische Freiheit seiner »Python-Kinder« kämpfte. Konservative Fernsehzuschauer empfanden die skurrilen Attacken auf das britische Establishment und den Rest der Welt als »very shocking«.

Das liberale Publikum konnte sich vor Lachen kaum mehr halten. Die 45 Episoden, die zwischen 1969 und 1973 entstanden und in denen Cleese, Palin, Idle, Chapman, Jones und Gilliam in Hunderten von verschiedenen Rollen auftraten, hatten die Durchschlagskraft einer Maschinengewehrsalve. In Sketchen,

Trockener britischer Humor: ›Monty Python's Flying Circus‹

Filmszenen, Live-Berichten, Meinungsumfragen, Kommentaren und köstlichen Zeichentricksequenzen von Terry Gilliam hatte die Show nur eines zum Thema: die Welt, an der wir kleben. Als Quelle ihrer Parodien und Ziel ihres Spottes mußten Diskussionsrunden, Reportagen und Sportübertragungen herhalten. Wußte das britische Fernsehpublikum vorher noch nichts von der Existenz alter Damen, die über wehrlose Rocker herfallen, pferdemelkender Polizisten, der Mausmenschen und des Mannes mit drei Hinterbacken, so wurde es jetzt von cholerischen Moderatoren, irren Showmastern und total gestörten Live-Reportern über allerlei ungewöhnliche Gesellschaftsphänomene aufgeklärt. Da führte Wolfgang Amadeus Mozart (John Cleese) durch eine Sendung, die sich um die interessantesten Todesfälle drehte. Da gab's plötzlich das »Ministry of Silly Walks« und einen Witz, der so lustig war, daß er im Zweiten Weltkrieg als tödliche Waffe eingesetzt wurde: »Venn ist das nurnstuck git und Slotermeyer? Ya! Beigerhund das oder die Flipperwaldt gersput!« (Die bösen Nazis lachten sich reihenweise darüber tot.) Das Erfolgsrezept hieß Anarchie, Unberechenbarkeit, Respektlosigkeit, Chaos, Irrsinn, Tempo – und »And now for something completely different«! Heutzutage zählt dieser legendäre Running Gag, der zum Markenzeichen vieler MONTY PYTHON-Produktionen wurde, zum Wortschatz eines jeden anständigen MONTY PYTHON-Fans. Aber kommen wir jetzt zu etwas ganz anderem.

JOHN CLEESE (eigentlich John Cheese!), der größte von den Monty Pythons – zumindest was die Körpergröße angeht –, wollte einst Richter (!) werden. Wie kein anderer aus der PYTHON-Truppe ist Cleese besonders dem trockenen britischen Humor verhaftet. Durch seine zahlreichen Fernsehshows, Werbespots (»Schweppes«) und Kinofilme (*Clockwise, Ein Fisch namens Wanda*) gilt er als prominentester PYTHON-Veteran. »Es wird Sie vielleicht überraschen, daß mich das alles nicht besonders interessiert. Mehr als Schauspielen, Regieführen und Drehbuchschreiben liebe ich ganz einfach das Nachdenken«, outete sich Cleese einmal in einem Fernsehinterview. »Ich habe das Gefühl, wenn ich Filme mache, dann benütze ich nur einen ganz kleinen Teil meines Gehirns, den aber intensiv. Aber der Großteil meines Verstandes wird überhaupt nicht in Anspruch genommen.

Überfall im Unterwäsche-Geschäft

Deshalb würde es mich auch mehr interessieren, wieder ein Buch über Psychologie zu schreiben. Eines habe ich schon geschrieben. Es heißt *Familien und wie man sie überlebt.*«

TERRY GILLIAM, der meist nur in ganz kleinen Rollen zu sehen war, prägte den optischen Stil der Monty Pythons. Seine Animationssequenzen waren ein markanter Bestandteil der MONTY PYTHON-Shows und der späteren Filme. »Terry Jones und ich waren immer schon die einzigen der Pythons, die sich für Malerei und für Breughel interessiert haben«, sagte Gilliam 1989 in einem ORF-Interview. »Aber ich glaube, die meisten optischen Einfälle kamen von mir. Ich habe mich nie so sehr durch andere Filme inspirieren lassen wie durch Gemälde. Ich bin nicht wie Spielberg, der alle Ideen aus anderen Filmen nimmt. Ich lasse mich auch von Filmen inspirieren, aber ich versuche immer wieder auf Gemälde zurückzugreifen. Vielleicht gibt es manche Leute, die sich nach meinen Filmen wieder Gemälde ansehen. Vielleicht erreiche ich, daß mein Publikum die Welt anders sieht. Das wäre mir wichtig.«

TERRY JONES spielte bei den Pythons meistens die weiblichen Rollen. »Weil sie niemand anderer spielen wollte«, behauptete er später. Jones galt schon innerhalb der MONTY PYTHON-Truppe als Märchenerzähler, was ihm die Haßfreundschaft von John Cleese eintrug. Heute, unabhängig von den Pythons, läßt der erfolgreiche Regisseur (*Eric, der Wikinger*) und Drehbuchautor seiner fast kindlich anmutenden Phantasie vorwiegend in auflagenstarken Kinderbüchern freien Lauf.

GRAHAM CHAPMAN, der in einer der berühmtesten MONTY PYTHON-Nummern gegen sich selbst catchte, zog sich nach der Auflösung der Gruppe von der Leinwand und vom Bildschirm nahezu völlig zurück und verwaltete die gemeinsame Firma der Monty Pythons – bis zu seinem Tod. Graham Chapman war das bislang einzige Python-Mitglied, das seine Lebensgeschichte veröffentlichte. In dem 1980 erschienenen Buch A LIAR'S AUTOBIOGRAPHY, VOLUME VI, bekannte sich der Autor offen zu seinem Alkoholproblem und zu seiner Homosexualität. Graham Chapman starb am 4. Oktober 1989 an Krebs.

MICHAEL PALIN, Spezialist für Sprachfehler und tief verehrt für seine unsterbliche Interpretation des »Lumberjack Song« (»Ich bin Holzfäller, und mir geht's gut. Am Tag packt mich die Arbeitswut«), pflegte schon während der PYTHON-Zeit seine Solokarriere. Neben seiner hauptberuflichen PYTHON-Tätigkeit schrieb er schwarze Komödien für die BBC und trat in Tom Stoppards Bühnenadaptation von Jerome K. Jeromes Novelle THREE MEN IN A BOAT unter der Regie von Stephen Frears (*Gefährliche Liebschaften*) auf. In den 80er Jahren setzte er seinen Erfolgskurs als Filmschauspieler (*Der Missionar, Magere Zeiten*) und Dokumentarfilmer (*In achtzig Tagen um die Welt*) fürs Fernsehen fort.

ERIC IDLE, der Mann, der auch ohne Frauenkleider lustiger als John Cleese aussieht, stand unentwegt im Konkurrenzkampf mit seinen fünf Freunden. Da Idle alleine schrieb, war er gezwungen, seine Gags vor den anderen ständig verteidigen zu müssen. 1978 versammelte Eric Idle für sein ironisches Doku-

Drama ALL YOU NEED IS CASH über die unglaublichen Erfolge der fiktiven Popgruppe »The Rutles« eine Besetzung der Superlative vor der Kamera: Mick Jagger, Paul Simon, George Harrison, Ron Wood, John Belushi, Dan Aykroyd, Bill Murray, Gilda Radner und Michael Palin. In den frühen 90er Jahren war der geniale Einzelgänger mit der tollen Stimme (ALWAYS LOOK AT THE BRIGHT SIDE OF LIFE) vorwiegend in Nonnen- und Erbschleicherkomödien zu sehen.

Und nun zu etwas völlig anderem: Um die Frage nach einer etwaigen Reunion der Monty Pythons ein für allemal zu beantworten, hier die Schlußkommentare der Herren Terry Jones, Terry Gilliam und John Cleese zu diesem brisanten Thema:
TERRY JONES: »Ich sehe uns nicht wieder gemeinsam arbeiten. Das würde eine krampfhafte Zurückversetzung um 25 Jahre sein. Wir sind auch alt und runzlig geworden. Es wäre traurig, wenn wir sechs wieder auf junge Männer machen würden. Und

»Und nun zu etwas völlig anderem ...«

wir müßten uns sehr viel Make-up auftragen. Außerdem war ich in Oxford, drei von den anderen nur in Cambridge. Mit denen möchte ich nicht mehr in der Öffentlichkeit gesehen werden.«

TERRY GILLIAM: »Wir finden gut, was jeweils die anderen machen. Wir arbeiten noch immer zusammen, aber jeder macht seine eigenen Pläne. Jeder versucht auf seine Weise von MONTY PYTHON wegzukommen. Es ist das Schöne an der Gruppe. Halb hassen wir uns. Wir schenken uns nichts. Wir schmeicheln nicht und sind auch nicht höflich. Wir stehen in einem Wettbewerb. Das ist gut so. Denn im Grunde mögen wir einander.«

JOHN CLEESE: »Ich bin zu alt für diesen Unfug. Vielleicht später einmal, wenn ich jünger bin.«

Starke Sprüche

JOHN CLEESE: »If there were fewer robbers, there wouldn't be so many of them.«

JOHN CLEESE: »Flu? Perhaps they've eaten too much fresh fruit.«

MICHAEL PALIN: »I always preferred outdoor life. Hunting. Shooting. Fishing. Getting out there with a gun and slaughtering a few of God's creatures.«

MICHAEL PALIN: »Never kill a customer.«

ERIC IDLE: »There's nothing more dangerous than a wounded mosquito.«

ERIC IDLE: »A mosquito is a clever little bastard. You can track him for days and days, until you really get to know him like a friend.«

(*Die Serie wurde im deutschsprachigen Raum in englischer Originalfassung mit deutschen Untertiteln ausgestrahlt.*)

Unsterbliche Momente

»The Ministry of Silly Walks« (Das Ministerium für blöde Gangarten)
»The Dead Parrot«-Sketch (Der tote Papagei)
»Wrestling« (Graham Chapman catcht gegen sich selbst!)

JOHN CLEESE: »No, you may not give urine instead of blood. We have quite enough of it whitout volunteers coming in donating it.«

HITLER: »My dog's got no nose.«
SOLDAT: »How does he smell?«
HITLER: »Awful.«

JOHN CLEESE: »Can I call you Frank?«
GRAHAM CHAPMAN: »Why Frank?«
JOHN CLEESE: »It's a nice name. Robin Day got a hedgehog (Igel) called Frank.«

The Lumberjack Song

MICHAEL PALIN:	I'm a lumberjack And I'm okay. I sleep all night And I work all day.
CHORUS:	He's a lumberjack And he's okay. He sleeps all night And he works all day.
MICHAEL PALIN:	I cut down trees, I eat my lunch, I go to the lavatory. On wednesdays I go shopping And have buttered scones for tea.
MOUNTIES:	He cuts down trees, He eats his lunch, He goes to the lavatory. On wednesday he goes shopping And has buttered scones for tea.
CHORUS:	He's a lumberjack And he's okay. He sleeps all night And he works all day.

MICHAEL PALIN:	I cut down trees,
	I skip and jump,
	I like to press wild flowers.
	I put on women's clothing
	And hang around in bars.

MOUNTIES: He cuts down trees,
He skips and jumps,
He likes to press wild flowers.
He puts on women's clothing
And hangs around in bars?

CHORUS: He's a lumberjack
And he's okay.
He sleeps all night
And he works all day.

MICHAEL PALIN: I cut down trees,
I wear high heels,
Suspendies and a bra.
I wish I'd been a girlie
Just like my dear pappa.

MOUNTIES: He cuts down trees,
He wears high heels?
Suspendies and a bra?
He's a lumberjack
And he's okay.
He sleeps all night
And he works all day.
He's a lumberjack
And he's okay.
He sleeps all night
And he works all day.«

(*Musik: Terry Jones, Michael Palin, Fred Tomlinson; Text: Terry Jones, Michael Palin*)

Die Prominenz

Gaststars: Connie Booth, Mrs. Idle, Carol Cleveland, Neil Innes, The Fred Tomlinson Singers

Die wichtigsten Regisseure: Ian MacNaughton, John Howard Davies

Kultobjekte

Damit Sie noch mehr Spaß an dem ganzen Zirkus haben, legen Sie sich den LP-Sampler MONTY PYTHON SINGS mit allen großen Python-Hits zu. (ALWAYS LOOK AT THE BRIGHT SIDE OF LIFE, LUMBERJACK SONG, PENIS SONG, FINLAND, I LIKE CHINESE, GALAXY SONG, SPAM SONG; 1989 Virgin Records, DM 212 199 A). 1992 belegte Eric Idles Song ALWAYS LOOK AT THE BRIGHT SIDE OF LIFE aus dem Film *Das Leben des Brian* zehn Wochen lang die Top-Plazierungen der österreichischen Hitparade.

Notizen für Insider

MONTY PHYTON'S FLYING CIRCUS
GB 1969–1974
45 Episoden BBC 2
Laufzeit: 30 Minuten
Titelmusik: »Liberty Bell March« von John Philip Sousa

Stammbesetzung:
Graham Chapman, John Cleese (1969–1973), Terry Gilliam, Eric Idle, Terry Jones, Michael Palin

Kinofilme

Monthy Pythons wunderbare Welt der Schwerkraft, 1971 (AND NOW FOR SOMETHING COMPLETELY DIFFERENT)
Die Ritter der Kokosnuss, 1975 (MONTY PYTHON AND THE HOLY GRAIL)
Das Leben des Brian, 1979 (THE LIFE OF BRIAN)
MONTY PYTHON LIVE AT THE HOLLYWOOD BOWL (1982)
Der Sinn des Lebens, 1983 (THE MEANING OF LIFE)

Kinofilme unter der Mitarbeit einzelner MONTHY PYTHON-Mitglieder:
Auf der Sonnenseite des Lebens (D: Eric Idle)
Brazil (R: Terry Gilliam, D: Michael Palin)

Clockwise (D: John Cleese)
Der Missionar (D: Michael Palin)
Die Abenteuer des Baron Münchhausen (R: Terry Gilliam, D: Eric Idle)
Dotterbart (oder *Monty Python auf hoher See,* D: Graham Chapman)
Ein Fisch namens Wanda (D: John Cleese, Michael Palin)
Eric der Wikinger (R: Terry Jones, D: John Cleese)
Hilfe, die Amis kommen (D: Eric Idle)
Jabberwocky (R: Terry Gilliam, D: Michael Palin)
König der Fischer (R: Terry Gilliam)
Magere Zeiten (D: Michael Palin)
Nonnen auf der Flucht (D: Eric Idle)
Silverado (D: John Cleese)
Spione wie wir (D: Terry Gilliam)
Time Bandits (R: Terry Gilliam, D: Michael Palin, John Cleese)
Too Much Sun (D: Eric Idle)
Und ewig schleichen die Erben (D: Eric Idle, John Cleese)

1975 schrieb John Cleese gemeinsam mit seiner ersten Frau Connie Booth für die BBC die grandiose zwölfteilige Fernseh-Sitcom FAWLTY TOWERS und verkörperte auch den cholerischen Hotelbesitzer Basil Fawlty.

Nr.	Originaltitel	Season
1	Sex and Violence	1
2	Whiter Canada	1
3	How to Recognize Different Types of Trees From Quite a Long Way Away	1
4	Owl-stretching Time	1
5	Man's Crisis of Identity in the Latter Half of the Twentieth Century	1
6	The Ant – An Introduction	1
7	Oh, You're No Fun Anymore	1
8	The BBC Entry for the Zinc Stoat of Budapest	1
9	Full Frontal Nudity	1
10	Untitled	1
11	The Royal Philharmonic Orchestra Goes to the Bathroom	1

The Munsters

»Herman, you must realize, how much we all love
you and need you ... each in our own way. And I
most of all.« – »Thank you, Lily ...«

(Lily liebt Herman.
Aus der Episode HERMAN THE ROOKIE)

Anfang der 60er Jahre, als das europäische Fernsehen noch in
den Kinderschuhen steckte und bei den Sendern eifrig die Meinung vertreten wurde, Fernsehen sei für Kinder ungeeignet und
deshalb kategorisch zu verbieten, huschten in Amerika die
Schatten der legendären Universal-Monster DRACULA (Bela
Lugosi, 1931), FRANKENSTEIN (Boris Karloff, 1931) und THE IN-
VISIBLE MAN (Claude Rains, 1933) zum erstenmal über die Fernsehschirme und verwandelten die jugendlichen Zuschauer in
hörige Sklaven. Die amerikanischen Kids, die bis dato von der
Existenz dieser Gruselklassiker aus den 30er Jahren nichts ge-
wußt hatten, waren plötzlich auf den Geschmack gekommen
und lechzten nach neuen Monstern. Die Zeit war reif für THE
MUNSTERS – die erste Horror-Familie des Fernsehens, die nie-
manden erschreckte. Was dann am 24. September 1964 über die
Mattscheiben flimmerte, übertraf jedoch sämtliche Erwartun-
gen der Monster-Fans.
Herman Munster (Fred Gwynne), das 150jährige Familienoberhaupt, sah aus wie die zu groß geratene, groteske Wiedergeburt
von Boris Karloff als Frankensteins Monster. Nicht minder bizarr
präsentierte sich seine 137jährige Frau Lily Dracula Munster
(Yvonne de Carlo). Obwohl die Tochter des 378jährigen Grandpa Sam Dracula (Al Lewis) allen äußeren Anzeichen nach ein
Vampir zu sein schien, überkam sie seltsamerweise niemals das
Verlangen, Blut zu trinken. Sie konnte auch jederzeit bei Tages-
licht das Haus verlassen, ohne dabei zu Staub zu zerfallen. Für Li-
ly-Darstellerin Yvonne de Carlo, eine ehemalige B-Film-Queen
von Universal, die dem Studio in den 40er und 50er Jahren mit
Filmen wie SALOME, WHERE SHE DANCED (1945), RIVER LADY
(1948) oder SEA DEVILS (1953) beachtliche Gewinne eingebracht
hatte, läutete die Serie ein fulminantes Comeback ein. In einem
Interview mit dem amerikanischen Journalisten Stephen Cox ge-

stand sie allerdings: »Ich habe die Serie nur aus einem Grund gemacht. Geld! Ich brauchte damals dringend Geld.«

Aber auch Grandpa Munster, ein schrulliger Vampir aus Transsylvanien, der im Laufe seiner langjährigen Blutsaugerkarriere nicht weniger als 167 Ehefrauen verbraucht hatte und sich nun im Ruhestand voll und ganz auf seine verrückten Experimente im zum Laboratorium umgebauten Kellergewölbe konzentrierte, glich mehr einem überdimensionalen Pinguin als einem blutrünstigen Graf Dracula. Die spitzen Ohren des neunjährigen Sohns von Herman und Lily, Wolfgang »Eddie« Munster (Butch Patrick), dürften hingegen den späteren *Raumschiff Enterprise*-Erfinder Gene Roddenberry zu den berühmten Hörorganen des Vulkaniers Mister Spock inspiriert haben.

Einzig Marilyn Munster, die blonde, bildhübsche Tochter von Lilys Schwester, war aus der Art geschlagen. Ständig wurde die Kreuzung aus Marilyn Monroe und Sandra Dee von den anderen Familienmitgliedern auf ihr unvorteilhaftes Aussehen auf-

Herman (150) und Lily (137): Fred Gwynne und Yvonne de Carlo

merksam gemacht. In den ersten 13 MUNSTER-Episoden stellte Beverly Owens Marilyn dar. Als die junge Schauspielerin heiraten und von Los Angeles nach New York ziehen wollte, stieg sie aus der Serie aus. Für die restlichen 57 Folgen übernahm Pat Priest die undankbare Stichwortgeber-Rolle. Die schauerlichen Haustiere der Munsters – der Dinosaurier Spot, der sprechende Rabe Igor, die Schlange Elmer und eine namenlose Katze, die wie ein Löwe brüllen konnte – rundeten das idyllische Bild einer zufriedenen, ausgeglichenen, ganz normalen, liebenswerten Monster-Familie ab. Die Serie war nicht unheimlich, sondern unkonventionell, originell – und vor allem komisch. So konnte Fernsehen sein, wenn es Trends setzte anstatt ihnen nachzulaufen.

Als dem amerikanischen Sender ABC vertrauliche Informationen zugespielt wurden, die besagten, daß der damalige Marktführer CBS beim erfolgreichen Produzenten/Autoren-Team Bob Mosher und Joe Connelly (LEAVE IT TO BEAVER) eine neue Monster-Comedy-Serie in Auftrag gegeben hatte, mußte die Fernsehanstalt rasch reagieren und setzte eine ähnliche Sitcom unter dem Titel THE ADDAMS FAMILY auf den Spielplan. Der Wettlauf endete unentschieden. Wie es aber das Fernsehschicksal so wollte, starteten – und starben beide Serien gleichzeitig. Obwohl die erste Episode der ADDAMS FAMILY am 18. September 1964 um 20 Uhr 30 auf ABC ausgestrahlt wurde, also sechs (!) Tage vor der CBS-MUNSTERS-Premiere, und beide Serien im September 1966 von ihren Sendern gekillt wurden, muß man fairerweise THE MUNSTERS als erste Monster-Familienserie des Fernsehens anerkennen.

Böse Zungen und eingefleischte ADDAMS FAMILY-Fans behaupten zwar, im Vergleich mit dem feurigen Latin Lover Gomez und seiner eleganten Gemahlin Morticia wirken Herman und Lily Munster wie deren arme Verwandte – geradezu wie Proletarier-Monster. Während Gomez Addams riesige Mangoplantagen und Krokodilfarmen betrieb, keiner regelmäßigen Beschäftigung nachging und die meiste Zeit zu Hause mit Fechten verbrachte, war Herman Munster, der 150jährige Familienernährer und Alleinverdiener, dazu gezwungen, bei der Bestattungsfirma Gateman, Goodbury & Graves zu arbeiten (worin allerdings seine genaue Tätigkeit bestand, erfuhr man nie). Delektierte man sich im Hause Addams an exotischer Haute-Monster-Cuisine – beste-

›The Munsters‹ unterwegs …

hend aus gebackener Alligatorenbrust, Yak-Steaks, Eichhörnchen-Gulasch und geschmortem Elefantenrüssel, kam bei den Munsters einfache Monster-Hausmannskost auf den staubigen Tisch. Warf man einen Blick in Lilys dampfenden Kochtopf, fand man lediglich in pikanter Eidechsensauce schmurgelnde Drachenfilets aus China und gefüllte Hyänenfüße.

Gewiß, die Munster-Familie war weit davon entfernt, in finanziellen Belangen mit der Addams-Familie konkurrieren zu können. Mag auch sein, daß die Adresse der Munsters, Mockingbird Lane 1313, Mockingbird Heights, USA, nicht unbedingt die beste der Stadt war, daß Hermans Wortschatz (»Violence is naughty. We want love!«) begrenzt, Lilys Hauskleid höchstens praktisch und Grandpas Verwandlung in eine mit sichtbaren unsichtbaren Fäden bewegte Fledermaus alles andere als verblüffend war, aber im Hinblick auf Make-up, Ausstattung, Autos, Gaststars und Haus steckten die MUNSTERS ihre reichen Verwandten in die Tasche.

Entgegen allen Gerüchten handelt es sich beim wurmstichigen Munster-Haus nicht um das berühmte *Psycho*-Haus, obwohl

Norman Bates wahrscheinlich dafür morden würde, um im Munster-Haus zu wohnen. Dieses und das Domizil von Norman Bates sind zwei verschiedene Kulissenbauten, die allerdings nur wenige hundert Meter voneinander entfernt auf dem Gelände der Universal-Studios in Los Angeles stehen. Das Munster-Haus stammt aus dem Jahr 1946 und war erstmals in dem Film SO GOES MY LOVE mit Myrna Loy und Don Ameche zu sehen. Zum bislang letzten Mal wurde es für die 1989 entstandene Tom-Hanks-Komödie *Meine teuflischen Nachbarn* neu adaptiert. Es hat eine Vorderseite und eine Rückfront – aber keine Einrichtung! Alle Innenaufnahmen entstanden im Studio und wurden im Laufe der zweijährigen Produktionszeit aus Kostengründen mit einer einzigen (!) Filmkamera aufgenommen.

Obwohl die Munster-Masterminds Bob Mosher und Joe Connelly den 15minütigen Pilotfilm MY FAIR MUNSTER, der nie im Fernsehen ausgestrahlt wurde, in Farbe (!) drehen ließen, bestand CBS auf Schwarzweiß. 1964, als das Fernsehen gerade mit Farbe zu experimentieren begann, hätten bunte MUNSTERS die Serie um das Doppelte verteuert, und so viel war CBS die Parodie auf die alten Universal-Monster nicht wert. Erst in dem 1966 entstandenen Kinofilm MUNSTER, GO HOME! war Hermans grünes (!) Gesicht – die maskenbildnerische Meisterleistung von Hitchcock-Make-up-Mann Karl Silvera, die jeden Tag zwei Stunden lang die Geduld von Fred Gwynne strapazierte – im breitesten Technicolor zu sehen. (Abgesehen davon, daß hier auf das bewährte Lachen aus der Konserve bewußt verzichtet wurde und somit nach jeder Pointe auf der Leinwand Stille herrschte, war der Humor der MUNSTERS im Kino ebenso unschuldig und ansteckend wie im Fernsehen – das Werk der Komödienautoren Norm Lieberman und Ed Haas, die später für die großartigen Pointen in *Der Tölpel vom Dienst,* einem der lustigsten Jerry-Lewis-Filme, verantwortlich sein sollten.

Niemand konnte sich erklären, warum die Chronik der amüsanten Horror-Sippe, die sich selbst für eine unauffällige amerikanische Durchschnittsfamilie hält, nach einer Laufzeit von zwei Jahren und nur 70 Folgen am 1. September 1966 eingestellt wurde. Lag es daran, daß die Serie zu teuer wurde, sie keinen Emmy Award erhielt, keine Top-ten-Platzierung erreichte, oder waren die Allüren der Stars ins Unermeßliche gestiegen? Welche Gründe den Sender dazu auch immer bewogen haben – nachdem die Serie vom CBS-Programm eliminiert worden war, überließ Universal die Ausstrahlungsrechte anderen Fernsehstationen. Seitdem sind THE MUNSTERS nie wieder vom Bildschirm verschwunden. Denn Monster sterben nie!

Starke Sprüche

GRANDPA: »Abrakadabra and asee dosee, Alkazam and Bela Lugosi!«

LILY: »Those shows on television about horrible families have a definite effect on children!«

LILY: »Oh, Marilyn … the circles under your eyes. How lovely you look today.«

LILY: »Herman tried to build a ship inside a bottle. We had to break the bottle to get him out.«

Grandpa Sam (Al Lewis), stolze 378 Jahre alt, und Lily machen sich Sorgen um Herman Munster

Unsterbliche Momente

HERMAN: »We sold that property to a very nice firm, Cunningham Aeronautics. These kind people are working on a missile, which in time of trouble will solve all our problems by blowing up the world.«

HERMAN: »He who lies down with dogs, gets up with fleas.«
EDDIE: »Who said that, Daddy?«
HERMAN: »I'm not sure. I think it was the man who trains Lassie.«

HERMAN: »C'mon, hurry up, Grandpa. We're all set to go to the drive-in. They're having a Porky Pig cartoon and I want to get there for the beginning, so I can follow the plot.«

GRANDPA: »Herman, show some respect for tonight's guest of honor. Why don't you go upstairs and change your socks?«

LILY: »Grandpa … would you like to take me to the movies?«
GRANDPA: »What's playing?«
LILY: »To KILL A WEREWOLF and VAMPIRES OF BLOOD ALLEY.«
GRANDPA: »I go to the movies for escapism. I don't want to see everyday people doing everyday things.«

GRANDPA: »Hmmmm. What smells so good?«
HERMAN: »I cut myself shaving.«

Die Prominenz

Gaststars:
Gavin MacLeod (LOVE BOAT), Frank »The Riddler« Gorshin, Dom DeLuise, Don Rickles, John Fiedler, Harvey Korman, Lee »DYNASTY« Bergere, Billy »LOST IN SPACE« Mumy, Roger C. Carmel, John Carradine

Die wichtigsten Regisseure:
Charles Rondeau, Joseph Pevny (STAR TREK), Ezra Stone, Earl Bellamy (*Westernpatrouille*), Norman Abbot (*Die allerletzten Geheimagenten*)

Yvonne de Carlo mit Munster-Maske

Fanpost

Munsters/Addams Family Fan Club: PO Box 50, Midwood Station, Brooklyn, NY 11230, USA
Yvonne De Carlo International Fan Club: 200 E. 89th Street #9C, New York, NY 10128, USA

Kultobjekte

Die LP AT HOME WITH THE MUNSTERS (A. A. Records/Golden

303

Records). Anspieltips: IT TAKES ALL KINDS OF PEOPLE, inter-
pretiert von Herman Munster, und I WISH EVERYONE WAS
BORN THIS WAY, gesungen von Eddie.
Die Modellbausätze (AMT) für die Munster-Autos »Munster
Koach« und »Munster-Drag-u-la«.

Notizen für Insider

THE MUNSTERS
USA 1964–1966
Produktion: MCA/Universal
70 Episoden, s/w, CBS
Laufzeit: 25 Minuten
Idee: Norman Liebermann, Ed Haas, Al Burns, Chris Hayward
Produzent: Joe Connelly, Bob Mosher
Musik: Jack Marshall

Stammbesetzung:
Fred Gwynne (Herman Munster), Yvonne de Carlo (Lily Mun-
ster), Al Lewis (Grandpa), Bewerly Owens (Marilyn, 1964), Pat
Priest (Marilyn, 1964–1966), Butch Patrick (Edward »Eddie«
Wolfgang Munster), Mel Blanc, Bob Hastings (The Raven, Stim-
me)

Kinofilm

MUNSTER, GO HOME!
USA 1966. Farbe. Produktion: Universal. Laufzeit: 96 Minuten.
Produzenten: Joe Connelly, Bob Mosher. Regie: Earl Bellamy.
Besetzung: Fred Gwynne (Herman Munster), Yvonne de Carlo
(Lily Munster), Al Lewis (Grandpa), Butch Patrick (Eddie),
Debbie Watson (Marilyn), Terry Thomas, Hermione Gingold,
John Carradine

Fernsehfilm

THE MUNSTERS' REVENGE
USA 1980. Farbe. Produktion: Universal/NBC TV. Laufzeit:
100 Minuten. Produzenten: Arthur Alsberg, Don Nelson. Regie:
Don Weis.

Besetzung: Fred Gwynne (Herman Munster), Yvonne de Carlo (Lily Munster), Al Lewis (Grandpa), K. C. Martel (Eddie), Jo McDonnell (Marilyn), Peter Fox, Bob Hastings, Ezra Stone

Der 1988 entstandenen Fernsehserie THE MUNSTERS TODAY, mit John Schuck (Herman Munster), Lee Meriwether (Lily Munster), Howard Morton (Grandpa), Jason Marsden (Eddie) und Hilary Van Dyke (Marilyn) in den Hauptrollen, war kein großer Publikumserfolg beschieden. Die auf Video und in Farbe gedrehte 25-Minuten-Sitcom ist das bislang einzige Remake einer TV-Serie in der Geschichte des Fernsehens. Aber hüllen wir besser den Mantel des Schweigens über diese traurige Angelegenheit.

Kettenraucher Fred Gwynne starb am 2. Juli 1993 im Alter von 67 Jahren an Lungenkrebs.

Al Lewis betreibt heute seine italienische Restaurantkette »Grampa's« erfolgreich in New York und besitzt außerdem eine gutgehende Videothek für Kinder.

Einzeltitel

Nr.	Originaltitel	Season
1	Munster Masquerade	1
2	My Fair Munster	1
3	A Walk on the Mild Side	1
4	Rock-A-Bye Munster	1
5	Pikes Pique	1
6	Lo-Cal Munster	1
7	Tin Can Man	1
8	Herman The Great	1
9	Knock Wood, Here Comes Charlie	1
10	Autumn Croakus	1
11	The Midnight Ride of Herman Munster	1
12	Sleeping Cutie	1
13	Family Portrait	1
14	Grandpa Leaves Home	1
15	Herman's Rival	1
16	Grandpa's Call of the Wind	1
17	All-Star Munster	1

Nr.	Originaltitel	Season
18	If a Martian Answers, Hang Up	1
19	Eddie's Nickname	1
20	Bats of a Father	1
21	Don't Bank on Herman	1
22	Dance with Me, Herman	1
23	Follow That Munster	1
24	Love Locked Out	1
25	Come Back, Little Googie	1
26	Far Out Munster	1
27	Munster on the Move	1
28	Movie Star Munster	1
29	Herman the Rookie	1
30	Country Club Munster	1
31	Love Comes to Mockingbird Heights	1
32	Mummy Munster	1
33	Lily Munster, Girl Model	1
34	Munster the Magnificent	1
35	Herman's Happy Valley	1
36	Hot Road Herman	1
37	Herman's Raise	1
38	Yes, Galen, There is a Herman	1
39	Herman's Child Psychology	2
40	Herman the Master Spy	2
41	Bronco Bustin' Munster	2
42	Herman Munster, Shutter Bug	2
43	Herman, Coach of the Year	2
44	Happy 100th Anniversary	2
45	Operation Herman	2
46	Lily's Star Boarder	2
47	John Doe Munster	2
48	A Man for Marilyn	2
49	Herman's Driving Test	2
50	Will Success Spoil Herman Munster?	2
51	Underground Munster	2
52	The Treasure of Mockingbird Heights	2
53	Herman's Peace Offensive	2
54	Herman Picks a Winner	2
55	Just Another Pretty Face	2

Nummer 6

»I am a free man. I am not a number!«

(Patrick McGoohan rezitiert das
Credo von *Nummer 6*)

Paranoid, kafkaesk und sträflich gut sind die am besten auf die englische Kultserie *Nummer 6* passenden Attribute. Ein Vierteljahrhundert nach ihrer Entstehung ist sie so aktuell wie in den ausgehenden 60er Jahren.

Er wollte keine Nummer sein und wurde die Nummer eins unter den britischen Fernsehserien: Patrick McGoohan alias THE PRISONER alias *Nummer 6*. Was da im Sommer 1968 über die Mattscheiben flimmerte, war alles andere als dazu geeignet, sich die Gunst eines oberflächlichen Publikums zu erobern. THE PRISONER war unkonventionell, anders als alle Produktionen, die im konservativen Britannien bislang realisiert worden waren – und paßte perfekt in eine von Hippies, Flower Power, der Staatsgewalt und vom Vietnam-Krieg geprägte Zeit. So konnte Fernsehen sein, wenn es sich nicht prostituierte, wenn es Trends machte, anstatt ihnen nachzulaufen: rauh, paranoid, kafkaesk und in kein Genre passend.

17 Folgen umfaßt die Geschichte eines englischen Spions, der (im Vorspann) den Fehler begeht, dem Chef seinen Rücktritt mitzuteilen. Als er gerade die Koffer packt, um das Land zu verlassen, strömt Gas ins Apartment. Der Agent, dessen richtigen Namen wir nie erfahren, erwacht in einer mysteriösen Kleinstadt, dem Village, wo man ihn Nummer 6 nennt. Die Identität seiner Entführer, die mit allen Mitteln seinen Willen brechen wollen, bleibt unbekannt. Aus dem Village gibt es kein Entkommen: Hubschrauber und ein seltsames, kugelförmiges Wesen bewachen alle Straßen und sogar die Küste. 17mal erwacht Nummer 6 im Psychodorf und stellt sich dem Versuch seiner Gegner, ihm »Informationen« zu entlocken, und ebenso oft mißlingt die Flucht in die Freiheit.

»THE PRISONER ist eine Serie, von der es ebenso viele Interpretationen wie Seher gibt«, meint Patrick McGoohan, der einige Episoden selbst schrieb und inszenierte. »Das war das Ziel.« Im nachhinein ist das eine ausgesprochen flache Erklärung für ein

Patrick McGoohan bei Dreharbeiten zu ›Nummer 6‹

Phänomen, das die Gemüter noch 25 Jahre nach seiner Entstehung bewegt. So konsequent sich Patrick McGoohan in *Nummer 6* dagegen wehrt, auf irgendeine Art »registriert oder numeriert« zu werden, so mißlingt auch die Einordnung in gängige Genres. THE PRISONER ist keine Agentenserie, keine schwarze

Komödie, nicht Science-fiction, nicht Fantasy, kein politisches Statement – und wie jede gute Oper doch von allem ein wenig. Klassische Handlungsschemata mit erkennbaren Plot-Points waren den Produzenten fremd. Immer wieder erwacht Nummer 6 zu einem desorientierenden Alptraum, in dem seine Folterer eine neue Methode ausprobieren, seinen Verstand zu kontrollieren. Hektische Kamerafahrten, überraschende Perspektiven und unkonventionelle Schnitte spalteten das Publikum in überzeugte Fans und gnadenlose Gegner. Es gibt niemand, der THE PRISONER nur ein bißchen mag oder dem nur eine bestimmte Folge gefällt.

Patrick McGoohan äußert sich schon lange nicht mehr auf die Frage nach der Botschaft von *Nummer 6* – und wenn doch, dann ausgesprochen kryptisch. »Es geht um das Leben, um die Gesellschaft, um die Freiheit, um alles« – quasi die Fernsehversion von Orson Welles' Kafka-Verfilmung *Der Prozeß*. Nummer 6 wird aus seiner eigenen Welt herausgerissen und in den Mikrokosmos einer totalitären, die Selbstaufgabe des einzelnen verlangenden Informationswelt gestoßen.

Die einzige Forderung, die das System an ihn stellt: Er muß sich anpassen. Indem Nummer 6 sich umfassend weigert, diese Art von Leben zu akzeptieren, nimmt er zu allen Bereichen des menschlichen Zusammenseins Stellung. Die Herrn in Dunkel scheitern an seiner Sturheit, wie er daran scheitert, das Village zu verlassen.

Er übersteht Psychospiele, Eingriffe ins Gehirn, Computerscans und Bewußtseinstransfers, aber in Freiheit gelangt er nie. Erst am Ende der letzten Episode, FALL OUT, öffnen sich die Grenzen: Nummer 6 kommt hinter die Identität der geheimnisvollen Nummer 1 – er selbst! – und drückt dann auf den roten Knopf, der das Dorf zerstört. Wenige Stunden später erreicht er die Londoner City – aber ist er jetzt wirklich frei?

Böse Zungen sagen dem Verwirrspiel nicht Genialität, sondern Unfähigkeit nach. THE PRISONER sei ein deutliches Zeichen für bewußtseinsverändernde Drogen, das Produkt von Ausgeflippten, die das Geld der Produktionsfirma in Zelluloid und LSD steckten. Tatsächlich wurden einige Folgen von THE PRISONER, unter anderem die Episode THE CHIMES OF BIG BEN, vom englischen Fernsehen nur in einer zensierten Version ausgestrahlt. Es waren nicht die Gewaltszenen, an denen sich die Herren vom

Verfassungsschutz stießen, es war die politische Botschaft. »Wir waren manchmal recht kraß, was unsere Darstellung betraf«, erinnert sich Patrick McGoohan. »Aber wir haben nicht gesagt: Geht hinaus und killt die Queen. Da war nichts, was man hätte schneiden müssen.«

Auch um den wahren Namen von Nummer 6 rankt sich eine Legende. Patrick McGoohan hatte nämlich zuvor als *Geheimagent John Drake* Fernsehsporen gesammelt, bevor er sich von ITC zur Teilnahme am PRISONER überreden ließ (ITC wollte übrigens fast 30 Folgen drehen, McGoohan hatte weniger im Sinn). So wird der Vorspann, in dem Nummer 6 seine Spionagetätigkeit kündigt und entführt wird, als Abrechnung mit und surreale Fortsetzung von *John Drake* interpretiert.

Der Agent ohne Namen (Patrick McGoohan) in einer Szene mit Peter Bowles (rechts)

Starke Sprüche

»Where am I?«
»In the village.«
»What do you want?«
»Information.«
»Whose side are you on?«
»That would be telling. We want information ... information ...
information ...«
»You won't get it.«
»By hook or by crook we will.«
»Who are you?«
»The new number 2.«
»Who is number 1?«
»You are number 6.«
»I am not a number. I am a free man!«

Kultobjekte

Bücher

THE PRISONER von Alain Carraze und Helene Oswald. Auf über
250 großformatigen Seiten kann man alles nachlesen, was in der
Welt des Prisoners von Bedeutung ist. Virgin Books.
THE PRISONER: I AM NOT A NUMBER! von Thomas M. Disch. Der
Roman zum 25jährigen Jubiläum. Boxtree Ltd.

Fan-Club

Six of One. P.O. Box 60, Harrowgate HG1 2TP, GB

Reiseziel Village

Sollten Sie dem Village einen persönlichen Besuch abstatten
wollen: kein Problem. Der Ort existiert wirklich und ist ein kleines Städtchen in Wales namens Portmeirion. Besichtigungstou-
ren sind kein Problem, da sich die Ansässigen schon längst an
das rudelweise Auftreten von Touristen gewöhnt haben. Deshalb betreiben sie auch einen Souvenirshop, der auch briefliche
Bestellungen entgegennimmt. Wenn Sie einen Urlaub in Portmeirion buchen wollen, wenden Sie sich an: Portmeirion Village
Hotel, Portmeirion, Gwynedd LL48 6ER Wales, GB. Den Sou-
venirladen erreichen Sie ebenfalls unter dieser Anschrift.

Notizen für Insider

Nummer 6 / THE PRISONER
GB 1967/68
Produktion: ITC Productions/Everyman Films Ltd.
Kamera: Brendan J. Stafford BSC
Musik: Ron Grainer
Produzent: David Tomblin
Ausführender Produzent: Patrick McGoohan

Einzeltitel

Originaltitel	Regie
Arrival	Don Chaffey
The Chimes of Big Ben	Don Chaffey
A, B & C	Pat Jackson
Free for All	Patrick McGoohan
The Schizoid Man	Pat Jackson
The General	Peter Graham Scott
Many Happy Returns	Patrick McGoohan (alias Joseph Serf)
Dance of the Dead	Don Chaffey
Checkmate	Don Chaffey
Hammer Into Anvil	Pat Jackson
A Change of Mind	Patrick McGoohan (alias Joseph Serf)
Do Not Forsake Me, oh My Darling	Pat Jackson
Living in Harmony	David Tomblin
The Girl Who Was Death	David Tomblin
Once Upon a Time	Patrick McGoohan
Fall Out	Patrick McGoohan

Video

Alle Episoden sind bei ITC in einer neun Kassetten umfassenden Video-Edition in englischer Originalfassung erschienen. Die Originalversion der geschnitten ausgestrahlten zweiten Episode, THE CHIMES OF BIG BEN, ist in der ebenfalls von ITC herausgegebenen Jubiläumsedition, auf der pro Kassette vier Episoden enthalten sind, erschienen. Zusätzlich gibt es THE PRISONER VIDEO COMPANION, ein 55 Minuten langes Band, das tiefe Einblicke in die geheimnisvolle Welt des Village ermöglicht: »A Viewers Guide to the Mysteries of the Most Acclaimed Cult Series Ever« (ebenfalls ITC, englische Originalversion). Alle Kassetten sind im gutsortierten, englischsprachigen Videofachhandel erhältlich.

Die Onedin-Linie

»James ist ein verantwortungsloser, sturköpfiger Geschäftsmann. Er würde sogar seine Seele verkaufen, wenn er eine hätte.«

(Robert Onedin über seinen Bruder)

In den 70er Jahren hatten erfolgreiche Fernsehserien wie *Raumschiff Enterprise* oder *UFO* überraschend mit einem Konkurrenten aus der Vergangenheit zu kämpfen. Ließen die Vorgenannten vor allem die junge Generation an der Mattscheibe kleben, so erwiesen sich die Seeabenteuer des Kapitän James Onedin als Straßenfeger für die 30jährigen. Praktisch über Nacht entwickelte sich die vom britischen Fernsehsender BBC

Historisch orientierte Abenteuerserie: ›Die Onedin-Linie‹

315

Peter Gilmore als James Onedin

1 produzierte Abenteuerserie *Die Onedin-Linie* zu einer der erfolgreichsten Familienserien der 70er Jahre. Das relativ aufwendig produzierte Spektakel brachte es in acht Seasons auf immerhin 91 Episoden, von denen 84 im deutschen Sprachraum ausgestrahlt wurden – vornehmlich zur besten Sendezeit im Hauptabendprogramm.

Liverpool im Jahre 1860. Im Alter von 28 Jahren verliert James Onedin (Peter Gilmore, der jüngstenfalls einen guterhaltenen Enddreißiger abgibt) seinen Vater, einen Geschäftsmann, der als Schiffsausstatter gute Geschäfte gemacht hat. Die Firma geht an Robert Onedin, James' älteren Bruder, über; der Landsitz an Elizabeth Onedin. James steht vor der Wahl, entweder für seinen Bruder zu arbeiten oder mit £ 25 in der Tasche ein eigenes Unternehmen zu eröffnen. Er faßt den Plan, den Schoner »Charlotte Rhodes« von Kapitän Webster zu erwerben – ein

Handel, der an eine Bedingung geknüpft ist: James muß Websters Tochter Anne heiraten. James akzeptiert, und was als Zweckbündnis beginnt, endet als Liebesehe – Anne stirbt am Schluß der zweiten Staffel bei der Geburt ihrer Tochter.
Was bei den Innenaufnahmen im Dekor einer klassischen Seifenoper daherkommt, entpuppt sich bald als historisch orientierte

›Die Onedin-Linie‹: Peter Gilmore und Jill Gascoigne

Abenteuerserie. James Onedin ist kein Superheld, bloß ein ehr-
geiziger Unternehmer, der die Gunst jeder Stunde nutzt – auch
wenn dabei Moral und Politik auf der Strecke bleiben. Exoti-
sche Schauplätze und die Einbindung geschichtlicher Ereignisse, wie etwa der Bau der mexikanischen Eisenbahn, haben ein
übriges für den Erfolg der *Onedin-Linie* getan. Angesiedelt in
einer Zeit, in der Segelschiffe von Dampfschiffen abgelöst wurden, in der europäische Kapitäne den Amazonas als Handelsziel
entdeckten und in Amerika der Bürgerkrieg tobte, wehte in der
Onedin-Linie der Hauch des Unerforschten. Mit dem Ende der
Serie bricht das Zeitalter der Technik an: Dampfschiffe nehmen
dem Meer das Abenteuer und die Weite. James Onedin hat sein
selbstgestecktes Ziel erreicht: Er ist zum einflußreichen und
mächtigen Reeder geworden.
James Onedins Aufstieg vom Eigner der »Charlotte Rhodes«
zum Großreeder ist ein abenteuerliches TV-Drama mit authen-
tischen Momenten. Über die Treue zum Detail wachte Mr. Robert Craig, ein Schiffahrtsexperte. Der Realismus wurde so weit
getrieben, daß clevere Agenturen Ausstellungen mit historischen
Kostümen aus der Serie veranstalteten. Etwas weniger Realismus wurde allerdings bei der Besetzung der Rollen betrieben.
Bedingt durch die neunjährige Produktionszeit standen nicht alle Schauspieler zur Verfügung, weshalb gleiche Charaktere oft
von verschiedenen Darstellern verkörpert wurden. Die beiden
markantesten Beispiele sind James' Bruder, Robert Onedin, der
zuerst von Brian Rawlinson und dann von James Garbutt gespielt wird, und Erzkonkurrent Daniel Fogarty; dcr wird während der ersten Staffeln von Michael Billington (*UFO*-Rolle:
Paul Foster) verkörpert, später vom wesentlich älteren Tom
Adams. Das erinnert ein wenig an DALLAS und DYNASTY, ist aber
bei der langen Produktionszeit nicht weiter verwunderlich.
Peter Gilmore, ein eher unbekannter Schauspieler, entpuppte
sich als die Idealbesetzung für die Rolle des James Onedin, der
– unbeherrscht und oft genug skrupellos – nach oben kommen
will. Er harmoniert sowohl mit den harten Planken der »Charlotte Rhodes« (die es übrigens wirklich gibt), dem rauhen Wetter auf See und mit der Zeit, in der die Serie spielt. Von der *Onedin-Linie* an war Gilmore auf eine Rolle festgelegt; ähnlich wie
David Hasselhoff ohne sein Wunderauto Kitt zum seelenlosen
und uninteressanten Nichtcharakter zerfällt (und wie Hassel-

hoff besang auch Gilmore eine Schallplatte, allerdings mit See-
mannsliedern und daher unbemerkt von allen jugendlichen
Fans). Gilmores letzter sehenswerter Auftritt fand in einer deutschen Fernsehshow statt, wo er, schaumgekrönt in der Wanne
sitzend und von hübschen Meerjungfrauen gesäumt, ein Lied
zum besten gab. Daß er dabei mit einem Segelboot spielte, versteht sich von selbst. Auch Howard Lang, ein ehemaliger Offizier der Navy, identifizierte sich mit seiner Rolle als Kapitän
Baines mehr als nötig: Er ließ sich sogar Visitenkarten mit seinem Rollennamen drucken. Immerhin zwölf Millionen Menschen sahen die Erstausstrahlung der *Onedin-Linie*, was sie zu
einer der erfolgreichsten Fernsehserien der 70er Jahre macht.
Dennoch wurde und wird sie im deutschen Fernsehen kaum
wiederholt. Trotz ihrer Popularität konnte sich aufgrund der älteren Zielgruppe keine Merchandising-Industrie entwickeln;
auch Fanclubs gibt es keine. So betrachtet sind die 84 in sich ab-
geschlossenen Episoden, die zuletzt im Schweizer Fernsehen
ausgestrahlt wurden (Anfang 1994), das Muster einer kurzweili-
gen, im Anspruch auch die BILL COSBY SHOW nicht überstei-
genden, gutgemachten Fernsehshow, in der sich Abenteuer und
Familiendrama die Waage halten.

Unsterbliche Momente

»Er hat mich verlassen.«
*James Onedin, erschüttert über den (kurzzeitigen) Abgang von
Mr. Baines*

»Das Schiff ist nicht überladen. Es schwimmt doch noch.«
*James Onedins Antwort auf Mr. Baines' Bedenken, den Transport
von Eisenbahnschienen betreffend*

»Diese ganze Revolution kann mir den Buckel hinunterrut-
schen. Es ist mein Geld, und das will ich wiederhaben.«
James Onedin über seine Abenteuer in Mexiko

Die Prominenz

Gaststars: James Hayter (Captain Webster), Ken Hutchinson
(Matt Harvey), Jane Seymour (Emma Callon), Cyril Shaps
(Señor Braganza)

Die wichtigsten Regisseure: Sullivan Proudfoot, Jonathan, Alwyn, David Cunliffe, Michael Hayes, Roger Jenkins, Gilchrist Calder, Lennie Mayne, Peter Graham Scott

Notizen für Insider

Die Onedin-Linie / THE ONEDIN LINE
GB 1971–1980
Produktion: BBC Television (BBC 1)
91 Folgen, davon 84 auf deutsch
Laufzeit: 43–47 Minuten
Idee: Cyril Abraham
Produzent: Peter Graham Scott, Peter Cregeen, Geraint Morris
Titelmusik: Aram Khatchaturian

Stammbesetzung:
Peter Gilmore (James Onedin), Jessica Benton (Elizabeth Onedin/Lady Fogarty), Howard Lang (Mr. Baines), Anny Stallybrass (Anne Onedin), Brian Rawlinson/James Garbutt (Robert Onedin), Michael Billington/Tom Adams (Daniel Fogarty), Philip Bond (Albert Frazer), Mary Webster (Sarah Onedin), Jill Gascoigne (Latty Gaunt), Laura Hartong (Charlotte Onedin), Marc Harrison (William Frazer), Christopher Douglas (Samuel Onedin)

Jane Seymour hatte diverse Gastauftritte als Emma Callon.

Einzeltitel

Nr.	Deutscher Titel	Nr. in Season	Season
1	Der Aufbruch des James Onedin	1	1
2	Sturmfahrt	2	1
3	Mit leeren Händen	3	1
4	Ein stolzer Preis	4	1
5	Geld stinkt nicht	5	1
6	Das Dampfschiff	6	1
7	Kurs Pernambuco	7	1
8	Mann über Bord	8	1
9	Alles auf eine Karte	9	1

Nr.	Deutscher Titel	Nr. in Season	Season
10	Der geheimnisvolle Passagier	10	1
11	Der Verdacht	11	1
12	Der Blockadebrecher	12	1
13	Gestrandet vor Kap Hoorn	1	2
14	Macht in zarten Händen	2	2
15	Tödlicher Aberglaube	3	2
16	Der Seelenverkäufer	4	2
17	Eine harte Schule	5	2
18	Unter dem Halbmond	6	2
19	Das Geheimnis der »Maria Gloria«	7	2
20	Die Zerreißprobe	8	2
21	Die Herausforderung	9	2
22	Wettfahrt zur Macht	10	2
23	Abschied von der Vergangenheit	1	3
24	Das Recht auf Leben	2	3
25	Ein bitterer Verlust	3	3
26	Zum größten Fluß der Welt	4	3
27	Auf Biegen und Brechen	5	3
28	Verbotene Fracht	6	3
29	Faustrecht	7	3
30	Kurs Polarkreis	8	3
31	Der Heiratsantrag	9	3
32	Das Teerennen	10	3
33	Die mexikanische Eisenbahn	11	3
34	Glück und Glas	12	3
35	Der Untergang der »Helen May«	1	4
36	Flaute und Aufwind	2	4
37	Eine Frau am Steuer	3	4
38	Einigkeit macht stark	4	4
39	Quarantäne	5	4
40	Die Schatzinsel	6	4
41	Ein reines Gewissen	7	4
42	Notsignal von der »Charlotte Rhodes«	8	4
43	Eine Hand wäscht die andere	9	4
44	Familienleben	10	4
45	Getäuschte Hoffnungen	1	5
46	Der Rettungsversuch	2	5

Nr.	Deutscher Titel	Nr. in Season	Season
47	Reise in den Tod	3	5
48	So ein gutes Geschäft	4	5
49	Der blinde Passagier	5	5
50	Die tödliche Ladung	6	5
51	Lebende Fracht	7	5
52	In den Händen der Mafia	8	5
53	Überraschende Wendungen	9	5
54	Glückliche Reise	10	5
55	Die Feuertaufe	1	6
56	Kurs ins Unheil	2	6
57	Machenschaften	3	6
58	Dunkle Kanäle	4	6
59	Von Fremden und Freunden	5	6
60	Schatten der Vergangenheit	6	6
61	Auf einem Pulverfaß	7	6
62	Ein Meer von Sorgen	8	6
63	Ehrenmänner	9	6
64	Der Schatz der Skelettküste	10	6
65	Teufelsmächte	1	7
66	Williams Rückkehr	2	7
67	Landratten an Bord	3	7
68	Schmuggelfahrt nach Afrika	4	7
69	Lehrgeld	5	7
70	Flucht ins Glück	6	7
71	Die Glücksritter	7	7
72	Verfolgung unter vollen Segeln	8	7
73	Theaterdonner	9	7
74	Ein Junge gegen das ganze Schiff	10	7
75	In geheimer Mission	1	8
76	In die Falle gegangen	2	8
77	Liebe und Kanonendonner	3	8
78	Hochzeitsreise nach Sumatra	4	8
79	Zauberei und Elfenbein	5	8
80	Der Lauf des Schicksals	6	8
81	Blinder Haß	7	8
82	Auge um Auge	8	8
83	Eine Frau um Kap Hoorn	9	8
84	Die Heimfahrt	10	8

Eine letzte Frage ...

Warum hat James Onedin als 28jähriger die gleichen Koteletten wie als Endvierziger ...?

Raumpatrouille – Die phantastischen Abenteuer des Raumschiffs ORION

»Woran ich mich genau erinnere, sind diese schrecklichen, unbequemen Kostüme. Sie waren durchgehend geschneidert. Das Material war französischer Skilatex. Alles war hauteng, und jeder, der sich hinsetzen mußte, bat vorher den Kollegen, ihm hinten den Reißverschluß aufzuziehen, denn sonst hätte man sich vorn den Hals zugeschnürt.«

(EVA PFLUG)

Neun Tage nachdem die U.S.S. Enterprise am 8. September 1966 erstmals in Galaxien vordrang, in denen noch nie zuvor jemand gewesen war, begann am 17. September auch in Deutschland das Raumfahrt-Zeitalter. *Angriff aus dem All* hieß die erste Episode der Serie *Raumpatrouille – Die phantastischen Abenteuer des Raumschiffs ORION*, die vom ARD um 20.15 Uhr ausgestrahlt wurde. Der erste ernstzunehmende Vorstoß deutscher Filmemacher in die Weiten des Weltraums blieb vorerst konkurrenzlos: erst 1973 folgten Captain Kirk und Co. dem Synchronisationsflug ins deutsche Fernsehen.

Siebenmal durften Commander Cliff Allister McLane (Dietmar Schönherr) und seine (Star-)Bes(a)(e)tzung (Eva Pflug, Wolfgang Völz, Claus Holm, F. G. Beckhaus und Ursula Lillig) die Erde vor außerirdischen Invasoren (den »Frogs«) und Saboteuren aus den eigenen Reihen retten – in Schwarzweiß und mit Trickeffekten, die sich selbst gegen japanische Monsterfilme spartanisch ausnehmen.

Dennoch kam der Fernsehkritiker der österreichischen Tageszeitung KURIER anläßlich der ORF-Erstausstrahlung im Jahr 1967 um Lob nicht herum: »*Raumpatrouille* ist beste Unterhaltung«, schrieb er. »Vor allem, das läßt sich schon nach dem ersten Stück sagen, ist sie perfekt gemacht. Das beginnt beim Buch und endet bei der technischen Ausstattung und den Tricks. Da paßt alles nahtlos zusammen. Da wird auf Kleinigkeiten achtgegeben. Als Allister McLane und Hasso Sigbjörnson im Starlight Casino einen ganz irdischen Cognac tranken, wurde im

Hintergrund von den Paaren ein galaktischer Slop getanzt. Ähnliches sah ich bisher nur in einer Wiener Diskothek. Mit Sorgfalt und deutscher Gründlichkeit gingen der Autor und die Architekten ans Werk und zauberten wirklich eine utopische Welt auf den Bildschirm; sie achteten auf jedes Detail.« Er schloß mit den Worten: »Natürlich darf man die Angelegenheit nicht mit fachmännisch-technischem Ernst betrachten. Das alles ist eben eine

Sie spielten die Hauptrollen: Eva Pflug als Tamara Jagellovsk und Dietmar Schönherr als Commander Cliff Allister McLane

exoterrestrische Hetz, so recht geeignet, um einen Abend lang zu unterhalten, zu entspannen.«[1]

Im Raumschiff ORION weht der Hauch des Abenteuers. Die Besatzung, ein Haufen verwegener und verschworener Romantiker, hat praktisch ständig mit Autoritätsproblemen zu kämpfen, weshalb sie gleich in der ersten Folge (nach einer illegalen Gewaltlandung auf dem unwirtlichen Planeten Rhea) für drei Jahre von den Schnellen Raumverbänden zum intergalaktischen Streifendienst verdonnert wird. Zusätzlich erhält McLane noch einen Offizier des Galaktischen Sicherheitsdienstes zugeteilt, Leutnant Tamara Jagellovsk, die den Tatendrang des Kommandanten der ORION im Ernstfall bremsen soll. Für die Crew beginnt allerdings keine geruhsame Zeit, denn schon beim ersten Routineeinsatz wird man auf ein paar Unstimmigkeiten aufmerksam, die zur Entdeckung einer außerirdischen Rasse führen. Selbstverständlich sind die »Frogs«, eine biologisch anders als der Mensch aufgebaute Lebensform, feindlich gesinnt, was ausreichend Stoff für mehrere Raumschlachten liefert – ohne daß es in der siebten Episode eine wirkliche Entscheidung gegeben hätte. Das läßt die Vermutung aufkommen, daß die Fernsehgewaltigen ursprünglich eine Weiterführung der Serie ins Auge gefaßt hatten.

Hervorhebenswert sind allerdings nicht die Storys der einzelnen Episoden (die durchgehend dem Gut/böse-»Bug Eyed Monster«-Invasions-Klischee entsprechen), auch nicht die Trickaufnahmen, sondern die von Peter Thomas stammende Musik und die Ausstattung des »Starlight Casino« auf dem Meeresgrund. Peter Thomas entwickelte bekannt schräge Klangkompositionen, nach denen unter einer durchsichtigen Kuppel, die Ausblick auf fremdartige Fische bietet, nach barockem Vorbild getanzt wurde. Hier entpuppt sich das ORION-Team als ähnlich innovativ wie der Brite Gerry Anderson mit der *UFO*-Serie, die das Design der 90er Jahre vorwegnehmen wollte. Das »Starlight Casino« ist neben der Kommandozentrale des Raumschiffs einer der entscheidenden Schauplätze – hier sind die Protagonisten unter sich, und plötzlich werden die hartgesottenen Raumfahrer zu charmanten Kavalieren. Kein Wunder, daß McLane

---

[1] J. Kastner, *Das große Raumschiff Orion Fanbuch*, Goldmann SF, Wilhelm Goldmann Verlag, München 1991

Es weht der Hauch des Abenteuers: ›Raumpatrouille‹

am Ende der siebten und letzten Episode sein Mädchen bekommt: die Sicherheitsoffizierin Tamara Jagellovsk, gespielt von
Eva Pflug, die ohnehin seit der ersten Episode in stiller Liebe
für den verwegensten aller Weltraumpiloten schwelgt.
Zusätzlich zur Fernsehserie veröffentlichte der Moewig-Verlag
die Romane zu den einzelnen Episoden in Taschenbuchform.
Hans Kneifel, der sich als Mitautor der Heftromanreihe *Perry
Rhodan* einen Namen machen konnte, führte die *ORION*-Ta-
schenbücher über das Ende der Fernsehserie hinaus weiter. Er
schrieb 34 der insgesamt 35 Taschenbücher, die in den Jahren
1968 bis 1970 erschienen; bei Band 16 (*Revolte der Puppen*)
mußte er sich wegen Terminschwierigkeiten von seinem Wiener
Autorkollegen Ernst Vlcek vertreten lassen. Ab 1975 erschienen
weitere *ORION*-Abenteuer in der Heftromanserie *Terra Astra*

(Pabel Moewig-Verlag), 1977 wurde eine eigene Romanreihe daraus, die von Autoren des *Perry Rhodan*-Teams gemeinschaftlich gestaltet wurde. Prompt bewahrheitete sich das Sprichwort, demnach zu viele Köche den Brei verderben. Die von Hans Kneifel mit Wortwitz und Liebe zum Zynismus gezeichneten Protagonisten verloren zunehmend an Charakter, die Handlung erreichte kosmische Dimensionen und verlor dadurch ihren naiven Charme. Im Jahr 1984 waren die phantastischen Abenteuer des Raumschiffs Orion so weit in der Lesergunst gesunken, daß die Serie mit dem Roman *Zeitblockade* von H. G. Ewers endgültig auf Eis gelegt wurde (seit Band 82, *Sternenkind* von Horst Hoffmann, erschien sie ohnehin wieder innerhalb der *Terra Astra*-Reihe).

Nachdem die Abenteuer der ORION-Crew in belletristischer Form fröhliche Urständ feierten, kamen auch die Gerüchte über eine zweite Fernsehstaffel nicht zum Verstummen, vor allem deshalb, weil zahlreiche Tricksequenzen im Hinblick auf die herannahende Einführung des Farbfernsehens bereits in Farbe gedreht worden waren. Der damalige Fernseh-Programmdirektor der ARD, Olaf Meitzner, ließ verlauten: »Nachdem sich das Publikum auf die Raumschiffserie und die entsprechenden neuen Vokabeln eingestellt hatte, wurde das Interesse von Folge zu Folge größer.«[2] Die hohen Produktionskosten, die eine Buntausgabe des Weltraumspektakels verursacht hätte, führten allerdings zur Einstellung des Projekts, obwohl Autor und *ORION*-Erfinder Rolf Honold bereits Treatments für weitere Episoden geschrieben hatte. »Bisher waren die Abenteuer der ORION noch wie die Abenteuer eines Karl May oder Baron von Münchhausen«, meinte er. »In den nächsten sieben Folgen, die ich schon geschrieben habe, wollen wir echte technische Zukunft zeigen. Und wir wollen auch zeigen, wie die Menschen im Jahr 3000 leben könnten.«[3]

Dieser Anspruch war den Ausstattern Georg Nischwitz und Rolf Zehetbauer (*Die unendliche Geschichte*, *Enemy Mine*) immerhin 50.000 Arbeitsstunden wert – und drei verschiedene Raum-

---

[2] J. Kastner, *Das große Raumschiff Orion Fanbuch*, Goldmann SF, Wilhelm Goldmann Verlag, München 1991

[3] J. Kastner, *Das große Raumschiff Orion Fanbuch*, Goldmann SF, Wilhelm Goldmann Verlag, München 1991

schiffmodelle im Durchmesser von 30 bis 160 Zentimetern. Der durch Improvisation in engen Grenzen gehaltene Budgetrahmen konnte das »Aus« für die *ORION* allerdings nicht verhindern.

Dr. Helmut Krapp, Hauptabteilungsleiter und Angehöriger des Produzenten- und Dramaturgenteams, begründete die Einstellung mit folgenden Worten: »So erfolgreich die *ORION*-Sendungen auch waren, es gab darin einige Elemente, die uns heute einfach nicht mehr gefallen und die wir um keinen Preis in der einen oder anderen Form wiederholen möchten. *ORION* ist tot – es

In der Kommandokanzel der ORION: (v. l. n. r.) Eva Pflug, Wolfgang Völz und Dietmar Schönherr

lebe die Zukunft.«[4] *Raumschiff ORION* ist ein symptomatisches Beispiel für den Umgang mit Science-fiction im deutschsprachigen Raum. Während die mit wesentlich mehr Ambition gedrehte STAR TREK-Serie hierzulande von vornherein als Kinderprogramm abgestempelt wurde (und immer noch wird, was sich am zumeist nachmittags angesiedelten Sendeplatz äußert), waren McLane und Kumpanen vom Start weg im Hauptabendprogramm vertreten.

Jörg Kastner, Autor des *Raumschiff ORION*-Fanbuchs, wird allerdings den Verdacht nicht ganz los, daß tatsächlich sieben farbige Episoden gedreht wurden, die seit damals im Tresor der Produzenten unter Verschluß liegen, »aus gewissen – ideologischen? – Gründen im Giftschrank«.

Und er fragt: »Soll man das für die Wahrheit halten – oder für Science-fiction?«

Starke Sprüche

»Mit tricktechnisch dargestellten, überdimensionalen Kräften bringen wir Riesenbauten, sogar ganze Planetoiden zum Zerschmelzen. Roboter vollbringen ungeheure Leistungen positiver und negativer Art. Raumschiffe werden zum Verglühen gebracht. Sternoberflächen verändern durch Fremdeinwirkung in Bruchteilen von Sekunden ihre Struktur.«
(aus einer Presseinformation zur Serie)

»Es wurde in der Serie ein technischer Fortschritt mit Militanz und einem ebenso großen moralischen Rückschritt in Verbindung gebracht. Da war ständig von Overkill und Eliminieren die Rede. Kritiker haben uns zu Recht vorgeworfen, daß die ORION-Serie schon fast faschistische Züge aufwies.«
(Dr. Helmut Krapp)

HASSO SIGBJÖRNSON: »Sag einmal, Atan, das Ganze war doch wohl nur ein böser Traum, was?«
ATAN SHUBASHI: »Viel schlimmer – das war Science-fiction.«

---

[4] J. Kastner, *Das große Raumschiff Orion Fanbuch*, Goldmann SF, Wilhelm Goldmann Verlag, München 1991

Unsterbliche Momente

Jede Trickaufnahme.

Die Prominenz

Gaststars: Lieselotte Quilling, Emil Stöhr, Heinz Beck, Alfons Höckmann, Helmut Brasch, Christine Isensee, Vivi Bach

Staradressen

Dietmar Schönherr (Cliff Allister McLane) und Vivi Bach, c/o Agentur Doris Mattes, Merzstraße 14, D-81697 München.
Claus Holm (Hasso Sigbjörnson), Ludwig-Barney-Platz 10, D-14197 Berlin.
Eva Pflug (Tamara Jagellovsk), c/o Agentur v. Pilecki, Eilandstraße 12, D-81574 München.
Wolfgang Völz (Mario de Monti), Konstanzer Straße 8, D-13055 Berlin.
Thomas Reiner (Michael Spring-Brauner), Zirbenweg 11, D-82547 Berg 4.
Liselotte Quilling, Feichthofstraße 88, D-81274 München.

Fan-Clubs

ORION-Club GLANSKIS (Cosmos Crew), c/o Michael Dengler, Habichtshöhe 27, D-59073 Hamm.
ORION-Club HYDRA, c/o Detlef Eckhardt, Lisztstraße 30, D-70180 Stuttgart.
ORION-Club LAURIN, c/o Marc Heinrichs, Wilhelmshavener Straße 17, D-24105 Kiel.
ORION-Club URACEEL, c/o Rolf Kramer, Marler Straße 14, D-46282 Dorsten.

Buch

Das große Raumschiff ORION Fanbuch von Jörg Kastner, 226 Seiten, Goldmann-Verlag, München 1991, ISBN 3-442-23642-8

Video

Raumpatrouille – Die phantastischen Abenteuer des Raumschiffs ORION. Eurovideo; 3er-Box oder Limited-Edition-Set (mit Taschenbuch, Soundtrack und T-Shirt).

Notizen für Insider

Raumpatrouille – Die phantastischen Abenteuer des Raumschiffs
ORION
BRD 1966
Produktion: Bavaria Atelier GmbH
7 Folgen
Laufzeit: ca. 55 Minuten
Produzent: Hans Gottschalk, Helmut Krapp, Oliver Storz
Titelmusik: Peter Thomas
Tricks: Georg Nischwitz, Werner Hierl, Vinzenz Sandner, Jörg
Kunsdorff, Götz Weidner

Stammbesetzung:
Dietmar Schönherr (Cliff Allister McLane), Eva Pflug (Tamara
Jagellovsk), Wolfgang Völz (Mario de Monti), Claus Holm (Hasso Sigbjörnson), F. G. Beckhaus (Atan Shubashi), Ursula Lillig
(Helga Legrelle), Benno Sterzenbach (Winston Woodrov
Wamsler), Charlotte Kerr (Lydia van Dyke), Thomas Reiner
(Michael Spring-Brauner), Franz Schafheitlin (Sir Arthur)

Einzeltitel

Nr.	Titel	Regie	Erstausstrahlung
1	Angriff aus dem All	Michael Braun	17.09.1966
2	Planet außer Kurs	Theo Metzger	01.10.1966
3	Hüter des Gesetzes	Theo Metzger	15.10.1966
4	Deserteure	Theo Metzger	29.10.1966
5	Der Kampf um die Sonne	Michael Braun	12.11.1966
6	Die Raumfalle	Theo Metzger	26.11.1966
7	Invasion	Michael Braun	10.12.1966

Eine letzte Frage ...

Ein Schwenk durch die Kommandokanzel bringt es ans Licht:
Die ORION wird mit einem Bügeleisen gesteuert, das deutlich
aus der Dekoration des Hauptschaltpultes ragt. Ein Wink mit
dem Brückenpfeiler ...?

Raumschiff Enterprise

»Beam me up, Scotty! (STAR TREK*)*
»Scotch me up, Beamie!« (Unbekannter Fan)

*»Wissen Sie, ich habe geglaubt, daß sie tatsächlich
existieren. Kirk, Spock, McCoy und all die anderen. Und ihr Raumschiff. Bis heute, das kann ich
beschwören ... Einmal hat einer von ihnen mit
mir gesprochen. Ich wußte alles ganz genau – sie
hatten mich als Beobachter zurückgelassen.«*

(aus: »Beam uns nach Haus« von James Tiptree jr.)

*»We are part of a dream.
A dream that has become reality.«*

(Captain James Tiberius Kirk über das Universum)

»O mein Gott.« Eugene Wesley Roddenberry saß in der Dunkelheit des Vorführraumes, hörte das Flüstern der NBC-Gewal-
tigen und wußte, daß er eine Schlacht verloren hatte. Wenn das
Licht anging, würden die Bosse des Fernsehsenders über ihn
herfallen, um ihn in der Luft zerreißen. Dann, nach »einer
kleinen Ewigkeit«, wurde es hell, und die Blicke der Anwesen-
den richteten sich auf ihn. Mit dem Pilotfilm der neuen Science-
fiction-Fernsehserie STAR TREK hatte Roddenberry nicht nur
das Budget um satte 400.000 Dollar überzogen, sondern auch
einen Film abgeliefert, den die TV-Gewaltigen vom Anfang bis
zum Ende für unverkäuflich hielten.
Ohne über den Sender zu gehen, verschwand THE CAGE (*Der
Käfig;* Regie: Robert Butler) in den NBC-Archiven, weil er
nicht den ungeschriebenen Gesetzen der Branche entsprach: Im
Jahr 1965, mitten im kalten Krieg, mußten Außerirdische bewaffnet und gefährlich sein und dennoch – anstandshalber – am
Ende der Feuerkraft irdischer Helden unterliegen. Rodden-
berry, der zuvor Drehbücher für sehr erfolgreiche Serien wie
DRAGNET und HAVE GUN, WILL TRAVEL geschrieben hatte, ging
frustriert nach Hause – und erhielt ein Jahr später eine neue
Chance.
Selten ist eine Fernsehserie so tief in die Fundamente der Pop-

kultur eingesickert wie STAR TREK – und niemals wieder wurden Schauspieler dermaßen mit ihren Rollen identifiziert wie die der Zukunftswelt des Jahres 2200. Die Darsteller von Spock und McCoy wurden durch ihre Rollen zu mehrfachen Millionären – ohne je einen anderen nennenswerten Charakter gespielt zu haben. William Shatner, Leonard Nimoy und DeForest Kelley sind durch die vom Autor und Produzenten Gene Roddenberry erdachte Weltraum-Saga STAR TREK zu Idolen geworden; zu Stars, die nie so gut waren wie Jack Nicholson, aber weitaus berühmter. US-Präsident Gerald Ford würdigte die »Verdienste« der kosmischen Crew damit, daß er das erste NASA-Space-Shuttle im Jahr 1976 auf den Namen Enterprise taufte. An die 400.000 Briefe hatten STAR TREK-Fans aus aller Welt geschrieben und waren erhört worden. »Die Marine-Band spielte immer und immer wieder das STAR TREK-Thema«, erinnert sich DeForest Kelley. »Wir standen am Rand der Rollbahn und hatten Tränen in den Augen. Das war der Moment, in dem mir bewußt wurde, daß wir es geschafft hatten, eine ganze Nation zu begeistern.«

Wenn die Crew der Enterprise, 25 Jahre nach ihrem Start ins All, am Ende des Kinofilms STAR TREK VI – THE UNDISCOVERED COUNTRY *(Das unentdeckte Land)* den Befehl zur altersbedingten Abmusterung erhält, ist das fast wie ein Abschied von Freunden. Überraschend unsentimental nimmt die Enterprise ein letztes Mal Kurs »auf den dritten Stern von links«, dann ist der Weltraum leer – das entwürdigende Schauspiel der Pensionierung bleibt uns erspart.

Das Universum wird gewohnt souverän gerettet und gleichzeitig die Brücke zur nächsten *Enterprise*-Generation geschlagen, die 100 Jahre später in der Folgeserie STAR TREK – THE NEXT GENERATION *(Raumschiff Enterprise – Das nächste Jahrhundert)* das Trio Kirk, Spock & McCoy ablöst.

Neben dem Fernsehen ist das Phänomen STAR TREK aber auch in fast allen anderen Medien vertreten. Kaum ein Artikel, auf dem nicht das Logo der Sternenflotte glänzt: Comic-Books, Taschenbücher, Romane, Videokassetten, Sprachkurse in Klingonisch auf Tonbandkassetten, Postersets, Puzzles, Enterprise-Modelle zum Selberbauen, sogar STAR TREK-Uniformen. »Ich glaube, daß STAR TREK ein Bild der aktuellen Gegenwart zeichnet«, meinte Gene Roddenberry, der Erfinder von STAR TREK, der am

*Commander Kirk (William Shatner) hat ein geheimnisvolles Gerät ent-
deckt*

2. November 1991 im Santa Monica Hospital in Kalifornien verstarb. »Wir finden uns selbst in STAR TREK wieder, genauso wie
wir sind, jetzt.«
Allerdings: Der Jungfernflug der »zukünftigen« Enterprise, der
NCC-1701, wäre um Haaresbreite in eine weniger erfolgreiche
Richtung losgegangen. Ein Jahr nach der Ablehnung des Pilot-
films THE CAGE bestellte NBC überraschend einen zweiten Pilotfilm, mit dem Roddenberry die Gunst der TV-Gewaltigen gewinnen konnte. Darüber hinaus sind STAR TREK-Experten der
Meinung, daß die Nachdenkpause der Serie nur gutgetan hat.
Jeffrey Hunter etwa, der in THE CAGE als Commander Christo-
pher Pike im Chefsessel der Enterprise logierte, »füllte seine
Rolle kein bißchen aus«, meint der englische STAR TREK-Fan

Charles Perth. »Die anderen Figuren waren ebenfalls kaum charakterisiert – die Enterprise hatte eine namenlose und austauschbare Besatzung und wäre wahrscheinlich auf einer Mission am Arsch des Universums in Vergessenheit geraten.« Hart, aber herzlich: Erst mit William Shatner als James Tiberius Kirk, DeForest Kelley als Doktor Leonard »Bones« McCoy und Leonard Nimoy als Mister Spock gab NBC grünes Licht für den Vorstoß in die unendlichen Weiten. Auftragsgemäß begegnete die Crew der Enterprise bereits in der ersten Episode THE MAN TRAP *(Der Letzte seiner Art)* anderen Lebensformen und flog in der dritten Folge schon an den Rand der Galaxis: WHERE NO MAN HAS GONE BEFORE *(Die Spitze des Eisberges).*

Allerdings: eine Kultserie war damit noch lange nicht geboren. Die Abenteuer von *Raumschiff Enterprise* standen zunächst in heftigem Wettstreit mit denen irdischer Helden, die zu besseren Sendezeiten für Recht und Ordnung sorgten. Drei Drehzeiten kämpfte Roddenberry um das Überleben der Serie, dann wurde sie am 3. Juni 1969 mit der 80. Episode, TURNABOUT INTRUDER *(Gefährlicher Tausch),* eingestellt. Erst als STAR TREK von anderen Sendern ausgestrahlt wurde, begann Roddenberrys Briefkasten plötzlich überzuquellen: Bessere Sendeplätze machten das Dreigespann Kirk, McCoy und Spock über Nacht im ganzen Land bekannt, und ein neuer amerikanischer Mythos war geboren.

Am Leben gehalten wird er bis heute von leidenschaftlichen Fans, den »Trekkies«, von denen die Botschaft des Raumschiffs Enterprise in die irdische Welt hinausgetragen wird. Insgesamt 80 STAR TREK-Folgen wurden in den Jahren 1966 bis 1969 gedreht. Zwei davon kamen niemals ins deutsche Fernsehen. Der eigentliche Pilotfilm, THE CAGE, schaffte es aus qualitativen Gründen nicht auf die Mattscheibe, während die 52. US-Episode, PATTERNS OF FORCE, nur dem deutschen Publikum vorenthalten wurde. In dieser Folge entdeckt die Crew der Enterprise die Überlebenden eines Raumschiffabsturzes, die einen an Hitlers *Mein Kampf* angelehnten NS-Staat errichtet haben – das war den deutschen TV-Bossen ein zu heißes Eisen.

Bis zum Jahr 1975, in dem Paramount Pictures die Fortsetzung der kosmischen Erkundungsfahrt auf der Kinoleinwand ankündigte, verbreitete sich STAR TREK wie ein Lauffeuer. »Wir bekamen Post aus Ländern, die wir nicht einmal aussprechen konnten«, erinnerte sich Roddenberry, dem langsam klar wurde, daß er »für manche Leute mehr war als nur der Produzent einer Fernsehserie«. Der aus den Vorarbeiten zur nicht realisierten Fortsetzung der TV-Serie (»Star Trek II«) hervorgegangene Kinofilm STAR TREK: THE MOTION PICTURE *(Star Trek – Der Film)*, der im Jahr 1979 in die Kinos kam, stieß in der weltweiten Fangemeinde aber nicht nur auf Gegenliebe: William Shatner und James »Scotty« Doohan wollten partout nicht mehr in die hautenge Montur passen, Mister Spock verhielt sich ungewöhnlich unlogisch, und die Falten im Gesicht des Schiffsarztes »Pille« warfen auch bei gedämpftem Licht lange Schatten. Das bombastisch angekündigte Projekt, das im Schatten von *Krieg der Sterne* für volle Kassen sorgen sollte, kam an die besten der vergleichsweise billigen Serienepisoden nicht annähernd heran.

Durch ›Raumschiff Enterprise‹ zu Stars geworden: (v. l. n. r.) Leonard Nimoy, William Shatner, DeForest Kelley

Um eine engere Bindung zu schaffen, baute Drehbuchautor Jack B. Sowards im zweiten Kinofilm, THE WRATH OF KHAN *(Der Zorn des Khan),* auf der Handlung der Serienepisode SPACE SEED (23, *Der schlafende Tiger)* auf und ließ Kirk gegen einen alten Gegner antreten. Die Österreicherin Bibi Besch verkörperte übrigens Dr. Carol Markus, Kirks einstige Geliebte und Mutter seines Sohnes David – der im dritten Kapitel, THE SEARCH FOR SPOCK *(Die Suche nach Spock),* ums Leben kommt.

Das Fernsehen konnte die neue Beliebtheit der Enterprise nicht an sich vorübergehen lassen: Am 16.9.1987 strahlte das US-TV den Pilotfilm ENCOUNTER AT FARPOINT *(Der Mächtige/Mission Farpoint)* der neuen Serie STAR TREK: THE NEXT GENERATION *(Raumschiff Enterprise – Das nächste Jahrhundert)* aus. Statt Captain Kirk kommandierte Jean-Luc Picard (Patrick Stewart) über eine vollkommen neue Besatzung und eine für das Videozeitalter neu konstruierte Enterprise. Von den eingeschworenen Fans anfangs belächelt, durfte die neue Crew insgesamt 178 Einsätze (sieben Drehzeiten) bestehen. Kaum in Pension geschickt, hatte Produzent Rick Berman schon eine neue Serie aus dem STAR TREK-Multiversum parat: STAR TREK: DEEP SPACE NINE (momentan drei Drehzeiten) und STAR TREK: VOYAGER. Anders als für seine Kostars wird es für William Shatner kein Gastspiel in einer der neuen Produktionen geben – am Ende des siebten Kinofilms, GENERATIONS *(Treffen der Generationen),* muß er tragisch von der kosmischen Bühne abtreten.

William Shatner, augenblicklich mit der Produktion von 16 neuen Folgen seiner eigenen Science-fiction-Serie TEKWAR beschäftigt (vier Episoden wurden auf SAT 1 ausgestrahlt), hat auf die Frage nach einer eventuellen Rückkehr eine Antwort parat. »Ich tötete Kirk, und ich tötete ihn gut«, sagt er.

Aber wir wissen ja: In *Raumschiff Enterprise* ist zwar immer alles moralisch vertretbar und politisch korrekt – aber nichts unmöglich.

Fans ...

»Ich war vom ersten Augenblick an fasziniert«: Karin Embacher weiß ganz genau, wann sie der Liebe ihres Lebens begegnet ist. 1973 lernte sie den großen Vulkanier und seine beiden Freunde

Neue Serie: ›Star Trek: Deep Space Nine‹ mit (oben von links) Rene Auberjonois, Nana Visitor, Colm Meaney, Avery Brooks, (unten von links) Armin Shimerman, Terry Farrell, Cirroc Lofton, Siddig El Fadil

kennen, im Oktober 1991 schlossen sie den Bund fürs Leben. An diesem Tag gründeten die Anhänger der Fernsehserie *Raumschiff Enterprise* den österreichischen Fan-Club *»Galactic Friendship«*[1], dem Karin Embacher vorsitzt. Das Treffen der Generationen, das die Hauptfiguren der Fernsehserie erst 1995 im Kino erleben, steht längst auf dem Programm der monatlichen Clubmeetings: Der älteste Fan ist über 60 Jahre alt. Von Captain Kirks Tod war Karin »anfangs ziemlich geschockt«, gibt sie zu. »Aber dann habe ich mir gedacht: Spock ist auch schon mal gestorben.« Und wiedergekommen.

Fanpost

STAR TREK-Fans sind praktisch überall zu finden, in der Wissenschaft wie im Sport. Der querschnittgelähmte britische Mathematiker Stephen W. Hawking gibt beispielsweise offen zu, daß ihn die Muse am liebsten nach seiner wöchentlichen Dosis *Enterprise* küßt. Selbst die Los Angeles Lakers spielen gelegentlich im kosmischen Lager – wie der Basketballer James Worthy, der in der NEXT GENERATION-Serie sogar einen Klingonen darstellen durfte. Der langjährige STAR TREK-Fan nahm sogar dreistündige Schminksitzungen in Kauf, um an der Seite seiner Idole den Weltraum zu erkunden, nur die Körpermaske blieb dem Sportler wegen seiner Statur erspart. Wie er zu seiner Traumrolle gekommen ist? »Er hat uns zum Mittagessen eingeladen und gesagt, daß er gerne einen Klingonen spielen würde«, sagt Rick Berman, ausführender Produzent der Serie. Gesendet wurde die Episode mit dem basketballenden Alien schließlich im Oktober 1993. Sollten Sie ähnliche Ambitionen verspüren, die Anschrift von Paramount Communications lautet: 15 Columbus Circle, New York, New York 10023, USA.

Die Wartezeit bis zu Ihrem ersten Fernsehauftritt können Sie sich in einem der zahlreichen STAR TREK-Fanclubs vertreiben, die es in fast jedem Land dieser Erde gibt (um einen Club in Ih-

---

[1] Galactic Friendship, c/o Karin Embacher, Krottenbachstraße 104/2/3, A–1190 Wien. Einmal pro Monat Meeting im Clublokal, einmal pro Monat Videoabend. Im Mitgliedsbeitrag von ÖS 300,–/Jahr sind sechs Newsletters enthalten sowie ein Jahrbuch. Interessenten wenden sich bitte mit einem beigelegten Rückkuvert an die obige Adresse.

rer Nähe zu finden, kontaktieren Sie am besten einschlägige Inseratenmagazine).

Starfleet-Adressen

Star Trek: The Official Fan Club. P. O. Box 111 000, Aurors, Colorado 80042, USA. Die Mitgliedschaft kostet in Europa $ 23,95/Jahr, Kreditkarten werden akzeptiert (Master, VISA). Die Clubzeitschrift STAR TREK: THE OFFICIAL FAN CLUB MAGAZINE (Interviews, Features, Fotos, Porträts, Produktionsberichte) ist im Beitrag enthalten.
Starfleet Academy, Studienrichtungen: »Academy of Starfleet Engineering«, »Officer's Command College«, »Vulcan Academy of Science« u. a. Kontakt: Admiral Rob Lerman, Director of Starfleet Academy, P. O. Box 554, Fair Oaks, CA 95628–0554, USA.
Elektronisches Fanzine für den Computer: DATELINE: STARFLEET, herausgegeben von Bill Mason. Elektronische Post an: *America Online: Data1701D, Prodigy: WPHM91A, Internet: data1701d@aol.com.* Irdische Anschrift: 753 Rively Ave, Glenolden, PA 19036–1118, USA.

Kultobjekte

Die Merchandising-Maschine beinhaltet praktisch alles, was man sammeln kann, vom T-Shirt über Starfleet-Uniformen und Modellbausätze bis hin zur kompletten Videoedition (CIC-Video; Serien nur auf Englisch, Kinofilme in Deutsch und im Widescreen-Format).
Ein Wiedersehen mit Kirk, Spock und McCoy gibt es auch im Computergame »Star Trek – 25th Anniversary« (Interplay), einer überaus gelungenen Kreuzung von Action- und Adventure-Elementen.
»Star Trek – The Screen Saver« (Berkeley Systems). Screen Saver sind spezielle Programme, die während langer Arbeitspausen am Computer ein Einbrennen des statischen Bildes in die Phosphorschicht des Computermonitors verhindern sollen. Fünf Minuten nach dem letzten Tastendruck wird der Bildschirm dunkel, und Mister Spock macht es sich dort bequem.

Bücher:

Ronald M. Hahn, *Die* STAR TREK *Filme,* Heyne Verlag, München 1993; Ralph Sander, *Die* STAR TREK *Biographien – Das Who's Who für alle Fans,* Heyne Verlag, München 1995.

Bestes STAR TREK-»Remake«: John Belushi in SATURDAY NIGHT LIVE (enthalten auf der Videokassette BEST OF JOHN BELUSHI). Bester Sprachkurs für Anfänger: »Conversational Klingon« von Marc Oland, ein Kassettenlehrgang für kosmische Touristen (Untertitel: »Learn the Universe's Fastest Growing Language«. Bei Simon and Schuster). Bestes Kreditkartendesign: VISA mit Starfleet-Motiv: »Don't Leave Earth Without It!« Seltsamste Publikation: William Shatners Fingerübungen als Science-fiction-Schriftsteller, die TEK-Serie (deutsch bei Goldmann). Beste Sekundärliteratur: I'M NOT SPOCK von Leonard Nimoy. Beste Maske: DeForest Kelley als 140jähriger Admiral in ENCOUNTER AT FARPOINT, dem Pilotfilm der NEXT GENERATION-Serie. Bester Liebhaber: James Tiberius Kirk, der feminine Invasoren gerne horizontal vom Frieden überzeugt.

Notizen für Insider

Raumschiff Enterprise / STAR TREK
USA 1967/1968
Produktion: ITC Productions/Everyman Films Ltd.
Laufzeit: 45 Minuten
Musik: Ron Grainer

Stammbesetzung:
William Shatner (Captain James Tiberius Kirk), Leonard Nimoy (Mr. Spock), DeForest Kelley (Dr. Leonard »Bones« McCoy, dt. »Pille«), James Doohan (Lt. Cmdr. Montgomery »Scotty« Scott), George Takei (Lt. Hikaru Sulu), Nichelle Nichols (Lt. Nyota Uhura), Majel Barrett (Schwester Christine Chapel), Walter Koenig (Pavel Checkov)

Prominentester Drehbuchschreiber: Science-fiction-Autor Harlan Ellison *(Die Stadt am Rand der Ewigkeit).* Prominentester Regisseur: Marvin Chomsky *(Holocaust).*

Einzeltitel

Nr.	Deutscher Titel	Originaltitel	Regie	Sendung
1	–	The Cage	Robert Butler	Auf Video
2	Der Letzte seiner Art	The Man Trap	Marc Daniels	08.09.66
3	Der Fall Charly	Charlie X	Larry Dobkin	15.09.66
4	Spitze des Eisbergs	Where No Man Has Gone Before	James Goldstone	22.09.66
5	Implosion in der Spirale	The Naked Time	Marc Daniels	29.09.66
6	Kirk : 2 = ?	The Enemy Within	Leo Penn	06.10.66
7	Die Frauen des Mr. Mudd	Mudd's Women	Harvey Hart	13.10.66
8	Der alte Traum	What Are Little Girls Made of?	James Goldstone	20.10.66
9	Miri, ein Kleinling	Miri	Vincent McEveety	27.10.66
10	Der Zentral-Nerven-system-Manipulator	Dagger of the Mind	Vincent McEveety	03.11.66
11	Pokerspiele	The Corbomite Maneuver	Joe Sargent	10.11.66
12	Talos IV – Tabu 1+2	The Menagerie	Marc Daniels, Robert Butler	17.11.66
13	Kodos, der Henker	The Conscience of the King	Gerd Oswald	08.12.66
14	Spock unter Verdacht	Balance of Terror	Vincent McEveety	15.12.66
15	Landeurlaub	Shore Leave	Robert Sparr	29.12.66
16	Notlandung auf Galileo 7	The Galileo Seven	Robert Gist	05.01.67
17	Tödliche Spiele auf Gothos	The Squire of Gothos	Don McDougall	12.01.67
18	Ganz neue Dimensionen	Arena	Joseph Pevney	19.01.67
19	Morgen ist gestern	Tomorrow Is Yesterday	Michael O'Herlihy	26.01.67
20	Kirk unter Anklage	Courtmartial	Marc Daniels	02.02.67
21	Landru und die Ewigkeit	The Return of the Archons	Joseph Pevney	09.02.67
22	Der schlafende Tiger	Space Seed	Marc Daniels	16.02.67
23	Krieg der Computer	A Taste of Armageddon	Joseph Pevney	23.02.67
24	Falsche Paradiese	This Side of Paradise	Ralph Senensky	02.03.67
25	Horta rettet ihre Kinder	The Devil in the Dark	Joseph Pevney	09.03.67
26	Kampf um Organia	Errand of Mercy	John Newland	23.03.67
27	Auf Messers Schneide	The Alternative Factor	Gerd Oswald	30.03.67
28	Griff in die Geschichte	The City on the Edge of Forever	Joseph Pevney	06.04.67

Nr.	Deutscher Titel	Originaltitel	Regie	Sendung
29	Spock außer Kontrolle	Operation: Annihilate!	Herschel Daugherty	13.04.67
30	Weltraumfieber	Amok Time	Joseph Pevney	15.09.67
31	Der Tempel des Apoll	Who Mourns for Adonais?	Marc Daniels	22.09.67
32	Ich heiße Nomad	The Changeling	Marc Daniels	29.09.67
33	Ein Parallel-Universum	Mirror, Mirror	Marc Daniels	06.10.67
34	Die Stunde der Erkenntnis	The Apple	Joseph Pevney	13.10.67
35	Planeten-Killer	The Doomsday Machine	Marc Daniels	20.10.67
36	Das Spukschloß im Weltall	Catspaw	Joseph Pevney	27.10.67
37	Der dressierte Herrscher	I, Mudd	Stephen Kandel & David Gerrold	04.11.67
38	Metamorphose	Metamorphosis	Ralph Senensky	11.11.67
39	Reise nach Babel	Journey to Babel	Joseph Pevney	17.11.67
40	Im Namen des Jungen Tiru	Friday's Child	Joseph Pevney	01.12.67
41	Wie schnell die Zeit vergeht	The Deadly Years	Joseph Pevney	08.12.67
42	Tödliche Wolken	Obsession	Ralph Senensky	15.12.67
43	Der Wolf im Schafspelz	Wolf in the Fold	Joseph Pevney	22.12.67
44	Kennen Sie Tribbles?	The Trouble with Tribbles	Joseph Pevney	29.12.67
45	Meister der Sklaven	The Gamesters of Triskelion	Gene Nelson	05.01.68
46	Epigonen	A Piece of the Action	James Komack	12.01.68
47	Das Loch im Weltraum	The Immunity Syndrome	Joseph Pevney	19.01.68
48	Der erste Krieg	A Private Little War	Marc Daniels	02.02.68
49	Geist sucht Körper	Return to Tomorrow	Ralph Senensky	09.02.68
50	–	Patterns of Force	Vincent McEveety	16.02.68
51	Stein und Staub	By Any Other Name	Marc Daniels	23.02.68
52	Das Jahr des roten Vogels	The Omega Glory	Vincent McEveety	01.03.68
53	Computer M5	The Ultimate Computer	John Meredyth Lucas	08.03.68
54	Brot und Spiele	Bread and Circuses	Ralph Senensky	15.03.68
55	Ein Planet, genannt Erde	Assignment: Earth	Marc Daniels	29.03.68
56	Spocks Gehirn	Spock's Brain	Marc Daniels	20.09.68
57	Die unsichtbare Falle	The Enterprise Incident	John Meredyth Lucas	27.09.68
58	Der Obelisk	The Paradise Syndrome	Jud Taylor	04.10.68
59	Kurs auf Marcus 12	And the Children Shall Lead	Marvin Chomsky	11.10.68

Nr.	Deutscher Titel	Originaltitel	Regie	Sendung
60	Die fremde Materie	Is There No Truth in Beauty?	Ralph Senensky	18.10.68
61	Wildwest im Weltraum	Spectre of the Gun	Vincent McEveety	25.10.68
62	Das Gleichgewicht der Kräfte	Day of the Dove	Marvin Chomsky	01.11.68
63	Der verirrte Planet	For the World Is Hollow & I Have Touched the Sky	Tony Leader	08.11.68
64	Das Spinnennetz	The Tholian Web	Ralph Senensky	15.11.68
65	Platons Stiefkinder	Plato's Stepchildren	David Alexander	22.11.68
66	Was summt denn da?	Wink of an Eye	Jud Taylor	29.11.68
67	Der Plan der Vianer	The Empath	John Erman	06.12.68
68	Brautschiff Enterprise	Elaan of Troyius	John Meredyth Lucas	20.12.68
69	Wen die Götter zerstören	Whom Gods Destroy	Herb Wallerstein	03.01.69
70	Bele jagt Lokai	Let That Be Your Last Battlefield	Jud Taylor	10.01.69
71	Fast unsterblich	The Mark of Gideon	Jud Taylor	17.01.69
72	Gefährliche Planetengirls	That Which Survives	Herb Wallerstein	24.01.69
73	Strahlen greifen an	The Lights of Zetar	Herb Kenwith	31.01.69
74	Planet der Unsterblichen	Requiem for Methuselah	Murray Golden	14.02.69
75	Die Reise nach Eden	The Way to Eden	David Alexander	21.02.69
76	Die Wolkenstadt	The Cloud Minders	Jud Taylor	28.02.69
77	Seit es Menschen gibt	The Savage Curtain	Herschel Daugherty	07.03.69
78	Portal in die Vergangenheit	All Our Yesterdays	Marvin Chomsky	14.03.69
79	Gefährlicher Tausch	Turnabout Intruder	Herb Wallerstein	03.06.69

Raumschiff Enterprise – Das nächste Jahrhundert

»Dieses Schiff hat den richtigen Namen.
Behandelt es gut, und es wird euch immer nach
Hause bringen.«

Admiral Leonard McCoy (DeForest Kelley in
ENCOUNTER AT FARPOINT)

»Ich kann keine spitzen Ohren sehen, dennoch
klingen Sie wie ein Vulkanier.«

(Admiral Leonard McCoy, ebenda)

Fans sind unbarmherzig. Wenn sie etwas wollen, dann versuchen sie es mit allen Mitteln zu bekommen.

Nachdem die Abenteuer von *Raumschiff Enterprise* mit der 80. Episode nach drei Drehzeiten 1969 aufgrund mangelnder Zuseherzahlen eingestellt worden waren und die Serie durch Wiederholungen zu besseren Sendezeiten Kultstatus erlangt hatte, wollten die Fans mehr. Kirk, Spock und McCoy sollten wieder auf große Fahrt in die unendlichen Weiten des Weltraumes gehen.

Im Jahr 1973 war zwar die Zeichentrickserie STAR TREK: THE ANIMATED SERIES ins Fernsehen gekommen, hatte allerdings keinen besonderen Anklang gefunden. Aus zwei Gründen: Einerseits wurde sie von den Programmverantwortlichen im Kinderprogramm ausgestrahlt, wodurch das Publikum der »klassischen« Serie nicht mehr zur Verfügung stand. Andererseits war der Inhalt für Kinder zu anspruchsvoll, weshalb auch diese bald das Interesse verloren. STAR TREK: THE ANIMATED SERIES verschwand nach nur 22 Episoden wieder vom Bildschirm; der gute Wille wurde zumindest mit einem Emmy Award als bestes Kinderprogramm von 1973/74 belohnt. Die Trekkies gaben nicht auf. Sie schrieben kilometerlange Briefe an die Fernsehstationen, bis es im Jahr 1975 erste Gerüchte über eine Neuauflage von STAR TREK gab.

Tatsächlich lagen im Jahr 1977 bereits erste Drehbuchentwürfe für »Star Trek II« vor: Die umgestaltete Enterprise sollte erneut auf eine Fünfjahres-Mission gehen – allerdings ohne den Vulka-

nier Spock, der mittlerweile auf seinen Heimatplaneten zurückgekehrt war (da Leonard Nimoy keinen weiteren Serienjob annehmen wollte). Die erste der 20 Stories, die Paramount Pictures ausarbeiten ließ, diente nach der überraschenden Einstellung des »Star Trek II«-Projektes als Vorlage für den Kinofilm
STAR TREK: THE MOTION PICTURE.
Nach dem Erfolg der ersten abendfüllenden Spielfilme wurde

Die Stammbesetzung der neuen ›Enterprise‹

Zwei Generationen des Raumschiffs Enterprise: die alte (oben) und die neue (rechts)

anstelle von »Star Trek II« fast ein Jahrzehnt später eine andere Serie realisiert: STAR TREK: THE NEXT GENERATION *(Raumschiff Enterprise – Das nächste Jahrhundert)*. Am 15. Mai 1987 war die Katze aus dem Sack: Nicht mehr Kirk & Co. sollten an den Kontrollhebeln des Sternenclippers sitzen, sondern eine ganz neue Besatzung. Im Chefsessel durfte der englische Schauspieler Patrick Stewart Platz nehmen und als Captain Jean-Luc Picard den Startbefehl erteilen. Ihm zur Seite stand sein Erster Offizier William Riker, dargestellt von Jonathan Frakes. Der Vulkanier Spock wurde von Data, einem humanoiden Androiden, ersetzt (dargestellt von Brent Spiner). Im Maschinenraum agierte der blinde Cheftechniker Geordi LaForge, der seine Umwelt nur durch eine spezielle Brille, den Visor, wahrnehmen kann. In der Krankenstation der neuen Enterprise führte eine Frau das Regiment; zuerst Dr. Beverly Crusher, die während

einer Drehzeit von Dr. Pulaski (Diana Muldaur) ersetzt wurde. Auch der Sicherheitsoffizier war während der ersten Episoden eine Frau: Lt. Tasha Yar, dargestellt von Denise Crosby. Ihre Rolle wurde nach ihrem Filmtod in Episode 23 *(Die schwarze Seele)* von Michael Dorn »übernommen«, der als Worf den einzigen Klingonen innerhalb der Sternenflotte spielte.

Gleich neben dem Stuhl des Captains durfte die wegen mehrerer freizügiger Filmauftritte bekannte Schauspielerin Marina Sirtis *(Blind Date, Die verruchte Lady)* als Counselor Deanna Troi Platz nehmen. Ihre besondere Spezialität: Als Betazoidin kann sie die Emotionen anderer Wesen auffangen und ihrem Boß bei komplizierten Verhandlungen und in Streßsituationen zur Seite stehen. Böse Zungen behaupten, daß damit die Gilde der Psychotherapeuten die Brücke der Enterprise erobert hat.

Mit der Figur des Wesley Crusher, dem Sohn der Schiffsärztin Beverly, schufen die Produzenten einen widersprüchlichen Charakter, der das Lager der STAR TREK-Fans in zwei Hälften teilte.

Wesley, gerade mitten in der Pubertät, sollte als Identifikations-figur für die Kids dienen, entpuppte sich aber als altkluger Ben-gel, dessen ständige Präsenz auf der Brücke des Flaggschiffes der galaktischen Föderation auch in einer zukünftigen Erlebnis-welt nur schwer zu erklären war. Im Laufe der Zeit wurde sein Part immer mehr reduziert – bis Wesley zur Weiterbildung an die Sternenflotten-Akademie überstellt wurde und nur noch ge-legentliche Gastrollen wahrnehmen durfte. Ein Segen, wie die meisten Fans behaupten.

Ebenfalls eingeführt wurden zwei erfolgreiche Nebenfiguren, die in zahlreichen Gastrollen zu sehen waren: Whoopie Gold-berg als rätselhafte Barfrau Guinan, die in der Kantine der En-terprise kalte Drinks und warmes Essen ausgibt. Ihre Beziehung zu Picard geht »weit über Freundschaft hinaus«– ein mystisches Wesen, das offenbar einer anderen Spezies angehört und vor über 500 Jahren auf die Erde kam. In der Episode *Gefahr aus dem 19. Jahrhundert* (126/127, Times Arrow) macht sie bei-spielsweise Bekanntschaft mit dem Autor Mark Twain.

Der zweite Charakter ist »Q«, dargestellt von John deLancie. Q ist ein Wesen aus einem anderen Universum, ausgestattet mit unglaublichen Fähigkeiten und meistens seinem Spieltrieb fol-gend. In der ersten Episode, Encounter at Farpoint *(Der Mächtige/Mission Farpoint),* sucht er die Enterprise das erste-mal heim und hält Gericht über die Menschheit. Später besucht er das Raumschiff in sporadischen Abständen, um Picard zu ei-ner globaleren Sichtweise der kosmischen Zusammenhänge zu animieren. Obwohl er die Besatzung der Enterprise immer in gefährliche Situationen bringt, gehören die Episoden mit Q zu den besten und komischsten der ganzen Serie.

Auch prominente Gaststars aus der klassischen Serie machten gelegentlich ihre Aufwartung: In *Besuch von der alten Enterprise* wird James »Scotty« Doohan als Schiffbrüchiger, der 70 Jahre in einem Transporterstrahl überlebt hat, an Bord genommen. Dort muß er mit der Erkenntnis fertig werden, daß seine Zeit vorbei ist. Im Holodeck, das computergenerierte Illusionen – ähnlich »Virtual Reality«-Systemen – erzeugen kann, läßt er sich die Brücke der »alten« Enterprise projizieren und betrinkt sich mit Picard. Diese Szene stellte eine kleine Meisterleistung der Trick-techniker dar, die mit Hilfe des Computers die 25 Jahre alten Dekorationen bis ins Detail nachbauten.

Auch Leonard Nimoy wirkte als Mister Spock am galaktischen Frieden mit. In der Doppelepisode *Wiedervereinigung* (107/108, UNIFICATION) tritt er als vulkanischer Botschafter auf, der Kontakt mit der romulanischen Regierung herstellen will. Picard muß ihm die Botschaft vom Tod seines Vaters Sarek überbringen. Nicht fehlen durfte auch DeForest Kelley, der im Pilotfilm von THE NEXT GENERATION als 120jähriger Admiral sein Stelldichein gab (sein Name wurde nicht genannt).

Raumschiff Enterprise – Das nächste Jahrhundert konfrontiert uns mit einem veränderten STAR TREK-Universum. Etwa 70 Jahre sind seit den Flügen von Captain Kirk & Co. vergangen. Die neue Enterprise ist stromlinienförmiger, der Umgangston unter den Besatzungsmitgliedern hat sich geändert, und neue Rassen bevölkern den Weltraum. Wichtigste Neueinführung sind die Ferengi, kleinwüchsige Humanoide mit großen Ohren, deren Profession der Handel mit Waren und Dingen aller Art ist. Das Wort Ehrlichkeit scheint im Sprachgebrauch der Ferengi nicht auf; ihrem Kodex folgend gilt nur der als ehrenhaft, der das beste Geschäft aufgerissen hat; egal wie.

Als Abgesandte des Cyberpunk haben die »Borg« Einzug ins STAR TREK-Universum gehalten: halb Mensch, halb Maschine, agieren sie als Kollektiv und assimilieren jede von ihnen aufgespürte Technologie. In der Doppelepisode *In den Händen der Borg/Angriffsziel Erde* (74/75, THE BEST OF BOTH WORLDS) wird Picard von ihnen gekidnappt und genetisch manipuliert. Als Borg Lucutus leitet er einen Angriff gegen die Föderation, in dessen Verlauf große Teile der Sternenflotte vernichtet werden. Diese »legendäre« Schlacht ist zugleich der Einstieg in eine weitere Fernsehserie aus dem STAR TREK-Multiversum: DEEP SPACE NINE. Sie erzählt die Geschichte einer Raumstation im letzten Winkel des Universums. Deren Kommandant, Benjamin Sisko, hat bei dem von Picard/Lucutus verursachten Massaker seine Frau verloren und sich mit seinem Sohn Jake nach »Deep Space Nine« zurückgezogen. Die Raumstation, die als Repräsentanz der Sternenflotte den Frieden zwischen den Bayoranern und den Cardassianern sichern soll, erhält unerwartete Bedeutung, als in ihrer Nähe ein »Wurmloch« entdeckt wird, das die schnelle Reise in weit entfernte Teile der Galaxis erlaubt.

STAR TREK: DEEP SPACE NINE hatte zuerst mit Akzeptanzproblemen zu kämpfen, da sowohl die Crew aus neuen Gesichtern bestand (abgesehen von Colm Meaney als Miles O'Brien, der seinen Platz im Transporterraum der Enterprise gegen einen Posten als Cheftechniker eintauschte) und auch die Story für das *Enterprise*-Universum zumindest untypisch war. Um die Fans auf die neue Serie vorzubereiten, wurde die Raumstation Deep Space Nine in die Handlung einiger THE NEXT GENERATION-Episoden eingebaut; umgekehrt war Patrick Stewart in der Pilotfolge mit einem Gastauftritt vertreten.

Waren die Storys zunächst hauptsächlich politischer Natur und drehten sich um den Konflikt Bayor–Cardassia, so änderte sich die Linie ab der dritten Season. Zu diesem Zeitpunkt war DEEP SPACE NINE als einzige STAR TREK-Serie im amerikanischen Fernsehen präsent, weshalb Produzent Rick Berman um Zuschauerzahlen bangte und mehr klassische Elemente einbringen ließ. Abenteuer statt Innenpolitik lautete die Parole.

Abenteuerlich ging auch die Reise der NEXT GENERATION-Crew nach sieben Drehzeiten in der 178. Episode ALL GOOD THINGS zu Ende. Durch ein astrophysikalisches Phänomen wird Picard in der Zeit »herumgeschleudert«, erlebt seine erste Begegnung mit Q erneut und rettet in Vergangenheit, Gegenwart und Zukunft das Universum – bis zum nächsten Zeitsprung, den er im Kino vollführt, wo er in STAR TREK VII: GENERATIONS Captain Kirk begegnet.

Während für DEEP SPACE NINE noch kein Ende abzusehen ist, hat die STAR TREK-Maschine bereits ein weiteres Serienprodukt ausgespuckt: STAR TREK: VOYAGER, die Abenteuer eines Sternenflottenschiffes, das in einen entlegenen Teil des Weltraums verschlagen wurde.

Trotz der Befürchtungen der Fans, die NEXT GENERATION könnte am Geist der alten *Enterprise* vorbeifliegen, hat sich die Serie zu einem eigenständigen Erfolg mausern können – keine andere Fernsehproduktion erreichte ihre Zuschauerzahlen. Wermutstropfen: Im deutschen Fernsehen muß man mit einer bearbeiteten Version der NEXT GENERATION rechnen. Die in allen Belangen mangelhafte Synchronisation ist nur ein Rädchen im Getriebe, Zensur ein anderes: In der Episode *Die Verschwörung* (25, CONSPIRACY) töten Picard und Riker einen Überläufer durch gezieltes Phaser-Kreuzfeuer: Der Kopf des Angegriffenen explodiert. Diese Szene durfte nicht über die europäischen Bildschirme flimmern.

Trivia

Picard ist ein Mann, der gerne aufgibt. In den folgenden Episoden kapitulierte er vor dem Gegner: *Der Mächtige/Mission Farpoint* (1), *Der Wächter* (5), *Der unmögliche Captain Okona* (30), *Der Austauschoffizier* (34), *Galavorstellung* (47), *Der Überläufer* (58).

Geordi LaForge wurde nach einem echten STAR TREK-Fan benannt, der 1975 an Muskelschwund starb.

In zwei Episoden wurde die Untertassensektion der Enterprise von der Antriebssektion abgetrennt: *Der Mächtige/Mission Farpoint* (1) und *In den Händen der Borg/Angriffsziel Erde* (74/75).

In der Episode *Die neutrale Zone* verliest Deanna Troi den Stammbaum von Clare Raymond: Bei den Namen handelt es sich um alle Darsteller, die einmal die Titelfigur der englischen SF-Serie DR. WHO gespielt haben.

Der einzige Mensch, der jemals in einer STAR TREK-Episode auftreten und sich selbst spielen durfte, ist der britische Mathematiker Steven W. Hawking (Episode 152, *Angriff der Borg/* DESCENT).

Notizen für Insider

Raumschiff Enterprise – Das nächste Jahrhundert / STAR TREK: THE NEXT GENERATION
USA 1987–1994
Produktion: Paramount Television
178 Episoden

Die wichtigsten Regisseure:
Corey Allen, Paul Lynch, Richard A. Colla, Cliff Bole, Rob Bowman, Les Landau, Winrich Kolbe, David Carson, Patrick Stewart, Jonathan Frakes, Robert Scheerer

Stammbesetzung:
Patrick Stewart (Captain Jean-Luc Picard), Jonathan Frakes (William T. Riker), Brent Spiner (Commander Data), LeVar Burton (Commander Geordi LaForge), Gates McFadden (Dr. Beverly Crusher), Marina Sirtis (Counselor Deanna Troi), Michael Dorn (Lt. Worf), Denise Crosby (Lt. Tasha Yar), Wil Wheaton (Wesley Crusher)

Regelmäßige Gastauftritte in bestimmten Charakteren:
Majel Barrett(Lwaxana Troi), Carl Struycken (Mr. Homm), John DeLancie (Q), Whoopie Goldberg (Guinan), Diana Muldaur (Dr. Kate Pulaski), Patti Yasutake (Nurse Ogawa), Colm Meaney (Chief Miles Edward O'Brien), Rosalind Chao (Keiko O'Brien), Dwight Schultz (Lt.. Reg Barclay), Michele Forbes (Ensign Ro Laren), Brian Bonsall (Alexander), Barbara March (Lursa), Gwynyth Walsh (B'Etor)

Roseanne

ROSEANNE: »Ich vergesse und vergebe ziemlich
schnell. Oder habe ich dir vielleicht nicht
vergeben, daß du mich vor vierzehn Tagen nicht
von der Arbeit abgeholt hast?«
DAN: »Nein.«
ROSEANNE: »Warum sollte ich auch?«

DARLENES FREUND MARK: »Daß wir nur
Makkaroni und Käse an Thanksgiving haben,
das ist doch cool und nonkonformistisch, oder?
Das ist nicht armselig?«
DARLENE: »Soll das ein Witz sein?
Das ist total cool!«
MARK: »Ja. Cool.«

JACKIE: »Weißt du was? Unverheiratet und
schwanger zu sein ist das erste, was Mom und ich
gemeinsam haben.«
ROSEANNE: »Ihr habt noch etwas gemeinsam:
die Hämorrhoiden.«

Eine Frau mit der Durchschlagskraft einer Kanonenkugel und
ein Mann mit der Geduld eines Brückenpfeilers. Den eigenen
Nabel hat jeder vor langer Zeit zum letztenmal gesehen, aber
was soll's? Die Connors sind aus Lanford im Mittleren Westen;
nicht aus Beverly Hills. Die paar Kilo zuviel sind so etwas wie
eine dicke Haut, ein natürlicher Panzer fürs gemeinsame Familienleben. Das findet in der Delaware Street vornehmlich aus
der Hüfte und aus dem Herzen heraus statt. Meistens laut, niemals objektiv, immer zynisch und am liebsten ein wenig beleidi-
gend – man könnte fast den Eindruck gewinnen, bei den Connors handelt es sich um eine amerikanische Durchschnittsfamilie im siebten Ehejahr.
Weit gefehlt. Eigentlich geht es zwischen Dan und Roseanne
Connor (John Goodman und Roseanne Arnold) sehr lieb und
menschlich zu. Beide sind lautstarke Übergewichtler, ein wenig
rechthaberisch, schnell gekränkt, ziemlich verwirrt und letztendlich immer zu einer Versöhnung aufgelegt. Derbe Worte schluckt
man runter: So wird halt gesprochen im täglichen Leben.

Hochkarätiges Komikerpaar: Roseanne Arnold und John Goodman als Roseanne und Dan Connor

»Extravagant« sind auch die Kinder des dynamischen Duos. Becky (Lecy Goranson) hat außer Jungs nur Jungs im Kopf, Darlene (Sara Gilbert) bekennt sich offen zum schwarzgefärbten Zynismus, und D. J. (Michael Fishman) ist eigentlich noch zu brav, um echten Trouble zu verursachen. Ebenfalls täglich zu Besuch ist Roseannes Schwester Jackie (Laurie Metcalf), die an einem permanenten Männerproblem leidet, egal ob sie mit jemandem zusammen ist oder (wie meistens) alleine lebt. Der Umgangston ist rüde, oft weht ein rauher Wind durch Küche und Wohnzimmer, dennoch bleibt der Zuschauer keine Sekunde darüber im unklaren, daß Roseanne ihre Kinder liebt, auch wenn sie sie »zum Spielen auf die Autobahn« schickt. Wie man in den Wald hineinruft, so schallt es zurück, und vor allem Darlene, die ihre Ambitionen als Comic-Zeichnerin entdeckt, läßt nichts auf sich sitzen. Die Serie verfolgt das Leben der Connors und ihre Alltagsschwierigkeiten: Roseanne kämpft sich durch

Normale Probleme, öffentlich – und liebevoll – abgehandelt: die Familie Connor

mehrere Fließbandjobs, bis sie Kellnerin und später Teilbesitzerin einer Snack-Bar wird. Dan ist Maurer, hängt seinen unsicheren Job allerdings zugunsten eines Motorrad-Geschäftes an den Nagel. Bis zu den Folgen der Rezession, die Dan Anfang der 90er Jahre zur Schließung zwingen, sind die Connors mit einem mittelständischen Einkommen gesegnet, danach muß der Gürtel enger geschnallt werden. Völlig normale Probleme also, die hier öffentlich abgehandelt werden. Ein klein wenig wird die Erinnerung an *Eine schrecklich nette Familie* wach – aber Roseanne Arnold mit Al Bundy vergleichen zu wollen, das funktioniert nicht. Trotz der schnoddrigen Maske ist Roseanne ein Familienmensch, der zugunsten seiner Kinder auf eigenen Komfort verzichtet (aber dafür im Mittelpunkt stehen muß). Sie liebt ihre Familie, das ist der Unterschied. Man hat den Eindruck, unter Freunden zu sein.

Entstanden ist ROSEANNE im Jahr 1988 nach einer Figur von –

357

Sie haben es erraten! – Roseanne Arnold, vormals Roseanne Barr. Nach ihrer Heirat mit Tom Arnold im Jahr 1991 brachte sie ihren frischgebackenen Ehemann als Produzenten und Schauspieler (er verkörpert dann und wann Dans Freund Arnie) in das Projekt ein. Nach Auftritten in verschiedenen Kinoproduktionen (z. B. *Die Teufelin* und *Kuck mal, wer da spricht 2*) gehört sie mittlerweile zu den Top-Verdienern in der Branche – und auch zum Platzhalter in den Schlagzeilen, die sie entweder mit Auszügen aus ihrer 1994 veröffentlichten Biographie MY LIVES schmückt oder mit der Drohung gegen Tom Arnold, sie werde ihren Bodyguard heiraten (von dem sie sich 1994 per künstlicher Befruchtung ein Kind zeugen ließ).

Wie dem auch sei: Als Sitcom ist ROSEANNE vor allem deshalb interessant, weil sie ein hochkarätiges Komikerpaar zusammenbringt. John Goodman, der mit KING RALPH und THE FLINTSTONES zum Star avancierte, verkörpert die Rolle des Dan ebenso glaubwürdig wie unaufdringlich. Auch wenn er sich manchmal einen übermächtigen Grinser nicht verkneifen kann. Auf der Sitcom-Bühne scheinen die Darsteller wenigstens ebenso viel Spaß zu haben wie die wachsende Fangemeinde in mittlerweile 19 verschiedenen Ländern der Erde.

Für den Tag X, an dem die Sitcom ROSEANNE nicht mehr zieht, hat Frau Arnold bereits Pläne geschmiedet. »Zuerst möchte ich meine eigenen Filme machen«, erklärte sie dem TIME-Magazin. »Dokumentationen von interessanten Menschen, denen ich begegne. Ich möchte meine eigenen Gedichte lesen und Musik dazu schreiben. Und dann möchte ich nach Spanien ans Meer fahren und Nudistin werden.«

Kurioses

In Eldon, Iowa, haben Roseanne und Tom Arnold gemeinsam ein Restaurant eröffnet: »Roseanne & Tom's Big Food Diner«. Seit ihrer Trennung und Toms Ankündigung, er werde Julie Champnella heiraten, läßt die Kundschaft auf sich warten.

Höhepunkte: Nach der Geburt ihres Sohnes im Jahr 1978 verlor Roseanne Arnold 120 Pfund. Ihre Biographie MY LIVES, die 1994 veröffentlicht wurde, ist insgesamt 17 Personen gewidmet. Und Tom Arnold besitzt sage und schreibe 70 Paar Socken.

Eine Managerkarriere sollten Tom und Roseanne Arnold wenigstens nach Ansicht des Finanzberatungsunternehmens Moss Adams (Seattle) nicht anstreben: Beispielsweise erzielte das Duo im Jahr 1993 Umsätze in der Höhe von 20 bis 30 Millionen Dollar; davon sind allerdings nur knappe 600.000 (oder ca. 2,5%) flüssig. Fehlinvestitionen? Roseanne und Dan Connor haben eine spezielle Vorliebe für verrückte Halloween-Kostüme. Da kann es schon einmal vorkommen, daß der jährliche Gruselabend gleich mehrere Episoden hintereinander zelebriert wird. Besonderes Augenmerk sollten Sie den kreativen Kostümen schenken, die so manchem B-Horror-Movie-Produzenten als Anregung dienlich sein können.

Notizen für Insider

ROSEANNE
USA 1988–?
Produktion: ABC
Laufzeit: 25 Minuten
Erfinder: Matt Williams
Ausführende Produzenten: Tom Werner, Roseanne Arnold, Tom Arnold

Stammbesetzung:
Roseanne Arnold (Roseanne Connor), John Goodman (Dan Connor), Sara Gilbert (Darlene Connor), Lecy Goranson (Becky Connor Healy), Sarah Chalke (Becky Healy, ab 1994), Michael Fishman (D. J. Connor), Laurie Metcalf (Jackie Harris), George Clooney (Booker, 1988–1989), Danielle Harris (Molly), Martin Mull (Leon Carp), Natalie West (Crystal Anderson)

Kinofilme mit Roseanne Arnold

Die Teufelin (SHE-DEVIL, USA 1989, Regie: Susan Seidelman)
Kuck mal, wer da spricht 2 (LOOK WHO'S TALKING TOO, USA 1990, Stimme; Regie: Amy Heckerling)
FREDDY'S DEAD: THE FINAL NIGHTMARE (USA 1991, Regie: Rachel Talalay)
BACKFIELD IN MOTION (USA 1991, Regie: Richard Michaels)
EVEN COWGIRLS GET THE BLUES (USA 1993, Regie: Gus Van Sant Jr.)
THE WOMAN WHO LOVED ELVIS (USA 1993, Regie: Bill Bixby)

Die Simpsons

»Bei den Simpsons geht es – wie immer im Leben
– um Liebe und um Wut.«

(*Simpsons*-Erfinder Matt Groenig)

»Make sure there are plenty of escape-routes.«

(Bart Simpson)

Lange Zeit stand die heile Welt im Mittelpunkt des Fernsehge-
schehens. TV-Familien wie aus dem Bilderbuch hielten die Moral über Wasser; Reality-TV war noch nicht erfunden. Egal welcher Schuh auch drückte, ein Drehbuchschreiber hatte immer
eine passende, zuweilen aufrührend sentimentale Lösung zur
Hand. »Loser« gab es nicht, und wenn doch, dann waren sie wenigstens glücklich dabei, weil sie aus ihrer Misere tiefere Einsichten über das Leben gewannen.

Ende der 80er Jahre wurde sowohl Publikum als auch Produzenten das rosarote Image ihrer Fernsehfamilien langweilig. Die
Straßen wurden gefährlicher, immer mehr Menschen krachten
durch das (in Amerika ohnehin nur in Ansätzen vorhandene)
soziale Netz und schlugen sich bei der Landung den Schädel ein.
Über einen gutsituierten Arzt, dessen größtes Problem die Wahl
der Farbe seiner Badezimmerkacheln war, konnte man am un-
teren Ende der sozialen Leiter kaum noch lachen. Fazit: Ein
paar Verlierer mußten her. Allerdings: Das Fernsehen hat seine
eigenen Gesetze. Wenn schon eine Sendung über Versager, dann
wenigstens über lustige. Es lacht sich schließlich leichter über
das Schicksal eines Gleichgestellten. Output dieser Überlegungen waren Serien wie *Eine schrecklich nette Familie, Roseanne*
oder auch *Die Simpsons,* die als erste Cartoon-Serie Millionen
Amerikaner zur Hauptsendezeit begeisterte.

Die Simpsons sind eine Familie von Verlierern. Die Eltern:
dumm, ungeschickt und erfolglos; die Kinder: ungezogen, frech
und bösartig. Realismus pur, durch die Augen des Comic-Zeich-
ners Matt Groenig gesehen.

Angeführt wird der armselige Clan von Vater Homer, der es
(immer schlecht rasiert) jedem recht machen will und doch nur
überall aneckt. Er hat einen ziemlich miesen Job in einem

Eine Familie von Verlierern: ›Die Simpsons‹

Atomkraftwerk, in dem Sicherheitsbestimmungen ein Fremdwort sind. Seine Frau Marge mit ihren meterhoch toupierten
Haaren begegnet den Wahnsinnstaten ihrer Sprößlinge und der
Unfähigkeit ihres Mannes meistens mit gezielter, wirkungsvol-
ler Hysterie, die ganz im Widerspruch zu Homers Philosophie
steht: »Alle sollen denken, welch nette Familie wir doch sind.«
Wenn dieser Wunschtraum nicht von Homer selbst durchkreuzt
wird, ist zuverlässig sein Sohn Bart zur Stelle, der Star des Car-

toon-Spektakels. Bart ist ein vorlautes Faultier, das nur beim Erfinden flotter Sprüche so etwas wie Initiative entwickelt. Ständig auf Konfrontationskurs mit der Obrigkeit und den Lehrern, ist es kein Wunder, daß der Zehnjährige seinen Vater mit dem Vornamen anredet und ihn locker beim Videospiel schlägt.

Unvermutet klug gibt sich das jüngste Familienmitglied, Barts achtjährige Schwester Lisa, die den Blues nicht nur erleidet, sondern auch auf dem Saxophon praktiziert. Auch sie hat es nicht leicht, denn gerade diese Art von Musik ist im Schulorchester nicht gefragt.

Jüngstes Familienmitglied im Chaotenclan ist Klein-Maggie, das Nesthäkchen, das vollauf damit beschäftigt ist, am Schnuller zu nuckeln und den anderen in unpassenden Momenten vor die Füße zu stolpern. Eine liebenswerte Familie, nicht wahr? Eine Familie aus Springfield, bei der man gerne eingeladen ist, weil es einem völlig egal sein kann, ob man den Aschenbecher trifft oder nicht. Wozu ein Blatt vor den Mund nehmen, wenn falscher Stolz nicht angebracht ist? Aber Vorsicht: *Die Simpsons* wissen es zwar nicht, aber sie sind im Austeilen fast noch besser als im Einstecken, wenigstens was Bart betrifft. Das Leben der Simpsons wird nicht von globalen Wirtschaftsproblemen und Rohölgeschäften bestimmt, auch gesellschaftliche Intrigen gehören nicht zum Repertoire der gelbgesichtigen Strichfiguren; »fashionable affairs« finden nicht statt. Die Familie hat schon an den Tücken des Alltags genug zu leiden – und damit den amerikanischen Familienserien-Alltag gründlich auf den Kopf gestellt. Das Programm ist so beliebt, daß sogar Bill Cosby, mit seiner BILL COSBY SHOW seit Jahren unangefochtener Spitzenreiter in der Familienunterhaltungs-Branche, um sein Siegerpodest fürchtet.

Der Erfolg der Serie spiegelt sich im Aufwand. Jede Episode schlägt mit etwa 600.000 Dollar Produktionskosten zu Buche. Pro Tag werden von 70 Zeichnern bis zu 400 Szenen ausgearbeitet und nach Korea zur Reinzeichnung geschickt; pro Folge sind etwa 140.000 Zeichnungen notwendig. Wieder zurück in Los Angeles, erfolgt das Finishing, in dessen Verlauf Szenen umgeschrieben, synchronisiert und von einem 38-Mann-Orchester mit Musik untermalt werden – ein Aufwand, wie es ihn noch bei keiner Trickserie zuvor gegeben hat. »Wir wußten von Anfang an, daß wir uns ein überaus hohes Ziel gesteckt haben«, erklärt

Matt Groenig. »Wir wollten die Zuschauer vergessen lassen, daß es sich um Cartoon-Figuren handelt. Sie sollten sich emotional auf diese Figuren einlassen, und das haben wir auch erreicht.«

Groenig, der sowohl als Autor wie auch als Zeichner an THE SIMPSONS arbeitet, kennt die Probleme, mit denen sein Team zu kämpfen hat. »Mein Stil ist schwer nachzuahmen«, sagt er. »Für diejenigen, die schon lange als Cartoon-Zeichner arbeiten, ist es schwierig, auf den Niedlichkeitsfaktor zu verzichten. Meine Figuren sind aber alles andere als niedlich« – und schmücken dennoch mit großem Erfolg T-Shirts, Poster, Geschirr und Bettwäsche. Sogar eine Platte (DO THE BARTMAN) ist im Handel erhältlich. Matt Groenigs Erfolgsweg begann mit der gezeichneten Geschichte um den sonderbaren Hasen Blinky und dessen LIFE IN HELL. Gemeinsam mit James L. Brooks, dem oscargekrönten Regisseur von *Zeit der Zärtlichkeit* und Produzenten von *Der Rosenkrieg,* und dem Hollywood-Zeichner Sam Simon erdachte Groenig 1987 die groteske Cartoon-Familie. Anfangs nur ein Pausenfüller in der TRACY ULLMAN SHOW, bargen die Figuren genug Potential für eine eigenständige Serie in sich. Tracy Ullman versuchte nach dem erfolgreichen Spin-Off insgesamt 56 Millionen Dollar einzuklagen; den, wie sie meinte, ihr zustehenden Anteil für die geleistete Starthilfe. Groenig revanchierte sich auf andere Weise: THE SIMPSONS hatte bald höhere Zuschauerbeteiligungen vorzuweisen als Tracys Show, und prominente Gaststars wie Michael Jackson, Danny DeVito und Tom Jones rissen sich um akustische Gastauftritte.

»Nein, an *Die Simpsons* ist nichts Autobiographisches«, erklärt Matt Groenig die Herkunft seiner Figuren – aber wie glaubhaft ist ein Mann, dessen Eltern Homer und Marge heißen und der zwei Schwestern namens Lisa und Maggie hat? Bleibt nur noch eine Frage: Für wen sind denn die Simpsons eigentlich gemacht? Die wenig verblüffende Antwort: »Für alle, die einen Fernseher besitzen.«

Warum bescheiden sein, wenn man die Welt erobern kann?

Dreimal Bart Simpson

»Underachiever and proud of it, man!«
»Don't have a cow, man.«
»I am Bart Simpson, who the hell are you?«

Notizen für Insider

Die Simpsons / THE SIMPSONS
USA 1989–?
Produktion: Fox Television
Laufzeit: 30 Minuten
Erfinder: Matt Groenig
Produktion: u. a. James L. Brooks, Matt Groenig, Sam Simon, Al Jean und Mike Reiss
Ausführender Produzent: James L. Brooks
Regie: u. a. Rich Moore
Autoren: u.a. Matt Groenig, John Swartzwelder und Adam I. Lapidus
Musik: Danny Elfman (Titelthema), Alf Clausen

Stammbesetzung (Stimmen):
Dan Castellaneta (Homer Simpson), Nancy Cartwright (Bartholomew J. »Bart« Simpson), Julie Kavner (Marge Simpson), Yeardley Smit (Lisa Simpson)

Gaststars (Stimmen):
Penny Marshall, Michael Jackson, Jackie Jackson, Ringo Starr, Tony Bennett, Danny DeVito, Tom Jones

Die Straßen von San Francisco

»Ja, Steve, er ist tot, und das ist schrecklich.
Aber es war sein eigenes Risiko. Er wußte, daß er
da hinausgeht, um jemanden zu verhaften, der
möglicherweise ein kleines Mädchen ermordet
hat. Er kannte das Risiko. Du kennst es auch.
Es kann uns jeden Tag etwas geschehen,
aber wir dürfen nicht aufgeben.«

(Mike Stone zu Steve Heller)

»Du fährst wie ein Opa.«

(Steve Heller zu Mike Stone)

Wer diese Bullen nicht liebt, der sieht sie falsch. Es müssen Vater und Sohn sein – oder zumindest Karl Malden und Michael Douglas. Anfang der 70er Jahre, als die Welt auch in San Francisco noch einigermaßen in Ordnung war, hüteten die Officers Mike Stone und Steve Heller im Gebiet der Golden Gate Bridge das Gesetz. Trotz des Gitarren- und Schlagzeugstakkatos, das den Zuschauer in der Signation von *Die Straßen von San Francisco* überfällt, geht es vergleichsweise ruhig zu: Es wird zwar viel geschossen, aber nur wenig getroffen (und wenn, dann zwar sehr dramatisch, aber dennoch unblutig). Die Crack-Mafia regierte noch nicht die Straßen, und auch von Aids hatte noch kein Mensch etwas gehört. Dementsprechend unbeschwert war das Lebensgefühl, in dem noch Scott McKenzies Hippie-Hymne SAN FRANCISCO mitschwang.
Zwischen Mike Stone und Steve Heller stimmte einfach alles. Steve, der junge Schönling, dessen Geschmack in Sachen Hosen und Krawatten einen Blindenhund zum Jodeln bringen konnte; und Mike, der alte Hase, der viel mit dem Kopf und mehr noch mit der großen Nase arbeitete. Vater und Sohn eben, und genauso sahen das die Fernsehzuschauer. »Wir sind echte Kumpel«, beschrieb Michael Douglas die Beziehung zwischen den Serienfiguren. »Während ich den jungen Kriminalisten spiele, der von der Uni kommt, hat Mike Stone seine Erfahrungen auf der Straße gesammelt. Wir snd gleichberechtigte Partner. Er verläßt sich auf das, was mir in der Schule beigebracht wurde, ich mich

auf seine Erfahrung.« Als Vorlage für die beiden Paradepolizisten, deren Anzüge noch nicht von Armani stammten und deren Gefühlswelt noch in Ordnung war, diente übrigens der Roman POOR, POOR OPHELIA von Carolyn Weston. Die Produzenten verlegten den Plot von Santa Monica nach San Francisco, veränderten ansonsten aber kaum Details, so daß Mike Stone und Steve Heller auch auf eine literarische Vergangenheit zurückblicken können.

Das Nahverhältnis zwischen den Charakteren ließ familiäre Stimmung aufkommen und hielt den Nervenkitzel in Grenzen: Keinem der beiden würde je in einer Episode ein Leid geschehen, weil der andere, auf sich alleine gestellt, sofort in den Untiefen der Programmvielfalt versinken würde – was später auch tatsächlich geschah, woraufhin die Serie nach fünf erfolgreichen Jahren eingestellt wurde. Michael Douglas entwickelte zunehmend andere Ambitionen – beispielsweise produzierte er 1975 den oscarprämierten Film *Einer flog über das Kuckucksnest* – so daß er 1976 seinen Abschied nahm. Um den Zuschauern, die den adretten Steve Heller liebgewonnen hatten, nicht gleich das Herz zu brechen, wechselte er, nachdem er angeschossen wurde, als Ausbilder an die Polizeiakademie. In deutschen Landen war diese Folge noch nie vollständig zu bewundern, weil sie den ZDF-Gewaltigen wegen ihres Plots während der Terrorjahre in den 70ern zu »heiß« war: Sie handelte von Bombenlegern. So entstand Steve Hellers deutscher Fernsehabgang im Schneideraum der Zensoren: Sie verpaßten der vorletzten Episode einfach das Ende des Finales, in dem sich Steve von Mike verabschiedet.

Ersetzt wurde Michael Douglas von Richard Hatch als Inspektor Dan Robbins, dessen Darstellung zu keiner Zeit beeindruckend oder wenigstens interessant zu nennen war. Als lieblos hingestellter Sidekick hatte er die Funktion eines besseren Lückenfüllers. Die eingefahrene Rolle an der Seite von Karl Malden bot kaum Spielraum für die Entwicklung eines eigenständigen Charakters; andererseits konnte Hatch auch als Sonnyboy nicht mit Michael Douglas konkurrieren. Etwa ein Jahr lang mühte sich der durch einen Science-fiction-Reißer bekannt gewordene Schauspieler an der Seite seines etablierten Kollegen, dann ließ der zuständige Produzent die Dienstmarken einsammeln. Der »Straßenfeger von San Francisco« war in die

Diese Bullen muß man lieben: Karl Malden als Mike Stone und Michael Douglas als Steve Heller

Jahre gekommen – immerhin warteten nach dem Jahrzehnt der Blumenkinder nun die Yuppies in den Startlöchern. Für die moderne Welt aber war das väterlich-freundliche Polizistengespann nicht gebaut.

Dennoch: Trotz der Trendwende haben eine Reihe heute sehr bedeutender Hollywood-Regisseure für *Die Straßen von San Francisco* gearbeitet. Die vielleicht bekanntesten sind John Badham und Richard Donner. Badham drehte unter anderem die Filme *Nummer 5 lebt*, *Vogel auf dem Drahtseil*, *Wargames* und *Saturday Night Fever*. Richard Donner macht offenbar nur noch Filme, die ihm selbst gefallen, darunter solche Klassiker wie *Die Goonies* oder die *Lethal Weapon*-Trilogie. Auch die Gaststars müssen sich nicht in den Straßen von San Francisco verstecken: Komiker-As Leslie Nielsen durfte schon Freundschaft mit den cleanen Polizisten schließen, ebenso Arnold Schwarzenegger –

damals noch ein Unbekannter, der heute als *Terminator* und Geheimagent (TRUE LIES) selbst für Ordnung auf dem Globus sorgt.

Nach dem Ende der Serie im Jahr 1977 verschwand auch Karl Malden vorerst von der Bildfläche. 1992 kehrte er als Mike Stone in Regisseur Mel Damskis TV-Produktion BACK ON THE STREETS OF SAN FRANCISCO in die Straßen von San Francisco zurück, um im Alleingang einen Mordfall zu lösen. Da er sich an das Drehbuch hielt, gelang ihm das auch; beim Publikum kam der Solokriminalist allerdings nicht so gut an – auch wenn es sich beim prominenten Mordopfer um seinen ehemaligen Partner Steve Heller handelte. Der Name Michael Douglas findet sich allerdings nicht auf der Besetzungsliste, da eine solche Investition im Produktionsbudget nicht vorgesehen war.

Nach einigen ambitionierten Versuchen, als Schauspieler weiter Fuß zu fassen (z. B. in *Das China-Syndrom* mit Jane Fonda, COMA, WALL STREET, BASIC INSTINCT mit Sharon Stone und der vieldiskutierten Michael-Crighton-Verfilmung *Enthüllungen*), stellt Douglas mittlerweile Honorarforderungen, die ihn unerschwinglich fürs Fernsehen machen. Das hatte zumindest den Vorteil, daß Stones Tochter Jean (Darleen Carr) vom platten Charme von Steve Strahlemann verschont blieb – auch so eine Sache, bei der Richard Hatch nicht mithalten konnte. Für Michael Douglas hat sich zumindest bestätigt, wo seine wahren Stärken liegen: in Rollen, in denen er nackte Haut zeigen oder schmutzig reden darf. Kein Wunder: Nach BASIC INSTINCT hat der Star den Medien gebeichtet, sexbesessen zu sein und sich deshalb einer Kur zu unterziehen.

Eine Fülle winziger Details und Eigenheiten macht *Die Straßen von San Francisco* zu einem Kleinod in der Krimilandschaft. Jede der insgesamt 119 Episoden war spannende und gutgemachte Fernsehunterhaltung. Drogendealer erkannte man meist an ihren schwarzen Locken, die Herren von der Polizei an den kilometerlangen Stulpen ihrer Hosen und am Fahrstil. Selbst im dichtesten Verkehrsgedränge fanden sie stets eine Möglichkeit, beim Parken ein paar Mülltonnen umzufahren, nie aber einen zufälligen Passanten. Der Humor in *Die Straßen von San Francisco* ist eine Klasse für sich und keiner jener Sorte, bei der man einfach mitlacht. Kalauer fanden nicht statt, Gags waren spärlich gesät, und bei der Abschlußpointe muß es sich in der Regel um einen Insiderwitz zwischen Malden und Douglas gehandelt haben. Aber deswegen gleich Reißaus nehmen? Wir mögen dieses sonnige Gemüt, das unsere Lieblingsbullen zur Schau stellen, und wir wissen, sie haben sich unglaublich lieb.

Notizen für Insider

Die Straßen von San Francisco / STREETS OF SAN FRANCISCO
USA 1972–1977
Produktion: ABC Television
119 Episoden
Idee: Edward Hume nach dem Roman POOR, POOR OPHELIA von Carolyn Weston

Kleinod in der Krimilandschaft: ›Die Straßen von San Francisco‹ mit Michael Douglas und Karl Malden

Die wichtigsten Regisseure:
John Badham, Richard Donner, Walter Graumann, Paul Stanley

Stammbesetzung:
Karl Malden (Detective Lieutenant Mike Stone), Michael Douglas (Inspector Steve Heller, bis 1976), Richard Hatch (Inspector Dan Robbins, 1976 bis 1977), Darleen Carr (Jean Stone), Lee Harris (Lieutenant Lessing).

Gaststars:
Robert Wagner, Arnold Schwarzenegger, Leslie Nielsen

Fernsehfilm

Zurück in den Straßen von San Francisco / BACK TO THE STREETS OF SAN FRANCISCO
USA 1992. Regie: Mel Damski. Kamera: Shelly Johnson
Besetzung: Karl Malden (Mike Stone), Debrah Farentino (Sarah Burns), Conor O'Farrell (David O'Connor), Carl Lumbly (Charlie Walker), Darleen Carr (Jean), Paul Benjamin (Henry Brown), Robert Parnell (Sam Hendrix), William Daniels (Judge Julius Burns)

The Twilight Zone

»This highway leads to the shadowy tip of reality;
you're on a through route to the land of the diffe-
rent, the bizarre, the unexplainable ... Go as far
as you like on this road. Its limits are only those
of the mind itself. Ladies and gentlemen, you're
entering the wondrous dimension of imagination.
Next stop THE TWILIGHT ZONE.«

(Rod Serlings geplante, aber nie verwendete Einleitung
zu TWILIGHT ZONE)

»Mr. Serling, Sie investieren Ihre ganze Zeit in die
TWILIGHT ZONE. Soll das heißen, Sie haben nicht
vor, in nächster Zeit etwas Anspruchsvolleres fürs
Fernsehen zu schreiben?«

(Frage eines Reporters an Rod Serling)

Da ging eine Tür auf. Ohne daß wir es bemerkten, verloren die
Naturgesetze ihre Bedeutung. Wie in TWIN PEAKS sickerte ET-
WAS durch die Mauerritzen, bloß – da waren keine Mauern
mehr. Ursache und Wirkung wurden eins – und für 23 Minuten-
war alles möglich. In der TWILIGHT ZONE, dem Schattenreich
zwischen Phantasie und Wahrheit, nahmen Träume Gestalt an,
begegneten Menschen dem Unfaßbaren, das oft genug den eigenen Ängsten entsprang.
In der TWILIGHT ZONE hatten normale Familien mit ihren All-
tagsproblemen nichts zu suchen. Das war kein Programm, das
die Realität erträglicher machte, indem es Leute zeigt, denen es
genau wie uns geht und die es trotzdem schaffen. Durchhalte-
parolen waren in der TWILIGHT ZONE nicht angesagt. Statt dessen bot TWILIGHT ZONE-Erfinder und Autor Rod Serling 156
Ausflüge in eine Welt, die oberflächlich betrachtet aussieht wie
unsere. An der ersten Ecke begann das Groteske: Zeitreisen,
außerirdische Wesen, Traumdämonen, verrückte Wissenschaftler und psychopathische Killer – nichts wurde ausgelassen. Ein
Lichtblick in den von Sitcoms, Krimis, Komödien und Polizeise-
rien dominierten 60er Jahren für die einen; für die anderen seit
jeher ein ausgemachter Blödsinn.

Kultcharakter, das steht fest, erlangte die TWILIGHT ZONE erst in den 80er Jahren, als sie durch Wiederholungen und zunehmende Verkäufe ins Ausland von neuen Zuschauerschichten entdeckt wurde. Während der Erstausstrahlung gelangte sie nie unter die Top ten der US-Fernseh-Charts, so daß über Serling immer das Damoklesschwert eines plötzlichen Endes schwebte. Als Marc Scott Zicree 1977 sein Buch THE TWILIGHT ZONE COMPANION[1] zu schreiben begann, gab es so gut wie keine Informationen über die (fast in Vergessenheit geratene) Serie. »Ich hatte nur meine Neugierde und 156 Episoden einer Fernsehserie, deren Produktion vor 13 Jahren eingestellt worden war«, sagt er. »Es gab kein TWILIGHT ZONE-Magazin, keinen TWILIGHT ZONE-Kinofilm und keine TWILIGHT ZONE-Sticker.« Vier Jahre lang recherchierte er sich durch die Archive – und hatte sein Buch just in dem Moment auf dem Markt, als die TWILIGHT ZONE durch den gemeinsamen Kinofilm von John Landis, Steven Spielberg, Joe Dante und George Miller wieder ins Gespräch kam: *Unheimliche Schattenlichter*. Das abendfüllende Werk kurbelte die Nachfrage weltweit an – und plötzlich war auch die Erinnerung bei denen wieder da, die das Original schon in den 60er Jahren gesehen hatten.

War das nicht Captain Kirk vom *Raumschiff Enterprise*, der da mit vollen Hosen in einem Flugzeug Richtung TWILIGHT ZONE flog? Tatsächlich: In der Episode NIGHTMARE AT 20,000 FEET (die für die Kinoversion übrigens neu verfilmt wurde) fürchtet sich ein relativ unbekannter junger Schauspieler namens William Shatner vor dem Fliegen. Zitternd schaut er in die Dunkelheit hinaus. Nur die Tragfläche ist zu sehen – und auf ihr sitzt ein grauenvolles Wesen, das sich an den Kabeln zu schaffen macht …

Die TWILIGHT ZONE at it's best: Sie nahm die gängigen Klischees der Science-fiction, verdrehte sie und formte sie zu einer neuen Geschichte, die es in dieser Form noch nicht gegeben hatte. Rod Serling wollte nicht die gängigen Trends rekapitulieren, die sich nur allzu oft in weltfremden Heils- und Friedensbotschaften oder im Krieg mit außerirdischen Raumflotten er-

---

[1] THE TWILIGHT ZONE COMPANION von Marc Scott Zicree. USA 1982, etwa 550 Seiten, inklusive EPISODE GUIDE. Erschienen bei Bantam Books. ISBN 0-553-34744-6.

Originalität und Spielraum für die Phantasie: Ben Murphy (links) und Sneezy Waters in einer Episode von ›Twilight Zone‹

schöpften. Er wollte Originalität und breiten Spielraum für die Phantasie. Die Grenzen des Erlaubten waren demnach weit gesteckt: Von der im Stummfilmstil gedrehten Zeitreiseepisode *In Unterhosen durch New York* bis hin zur Vorwegnahme des »Cybersex« in der Episode *Das Computerluder* war alles möglich. Die abgehobenen Storys waren möglicherweise mit ein Grund für die späte Prominenz der Serie: In den 60er Jahren war Kontinuität gefragt, und die konnte THE TWILIGHT ZONE nur begrenzt bieten. Da waren keine Hauptfiguren, die einen von Folge zu Folge begleiteten, an die man sich gewöhnen konnte. Jede Episode war eine eigenständige Geschichte mit neuen Protagonisten, nur Rod Serlings Einleitung zog sich als roter Faden durch die Produktion.

In der heutigen Fernsehwelt wäre Rod Serling ein Anachronismus. Schuld daran ist eine einzige Geste: In kaum einer Folge der TWILIGHT ZONE hält Serling seine Eröffnungsrede ohne brennende Zigarette. Man sieht es ihm an: Er raucht bewußt und mit Genuß, er will sich von anderen Moderatoren unterscheiden und im Gedächtnis bleiben. Und vielleicht besaß er auch so viel Weitblick zu erkennen, daß ihm die brennende Zigarette in ferner Zukunft Eintragungen in Büchern wie diesen bescheren würde. Rod Serling, das sollte damit ausgedrückt werden, war ein echter Mensch, kein Spinner oder Schauspieler, der einen vorprogrammierten Text aufsagt; er will uns etwas mitteilen, was ihm am Herzen liegt. Und er will uns auf eine Reise einladen. Das ist doch nett, nicht?

Bevor Rod Serling mit den Arbeiten an der TWILIGHT ZONE begann, gehörte er einer Gruppe namhafter junger Autoren an, deren berühmteste Vertreter, Paddy Chayefsky und Reginald Rose, das Fernsehen mit ihren Arbeiten als Kunstform etablieren wollten. Als Serling, der unter den Kritikern als Video-Äquivalent von Arthur Miller und Tennessee Williams gehandelt wurde, im Jahr 1959 bekanntgab, er werde eine wöchentliche Science-fiction- und Fantasy-Serie für das Fernsehen entwickeln, wußte er, welche Reaktionen er damit auslösen würde; er selbst verglich seine neue Beschäftigung mit einem Konzertpianisten, der plötzlich Baseball-Trainer wird. Die Presse stellte sich die Frage, was mit dem jungen Talent geschehen war. Serling, dem die Beschäftigung mit der Thematik großen Spaß machte, blieb seinem Konzept treu. Erst nach sechs Jahren Drehzeit begannen die Zuschauer auszubleiben. Das Damoklesschwert fiel, die Serie wurde eingestellt.

Nach dem Erfolg des Kinofilms im Jahr 1982 entschloß sich CBS überraschend zu einer Fortführung der Serie und gab Episoden der »neuen« TWILIGHT ZONE in Auftrag. Obwohl prominente Regisseure wie Wes Craven oder John Frankenheimer für einzelne Episoden verpflichtet werden konnten, fehlte der Zauber des Originals. Auch Rod Serlings Einleitungsrede, der eigentliche Fahrschein für den Trip ins Nirgendwo, fehlte. Die Geschichten, das eigentliche Erfolgsgeheimnis der Show, waren ebenfalls deutlich schlechter geworden – sie waren jetzt für ein schnelles Mainstream-Publikum gedacht, das die Video-Ästhetik der neuen Serie nicht störte. Auch die wunderbare Signation, die den Betrachter auf die vielfältigen Aspekte der Schattenwelt vorbereiten sollte, war in der Neuauflage dem Trick-Computer zum Opfer gefallen – nur der Soundtrack ist ein Klassiker geblieben.

Seit auch Autoren wie der Horror-Vielschreiber Stephen King auf die TWILIGHT ZONE als willkommene Zitatquelle zurückgreifen (z. B. in seinem Buch THOMMYKNOCKERS, in dem ein kleiner Junge »in zweieinhalb Sekunden in die TWILIGHT ZONE gebeamt« wird), ist die Serie ohnehin ins amerikanische Bewußtsein eingesickert. Ein bißchen wenigstens; ganz sicher nicht so stark wie in das Bewußtsein des europäischen Publikums. Noch nicht dermaßen von Nachahmern und Neuauflagen übersättigt, lassen sich aus europäischer Sicht die Wurzeln vieler anderer, ähnlicher Serien vielleicht besser erkennen. Etwas vom Flair der TWILIGHT ZONE steckt auch in Newcomern wie der *Akte X.* Und das ist gut so.

Notizen für Insider

THE TWILIGHT ZONE
USA 1959–1965
156 Episoden zu je 23 Minuten
Idee: Rod Serling

Stammbesetzung:
Rod Serling (Host)

Gaststars:
William Shatner *(Raumschiff Enterprise),* Dick York *(Verliebt in eine Hexe),* Roddy McDowell *(Planet der Affen),* Jack Klugman *(Männerwirtschaft),* Elizabeth Montgomery *(Verliebt in eine Hexe),* Agnes Moorehead *(Verliebt in eine Hexe),* Burgess Meredith, Charles Bronson, Lee Marvin, Richard Kiel, Robert Redford

Kinofilm

Unheimliche Schattenlichter / TWILIGHT ZONE: THE MOVIE
USA 1982, 101 Minuten, Regie: John Landis, Steven Spielberg, Joe Dante, George Miller
Besetzung: Dan Aykroyd, Albert Brooks, Vic Morrow, Scatman Corthers, Kathleen Quinlan

Filme, für die Rod Serling das Drehbuch schrieb

Anklage: Hochverrat (THE RACK, USA 1956, Regie: Arnold Laven)

Morgen trifft es dich (PATTERNS, USA 1956, Regie: Fielder Cook)

Vom Teufel geritten (SADDLE THE WIND, USA 1957, Regie: Robert Parrish)

Faust im Gesicht (REQUIEM FOR A HEAVYWEIGTH/BLOOD MONEY, USA 1962, Regie: Ralph Nelson)

Sieben Tage im Mai (SEVEN DAYS IN MAY, USA 1964, Regie: John Frankenheimer)

Planet der Affen (PLANET OF THE APES, USA 1968, Regie: Franklin J. Schaffner)

Night Gallery (USA 1969, Regie: Boris Sagal, Barry Shear, Steven Spielberg)

Time Travellers (USA 1976, Regie: Alexander Singer)

Twin Peaks

*»Diane, im Staate Washington wurde eine Leiche
gefunden, eine junge Frau, eingewickelt in einen
Plastiksack. Ich habe mich zu der kleinen Stadt
aufgemacht, die Twin Peaks heißt ...«*

(Aus dem Tagebuch des FBI-Agenten Dale B. Cooper)

*»Ich habe mitbekommen, daß viele seltsame
Dinge in den Wäldern passieren. Aber die Leute
erzählten dir nur zehn Prozent von dem, was sie
wußten, und es lag an einem selbst, die restlichen
90 Prozent zu entdecken.«*

(David Lynch über die Handlung von TWIN PEAKS)

Anfang der 90er Jahre war Laura Palmer die bekannteste Tote
der Welt; ein 17jähriges Mädchen, eine Studentin, die bei ihren
Bekannten als ebenso keusch wie sozial engagiert galt. Während
die rechtschaffenen Bürger von Twin Peaks, einer Kleinstadt im
pazifischen Nordwesten der USA, noch vor Erschütterung und
Anteilnahme fast zergehen, nehmen Special Agent Dale B. Cooper und Regisseur David Lynch die Ermittlungen auf. Sie finden
schnell heraus, daß die vordergründig brave Studentin ein zweites Leben gelebt hat – ein Leben, in dem Sex, Gewalt und Drogen die Hauptrolle spielten. Hinter der passablen Fassade von
TWIN PEAKS dürfte ein wahres DALLAS an Bösartigkeit verborgen sein, denn kurze Zeit später wird ein weiteres Mädchen
mißhandelt aufgefunden. Es ist Ronette Pulaski, die von einem
Unbekannten so schwer verletzt wurde, daß sie ins Koma fällt
und nicht mehr vernommen werden kann ...
Als TWIN PEAKS, die erste Fernseharbeit des amerikanischen
Kultregisseurs David Lynch, am 8. April 1990 über die Bildschirme flimmerte, stellte sie mit einem Zuschaueranteil von
33 Prozent alles in den Schatten, was an diesem Tag sonst noch
ausgestrahlt wurde. Für das TIME-Magazin war David Lynchs
Wiegenlied von Mord und Totschlag sogar »die originellste Serie aller Zeiten«. Die Television Critics Association kürte das
20teilige Epos vom Leben und Sterben in einer amerikanischen
Kleinstadt zum »Television Program of the Year«. Insgesamt

14 Emmy-Nominierungen durften Lynch und sein Co-Producer Mark Frost (der Autor der Erfolgsserie HILL STREET BLUES) bisher für TWIN PEAKS entgegennehmen. Ein Erfolg, den Lynch gerne mit einer trockenen Bemerkung kommentiert: »TWIN PEAKS ist wie Sex, es braucht Zeit.«

Stell' dir vor ... du hast dich in einem Zimmer versteckt und beobachtest unerkannt die Dinge, die darin vorgehen. Und plötzlich, ganz plötzlich, nimmt nichts mehr seinen gewohnten Gang. Das Innenleben der Leute wird nach außen gestülpt – Bob ist da! Wünsche, Visionen, Perversionen und Träume nehmen feste Gestalt an. Das Böse sickert durch die Mauerritzen, und du kannst nicht mehr wegsehen ... Das ist die Phantasiewelt des David Lynch, Liebkind und *enfant terrible* des amerikanischen Kinos in einer Person. Von den Kritikern ebenso oft verrissen wie hochgejubelt, ist der 49jährige immer für einen Skandal gut – um eine Einstellung später plötzlich als großer Erneuerer des Kinos dazustehen, als Visionär, dessen unorthodoxer Regiestil und dessen kitschig-schöne Bilder die oft fadenscheinige Handlung seiner Filme kaschieren.

Mr. David Lynch, der mit BLUE VELVET den großen Durchbruch schaffte, ist sehr an der Erforschung jener Dinge interessiert, die sich hinter der Fassade der Normalität verbergen. Seine Entdeckungen sind aber keine banalen Schlafzimmer-Reports und auch keine nüchternen Tatsachenberichte, sondern mystische Kompositionen, die eigentlich mehr den Wunsch widerspiegeln als dessen Erfüllung. BLUE VELVET funktioniert nach diesem Muster; ein fast europäisch intellektueller Film über die Schattenseiten der menschlichen Leidenschaft, den die amerikanische Bebop-Glätte seines Regisseurs zum genialen Blick in den Abgrund machte: sentimental, spannend, kitschig, ohnmächtig, schön und gefährlich; über Rock 'n' Roll, Drogen, Angst, Sehnsucht, Terror, Gewalt und Liebe. Denn: Die Liebe ist letztendlich immer der Gewinner, so sehr uns Lynch auch zum Teil seiner ganz privaten Obsessionen macht. Am Ende von BLUE VELVET ist es das Rotkehlchen auf dem Fensterbrett, das die Rückkehr in die gutbürgerliche Welt signalisiert. Der Vogel hält einen zappelnden Käfer im Schnabel, dessen Geschmack wir auf dem Gaumen spüren, wenn sich Kyle MacLachlan und Laura Dern zu den Klängen von Bobby Wintons »all-time sentimental« BLUE VELVET in die Arme sinken. »Aber all diese Dinge passie-

Bei den Dreharbeiten: (v. l. n. r.) Catherine Coulson, Mädchen Amick und Regisseur David Lynch

ren«, meint Lynchs Frau Jennifer. »Wir kennen nur diese Leute nicht.«

David Lynch, der Sohn eines Wissenschaftlers, wurde 1946 in der amerikanischen Kleinstadt Missoula geboren. Der verschlafene Ort in den Bergen, nicht mehr als ein kaum erkennbarer Punkt auf der Landkarte, soll ihm 40 Jahre später als Vorlage für das fiktive TWIN PEAKS dienen.

Nach der High School studierte David Lynch Malerei an der Akademie der Schönen Künste in Pennsylvania. Dort malt er vornehmlich große und düstere Bilder, denen nur eines fehlt: Leben. Diese Erkenntnis bringt ihn dazu, zur Kamera zu greifen und Experimentalkurzfilme zu drehen. »Die Bilder waren mir zu statisch«, kommentiert Lynch seinen Entschluß. »Ich fand sie viel netter, wenn sie sich ein bißchen bewegten.« Er entdeckt seinen Hang zum Morbiden: Fasziniert von der Form der Leichensäcke im örtlichen Leichenschauhaus gegenüber seiner

Wohnung, bezeichnet er sie als »lächelnde Todestaschen«. Den anderen Studenten bleibt David Lynch vor allem dadurch in Erinnerung, daß er immer drei Krawatten gleichzeitig trägt. »Ich fühlte mich unsicher mit dem obersten Knopf offen«, meint er heute. »Und ich mag diese Festigkeit um den Hals.« Krawatten sind ihm mittlerweile verhaßt, als Mann mit festen Gewohnheiten trägt er Hemden dennoch nie offen. Und er hat der alten Manie eine neue hinzugefügt: Lynch trinkt täglich unzählige Tassen Kaffee, die er gnadenlos überzuckert, um sich in einen Rauschzustand zu versetzen, in dem er Ideen zu neuen Filmen ausbrütet. »Ich liebe Zucker«, sagt er. »Er erzeugt eine Art Glücksgefühl. Zucker ist granuliertes Glück.« Dieser Spleen ist auch im Drehbuch von TWIN PEAKS zu finden: Der von Kyle MacLachlan (der seit seiner Premiere in *Der Wüstenplanet* zu Lynchs bevorzugten Darstellern gehört) gespielte FBI-Agent Dale B. Cooper bewertet die Qualität seiner Hotels vor allem nach dem Kaffee, den er literweise zu sich nimmt. »Wie Sie wohl wissen, Diane, ist der Bewährungstest für jedes Hotel die morgendliche Tasse Kaffee«, diktiert er seiner (niemals zu sehenden) Sekretärin auf Band.

Richtig augenfällig wird David Lynchs Leichenschauhaus-Mentalität in seinem ersten Spielfilm ERASERHEAD. Insgesamt sechs Jahre brauchte er für die Fertigstellung des Porträts eines jungen Mannes, dessen Kopf in einer Radiergummifabrik endet. Inspiriert wurde Lynch vor allem durch die Schwangerschaft seiner Frau Jennifer. »Er wollte keine Familie«, sagt sie. »Geburt und Schwangerschaft waren ihm verhaßt.« Dic Tatsachc, daß seine Frau mit Klumpfüßen geboren wurde und auch das Baby im Film deformiert zur Welt kommt, inspirierte die Kritiker zu weiteren Spekulationen über die Entstehungsgeschichte des Films.

1982 gelang David Lynch ein erster Durchbruch mit dem von Mel Brooks produzierten Drama *Der Elefantenmensch,* das er für seinen perfektesten Film hält. John Hurt spielt die Rolle des Mannes mit dem deformierten Kopf, und Lynch sah »diesen fremdartig schönen Körper inmitten der Industrialisierung« und war gefangen.

Mit der Verfilmung des Buchbestsellers DUNE (*Der Wüstenplanet* von Frank Herbert, deutsch bei Heyne) und mit Dino de Laurentiis als Produzenten schien auch der kommerzielle Durchbruch zum Greifen nahe. Daß der Film letztendlich nur für europäische Verhältnisse ein Erfolg war, in US-Umsatzdimensionen aber ein ziemlicher Flop, liegt an Lynchs Gratwanderung zwischen konventionellem Hollywood-Kino und seinem ausgeprägten Kunstanspruch. Der Plot aus Frank Herberts Roman hätte allemal für einen Klassiker gereicht – David Lynch konnte sich allerdings nicht entscheiden, welcher Hirnhälfte er den stilistischen Vorzug geben sollte. Herausgekommen ist schließlich ein opulentes Epos mit barocken Dekorationen, das irgendwo zwischen *Krieg der Sterne,* ERASERHEAD und *Jenseits von Eden* angesiedelt ist. Ein Kompromiß zwischen den Vorstellungen des Regisseurs und denen des Produzenten: »Nach *Der Wüstenplanet* war ich am Boden zerstört und dachte, nicht mehr tiefer fallen zu können«, kommentierte Lynch. Sein Comeback war ein gelungenes: Die beiden nächsten Filme, BLUE VELVET und WILD AT HEART, katapultierten den Regisseur wieder an die Spitze zurück.

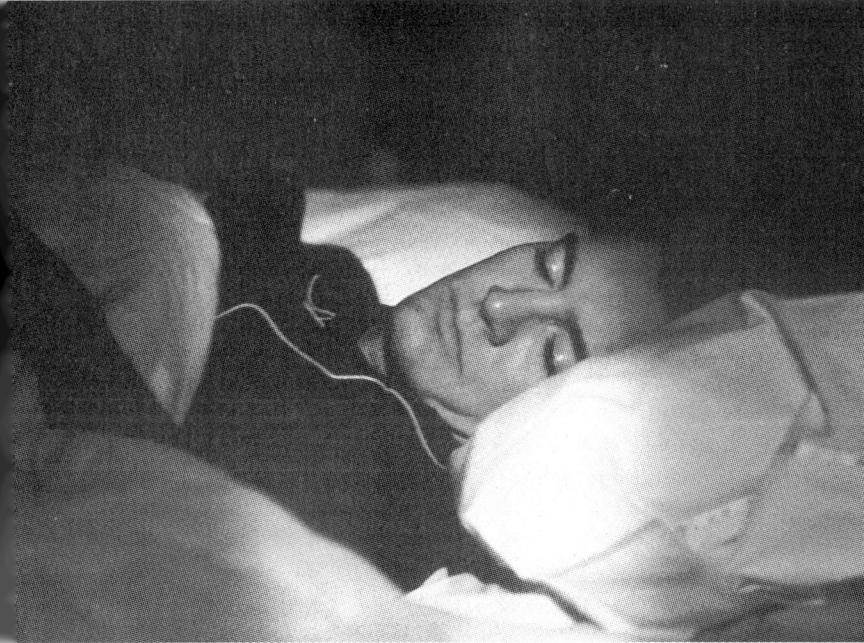

Guter Schlaf trotz viel Kaffee: FBI-Agent Dale B. Cooper (Kyle Mac-Lachlan)

Von der Idee TWIN PEAKS besessen, ließ David Lynch der Fernsehserie einen Kinofilm folgen. Im Gegensatz zu den meisten Kinoadaptationen, in denen die bekannten Serienfiguren ein 90minütiges Abenteuer erleben, drehte Lynch die Vorgeschichte zum TV-Epos. Schon in der ersten Einstellung macht er uns klar, daß wir im Kino sitzen: Die Credits erscheinen vor dem weißen Rauschen eines auf einen toten Kanal eingestellten Fernsehgerätes, die Kamera fährt langsam zurück, und nach eineinhalb Minuten explodiert der Bildschirm. Von da an verzichtet Lynch auf klare Handlungsstrukturen und schickt sowohl seine Protagonisten wie auch das Publikum auf eine verwirrende Reise ins cinematographische Niemandsland.

FIRE WALK WITH ME will die Ereignisse schildern, die dazu führten, daß Laura Palmer überhaupt erst zu jener Frau wurde, die getötet werden konnte. Am Anfang beobachten wir zwei FBI-Agenten bei der Aufklärung eines Mordes, und wir fühlen uns an *Das Schweigen der Lämmer* und ein klein wenig an HENRY – PORTRAIT OF A SERIAL KILLER erinnert. Und dann, wenn wir uns dicht an die Fersen von Kiefer Sutherland geheftet haben, tritt David Lynch persönlich als schwerhöriger FBI-Manager Gordon ins Bild, und wir sehen die beiden Agenten nicht wieder. Statt dessen läuft David Bowie plötzlich ziellos durch die Gänge des Federal Bureau of Investigation; Dale Cooper beobachtet ihn am Monitor, und sie *begegnen sich mehrmals zur gleichen Zeit am gleichen Ort.* Kein Wunder: David Bowie ist in ein Zeitloch gefallen; währenddessen spielt Laura Palmer im fernen Twin Peaks bereits mit dem Feuer. Wer sich Aufklärung erwartete, der wurde herb enttäuscht. FIRE WALK WITH ME kann als Film nicht ohne die Serie existieren (bestehen kann er in keinem Fall); die Serie selbst wird durch den Film um kein winziges bißchen verständlicher.

In diese Kerbe schlägt auch TWIN PEAKS – THE FEATURE LENGHT PILOT, in dem Lynch die erste Serienepisode mit einem neuen, in vielerlei Hinsicht interpretierbaren Ende versieht. Allerdings: Das Böse *sickert* nicht mehr durch die Mauerritzen, es *tropft.* Die Fassade von TWIN PEAKS wird im Stück abgetragen, wir kommen gar nicht dazu, uns an den vielfältigen Bösartigkeiten zu weiden. Bevor wir unsere Nase tief genug in fremde Angelegenheiten stecken können, trifft uns ein metaphysischer Blitz, und der reale Schrecken wird akademisch. David Lynch

Szene mit Piper Laurie (Mitte)

zeigt uns keine Abgründe, er versucht sie zu diskutieren, noch dazu in der Sprache eines überzeugten Kunststudenten. Er versucht nicht, die Aufmerksamkeit des Zusehers zu erregen, und schon gar nicht, einen Betrachter »bei der Stange zu halten« – wie selbstverständlich geht er von einem allgemeinen Interesse an seiner Arbeit aus. Nach Kultfilmen wie ERASERHEAD oder *Der Elefantenmensch* ist das eine Enttäuschung – für David Lynch vielleicht auch eine Reaktion auf die Hollywood-Maschine, die er während der Produktion von *Der Wüstenplanet* am eigenen Leib erlebte. Mit anderen Worten: David Lynch hat die »Festigkeit um den Hals« mit dem Rollkragenpulli getauscht und ist auf die Filmhochschule zurückgekehrt.
Wenigstens bis Redaktionsschluß.

Wahre TWIN PEAKS-Fans

Der See ist ein wenig größer, die Bäume stehen nicht so dicht beieinander, und so verschroben wie die Bewohner von Twin

383

Peaks sind die Klagenfurter auch nicht. Die Doughnuts allerdings, die Alda Krömer zum Kaffee serviert, schmecken genauso wie jene, in die Special Agent Dale B. Cooper seine Zähne schlagen durfte. Kein Wunder, das Rezept hat sie sich von einem Kenner der TWIN PEAKS-Serie aus den Vereinigten Staaten faxen lassen.

Als das Fernsehepos das erstemal über die Mattscheibe flimmerte, wurden in Klagenfurt früher als sonst die Gehsteige hochgeklappt. »Wir waren in einer kompletten TWIN PEAKS-Stimmung«, erinnert sich Alda Krömer. »Jeder hat sich auf den Sonntag gefreut. Man hat die ganze Woche mit TWIN PEAKS mitgelebt, weil immer wieder darüber gesprochen wurde. Es gab so viele Handlungsebenen – das war richtig ergötzend.« Die ersten fünf Episoden hat sie en bloc im Freundes- und Familienkreis konsumiert. »Leider erst einmal«, sagt sie bedauernd. »Wir wollten uns zwar alle Folgen gemeinsam noch mal auf Video anschauen ...« – »... aber leider haben wir nicht alle zur gleichen Zeit Urlaub bekommen«, ergänzt Werner Malliga, ein Freund ihres Sohnes Dieter und ebenfalls ein Fan des kaffeetrinkenden FBI-Agenten. Im TWIN PEAKS-Rollenspiel, das sich die Runde ausgedacht hat, verkörpert er den Part des reichen und ziemlich link agierenden Dick. Sohn Dieter agiert als Sheriff Truman, und Alda Krömer selbst ist die Lock Lady, die Dame mit dem Holzscheit. Die Rolle von Special Agent Dale Cooper ist noch zu haben, denn er ist der erklärte Liebling aller Beteiligten. »Die Ereignisse überstürzen sich ständig. Darauf kommt es an. Man wartet schon richtig darauf, daß wieder etwas Schreckliches passiert, weil das zum Schmunzeln ist.«

Starke Sprüche

»War bei den Protestanten. Ihre Zeitung kostet 17 Dollar monatlich, und sie beschuldigten die Katholiken, billiges Papier zu verwenden. Fand wieder keine Antworten.«

»Schaue beim Reden in den Spiegel, um sicher zu sein, daß meine Lippen sich bewegen; denn offensichtlich habe ich mein Gehör verloren.«

»Frühling, nichts beflügelt den Geist so sehr wie die frischen Knospen an den Bäumen. Ein Rock, der in einem sanften Wind

flattert. Das Verlangen nach Liebe. Stelle fest, daß ich enorm geil bin.«
(Aus den Aufzeichnungen von Dale B. Cooper)

Kultobjekte

Das geheime Tagebuch der Laura Palmer (THE SECRET DIARY OF LAURA PALMER), gesehen von Jennifer Lynch, vgs-verlagsgesellschaft, Köln 1991; Heyne, München 1992.
FBI-Agent Dale B. Cooper: Mein Leben, meine Aufzeichnungen (AGENT COOPER'S AUTOBIOGRAPHY: MY LIFE, MY TAPES), aufgeschrieben von Scott Frost, vgs-verlagsgesellschaft, Köln 1991; Heyne, München 1992.

Die Prominenz

Gaststars: David Warner, Billy Zane, Miguel Ferrer, David Lynch

›Twin Peaks‹

Die wichtigsten Regisseure: David Lynch (one more time), Tim Hunter (SYLVESTER, 1985), Mark Frost (HILL STREET BLUES), Uli Edel (CHRISTIANE F. – WIR KINDER VOM BAHNHOF ZOO, 1981; BODY OF EVIDENCE, 1992), Jonathan Sanger (CODENAME: EMERALD, 1984)

Notizen für Insider

Das Geheimnis von Twin Peaks / TWIN PEAKS
USA 1989–1991
Produktion: Lynch-Frost Productions
30 Folgen
Laufzeit: 45–47 Minuten (Pilotfilm und Folge 10: 90 Minuten)
Ausführende Produzenten: David Lynch, Mark Frost
Titelmusik: Angelo Badalamenti
Songs: THE NIGHTINGALE/FALLING (Musik: Angelo Badalamenti; Performance: Julee Cruise; Text: David Lynch)

Stammbesetzung:
Kyle MacLachlan (Special Agent Dale B. Cooper), Michael Ontekean (Sheriff Harry S. Truman), Joan Chen (Jocelyn Packard), Piper Laurie (Catherine Martell), Mädchen Amik (Shelley Johnson), Peggy Lipton (Norma Jennings), Ray Wise (Leland Palmer), Sheryl Lee (Laura Palmer), Kenneth Welsh (Windom Earle)

Video:
Alle Episoden sind in englischer Originalfassung bei Warner Home Video UK erschienen.

Einzeltitel

Nr.	Deutscher Titel	Regie
1	Das Geheimnis von Twin Peaks	David Lynch
1A	109 Minuten	David Lynch
2	Spuren im Nichts	Duwayne Dunham
3	Zen oder Die Kunst, einen Mörder zu fangen	David Lynch
4	Ruhe in Frieden	Tina Rathborne
5	Der Einarmige	Tim Hunter
6	Coopers Träume	Lesli Linka Glatter
7	Zeit des Erkennens	Caleb Deschanel
8	Der letzte Abend	Mark Frost

Nr.	Deutscher Titel	Regie
9	Der Riese sei mit dir	David Lynch
10	Koma	David Lynch
11	Der Mann hinter Glas	Lesli Linka Glatter
12	Lauras geheimes Tagebuch	Todd Holland
13	Der Fluch der Orchideen	Graeme Clifford
14	Dämonen	Lesli Linka Glatter
15	Einsame Seelen	David Lynch
16	Spazierfahrt mit einer Toten	Caleb Deschanel
17	Selbstjustiz	Tim Hunter
18	Bruderzwist	Tina Rathborne
19	Maskenball	Duwayne Dunham
20	Die schwarze Witwe	Caleb Deschanel
21	Schachmatt	Todd Holland
22	Doppelspiel (1)	Uli Edel
23	Doppelspiel (2)	Diane Keaton
24	Die Verdammte	Lesli Linka Glatter
25	Wunden und Narben (1)	James Foley
26	Wunden und Narben (2)	Duwayne Dunham
27	Beziehungsvariationen (1)	Jonathan Sanger
28	Beziehungsvariationen (2)	Stephen Gyllenthaal
29	Jenseits von Leben und Tod (1)	Tim Hunter
30	Jenseits von Leben und Tod (2)	David Lynch

Filmographische Notizen

Weitere TWIN PEAKS-Videos und Kinofilme:

TWIN PEAKS – FEATURE LENGHT PILOT EPISODE
Länge: 109 Minuten, englische Originalfassung, erschienen bei Warner Home Video UK. Sonstige Daten: Siehe Serie

TWIN PEAKS: FIRE WALK WITH ME
USA 1992, Produktion: Lynch-Frost Productions, CIBY 2000/ Spelling Productions, Länge: 134 Minuten, Regie: David Lynch, Titelmusik: Angelo Badalamenti Song: WAS IT YOU, WAS IT ME (Musik: Angelo Badalamenti; Performance: Julee Cruise; Text: David Lynch)
Besetzung: Kyle MacLachlan (Special Agent Dale B. Cooper), Michael Ontekean (Sheriff Harry S. Truman), Chris Isaak (Chet Desmond), Kiefer Sutherland (Sam Stanley), Mädchen Amik (Shelley Johnson), Peggy Lipton (Norma Jennings), Ray Wise

(Leland Palmer), Sheryl Lee (Laura Palmer), David Bowie (Phillip Jefferies), Harry Dean Stanton (Carl Rodd), Jürgen Prochnow (Waldarbeiter), Miguel Ferrer (Albert Rosenfeld)

Video: Jugendfilm

Filmographie David Lynch

SIX FIGURES GETTING SICK (1967, Konzeption, Gestaltung, Animation)
THE ALPHABET (1968; Regie, Buch, Kamera, Schnitt, Ton, Animation)
THE GRANDMOTHER (1970; Regie, Buch, Produktion)
ERASERHEAD (1977; Regie, Buch, Produktion, Schnitt, Ausstattung, Spezialeffekte)
THE ELEPHANT MAN (*Der Elefantenmensch,* 1980; Regie)
DUNE (*Der Wüstenplanet,* 1984; Regie, Buch)
BLUE VELVET (1986; Regie, Buch)
THE COWBOY AND THE FRENCHMAN; Episode aus LES FRANÇAIS VUS PAR … (1989; Regie, Buch)
WILD AT HEART (1990; Regie, Buch)
INDUSTRIAL SYMPHONY NO. 1 – THE DREAM OF THE BROKEN-HEARTED (1990; Regie, Buch, Konzeption; letzteres mit Angelo Badalamenti)
AMERICAN CHRONICLES (1990–1991; 13 Episoden à 26 Minuten; ausführender Produzent)
ON THE AIR; Pilotfilm zur Serie (1992; Regie, Produktion)
ON THE AIR 2–7 (1992; ausführender Produzent)
TWIN PEAKS – FIRE WALK WITH ME (1992; Regie, Buch)

U.F.O.

»Daß auch Frauen bei Shado Karriere machen
konnten, bewies Leutnant Gay Ellis, Komman-
dantin der Mondbasis. Niemand hätte von der
bildhübschen Fünfundzwanzigjährigen vermutet,
daß sie sich ihre Zeit damit vertrieb, in der
Einsamkeit des Mondes die Flugbahnen der
fliegenden Untertassen zu ermitteln und sie
gleich vernichten zu lassen ...«

(aus: *U.F.O. – In den Fängen der Außerirdischen*
von W. Klesl und V. Straub)

Meine ersten literarischen Gehversuche verdanke ich einer britischen Science-fiction-Serie mit dem ergreifend schlichten Titel
U.F.O. Ich war etwa acht Jahre alt und verfolgte das außerirdische Geschehen auf einem Schwarzweißfernseher. U.F.O. kam
einmal pro Woche, und anläßlich der letzten Folge opferte sogar
die österreichische Tageszeitung KURIER eine dreiviertel Seite.
Auch ich widmete der Serie ein paar Seiten, indem ich einfach
neue Geschichten erfand und aufschrieb. Da ich nicht durch
Karl May vorbelastet war – fragen Sie mich bitte nicht, wer einem Achtjährigen Dämonenkiller-Romane als Lektüre emp-
fiehlt! –, hatte ich keine Einstiegsprobleme. Von Technik und
Astronomie wußte ich mindestens soviel wie die Drehbuchautoren, also praktisch gar nichts, aber der gute Wille stellte sich
vor alle Logik, und so gab ich mehrmals pro Woche eine Lesung
unter dem Kastanienbaum vor der Schule. Irgendwann erwisch-
te mich dann eine Lehrerin, und ich mußte die Story der ganzen
Klasse vortragen. Sie wissen ja, wie Kinder sein können. Mir war
das so peinlich, daß ich alle weiteren belletristischen Versuche
für das nächste Jahrzehnt komplett einstellte – bis ich eine Wiederholung von U.F.O. sah. Faszinierend, nicht?
Ende der 70er Jahre erlebte der Science-fiction-Film, der im
Fernsehen nie tot gewesen war, seine Kino-Renaissance. Aufge-
stachelt durch den sagenhaften Erfolg von Regisseur George
Lucas' STAR WARS-Trilogie, investierten andere Studios in den
offensichtlich gewinnbringenden Trend, was sich schlußendlich
auf die Special-effects-Technologie aus- und damit bis in die

Computerindustrie hineinwirkte. Nicht umsonst ist die Computeranimationsfirma »Pixar«, die Talente wie John Lasseter hervorgebracht hat, eine Division von »Industrial Light & Magic«, George Lucas' Trickfilm-Company, die an jeder aufwendigeren Produktion mitarbeitet.

Die Paramount-Studios investierten eine Menge Geld in die Visionen eines noch nicht allzu bekannten Regisseurs, der eben erst mit THE SUGARLAND EXPRESS und *Der weiße Hai* erste Erfolge hatte feiern können. Steven Spielbergs *Unheimliche Begegnung der dritten Art* wurde zum Blockbuster des Jahres 1977: eine rührselige Story um überirdisch freundliche Außerirdische, die am Ende sogar eine Handvoll Menschen mit auf die große Reise in die unendlichen Weiten nehmen. Weitere Regisseure entdeckten ihre märchenhafte Ader, etwa John Carpenter, der seinen STARMAN als friedlichen Besucher auf die Erde schickte, als wäre die Bosheit schon lange ausgestorben; auf den Film folgte übrigens bald die gleichnamige TV-Serie, die das Schicksal von Jeff Bridges' Sohn aufs Korn nimmt. Die Wassermänner hatten das Ruder übernommen und führten ihr Publikum in neue, friedvolle Gewässer – die sich aber nur allzu oft als stehende Tümpel erwiesen.

In den 60er und 70er Jahren, in denen das Fernsehen gerade seinen weitesten Ausflug zum Mond an Bord der Apollo-Kapsel hinter sich gebracht hatte, widmete sich das englische Fernsehen intensiv der Science-fiction – ohne allerdings mit Klischees aufzuräumen, sondern um aus dem vollen zu schöpfen. Regisseur Gerry Andersons 28teilige U.F.O.-Serie hatte mit Friedensbotschaften nichts im Sinn: Er ließ ordentlich die Korken knallen, inszenierte mit bescheidenen Mitteln perfekte Weltraumschlachten und erntete – anders als Spielbergs hochgelobte *Unheimliche Begegnung* – den Tadel der Kritik. Anderson verzichtete auf jegliche Grauwerte und legte die Fronten von vornherein fest: *Menschen = Good guys, Aliens = Bad guys.*

Der Plot: Irgendwo im Weltraum dreht sich ein ausgebrannter Planet um seine Sonne, ohne Ressourcen, ohne Zukunft. Seine Bewohner sind steril, zum Sterben verurteilt, aber sie beherrschen sowohl die Kunst der Organtransplantation als auch – glücklicherweise! – die des überlichtschnellen Raumfluges. Die Aliens entdecken die Erde und den Menschen als willkommenen Spender der so dringend zum Überleben benötigten Inne-

Commander Ed Straker (Edward Bishop) instruiert seine Mitarbeiterin Gay Ellis (Gabrielle Drake)

reien. Von da an gibt's kein Halten mehr: Ohne auch nur ein einziges Mal mit einer irdischen Regierung Kontakt aufzunehmen, beginnen die (natürlich) grünhäutigen Fremden mit ihren Jagdausflügen auf den blauen Planeten.

Auf der Erde holen die Regierungen der führenden Industrienationen zum Gegenschlag aus und gründen die Geheimorganisation S.H.A.D.O. (für: *Supreme Headquarters Alien Defense Organization*) mit Commander Ed Straker an der Spitze. Die Organisation, deren Zentrale tief unter den Harlington-Straker-Studios versteckt liegt, ist mit modernster (Kampf-)Technologie ausgestattet. An vorderster Front liegt die mit Mobilen und Abfangjägern (»Interceptors«) bestückte Mondbasis auf der Lauer. Beim Lauschangriff auf das All wird sie von S.I.D. (für: *Space Intruder Detector*), einem um die Erde kreisenden Satelliten, unterstützt. Gelingt es einem anfliegenden Ufo, diesen Verteidigungsgürtel zu durchbrechen, liegt unter dem Meer eine Flotte von Skydivern auf der Lauer: hochmoderne U-Boote, bestückt mit Kampfflugzeugen, die unter Wasser zum Luftkampf starten.Die Ausstattung läßt die Handlung vorausahnen: Tatsächlich wird die Erde in jeder Folge von Ufo-Schwärmen angegriffen, jede dritte bis vierte Episode erleidet S.H.A.D.O. den Ausfall eines Abfangjägers. Gerät ein Außerirdischer in menschliche Gefangenschaft, so stirbt er spätestens am Ende der Geschichte. Kommen die Ufo-Nauten mit ihrem konventionellen Angriffsschema einmal nicht weiter, dann greifen sie ins Arsenal der Psychowaffen und machen aus S.H.A.D.O.-Offizieren übernatürlich begabte Agenten.

In der Episode *Töten Sie Straker* wird Chefpilot Paul Foster (Michael Billington) während eines Shuttle-Landeanfluges darauf »umprogrammiert«, seinen Chef Ed Straker zu töten. In *Die fremde Kraft* werden drei Einheimische von den Außerirdischen entführt und, mit Superkräften versehen, in den Kampf gegen S.H.A.D.O. geschickt: Mühelos verbiegen sie Stahltüren und nehmen es sogar mit U-Booten auf. In den Episoden THE LONG SLEEP und TIMELASH sind es wiederum Drogen, die den Realitätsbegriff der Protagonisten zerstören. Da diese Episoden auch stilistisch und kameratechnisch so aufgenommen wurden, daß (alp-)traumhafte Sequenzen entstanden (Verwischer und Weichzeichner, Zeitlupe, Sepiafilter, Spotfilter etc.), wurden sie in zahlreichen Ländern bis heute noch nicht ausgestrahlt (z. B. in Österreich, Deutschland und der Schweiz).

Der originellste Angriff auf die Erde erfolgte in *Tödliche Träume:* Nach dem Absturz eines Ufos, nur wenige Kilometer von der Mondbasis entfernt, findet man in den Überresten des Flugkörpers einen seltsamen Stein, der in den Astronauten Wahnvorstellungen auslöst. Als Straker den Stein berührt, findet er sich in einer Halle der Harlington-Straker-Filmstudios wieder. »Cut!« schreit Sylvia Anderson und wechselt ein paar Worte mit Paul Foster, der langsam aus der Dekoration wandert. Die Kommandozentrale, die Skydiver, die Mondbasis – alles nur Kulisse; und 26 Minuten ist Ed Straker dort, wo sich der Zuschauer am Ende befindet. Die Idee, Serienfiguren in die »wirkliche Welt« zu transferieren, hat sich mittlerweile ins Bewußtsein weiterer Regisseure eingeschlichen – die letzte Folge von MOONLIGHT-

NING (*Das Model und der Schnüffler*), in der Cybill Shepard und Bruce Willis den Produzenten beknien, doch noch eine weitere Season zu wagen, ist nur eines der neueren Beispiele.

Trotz des vergleichsweise simplen Plots unterschied sich U.F.O. deutlich von anderen Serien aus den 70ern. Einerseits waren die Trickaufnahmen außergewöhnlich perfekt (auch wenn jede Tricksequenz pro Folge mindestens fünfmal zu sehen ist); zum anderen war das von Sylvia Anderson stammende Produktionsdesign seiner Zeit um Jahre voraus. U.F.O. sollte in den 90er Jahren spielen, und genau dieses Jahrzehnt spiegelt sich in der Ausstattung wider, von Büros (schnurlose Telefone, Wandbildschirme, High-Tech-Möbel etc.) über Autos (stromlinienförmig, mit nach oben aufklappbaren Türen und selbstverständlich mit Bordfunk bestückt) bis hin zum tragbaren Textil (beten Sie, daß die Zeit der Plateausohlen und Stulpenhosen ein für allemal vorüber ist!). Erinnerungswürdig sind die violetten Frisuren der Damen im Mond, wobei aber die Frage offenbleibt, ob die Far-

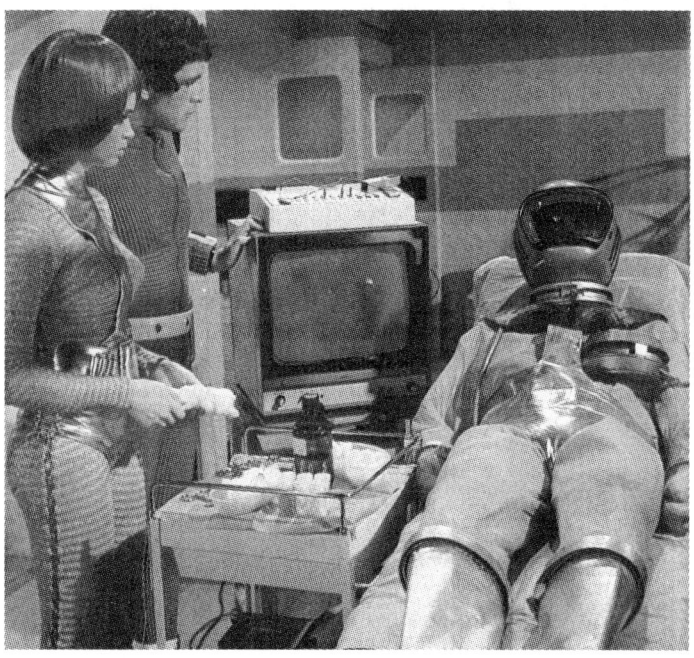

›U.F.O.‹

be wohl praktisch oder lasziv zum Einsatz kommen soll. In *Der erste Alarm* legt uns Gerry Anderson jedenfalls den Arm um die Schulter und läßt uns durchs Schlüsselloch schauen. Der Blick in die Umkleidekabine der weiblichen Stationsbesatzung verrät allerdings auch nichts über die Herkunft der Haarfarbe.

Die winzigen Details, die U.F.O. über beliebige andere Weltraum-Western hinaushoben, tragen die Handschrift der Andersons – U.F.O. war letztendlich nicht nur Gerry Andersons größter Erfolg, sondern auch seine erste Arbeit mit realen Schauspielern. Zuvor hatte er phantastische Serien mit Puppen in Szene gesetzt, wie etwa die THUNDERBIRDS, deren Dekor dem von U.F.O. nicht nur in den erwähnten Details verblüffend ähnelt. Bis Anderson im Jahr 1983 mit TERRAHAWKS wieder zum Puppentrick zurückkehrte, blieb er dem Realfilm treu. Nach U.F.O. drehte er zunächst die Agentenserie THE PROTECTORS (mit Robert Vaughn in der Hauptrolle als Harry Rule), danach SPACE 1999 *(Mondbasis Alpha 1)* mit Martin Landau und Barbara Bain. *MA1* gilt als die Fortsetzung von U.F.O. mit anderen Mitteln. Obwohl Gerry Anderson das Konzept für eine zweite Season schon vollständig ausgearbeitet hatte, stand ITC auf der Bremse und wollte lieber etwas Neues haben. Anderson entwarf daraufhin das *Alpha 1*-Szenario, in das er zahlreiche Elemente aus U.F.O. übernahm. Den Erfolg von U.F.O. konnte er mit der Mär um einen aus der Umlaufbahn gerissenen und das Universum auf gefahrvoller Reise durchquerenden Erdmond allerdings nicht wiederholen.

Unsterbliche Momente

STRAKER: »Darf ich Ihnen eine Zigarette anbieten?«
GENERAL HENDERSON: »Zigarette! Die Außerirdischen entführen uns einen Wissenschaftler nach dem anderen, und Sie bieten mir eine Zigarette an.«

»Alarmstufe Rot! Alarmstufe Rot! Ich wiederhole: Alarmstufe Rot! Alarmstufe Rot! An alle: Alarmstufe Rot! Ich wiederhole: Alarmstufe Rot! Ich wiederhole: Alarmstufe Rot! Alarmstufe Rot! Alarmstufe Rot! An alle: Alarmstufe Rot!«
(SHADO-Weckruf für Büroschläfer)

»Chhhhh …«: Der gesammelte Dialog aller Außerirdischen

Fanclub

SHADO-USECC-Fanclub; seit 1979 im aktiven Dienst. Der Club gibt derzeit jährlich vier Newsletters und 1 Fanzine heraus und verfügt darüber hinaus über eine Videothek, in der VHS-Kopien von japanischen U.F.O.-Laserdisks entliehen werden können. Der Mitgliedsbeitrag beträgt US-$ 23.
Kontakt:
SHADO-USECC, Helen Weber, 514 Delaware Ave., Lansdale, PA 19446, USA

Notizen für Insider

U.F.O.
GB 1970
Produktion: Century 21 Pictures Production for ITC World Wide Distribution
26 Episoden zu 26 Minuten, Farbe
Produzent: Reg Hill
Regie: Siehe Einzeltitel

Stammbesetzung:
Ed Bishop (Commander Straker), George Sewell (Colonel Freeman), Michael Billington (Paul Foster), Peter Gordeno (Captain Carlin), Gabrielle Drake (Gay Ellis), Wanda Ventham (Virginia Lake), Grant Taylor (General Henderson)

Einzeltitel

Nr.	Deutscher Titel	Originaltitel	Regie
1	Der erste Alarm	Identified	Gerry Anderson
2	Testpilot Paul Foster	Exposed	David Lane
3	Die Begegnung	Survival	Alan Perry
4	Falle im Weltraum	Conflict	Ken Turner
5	Der Fremde	A Question of Priorities	David Lane
6	–	The Square Triangle	David Lane
7	Die Entführung	Ordeal	Ken Turner
8	Esp	Esp	Ken Turner
9	Ziel: Unbekannt	Close Up	Alan Perry
10	–	Court Martial	Ron Appleton
11	–	Confetti Check A-O.K.	David Lane

Nr.	Deutscher Titel	Originaltitel	Regie
12	Töten Sie Straker	Kill Straker	Alan Perry
13	–	Sub-Smash	David Lane
14	Mondbasis, bitte melden!	The Dalotek Affair	Alan Perry
15	–	Fligth Path	Ken Turner
16	Computer lügen nicht	The Computer Affair	David Lane
17	Shado ruft Sovatex	The Responsibility Seat	Alan Perry
18	Die Siamkatze	The Cat with Ten Lives	David Tomblin
19	–	The Sound of Silence	David Lane
20	–	Destruction	Ken Turner
21	Der Mann, der zurückkam	The Man Who Came Back	David Lane
22	Die fremde Kraft	The Psychobombs	J. Summers
23	Tödliche Träume	Mindbender	Ken Turner
24	–	Reflections in the Water	David Tomblin
25	–	The Long Sleep	Jeremy Summers
26	–	Timelash	Cyril Frankel

Video: Alle Episoden sind in Originalfassung auf elf Kassetten bei ITC-Video erschienen. Episode 1 ist auf Video nur in einer 90-Minuten-Version enthalten, in der Material aus mehreren Episoden auf Kinolänge montiert wurde. Im Videohandel ist darüber hinaus noch ein weiterer Zusammenschnitt mit dem Titel *Weltraumkommando Shado* zu finden.

Regisseur Gerry Anderson ist dem Science-fiction-Metier treu geblieben: 1991 zeichnete er für die Spezialeffekte des Musical-Überraschungserfolges RETURN TO THE FORBIDDEN PLANET verantwortlich.

Gerry Anderson produzierte eine Vielzahl von Fernsehserien. Die wichtigsten sind: *Mondbasis Alpha 1* (1975), SECRET SERVICE (1969), STINGRAY (1964), THUNDERBIRDS (1965), TWIZZLE (1957), U.F.O. (1970).

Verliebt in eine Hexe

*»Ich gehöre zur größten Minderheit von allen –
ich bin eine Hexe.«*

*»Paging Dr. Bombay! Paging Dr. Bombay!
Emergency! Emergency! Come right away.«*

(Samantha)

»Ha ha … ha ha … nothing.«

(Dr. Bombay)

When a man loves a woman … Was dann passiert, haben uns
Regisseure und Filmemacher rund um den Globus bis zum Exzeß vor Augen geführt. »This thing called love« trägt zumindest
eine Teilschuld am enormen Zelluloidverbrauch Hollywoods –
und ist nur selten so originell wie eine Produktion aus den
60ern, die ihrer Zeit in vielen Dingen um Jahre voraus war. In
Verliebt in eine Hexe (BEWITCHED) ist die Liebe nicht nur eine
Himmelsmacht, sondern tatsächlich »überirdisch«.
Samantha liebt Darrin. Samantha heiratet Darrin. Nur: Samantha ist eine Hexe und Darrin ein Sterblicher. Die magischen
Fähigkeiten des von Elizabeth Montgomery dargestellten
Blondschopfes, von denen ihr fleischlicher Gatte (Dick York) in
der Hochzeitsnacht erfährt, sind der Ausgangspunkt für eine der
höchstbewerteten Sitcoms der 60er Jahre. Auseinandersetzungen der witzigen Art sind vorprogrammiert: Durch ein Nase-
rümpfen kann Amanda Blumen zum Blühen bringen, die Wohnung neu einrichten und was Hexen sonst im allgemeinen mit
ihren Fähigkeiten anzurichten imstande sind. Der Plot ist vergleichsweise simpel: Darrin oder ein anderer Mensch kommt am
Beginn der Episode durch die magischen Fähigkeiten von Samantha oder ihrer Verwandtschaft in Schwierigkeiten. In der
verbleibenden Zeit versuchen dann die Beteiligten, den Urzu-
stand wieder herzustellen. Das wird aber durch gute Dialoge
und beste schauspielerische Leistungen am Leben gehalten. Das
Erfolgsrezept des Produzenten William Asher hielt die Zuschauer acht Jahre bei Laune: Zwischen 1964 und 1972 wurden
insgesamt 256 BEWITCHED-Folgen gedreht.
An den tricktechnisch perfekt in Szene gesetzten magischen Ka-

tastrophen trägt auch Samanthas Verwandtschaft die Verantwortung; im speziellen ihre Mutter Endora (Agnes Moorehead), die Darrin schon bei der ersten Begegnung am liebsten in eine Artischocke verwandeln würde. Weitere Hausgäste: Samanthas Vater Maurice, Onkel Arthur mit seinem handfesten Humor und die vergeßliche Tante Clara; allesamt Mitglieder der großen Familie der Hexen und Dämonen – die in den kommenden Jahren von Sam und Darrin um zwei Mitglieder vergrößert wird. Während sich die Geschichte über Warlord Adam ausschweigt, bekam die im Januar 1966 zur Welt gekommene Tabitha später sogar eine eigene Fernsehserie (TABITHA). Obwohl es an historischer Prominenz im Hause Stevens nicht mangelt – zum Essen kommen gelegentlich Julius Cäsar, George Washington oder Heinrich VIII. –, geht der Starruhm an jene Details, die dem Auge des Betrachters verborgen bleiben: die Specialeffects. Der Spezialist Dick Albain entwickelte die meisten der angewandten Tricks, wie etwa Samanthas »magischen« Staubsauger, der wie von Geisterhand getrieben seine Arbeit verrichtete (er wurde von Albain mit einer Fernbedienung dirigiert).

Mag sein, daß die saubere Fantasy-Welt, die Samantha der Wirklichkeit gegenüberstellte, einfach notwendig war; das richtige Mittel zur richtigen Zeit. Während BEWITCHED lief, verlor Amerika zwei große Männer, John F. Kennedy und Martin Luther King – eine Zeit der Wunder schien notwendig (kurioserweise begannen die Arbeiten am Pilotfilm am 22. November 1963, JFKs Todestag). Samantha bot mit ihrer heilen Welt die gesuchte Abwechslung von den Problemen des einzelnen und des Landes. »In dieser Zeit des Verlustes müssen sich viele Menschen ein Wunder gewünscht haben, das alles zum Guten wendet«, meint Herbie J. Pilato, Autor der Samantha-Bibel THE BEWITCHED BOOK. Die sichere Phantasie gegen eine erdrückende Realität. »Samantha war wunderschön, charmant und voller Magie – alles, was unsere Welt nicht war«, kommentiert Pilato. »Die Zuschauer konnten davon träumen, um wieviel einfacher ihr Leben wäre, hätten sie die magische Finesse einer Hexe.«

Angesichts der phantastischen Einschaltquoten, die *Verliebt in eine Hexe* vorweisen konnte, kamen auch die Bosse der konkurrierenden TV-Stationen Screen Gems (heute Columbia Pictures Television) und NBC ins Träumen. Um einen ähnlichen Erfolg an Land ziehen zu können, war ihnen kein Trick zu billig und kein Winkelzug zu peinlich; sie versuchten sogar, den Drehbuchschreiber Sol Saks, aus dessen Feder die Pilotepisode von BEWITCHED stammte, vor den eigenen Karren zu spannen. Saks lehnte das Angebot dankend ab: »Ich habe eine Hexe erfunden«, sagte er. »Das reicht für längere Zeit. Ich habe keine Lust, das Ganze noch mal zu machen.« Im zweiten Anlauf verpflichteten Screen Gems und NBC den Bestseller-Autor und heutigen »König der Miniserien« Sidney Sheldon, der das Konzept für I DREAM OF JEANNIE *(Bezaubernde Jeannie)* entwickelte.

Auch CBS entdeckte eine Ader fürs Übernatürliche und schickte SABRINA, THE TEEN-AGE WITCH in die magische Schlacht, die ursprünglich als Comic-Figur entwickelt wurde (erstmals trat der Charakter im Oktober 1962 in ARCHIES MADHOUSE NO. 22 in Erscheinung) – ohne auch nur annähernd so erfolgreich zu sein wie die reifere Vorlage. Im Jahr 1989 startete NBC einen weiteren Versuch, das BEWITCHED-Konzept auf eine neue »Magie«-Show anzuwenden: A LITTLE BIT STRANGE, eine Sitcom, die man am ehesten als Kombination aus THE MUNSTERS und BEWITCHED mit schwarzen Schauspielern beschreiben könnte, war vom Start weg ein kolossaler Mißerfolg.

Auch Samantha und Darrin können auf eine kurze Zweitexistenz als Comic-Figuren zurückblicken: In der 148. Episode der Zeichentrickserie *Familie Feuerstein* (THE FLINTSTONES) spielt eine blonde Hexe mit der Stimme von Elizabeth Montgomery die Hauptrolle. Titel der Show: *Samantha.* BEWITCHED-Produzent William Asher erinnert sich an die Umstände des seltsamen Gastspieles: »Das war eine Sache, die das Studio und der Sender ausgeknobelt haben«, erzählt er. »*Verliebt in eine Hexe* und *Die Feuersteins* liefen zur gleichen Zeit auf ABC, also schloß Columbia einen Deal mit den *Feuerstein*-Erfindern Hanna/Barbera, um ein noch größeres Publikum zu erreichen.« Auch Dick York erinnert sich an die Produktion des Zeichentrick-Specials – nicht aber daran, für sein akustisches Gastspiel auch Geld erhalten zu haben: »Statt eines Schecks bekam ich ein Fernsehgerät«, erzählt er.

Notizen für Insider

Verliebt in eine Hexe / BEWITCHED
USA 1964–1972

Produktion: ABC
254 Episoden zu 30 Minuten
Idee: Sol Saks
Produzent: Harry Ackerman, William Asher

Die wichtigsten Regisseure:
William Asher, Howard Morris, David McDearmon, Sherman Marks, Joseph Pevney, Paul Davis

Stammbesetzung:
Elizabeth Montgomery (Samantha Stevens/Serena), Dick York (Darrin Stevens, 1964–1969), Dick Sargent (Darrin Stevens, 1969–1972), Agnes Moorehead (Endora), Maurice Evans (Maurice), David White (Larry Tate), Irene Vernon (Louise Tate, 1964–1966), Kasey Rogers (Louise Tate, 1966–1972)

ABC Nielson Ratings[1]

1964/65	Position	2
1965/66		7
1966/67		8
1967/68		11
1968/69		12
1969/70		25
1970/71		–
1971/72		–

---

[1] Quelle: THE BEWITCHED BOOK von Herbie J. Pilato, Dell Publishing

Die Waltons

»Gute Nacht, John Boy.« – »Gute Nacht,
Jim Bob.« – »Gute Nacht, Ma.« –
»Gute Nacht, Kinder.«

Wenn es eine Fernsehserie verstand, den Zuschauern Wissens-
wertes und Bewegendes über das harte Leben der einfachen
Leute überzeugend zu vermitteln, dann war es zweifellos die
sentimentale Familiensaga *Die Waltons.* Über knapp zehn Jahre
hinweg waren die herzzerreißenden Erlebnisse der armen Sägewerksfamilie in Amerika fixer Bestandteil des täglichen Fern-
sehkonsums. In einer Zeit, als das Fernsehen gerade eine neue
Hochblüte des realistischen *(Einsatz in Manhattan)* und pseudo-
realistischen *(Drei Engel für Charlie)* Krimi-Action-Genres erlebte, nahmen sich *Die Waltons* wie eine Hymne der Beschei-
denheit aus. Gleichzeitig war *Die Waltons* die erste dramatische
Fernsehserie der 70er Jahre, in der Menschen im Laufe der Jahre auf dem Bildschirm sichtbar alterten und sich veränderten.
(Das ist nicht erst seit DALLAS so!) Damit wurde dem Zuschauer die Illusion vermittelt, tatsächlich am Leben einer realen Familie teilzuhaben.
In den insgesamt 220 Episoden, die zwischen 1972 und 1981 entstanden, erfuhren wir, was es heißt, ein echter Walton zu sein.
Wir sahen aus der Sicht des ältesten Sohnes John Boy (Richard
Thomas), der auszog, um Schriftsteller zu werden, wie man im
grünen Tal von Walton's Mountain im Amerika der Depres-
sionszeit trotz bitterer Not beschaulich und glücklich lebte.
»Mein Vater sagte oft, er brauche nicht über die sieben Meere zu
segeln oder mit den Adlern zu fliegen. Wenn er das große Abenteuer erleben wolle, dann brauche er nur morgens aufzuwachen.
Seine Familie, seine Freunde oder ein Fremder, der die Straße
entlangkäme, würden ihm dazu verhelfen.«
Vor der herrlichen Bergkulisse Virginias, inmitten von Natur
und allerlei Getier, lebte der arme Sägewerksbesitzer John Walton (Ralph Waite) mit seiner zehnköpfigen Familie. Ihm stets
zur Seite, in guten wie in schlechten Zeiten, seine Frau Olivia
(Michael Learned). Im Laufe der Jahre gebar sie ihm sieben
stramme Kinder; vier Jungs und drei Mädchen: John Boy, Jason,
Ben, Jim-Bob, Mary Ellen, Erin und Elizabeth. Und weil damals

alte Leute nicht einfach ins Altersheim abgeschoben wurden, war am Küchentisch auch noch Platz für Großvater Zeb (Will Geer) und Großmutter Esther (Ellen Corby). Es mag merkwürdig klingen, aber gewissermaßen war der Küchentisch das eigentliche Zentrum der Serie, das Herz der Waltons, wenn man so will. Hier saßen alle Waltons beisammen, hier wurde gemeinsam gebetet, und hier wurden alle wichtigen Entscheidungen getroffen, die das Leben in Walton's Mountain veränderten. Hatte man ein paar Folgen verpaßt, lieferte uns das Möbelstück stets zweckdienliche Hinweise auf die gerade aktuelle Anzahl der Familienmitglieder.

Eingeleitet wurde jede Episode mit einem stimmungsvollen Panoramaschwenk über Walton's Mountain und durch die salbungsvollen Worte des alten John Boy, der sich mit leichter Wehmut in der Stimme an die kleinen Abenteuer seiner barfüßigen, aber glücklichen Familie erinnerte. »Unsere Familie erfreute sich in dieser Zeit eines Wohlstandes, den wir früher nicht gekannt hatten. Aber dieses neue Glück brachte auch eine veränderte Einschätzung der Werte. Es ahnte nur mein Vater, dessen Kraft immer eine Quelle der Sicherheit gewesen war, daß bald die Qualen von Zweifel und Ungewißheit kommen würden.«

Im amerikanischen Original sprach die ergreifenden Gedanken der Verfasser der Serie höchstpersönlich: Earl Hamner Jr., der echte John Boy. *Die Waltons* basiert auf seinem autobiographischen Roman und dem Theaterstück SPENCER'S MOUNTAIN, das 1967 trotz einer Broadway-Inszenierung mit Henry Fonda in der Hauptrolle kaum bemerkt wurde. Auf der Bühne (und 1963 als Film) gerade ein Achtungserfolg, war der Überlebenskampf der zähen Sägewerksfamilie im Fernsehen ein Superhit. Interessante, sympathische Hauptfiguren, skurrile, amüsante Nebenfiguren, ein gut zusammengestelltes Ensemble von ausgezeichneten Schauspielern (abgesehen von David W. Harper, dem Darsteller des Jim Bob, der das Kunststück zuwege brachte, neun Jahre lang mit hängenden Schultern und immer demselben Gesichtsausdruck durch Walton's Mountain zu schlurfen) und Handlungsschemata, die wie aus dem Leben gegriffen schienen, katapultierten die Einschaltquoten bei CBS in stratosphärische Höhen. Und das, obwohl sie uns drastisch vor Augen führten, daß das Dasein im amerikanischen Hinterland während der Zwischenkriegszeit wahrlich kein Honiglecken war.

Die Zeiten waren beschissen. Die Sägemühle warf nur spärlichen Gewinn ab, und die Waltons kamen schwer über die Runden. Nur wenn Grandpa Walton gemütlich im Schaukelstuhl saß und den Kindern Schnurren aus vergangenen Tagen erzählte, dann verirrte sich manchmal ein mildes Lächeln in Oma Waltons sorgenzerfurchtes Gesicht. Dann legte sie das Strickzeug beiseite und drückte fest die Hand ihrer Schwiegertochter Olivia. In solchen Momenten vergaßen wir mit ihnen für einen Augenblick den Kummer, den das Schicksal für ihre Familie bereithielt – ob Krankheiten, Hunger, Dürre, Naturkatastrophen, Feuersbrünste, Rechtsanwälte, Diebe oder der Zweite Weltkrieg. Den Waltons blieb nichts erspart. Aber so rauh der Wind auch blies, in den »Blue Ridge Mountains of Virginia« war die Erde heilig, waren die Wiesen saftig und die Hühner glücklich.

Solange John Walton zwei kräftige, gesunde Hände zum Holzhacken hatte, konnte er auch zupacken und alles wieder ins Lot bringen. Hier stand ein Mann, der allen bösen Mächten trotzte und auch mal den Ledergürtel abschnallte, um seine Söhne Gottesfurcht zu lehren. John Walton war ein Vater von beinahe biblischem Ausmaß. Kein Dr. Huxtable (in der BILL COSBY SHOW), der mit seinen Kindern Pogo tanzt. John Walton hatte andere Sorgen. Wer soll einmal das Sägewerk übernehmen, wenn John Boy, der älteste Sohn, anstelle zu arbeiten Romane schreibt? Am Ende der Serie verkaufte John Walton deshalb seine Mühle auch an seinen zweitjüngsten Sohn Ben. Wird sich Olivia am 20. Hochzeitstag anstelle einer Nerzstola auch über eine Käsereibe freuen? Wie lange kann man bei Mr. Godsey noch umsonst telefonieren? Ike Godsey betrieb mit seiner herrschsüchtigen Frau Corabeth den Tante-Emma-Laden in der Stadt, und die Waltons konnten sich erst nach dem Krieg ein eigenes Telefon leisten.

Mit dem Zweiten Weltkrieg wuchsen die Sorgen. Der kalte Schrecken machte auch vor den Pforten von Walton's Mountain nicht halt. Vater John mußte das Sägewerk vorübergehend sperren, Großmutter Esther wurde schwer krank, Großvater Zeb starb, und Mutter Olivia laborierte an Tuberkulose. Den Rest der Serie verbrachte sie, für das Publikum unsichtbar, in einem Rekonvaleszentenheim in Arizona. John dachte dauernd an sie. Oft holte er eine alte Fotografie hervor und sprach mit ihr. Olivia war zwar nicht mehr zu sehen, aber dennoch omnipräsent.

Die Gründe für die drastischen dramaturgischen Änderungen im *Waltons*-Universum waren Will Geer und Michael Learned: Der Darsteller des Großvaters verstarb überraschend, während die Darstellerin der Olivia, die für ihre überzeugende Leistung dreimal den Emmy gewonnen hatte, nach sieben Jahren keine Waltons mehr sehen konnte und die Serie verließ. In den 1977 entstandenen Folgen konnte sich der intelligenteste Walton-Sohn den amerikanischen Traum erfüllen. Seit jeher vom Schreiben besessen, erstand er eine alte Druckerpresse und hielt sich als Journalist und Herausgeber mehr recht als schlecht über Wasser. Als John Boy seinen ersten Roman veröffentlichte, brach die Familie in Freudentränen aus. Schließlich schloß er sich einem literarischen Zirkel in New York an und ward bis zur letzten Season nicht mehr gesehen. Richard Thomas zog die Latzhosen für immer aus und wollte sich fortan nur mehr seiner Filmkarriere widmen, über die man, rückblickend gesehen, mit ruhigem Gewissen den Mantel des Schweigens legen kann. In den letzten Folgen suchte ein veränderter, gealterter John Boy (Robert Wightman) seine Familie nochmals heim. Legendär auch das Ende jeder Episode: Nach all den Aufregungen und Sorgen kehrte am Abend wieder Ruhe und Frieden im Haus der Waltons ein.

Starke Sprüche

JOHN WALTON: »Jim-Bob, weißt du, daß du ein Loch im Hosenboden hast?«
JIM-BOB WALTON: »Löcher habe ich überall.«

BEN WALTON: »Frauen sind merkwürdig.«
JOHN WALTON: »Das find' ich auch. Männer sind doch viel vernünftiger.«

Unsterbliche Momente

JOHN WALTON: »Bezahle stets deine Schulden, Junge. Nutze niemals andere Menschen aus. Laß dich aber auch nicht von anderen ausnutzen. Versuch eine gute Frau zu finden ... Und vergiß niemals, daß du mein Sohn bist.«
JOHN BOY WALTON: »Ja, Sir!«

JOE DOUGLAS: »Wir wollen doch nach Florida. Dort können wir uns als Testpiloten ausbilden lassen. Wir können doch zusammen fliegen lernen. Findest du das nicht herrlich? Stell dir vor, daß immer nur die Sonne scheint, und wir fliegen dann mit unserer Maschine.«

JIM BOB WALTON: »Ich weiß nicht. Du hast ja 'ne Menge vor.«

JOE: »Ich muß verschwinden.«

JIM BOB: »Meine Mutter schimpft, wenn wir zu spät zum Essen kommen.«

Notizen für Insider

Die Waltons / THE WALTONS
USA 1972–1981
Produktion: Lorimar Productions
220 Episoden, CBS
Idee: Earl Hamner Jr.
Musik: Jerry Goldsmith
Laufzeit: 50 Minuten

Die wichtigsten Regisseure:
Ralph Selensky (STAR TREK), Richard Benedict, Philip Leacock
(Ihre Chance war gleich Null)

Stammbesetzung:
Ralph Waite (John Walton), Michael Learned (Olivia Walton), Richard Thomas, Robert Wightman (John Boy Walton), Judy Norton Taylor (Mary Ellen Walton), David W. Harper (James Robert »Jim Bob« Walton), Kami Cotler (Elizabeth Walton), Jon Walmsley (Jason Walton), Mary Elizabeth McDonough (Erin Walton), Eric Scott (Ben Walton), Will Geer (Grandpa Zeb Walton), Ellen Corby (Grandma Esther Walton), Joe Conley (Ike Godsey), Ronnie Claire Edwards (Corabeth Godsey), Raquel Longaker (Aimee Godsey), John Crawford (Sheriff Ep Bridges), Mary Jackson (Emily Baldwin), Helen Kleeb (Mamie Baldwin), Mariclare Costello (Rosemary Fordwicke), John Ritter (Reverend Matthew Fordwicke), Tom Bower , Scott Hylands (Dr. Curtis Willard), Earl Hamner Jr. (Erzähler)

Fernsehfilme:
THE HOMECOMING (Pilotfilm), A DAY FOR THANKS ON WAL-

TON'S MOUNTAIN, WEDDING ON WALTON'S MOUNTAIN, MO-
THERSDAY ON WALTON'S MOUNTAIN

THE WALTONS gewann 1973 einen Emmy in der Kategorie Beste dramatische Serie.

Michael Learned gewann drei Emmys für ihre Rolle als Mutter Olivia Walton.

Zurück in die Vergangenheit

»Al! Sam will springen. Siggi ist dagegen, aber ich
kann ihn nicht aufhalten. Er springt, Al! Ich kann
ihn nicht aufhalten ...«

Gleißendes Licht. Dann: Wolken. Dunkelheit. Erwachen. Im
Radio singt Doris Day »Que sera, sera«. Da liegt jemand neben
ihm. Doktor Sam Beckett erschrickt. »O Mann, ich sitze in der
Patsche«, denkt er. »Ich kann mich nicht daran erinnern, mit dieser Frau ins Bett gegangen zu sein. Wer immer sie auch ist, auf
jeden Fall ist sie ... ist sie ... ist sie schwanger.« Er rappelt sich
hoch, geht ins Badezimmer. Das Gesicht im Spiegel gehört ihm
nicht. Wer ist er?
Diese Frage muß Dr. Samuel Beckett (Scott Bakula) seit dem
Jahr 1989 Woche für Woche aufs neue beantworten. Er ist kein
Fall von schwerem Alzheimer, er ist Wissenschaftler. Ein Expe-
riment mit einem neuen Quantenbeschleuniger hat sein Bewußtsein vom Körper getrennt und durch die Zeit geschleudert.
Immer wieder erwacht er in der Vergangenheit im Körper eines
ihm völlig Unbekannten. Zur Seite steht ihm Al (Dean Stockwell), ein holographischer Beobachter aus der Zukunft, den nur
Sam sehen kann und der ihn mit Informationen versorgt. Stockwell konnte sich vor allem mit seiner Darstellung in den Filmen
Paris, Texas von Wim Wenders und *Blue Velvet* von David Lynch
profilieren.
In der Zukunft arbeitet Al als Projektbeobachter und Sams
Partner – jetzt ist er die einzige Brücke in die eigene Zeit. Oft
genug prallen der Moralist Beckett und der lebensfreudige Al
aufeinander. Sein Motto: »Ich kann einen Mann nicht weinen
sehen. Schon gar nicht, wenn ich es selber bin.« Immerhin sind
seine ersten Worte in *Zurück in die Vergangenheit* (oder QUAN-
TUM LEAP, wie der etwas bessere Originaltitel lautet): »Wissen
Sie, was ich wahnsinnig gerne möchte ...?« Keine Frage, er
spricht mit einer hübschen Anhalterin – wenige Augenblicke bevor Sam Beckett durch die Zeit geschleudert wird.
Einem unbestimmten Naturgesetz folgend, hat Sam nach jedem
Zeitsprung eine Aufgabe zu erfüllen: Irgend etwas im Leben jeder Person, in die Sam geschleudert wird, ist schiefgelaufen, hat

einen anderen Ausgang genommen, als es die ehernen Gesetze des Kosmos vorschreiben. Sam muß diesen Fehler durch ein Zeitparadoxon korrigieren, erst dann kann er seinen »Wirtskörper« wieder verlassen und durch die Zeit springen – möglicherweise nach Hause. Sam muß Trennungen ungeschehen machen, Morde verhindern, für Recht und Gesetz eintreten und manchmal – gegen seine Überzeugung – Unrecht zulassen, damit sich die Geschichte in eine positive Richtung entwickelt.

Da Samuel Beckett nur in Zeiten springen kann, die innerhalb seiner eigenen Lebensspanne liegen – Mitte der 50er bis Mitte der 90er Jahre –, erlebt Beckett die letzten Jahrzehnte nochmals, aus der Sicht anderer. Er wird mit Rassenhaß konfrontiert, mit Milieuschicksalen, er erwacht im Körper eines Mörders, verliert seine geschlechtliche Orientierung, als er in den Körper einer Frau gerät – und wird selbstverständlich auch nach Vietnam geschickt, wo er seinen Bruder durch eine Zeitkorrektur vor dem Tod bewahrt. Auch das Attentat auf John F. Kennedy geht nicht spurlos an Sam Beckett vorbei: Als der tödliche Schuß fällt, steckt er im Körper des (mutmaßlichen) Attentäters Lee Harvey Ashwood. Da tritt zutage, wie tief das Trauma selbst heute noch sitzt: Sam quält sich mit Selbstvorwürfen, weil er das Attentat hätte verhindern können – und er der psychischen Macht von Ashwood unterlag. Er hätte die Vergangenheit ändern und möglicherweise einen Krieg verhindern können, aber in Wahrheit hat er Amerika in die Seele geschossen. Der Clou: Den Tod des Präsidenten zu verhindern, war niemals Sams Mission. Er sollte Ashwood nur sein zweites Ziel verfehlen lassen: Jackie Kennedy, die das Attentat auf einem Irrpfad der Geschichte ebenfalls das Leben kostete.

Erdacht wurde QUANTUM LEAP vom Produzenten Donald S. Bellisario, auf dessen Konto unter anderem die Kriminalserie MAGNUM mit Tom Selleck geht. Das Konzept der Show gab ihm die Möglichkeit, ein breites Publikum mit völlig unterschiedlichen Vorlieben zu bedienen. Obwohl der Ausgangspunkt – Sams Zeitsprung und die Notwendigkeit einer Zeitkorrektur – natürlich aus dem Reich der Science-fiction stammte, konnten einzelne Episoden sowohl im Wilden Westen wie auch in der Gegenwart spielen. Bellisario gewann dadurch eine Zuschauerschicht, die sich normalerweise nicht für Science-fiction interessiert. Oft genug muß sich Beckett daher mit Momentaufnahmen aus der amerikanischen Geschichte auseinandersetzen – und darf durchaus auch großen Persönlichkeiten begegnen.»Von solchen Ereignissen und auch von der privaten Erinnerung der Zuschauer an solche Ereignisse lebt QUANTUM LEAP«, ist Bellisario überzeugt.

Der sentimentale Aspekt ist nicht zu übersehen: Sam spaziert glücklich durch die Vergangenheit, froh darüber, Vergessenes neu entdecken zu können – wie etwa Chubby Checker oder Peter Noone von den HERMAN'S HERMITS, die in einer Gastrolle zu sehen waren. Ähnlich ergeht es auch dem Zuschauer, der nicht mehr als das Wissen über ein paar wenige geschichtliche Facts mitbringen muß.

Unübersehbar ist auch der religiöse Touch von QUANTUM LEAP. Wie in der Serie HIGHWAY TO HEAVEN *(Ein Engel auf Erden)* mit Michael Landon wird Sam von einer höheren Macht gezielt an einen bestimmten Ort geschickt, um dort einen Fehler zu beheben. Obwohl ein solcher Anspruch nie bestätigt wurde, ist er für Donald Bellisario keine Neuigkeit: Die von ihm produzierte Erfolgsserie AIRWOLF spielt beispielsweise sehr stark mit der Wiedergeburtssymbolik. Und MAGNUM endete gar mit einem unsichtbaren Tom Selleck, der als Schutzengel über seiner Frau schwebte. Auch in QUANTUM LEAP scheint eine Himmelsmacht am Werk zu sein: Als es Sam in einer Weihnachtsepisode gelingt, den Abbruch eines Hauses zu verhindern, geht über der Stadt ein leuchtender Stern auf. Kein holographisches Zeichen aus der Zukunft, sondern ein Wink mit dem Brückenpfeiler Gottes.

QUANTUM LEAP wurde bislang von mehr als 60 Millionen Zuschauern gesehen; die meisten europäischen Fans sitzen in England. Im deutschsprachigen Raum hat *Zurück in die Vergangenheit* den Touch eines Kinderprogramms bekommen, da die RTL-Erstausstrahlung am Sonntag im Anschluß an den vormittäglichen Zeichentrickblock erfolgte. Leider.

Notizen für Insider

Zurück in die Vergangenheit / QUANTUM LEAP
USA 1989–?
1 Pilotfilm zu 90 Minuten, restliche Episoden zu 50 Minuten
Erfinder: Donald Bellisario

Die wichtigsten Regisseure:
David Hemmings, Mark Sobel, Scott Bakula, Gil Shilton, James Whitmore, Gild Dixon, Aaron Lipstadt, Chris Ruppenthal, Thommy Thompson

Stammbesetzung:
Scott Bakula (Dr. Sam Beckett), Dean Stockwell (Al Calavicci)

QUANTUM LEAP hatte bereits mit der Zensur zu kämpfen. In einer Episode erwacht Sam im Körper eines Homosexuellen und muß dessen Rolle übernehmen. In einer anderen Episode erwacht Sam im Körper einer Frau, die im Begriff ist, an einer Mißwahl teilzunehmen. Seinen etwas »prüden Charakter« (Al) stellt Sam zur Schau, als er in einer Folge als Bordellbesitzer erwacht und ihm die Hausdamen ihre Dienste anbieten.

Die Zwei

*»Jeder von ihnen hat etwas zu bieten, gewisse
Fähigkeiten – nichts Umwerfendes. Mischt man
zwei relativ harmlose chemische Verbindungen
wie zum Beispiel Salpetersäure und Glyzerin
im richtigen Verhältnis, dann haben sie eine
enorme Sprengkraft.«*

(Richter Fulton)

»Danke, Euer Lordschaft.«

(Danny Wilde)

*»Na, da laust mich doch der mit dem langen
Zottelfell.«*

(Danny Wilde)

So unterschiedlich können Geschmäcker sein: Hierzulande gilt
die gepflegte Konversation zwischen seiner Lordschaft Sir Brett
Sinclair und Mister Daniel Wilde als witzige Wortdusche erster
Klasse – in Amerika war sie der Reinfall des Jahres 1971. THE
PERSUADERS *(Die Zwei)*, die um Tony Curtis erweiterte Nachfolgeserie von Roger Moores Soloturn THE SAINT, brachte es
auf nur 24 von 130 geplanten Episoden – ein seltener Mißerfolg
der ansonsten erfolgreichen Produktionsfirma ITV, die jede Folge mit einem Budget von 100.000 Dollar ausgestattet hatte.
Die Zwei handelt von den Abenteuern eines englischen Lords
und eines amerikanischen Neureichen. Brett Sinclair (Roger
Moore) war in Harrow und Oxford und gibt sich im Über-
schwang seiner geerbten und durch diverse Glücksspiele ver-
mehrten Millionen dem schönen Leben hin. Danny Wilde ist in
der Bronx aufgewachsen und mußte sich seine Millionen im Öl-
geschäft verdienen. Richter Fulton, der immer einen unerledig-
ten Kriminalfall in der Hinterhand hat, bringt die beiden unterschiedlichen Charaktere zusammen und schickt sie 24mal auf
Verbrecherjagd in illustren Jet-set-Kreisen.
Beste Voraussetzungen für ein erfolgreiches Serial, sollte man
meinen. Der als Hauptdarsteller auserkorene Moore wurde immerhin gerade als potentieller dritter Bond-Darsteller gehandelt, und auch Tony Curtis war kein Unbekannter, der mit *Man-*

che mögen's heiß eine dauerhafte Reputation vorweisen konnte. Aber: *Die Zwei* und THE PERSUADERS sind zwei verschiedene Dinge. Daß *Die Zwei* im deutschsprachigen Raum ein so großer Erfolg wurde und THE PERSUADERS in Amerika zum Flop geriet, ist – ausnahmsweise – ein Verdienst der deutschen Synchronisation. Rainer Brandt, Regisseur und Autor des deutschen Dialogbuches, der sich seine Synchro-Sporen mit der Vertonung des Randall/Klugman-Klassikers *Männerwirtschaft* (THE ODD COUPLE) verdient hatte, ersetzte den oft ziemlich langweiligen Originalton durch schnoddrigen Wortwitz und verlieh dem kurzlebigen Duo damit Kultcharakter. Kein Wunder, daß seine *Lordschuft* gelegentlich von den Leserbriefen sprach, die beim Sender eingingen, und sich Mr. Wilde bei der Zuschauerschaft für die permanente Treue bedankte. »Es ist doch manchmal haarsträubend, was da so synchronisiert wird, langweilig und geradeaus wie eine Autobahn«, begründete Brandt seine »Neufassung«.

Die Konstellation Moore/Curtis ist eher zufälliger Natur. Zwar handelte es sich bei beiden um den Besetzungswunsch des Serienerfinders und Produzenten Robert S. Baker, doch konnte sich Moore lange Zeit nicht dafür entscheiden, den superreichen Lord zu spielen. Erschwerend kam hinzu, daß er gerade als Nachfolger für den vom Publikum ungeliebten und einmaligen Bond-Darsteller George Lazenby im Gespräch war. Mit im Rennen war auch Sean Connery, der den Agenten mit der Doppelnull schon vor Lazenby gespielt hatte. Am Ende hatte Moore es satt, auf den Anruf von Bond-Produzent Albert Broccoli zu warten. Er entschied sich für das Engagement in THE PERSUADERS – und traf damit die richtige Entscheidung, denn der zur Debatte stehende Bond-Film *Diamantenfieber* wurde mit Sean Connery besetzt (weil er seine Gagenforderungen auf 5,5 Millionen Dollar heruntergeschraubt hatte). Erst als THE PERSUADERS überraschend eingestellt wurde, debütierte Roger Moore in *Leben und sterben lassen* als britischer Geheimagent.

THE PERSUADERS war der mißglückte Versuch der englischen ITV Productions, ein lokal funktionierendes Konzept auf den internationalen Markt zu transponieren. Denn: die Zielgruppe, die Robert S. Baker beim Konstruieren des Plots im Auge hatte, saß nicht in England, sondern in Amerika (nicht umsonst steht dem englischen Lord ein Ami-Boy an der Seite, der sich von der

Eine Krone für den Lord: Roger Moore als Brett Sinclair und Tony Curtis als Danny Wilde

Bronx ins Armani-Lager hochgearbeitet hat). Allerdings sah das dortige Publikum die beiden Charaktere aus einem ganz anderen Blickwinkel: »Curtis' Daniel Wilde wirkte mit seiner Bomberjacke und den Lederhandschuhen wie das stereotype Bild eines verarmten Yankees aus der Verwandtschaft«, definieren Jon E. Lewis und Penny Stempel einen der Gründe für den Mißerfolg der Serie auf genau dem Markt, für den sie konzipiert worden war. In Europa hingegen sind *Die Zwei* nicht in Vergessenheit geraten. Die Serie wurde in über 23 Sprachen synchro-

Die Synchronisation brachte den Erfolg: Rosemarie Nicols, Tony Curtis und Roger Moore in ›Die Zwei‹

nisiert, nicht alle Versionen erreichen aber ein ähnliches Niveau an Komik wie die deutsche.

Kurioses

Wußten Sie, daß Roger Moore bei Vertragsabschlüssen auf einer Klausel besteht, die ihm uneingeschränkte Belieferung mit Monte-Cristo-Zigarren zusichert (bei einer James-Bond-Produktion betrug die Rechnung für Moores legale Rauchwaren immerhin 3.176,50 Englische Pfund)?

Notizen für Insider

Die Zwei / THE PERSUADERS
GB 1971/72

Produktion: ITV
24 Episoden zu je 60 Minuten
Erfinder: Robert S. Baker
Produzent: Robert S. Baker, Terry Nation, Johnny Goodman
Regie: Basil Dearden, Roy Ward Baker, Roger Moore, Leslie Norman, Val Guest, Peter Hunt, Gerald Mayer, Sidney Hayers, Peter Medak
Musik: Ken Thorne, John Barry

Stammbesetzung: Roger Moore (Lord Brett Sinclair), Tony Curtis (Danny Wilde), Laurence Naismith (Richter Fulton)

Einzeltitel

1. Der Tod kommt live
2. Das Alptraum-Schlößchen
3. Die Seifenprinzessin
4. Die tote Tänzerin
5. Geschäfte mit Napoleon
6. Das Geheimnis von Greensleever
7. Das doppelte Lordchen
8. Entführung auf spanisch
9. Festival der Mörder
10. Erben bringt sterben
11. Der Lord ist fort
12. Adel vernichtet
13. Seine Lordschaft Danny Wilde
14. Der große Lomax
15. Drei Meilen bis Mitternacht
16. Schwesterchens Muttermal
17. Der Mann mit dem Köfferchen
18. Daniel, der Bombenjunge
19. Die Vergangenheit des Grafen
20. Die Jagd nach der Formel
21. Am Morgen danach
22. Der Mann mit dem Toupet
23. Die Ozerov-Juwelen
24. Ja, wo rennen Sie denn?

Register

Kursivierte Seitenzahlen verweisen auf Bildlegenden